Aveyron

PAYS D'ÉMOTIONS

Ouvrir les yeux face au lever de soleil sur la montagne ; plonger dans un lac pour s'offrir quelques brasses ; glisser sur la rivière en canoë ou en paddle ; marcher en pleine forêt pour cueillir quelques champignons ou tout simplement, respirer à pleins poumons le bon air de la campagne… L'Aveyron offre de nombreuses opportunités de se reconnecter à la nature : une préoccupation forte en ces temps troublés où l'on ne monte plus dans un avion sans y réfléchir à deux fois. Territoire immense, aux paysages majestueux dignes des plus belles cartes postales de bout du monde, le département est en effet un terrain de jeu généreux pour les amoureux de grands espaces. Ainsi, avec ce guide, nous vous proposons de partir à la découverte de ce pays qui allie monts et lacs, espaces sauvages et cités séculaires, vie rurale et villes à taille humaine. De ce séjour en Aveyron, vous garderez – entre autres ! – les émotions que procure l'immensité de l'Aubrac et son caractère quasi monastique ; les sensations que procurent les gorges du Tarn ; l'odeur des brebis qui crapahutent sur le Larzac, le souvenir de villages, ouvrages ou musées remarquables, mais aussi le goût des nourritures vraies. Le département est en effet une terre où la gastronomie est reine, à travers la présence de nombreux producteurs et restaurateurs de haute volée. Leur adresse, et celle de tous hommes et femmes qui animent le territoire avec passion sont recensées dans ces pages. A charge pour vous d'y piocher l'une ou l'autre selon vos envies, pour faire de l'Aveyron l'une de vos meilleures expériences de voyage.

PEFC™
10-31-1895
Certifié PEFC
Ce produit est issu de forêts gérées durablement et de sources contrôlées.
pefc-france.org

Retrouvez cette offre en page 50

SOMMAIRE

Chaos rocheux de Montpellier-le-Vieux © PASCAL06 - FOTOLIA

Espalion. © LEOKS - SHUTTERSTOCK.COM

Parc naturel régional des Grands Causses. © GOUMI - SHUTTERSTOCK.COM

Najac. © BEGIR - SHUTTERSTOCK.COM

Abbaye Sainte Foy de Conques. © EVIN_GUILLOIS - FOTOLIA

Caves de Roquefort. © VENTDUSUD - ISTOCKPHOTO.COM

107 PAYS VILLEFRANCHOIS ET SÉGALA

Villefranche est la plus grande des bastides médiévales aveyronnaises, la plus impressionnante vue du ciel, avec sa collégiale Notre-Dame. Au cœur du Ségala, surnommé le pays aux Cent Vallées, Sauveterre-de-Rouergue est aussi un parfait exemple de la construction d'une bastide médiévale royale.

137 RODEZ, VALLÉE DE L'AVEYRON ET LÉVÉZOU

Cité capitale depuis deux millénaires, Rodez, avec notamment sa cathédrale, continue de rayonner sur les territoires alentour. A l'est, la vallée de l'Aveyron court jusqu'à Sévérac-le-Château et alterne villages et châteaux. Le Lévézou, avec ses monts et ses lacs offre de grands espaces dédiés aux loisirs.

175 MILLAU, TARN ET LE SAINT-AFFRICAIN

Au confluent du Tarn et de la Dourbie, Millau est une ville méditerranéenne où il fait bon vivre. De même le Larzac, ses cités templières leurs remparts, châteaux et ruelles médiévales drainent de nombreux visiteurs. Entre ville et campagne, Saint-Affrique, entourée de sept collines, comme Rome, connaît aussi une belle dynamique.

229 ORGANISER SON SÉJOUR

Autoroute
Nationale 4 voies
Nationale
Départementale
Préfecture
Sous-préfecture
Ville, village
Sortie d'autoroute
Forêt domaniale
CANTAL
LOT
TARN-ET-GARONNE
TARN
Vers Montsalvy
Vers Figeac
Vers Cajarc
Vers Cahors
Vers Montauban
Vers Cordes-sur-Ciel
Vers Albi
Vers Valence-d'Albigeois
MUR-D
LACROIX-BAR
St-Hippolyte
SAINT-AMANS-DES-C
ENTRAYGUES
LE FEL
Lot
St-Parthem
Grand-Vabre
CONQUES-EN-ROUERGUE
Espeyrac
Golinhac
CAPDENAC
Livinhac-le-Haut
Almont-les-Junies
Bouillac
CAPDENAC-GARE
DECAZEVILLE
D901
St-Félix-de-Lunel
Loupiac
CRANSAC
D840
VILLECOMTAL
Balaguier-d'Olt
Causse-et-Diège
Naussac
Pruines
Nauviale
D22
Ambeyrac
D994
AUBIN
MOURET
FOISSAC
Peyrusse-le-Roc
Muret-le
Montbazens
MARCILLAC-VALLON
D24
Salles-Courbatiès
RODEL
D922
Valady
Bournazel
VILLENEUVE
Lanuejouls
ONET-LE-CHÂTEAU
Salles-la-Source
D904
Ste-Croix
D1
Anglars-St-Félix
RIGNAC
Clervaux d'Aveyron
Sébazac-Concourès
St-Rémy
RÉQUISTA
D994
D911
BELCASTEL
Mayran
VILLEFRANCHE-DE-ROUERGUE
Aveyron
Prévinquières
Druelle
RODEZ
D926
D911
Olemps
RIEUPEYROUX
D911
Le Monast
Luc-la-Primaube
N88
N2088
La Rouquette
Gorges de l'Aveyron
Flavin
Vabre-Tizac
Boussac
Gramond
BARAQUEVILLE
Manhac
Lescure-Jaoul
PRADINAS
NAJAC
D922
SAUVETERRE-DE-ROUERGUE
La Salvetat-Peyralès
D905
St-André-de-Najac
NAUCELLE
N2088
Viaur
Salmiech
N88
Camjac
CASSAGNES-BÉGONHÈS
La Selve
VILL
D902
Réquista
BROUSSE-LE-CHÂTEAU
SAINT-IZ
Coupiac
Balaguier-sur-Rance
St Sernin sur-Rance
D33
N
O
E
S
0
30 km

CANTAL
LOZÈRE
GARD
HÉRAULT
Aveyron
Vers St Flour
Vers Nasbinals
Vers Mende
Vers le Massegros
Vers Nîmes
Vers Montpellier
ÉRONDELS
Ste Geneviève-sur-Argence
D900
LAGUIOLE
AGES-BONNEVAL
YÈRE
Montpeyroux
CONDOM-D'AUBRAC
SAINT-CHÉLY-D'AUBRAC
D921
D987
Forêt d'Aubrac
Coubisou
CASTELNAU-DE-MANDAILLES
Prades-d'Aubrac
Monts d'Aubrac
NT-CÔME-D'OLT
Lot
ULS
SAINT GENIEZ D'OLT ET D'AUBRAC
Gabriac
SAINTE-EULALIE-D'OLT
Causse de Sévérac
D45
Campagnac
ZIER
Palmas
Buzeins
LAISSAC-SÉVÉRAC L'ÉGLISE
D28
D29
SÉVÉRAC D'AVEYRON
Sévérac-le-Château
ALARS
Vézins-de-Lévézou
Prades-Salars
A75
D993
D911
SAINT-LÉONS
D809
St-Laurent-de-Lévézou
LE TRUEL
MOSTUÉJOULS
Rivière-sur-Tarn
Peyreleau
SALLES-CURAN
D907
La Cresse
SAINT-BEAUZÉLY
COMPEYRE
AGUESSAC
Paulhe
Chaos de Montpellier-le-Vieux
D44
CASTELNAU-PÉGAYROLS
E-DE-PANAT
Viaduc de Millau
MILLAU
St-Georges-de-Luzençon
CREISSELS
Tarn
D991
SAINT-VICTOR-ET-MELVIEU
D809
St-Rome-de-Cernon
INT-ROME-DE-TARN
NANT
SAINT-JEAN-DU-BRUEL
LA CAVALERIE
D999
OQUEFORT-SUR-SOULZON
Lapanousse-de-Cernon
Sauclières
NT-AFFRIQUE
TOURNEMIRE
SAINTE-EULALIE-DE-CERNON
D185
VABRES-L'ABBAYE
St-Jean-d'Alcapiès
Le Viala-du-Pas-de-Jaux
A75
LA COUVERTOIRADE
Versols-et-Lapeyre
Cornus
Montlaur
SAINT-FÉLIX-DE-SORGUES
LE CAYLAR
D7
Fondamente
Gissac
Belmont-sur-Rance
CAMARÈS
SYLVANÈS
Fayet
D902
Peux-et-Couffouleux
Brusque

QUAND Y ALLER

JANVIER	FÉVRIER	MARS
-2° / 6°	-1° / 8°	1° / 12°
$	$	$

JUILLET	AOÛT	SEPTEMBRE
13° / 25°	12° / 25°	9° / 21°
LES RENCONTRES MUSICALES *(CONQUES-EN-ROUERGUE)* Ce festival de musique, qui brasse des artistes aux univers différents, prend ses quartiers d'été chaque année dans l'abbatiale de Conques.	**FESTIVAL EN BASTIDES** *(VILLEFRANCHE-DE-ROUERGUE)* Le spectacle vivant et les arts de la rue se donnent rendez-vous dans les ruelles des majestueuses Bastides du Rouergue.	**FESTIVAL DE THÉÂTRE AMATEUR** *(ONET-LE-CHÂTEAU)* Ce festival fait la part belle à la créativité des artistes et compagnies amateurs de théâtre, en mettant à leur disposition la salle de spectacle de La Baleine.
ESTIVADA *(RODEZ)* Contes, spectacles, poésie, concerts et danses rythment, chaque été, le plus grand festival de musique et chanson en langue occitane.	**FESTIVAL LIVRE BD JEUNESSE** *(LA FOUILLADE)* Auteurs BD, Jeunesse et Littérature régionale, caricaturistes et scénaristes viennent à la rencontre de leurs publics.	**MARATHON ET 100 KM DE MILLAU** 24 heures maximum pour parcourir les 100 km de cette épreuve mythique : c'est le défi auquel s'attellent des sportifs chevronnés.
$$$	$$$	$$

L'été en Aveyron est la haute saison touristique. Tous les établissements sont ouverts, les campings sont bondés jusque dans les territoires les plus au nord et les animations culturelles, les fêtes des villages se succèdent. Le printemps, toutefois, est aussi de toute beauté, avec les pâturages en fleurs, qui se prêtent à d'infinies balades. L'hiver, il faut voir l'Aubrac, ses montagnes recouvertes de neige même si les flocons sont moins fréquents qu'autrefois.

AVRIL

4° / 14°

L'AUTRE FESTIVAL (DERRIÈRE LE HUBLOT)
(CAPDENAC-GARE)
L'arrivée du printemps sonne habituellement le coup d'envoi de cet Autre Festival : un rendez-vous culturel et artistique éclectique.

$ $

MAI

7° / 18°

TRANSHUMANCE
(AUBRAC)
Les troupeaux de vaches qui rejoignent les pâturages de l'Aubrac donnent lieu à une grande fête chaque année, qui draine des centaines de visiteurs.

FOIRE AU MATÉRIEL AGRICOLE
(BARAQUEVILLE)
C'est le rendez-vous incontournable de l'agriculture aveyronnaise et du grand public : un millier d'exposants dans les rues de Baraqueville.

$ $

JUIN

11° / 23°

FÊTE DE LA BREBIS
(RÉQUISTA)
La lacaune, l'emblématique brebis du secteur de Roquefort, est la reine de cette fête, qui mêle randonnée gourmande et défilé de troupeaux dans la ville.

NATURAL GAMES
(MILLAU)
Les meilleurs VTTistes, kayakistes, parapentistes, slackliners et highliners du monde entier se donnent rendez-vous chaque année à Millau.

$ $

OCTOBRE

7° / 16°

FÊTE DE LA CHÂTAIGNE ET DU CIDRE DOUX
(SAUVETERRE-DE-ROUERGUE)
Rendez-vous sur la place des Arcades pour déguster châtaignes et cidre, à l'occasion d'une journée conviviale.

FESTIVAL DES TEMPLIERS
(MILLAU)
Près de 12 000 traileurs de la planète participent à cet événement qui combine défi sportif et paysages majestueux.

$

NOVEMBRE

2° / 10°

$

DÉCEMBRE

-1° / 7°

FESTIVAL BONHEURS D'HIVER
(MILLAU)
Le jeune public est à l'honneur lors de ce festival qui mixe marché de Noël et animations qui mettent des étoiles dans les yeux : feu d'artifice, balades aux lampions...

$

LES BONNES RAISONS D'Y ALLER

© KEVIN_GUILLOIS - STOCK.ADOBE.COM

10 PLUS BEAUX VILLAGES DE FRANCE

L'Aveyron arrive en tête des départements français avec 10 villages classés.

© OLIVIER - STOCK.ADOBE.COM

DES SAVOIR-FAIRE EXCEPTIONNELS

Couteau de Laguiole, gants de Millau... Le département a hérité d'une longue tradition.

© JACKY JEANNET - STOCK.ADOBE.COM

UNE HISTOIRE RICHE

Au Sud, les cités templières, et à l'Ouest, les bastides du Rouergue témoignent du passé.

© JAG IMAGES - STOCK.ADOBE.COM

UN TERRITOIRE NATUREL PRÉSERVÉ

Le département compte deux parcs naturels régionaux : Aubrac et Grands Causses.

© ALTITUDE DRONE - ISTOCKPHOTO.COM

UNE DIVERSITÉ DE TERROIRS

D'un bout à l'autre du territoire, les paysages forment un puzzle de toutes les couleurs.

Musée Soulages. © RCR ARQUITECTES, MUSÉE SOULAGES RODEZ – PHOTOTHÈQUE RODEZ AGGLOMÉRATION - PHOTOGRAPHE A. MERAVILLES

UN AMBASSADEUR DE RENOM

Pierre Soulages et son musée ruthénois portent haut les couleurs de l'Aveyron.

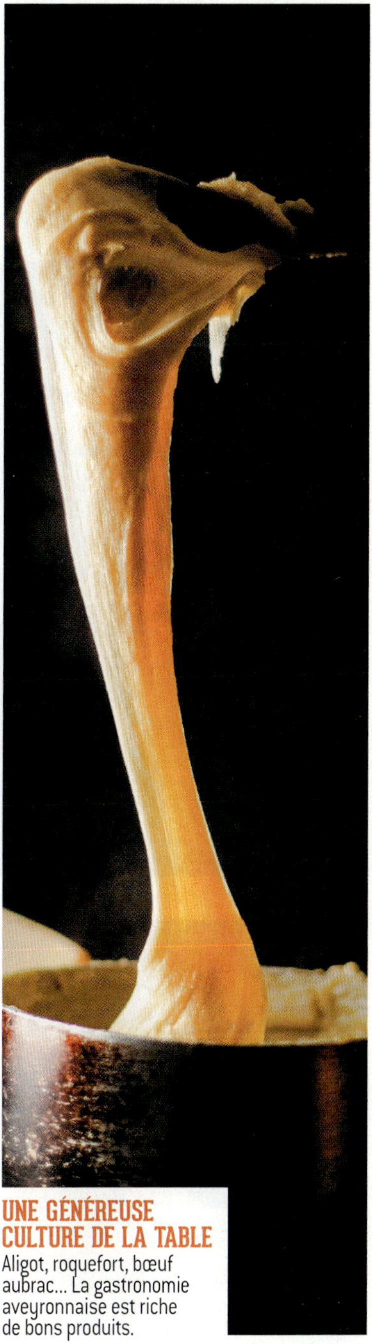

© RAFAEL - STOCK.ADOBE.COM

UNE GÉNÉREUSE CULTURE DE LA TABLE

Aligot, roquefort, bœuf aubrac... La gastronomie aveyronnaise est riche de bons produits.

LES BONNES RAISONS D'Y ALLER

MILLAU ET SON VIADUC

Plus haut pont haubané du monde, le viaduc enjambe la rivière Tarn.

© IAKOV FILIMONOV - SHUTTERSTOCK.COM

© MARGOUILLAT PHOTO - SHUTTERSTOCK.COM

DES VALEURS À PARTAGER

Authenticité, qualité et convivialité ont contribué à forger un territoire attractif.

© ZAKARYAFACTORY - STOCK.ADOBE.COM

UN TERRAIN PROPICE À L'AVENTURE

Le département est un immense terrain de jeu pour les activités de pleine nature.

LES 12 MOTS-CLÉS

#AUTHENTICITÉ

L'Aveyron est le département authentique par excellence. De grands espaces préservés, un patrimoine historique rigoureusement entretenu, la priorité donnée à l'agriculture bio sinon raisonnée, et, au-delà, un lien très fort entre les hommes et leur territoire, donnent en effet à l'Aveyron ce caractère vrai et généreux qui plaît tant aux touristes.

#CULTURE

Si le musée Soulages, inauguré par François Hollande en 2014, a braqué les projecteurs sur l'Aveyron, la culture était déjà très présente dans la vie des Aveyronnais avant lui. A travers quelques grands festivals, mais surtout via l'action d'une multitude d'acteurs, partout sur le territoire, qui chantent, dansent et jouent au quotidien.

#EMOTIONS

La découverte de l'Aveyron donne naissance de multiples émotions. On s'émerveille devant la cathédrale de Rodez ou l'abbatiale de Conques. On est subjugué par la prouesse des architectes du viaduc de Millau. On se fait peur en pratiquant la via ferrata, le parapente ou le canyoning. Et on trouve la sérénité face aux paysages magistraux de l'Aubrac.

© RYSAN - SHUTTERSTOCK.COM

#GASTRONOMIE

La gastronomie aveyronnaise est un patrimoine et les restaurateurs du département en sont les gardiens. Amateurs de bons produits - locaux si possible - ils entretiennent cet héritage culinaire à travers des cartes de grande qualité, qui font la part belle aux spécialités du terroir : charcuterie, aligot, truffade, estofinade, fromages de pays...

#NATURE

La nature est toujours prédominante en Aveyron. A travers deux parcs naturels régionaux, Aubrac et Grands Causses. A travers une faune et une fore exceptionnellement riches. Et à travers aussi des structures (Maison de la cerise, de la châtaigne, de la truffe...) qui çà et là défendent et promeuvent les produits auxquels la nature a donné naissance.

© FLOB - STOCK.ADOBE.COM

#QUILLES DE HUIT

Les quilles de huit sont à l'Aveyron ce que la pétanque est à Marseille : une institution ! Le jeu a été codifié vers 1912 par les Aveyronnais de Paris et des championnats sont, depuis, organisés. Les tirs se font à plusieurs distances imposées (de 1 à 20 m), avec une boule à poignée pesant de 3,5 à 6 kg et une quille « joueuse » moins lourde.

#RANDONNÉE

Traversé par le célèbre chemin de Saint-Jacques-de-Compostelle, l'Aveyron est un terrain propice à la randonnée. Des centaines de kilomètres de sentiers aménagés serpentent entre les monts et les vallées, les gorges et les plateaux du territoire. Et de nombreux professionnels sont à pied d'œuvre pour vous faire découvrir toutes leurs ressources.

© IMGORTHAND - ISTOCKPHOTO.COM

LES 12
MOTS-CLÉS

#ROUERGUE

C'est après la Révolution que le Rouergue est devenu Aveyron. Mais le terme de Rouergue est toujours aussi vivace dans le vocabulaire quotidien des habitants du département. C'est un nom rugueux qui vient d'une tribu gauloise, les Rutènes, installée sur un vaste territoire allant de l'Aubrac au Larzac, de la Montagne noire aux Cévennes et au Gévaudan.

#RURALITÉ

L'Aveyron est le premier département moutonnier de France. Et l'agriculture y est particulièrement performante, notamment du fait de filières célèbres (roquefort, bœuf aubrac...). Au-delà de cette dimension paysanne, le territoire est resté majoritairement rural. Une identité qui nourrit les esprits et les politiques publiques locales au quotidien.

© SABLIN - ISTOCKPHOTO.COM

#SOLIDARITÉ

La solidarité caractérise les habitants du territoire, qui se serrent les coudes en toute circonstance et s'entraident pour réussir. Le constat est particulièrement vrai pour les Aveyronnais de Paris (ils seraient 350 000 dans la capitale !) célèbres pour leur réseau soudé et leur réunion chaque année au mois d'octobre pour le Marché des pays.

#TRADITION

Outre les traditions liées à la gastronomie, l'Aveyron reste attaché à son histoire locale. A travers les groupes folkloriques, les musées de Montrozier (archéologie) et Salles-la-Source (arts et métiers) et certaines manifestations (Estivada, fête de la brebis, foires agricoles...), les coutumes aveyronnaises sont partagées avec le grand public.

#VALEURS

L'authenticité, la qualité, la passion, la convivialité, mais aussi la pugnacité, la fiabilité et le respect font partie des valeurs intrinsèques de l'Aveyron. Elles sont notamment défendues à travers deux outils précieux : le label « Fabriqué en Aveyron » et la marque partagée « Aveyron Vivre Vrai », portés par Aveyron Ambition Attractivité.

VOUS ÊTES D'ICI, SI...

- Vous ne reculez pas devant un bon petit-déjeuner à la fourchette : tripous ou tête de veau dès 8h, accompagnés d'un canon de rouge !
- Vous avez appris à manœuvrer un optimist sur le lac de Pareloup, quand d'autres ont appris la voile sur la Méditerranée.
- Vous mangez des chocolatines - et certainement pas des pains au chocolat !
- Vous avez un accent chantant ; le même qu'un certain Jean Castex. Le même aussi que Cyril Lignac, le célèbre chef.
- Macarel ou Miladiou font partie de votre vocabulaire quotidien.
- Vous savez que l'aligot se prépare avec de la tomme fraîche (eh oui, ça ne file pas avec un classique emmental !).
- Vous avez déjà caressé les attributs très masculins de la statue du taureau de Laguiole. Une tradition qui porte bonheur paraît-il...
- D'ailleurs Laguiole se prononce « Layole ».
- Vous savez qu'il y a plus d'Aveyronnais à Paris (350 000) que dans le département lui-même (près de 280 000).

VINCENT MENEGHETTI

Directeur général de la Société Air 12, gestionnaire de l'aéroport Rodez Aveyron. Vincent Meneghetti a un passif dans l'aéronautique assez conséquent : entré dans l'armée de l'air, il a réussi un cursus de pilote de chasse, et s'est ensuite converti sur des métiers propres à l'aéroportuaire.

Combien de passagers transitent par l'aéroport et quel est votre objectif ?

Concrètement sur l'année 2019, année normale, on était à 90 000, presque 100 000 passagers. Aujourd'hui, on vise à revenir à une activité normale, on va se fixer 2-3 ans pour revenir au niveau que l'on avait en 2019, mais l'aéroport peut fonctionner jusqu'à 200-250 000 passagers.

Vous avez des projets ?

Bien sûr, énormément. Les aéroports cherchent une diversification de l'activité. Aujourd'hui on a réussi à capter une partie de la maintenance de la Cie Amélia, une première partie de maintenance légère, et on a pour projet d'ici 2 ans d'accueillir une trentaine de techniciens qui sera de la maintenance un peu plus lourde ; des projets de développement sur l'aviation d'affaires, des projets de développement sur l'activité aéronautique en tant que telle avec une société qui vient de s'implanter pour l'école de pilotage ULM, drones et hélicoptère de classe VI.

Et au niveau du tourisme ?

Point d'entrée évidemment essentiel au tourisme aveyronnais, l'aéroport est le point d'ancrage du tourisme vert en France avec énormément de passagers étrangers, on a aussi intra-Schengen avec la Belgique et extra-Schengen avec Dublin, Londres et Manchester, opérés par la Cie Ryanair, qui drainent une population étrangère qui recherche ce tourisme vert.

Quelles sont vos démarches au niveau du développement durable ?

On est dans des démarches Airport carbon accreditation qui est une accréditation verte de l'aéroport. Par exemple on vient d'implanter une dizaine de ruches de façon à voir comment se comporte l'éco-système dans un espace sans bâtiments industriels, vous avez de la steppe pratiquement inviolée...

AÉROPORT RODEZ AVEYRON

Route de Decazeville
SALLES-LA-SOURCE
✆ 05 65 42 20 30 - www.aeroport-rodez.fr

© TRISTAN CUCHE

TOP 5

SE RESTAURER

Il n'est jamais facile d'établir un classement. Encore moins quand il s'agit des restaurateurs aveyronnais, tant ils sont nombreux à proposer une cuisine de qualité. Cette année, notre top 5 compte donc 2 tables étoilées et 3 autres adresses, plus jeunes, dont la carte et l'inventivité nous ont séduits.

Le Sahuc. © UNDERKUNT

LE CHOU ROUGE 71

Entraygues-sur-Truyère
Le Chou Rouge propose une partition bistronomique inédite dans cette partie du Nord Aveyron.

134 HÔTEL-RESTAURANT LE SÉNÉCHAL

Sauveterre-de-Rouergue
La table étoilée du chef Michel Truchon, au cœur de la bastide de Sauveterre, est une petite pépite, où l'Aveyron et ses produits sont à l'honneur.

197 LE SAHUC

EN PHO

Rivière-sur-Tarn
La carte du Sahuc, imaginés par Simon, se savoure sur une belle terrasse en aplomb de la rivière en été ou au coin du feu quand viennent les jours plus froids.

HÔTEL LE BELVÉDÈRE - RESTAURANT GUILLAUME VIALA*** 159

Bozouls
La passion, l'intuition, les émotions guident la cuisine étoilée et haute couture du chef Guillaume Viala, installé en bordure du fameux canyon.

146 LA MAISON

Rodez
Dans une charmante maison du centre-ville, Chloé et Luc déroulent une cuisine pleine d'émotions, différente chaque semaine.

TOP 5

SE LOGER

L'Aveyron est riche d'hébergements de qualité, et on trouve forcément une offre adaptée à ses besoins et à son mode de vie. Hôtel au naturel, glamping, nuitée dans un buron, chambre d'hôtes, gîte ou sous une bulle… La variété et la qualité des hébergements aveyronnais se devinent déjà par ces 5 adresses.

Maison de la Bonne Vie. © MAISON DE LA BONNE VIE

MAISON DE LA BONNE VIE

Thérondels
Derk et Guido vous accueillent dans cette maison qui se décline en 3 chambres et 2 gîtes aux prestations luxueuses.

Le Buron des Enguilhens. © THIERRY GOSSET

LE BURON DES ENGUILHENS

Condom-d'Aubrac
Le buron des Enguilhens à Condom propose de vivre une expérience authentique dans cette ancienne maison de berger sur l'Aubrac.

© EGI – STOCK.ADOBE.COM

GLAMPING TERRE ROUGE

Villecomtal
De belles tentes, version lodge africain, habitent ce camping planté en peine nature au-dessus du charmant bourg de Villecomtal.

© EGI – STOCK.ADOBE.COM

LE COUVENT DE LA SALETTE

Millau
Ce couvent, datant de la fin du XIXe siècle, est un hébergement de luxe. On y vient pour la calme et la beauté de l'endroit.

SOMN'EN BULLE

Najac
Amandine et Henri ont déniché un lieu magnifique pour y installer 4 bulles, tout près de l'un des Plus Beaux Villages de France.

Somn'en Bulle. © FRANCK TOURNERET

TOP 5

ACTIVITES

Le département de par sa géographie très contrastée, est un petit paradis pour les amateurs d'activités de pleine nature mais pas seulement ! Balade culturelle dans un château, promenade sur une ancienne voie ferrée, détente au spa, découverte du Lot et de ses paysages en bateau, épopée en moto électrique...

AIR GLOBE

Olemps
Partez à la découverte des chemins aveyronnais au guidon de fun-ebike : de drôles de machines qui ressemblent à un vélo, mais se pilotent comme un scooter.

© JMP AIR GLOBE

153

O Paddle d'Olt. © O PADDLE D'OLT

84

O PADDLE D'OLT

Sainte-Eulalie-d'Olt
Canoë, kayak, paddle, bateau électrosolaire, vélo aquatique... O'Paddle d'Olt propose différentes montures pour naviguer sur la rivière Lot.

© EGI – STOCK.ADOBE.COM

212

SUR LES RAILS DU LARZAC

Sainte-Eulalie-de-Cernon
La vallée du Cernon, ses paysages somptueux et son patrimoine exceptionnel se révèlent au gré des kilomètres parcourus en vélorail sur une ancienne voie ferrée.

CHATEAU DE BOURNAZEL

Bournazel
Classé Monument historique et labellisé Jardin remarquable, le château de Bournazel, dans la vallée de l'Alzou, a été admirablement restauré.

Chateau de Bournazel. © MAURICE SUBERVIE

128

Les Thermes de Cransac. © CORENTIN MOSSIÈRE

92

LES THERMES DE CRANSAC

Cransac
Cransac a conservé des airs de villégiature grâce à ses thermes, et à leur spa, qui accueillent les non-touristes pour des moments de détente.

IDÉES DE SÉJOUR

A moins de deux heures des métropoles Toulouse, Montpellier et Clermont-Ferrand, et à mi-chemin entre la mer Méditerranée et les massifs auvergnats, le département est une destination prisée des touristes en quête de campagne, de détente, mais aussi de découvertes. Avec ses grands espaces préservés, ses villes à taille humaine dans lesquelles on prend plaisir à déambuler, ses lacs, ses montagnes et ses nombreux trésors insolites, l'Aveyron a des ressources et du tempérament. Faites vos valises et venez le constater par vous-même le temps d'un séjour. Parmi les innombrables spots inspirants et activités séduisantes qu'offrent le territoire, nous vous proposons cette fois de découvrir deux facettes incontournables du département : des savoir-faire d'excellence, dont il est possible de découvrir les coulisses, et des activités de pleine nature, à pratiquer sur un terrain de jeu immense.

LA ROUTE DES SAVOIR-FAIRE AVEYRONNAIS

L'Aveyron est l'un des départements les mieux dotés en Entreprises du Patrimoine vivant, un label qui distingue les savoir-faire français artisanaux ou industriels d'excellence. Il est aussi riche de talents, sans étiquette notoire, qui œuvrent aussi dans les règles de leur art. Tous participent activement à l'animation de leur territoire ; et la plupart aime partager métier et passion avec le grand public. De Laguiole à Millau, en passant par l'Ouest du département, nous vous proposons un voyage à la découverte de ces hommes et de ces femmes qui sont les ambassadeurs de l'Aveyron et de ses traditions. Prévoyez une dizaine de jours pour savourer chaque étape, et admirer au passage les paysages et le patrimoine.

› Laguiole

On aurait pu démarrer dans n'importe quel coin du département : l'excellence y est présente partout ! On a choisi Laguiole, championne à nos yeux, en termes de savoir-faire remarquables. Le fief du chef Sébastien Bras (attention, une table dans son restaurant Le Suquet se réserve plusieurs mois à l'avance !) se distingue en effet à plusieurs titres. Laguiole est la ville du couteau, du fromage et depuis peu, du whisky ! Plusieurs couteliers, parmi lesquels La Forge de Laguiole et Benoît l'Artisan entre autres, mais aussi la coopérative Jeune Montagne et la distillerie Twelve, ouvrent les portes de leur entreprise et ateliers aux visiteurs. Prévoyez à minima deux journées sur place.

› Sauveterre-de-Rouergue

Après l'Aubrac, direction l'Ouest et le Ségala, à 85 km. Sauveterre-de-Rouergue cumule les lettres de noblesse. Bastide royale, le bourg est aussi auréolé du titre de Plus beau village de France et labellisé Ville et métiers d'art. Il abrite le restaurant étoilé du chef Michel Truchon et les ateliers d'une bonne quinzaine de créateurs. Max Capdebarthes, maroquinier, organise notamment des visites sur rendez-vous de ses ateliers, dans lesquels ils travaillent le cuir avec passion.

› Naucelle

Si vous êtes amateur de ce type de découvertes économiques et artisanales, nous vous conseillons de parcourir les sept petits kilomètres qui vous séparent de Naucelle et de la conserverie La Naucelloise, qui cuisine dans ses marmites, l'un des meilleurs tripous de France ! Après la découverte accompagnée de l'entreprise et de ses artisans, vous dégusterez une sélection de produits maison : tripous évidemment, mais aussi pâtés et jambonneaux.

› Layrolle

100 kilomètres plus bas -et presque autant de virages !- c'est Layrolle, minuscule hameau sud-aveyronnais qu'a investi Jean-Pierre Romiguier pour fabriquer son sac du berger. L'atelier et sa boutique sont ouverts chaque jour de la semaine. Vous y découvrirez des tours de mains traditionnels et artisanaux, au service de produits nobles et intemporels. Une visite magique et un peu hors du temps, qui vaut largement le détour dans cette campagne isolée.

› Roquefort

Toujours au Sud, à une vingtaine de kilomètres, Roquefort est un incontournable ! Berceau du roi des fromages, le village abrite sept fabricants. Vous apprécierez d'y faire une halte les jours où le mercure monte. La visite des caves de l'un ou l'autre offre en effet une bulle de fraîcheur bienvenue (prévoyez toutefois un vêtement chaud : il fait 10° là-dedans !) et un joli moment de gastronomie. La promenade sous terre se termine en effet traditionnellement par une dégustation de roquefort.

© BERNARD GIRARDIN - STOCK.ADOBE.COM

Le village de Creissels.

› Creissels

En rejoignant Millau, vingt-cinq kilomètres plus loin, vous passerez par Creissels, un charmant petit village abrité sous les piles du viaduc. Le magasin des Terres cuites de Raujolles, en bord de route, est une étape à part entière sur cette route des savoir-faire aveyronnais. Le showroom de la famille Rivière, qui fabrique à la main des carreaux en terre cuite depuis cinq générations, est un véritable plaisir pour les yeux, et une source d'inspiration infinie pour aménager sa maison, cuisine et salle d'eau en tête.

› Millau

Millau se trouve trois kilomètres plus loin et clôture en beauté cet itinéraire dédié aux savoir-faire. Comme à Laguiole, les entreprises et talents remarquables y sont légion. Millau, berceau de la ganterie, abrite encore aujourd'hui plusieurs fabricants et créateurs, ainsi que des mégisseries et tanneries. La Maison Fabre, L'Atelier du Gantier ou encore Causse Gantier ouvrent les portes de leur manufacture et boutique au grand public. L'occasion de faire quelques emplettes et de clore le chapitre des vacances aveyronnaises.

L'AVENTURE EN NATURE

Ce séjour s'adresse à ceux qui n'auraient que quelques petits jours pour découvrir notre département, à l'occasion d'un week-end prolongé par exemple. L'Aveyron, avec ses grands espaces, ses lacs et ses rivières, est un territoire d'aventures. Il offre l'opportunité de découvrir des activités sportives, et d'autres plus douces, et de partager ces moments d'émotions avec ses proches.

› Salles-Curan

Rendez-vous sur le Lévézou, au lac de Pareloup. Les campings et chambres d'hôtes y sont pléthores. Vous n'aurez aucun mal à trouver où loger pour partir à l'assaut des eaux de ce lac artificiel, parmi les plus vastes en France. Pêche aux carnassiers dans les anses sauvages, ski nautique, jet ski, planche à voile, bateau à pédales… Le site décline d'innombrables possibilités d'activités. Pourvu qu'on se sente comme un poisson dans l'eau !

› Comprégnac

Le chemin vers Comprégnac vous fera serpenter par les routes en surplomb des raspes du Tarn. Un belvédère permet de s'arrêter et de profiter des paysages verdoyant et du panorama qui s'ouvre jusqu'au viaduc de Millau. Tout en bas, la rivière offre de nouvelles opportunités de loisirs. Canoë-kayak et paddle ou canyoning vous emmèneront à la découverte de nouvelles pépites naturelles, dont la cascade des Baumes, digne des plus belles cartes postales de bouts du monde. Notez que le prestataire Canoëscapade propose de naviguer à « l'heure des castors », de 18 heures à 21h30, pour prendre l'apéro sur l'eau.

› Millau

Troisième et dernier jour à Millau, surnommée le paradis des sports de pleine nature. La cité du Gant, qui accueille les Natural Games en juin -un festival de sports outdoor- est en effet le repaire des vacanciers les plus téméraires. La viaferrata de Liaucous et le site de Boffi, ainsi que les écoles de parapente de la ville vous permettront de prendre de la hauteur et de finir ce week-end d'aventures aveyronnaises la tête dans les étoiles -ou du moins dans les nuages !

PASSEPORT

DÉCOUVRIR

L'Aveyron est un territoire favorisé. Par sa géographie, mais aussi par son histoire, qui lui ont donné de sérieux atouts pour briller aujourd'hui dans tous les domaines. Outre ses paysages, dont la diversité et la majesté transportent, et son patrimoine remarquable, qui balaie plusieurs époques depuis le Moyen-âge jusqu'au récent viaduc de Millau, le département a démarré ce troisième millénaire sous les meilleurs auspices. Pays de caractère, à forte vocation environnementale, mais aussi pays de savoir-faire, l'Aveyron peut aussi se vanter d'une exceptionnelle qualité de vie et du dynamisme de ses habitants. Venez donc découvrir cette authenticité et cette énergie, ces valeurs et cet art de vivre, au gré de quelques jours de vacances dans ce beau département. L'aventure, les émotions, le dépaysement, le plaisir, seront sans aucun doute au rendez-vous. Et les souvenirs indélébiles.

ÉLEVAGE

En Aveyron, l'agriculture est une composante majeure, en matière économique et environnementale. Elle est omniprésente et met en valeur les espaces, les paysages, les terroirs, de l'Aubrac aux Grands Causses, de la vallée du Lot au Lévézou, du Rougier de Marcillac jusqu'au Ségala. Toutes les productions sont représentées, mais l'élevage toutefois domine, en raison d'une géographie contrastée majoritairement classée en zone de montagne. Le Nord Aveyron et l'Ouest continuent ainsi de concentrer les exploitations bovins viande et lait. Quand le Sud se caractérise par l'élevage ovin viande et lait. Ces activités se distinguent par leur diversité. Elles se définissent aussi par leur noblesse. De nombreux produits sont en effet couronnés d'un signe officiel de qualité. Et les hommes, les éleveurs, sont portés par une volonté tenace de vivre de la terre et d'animer les campagnes dans lesquelles ils évoluent.

L'élevage, composante majeure du département

Le 25 mai, rituellement, c'est la montée des vaches vers l'Aubrac ; le jour de la grande fête de la transhumance. Les bêtes, décorées de houx, fleurs, cloches et sonnailles, grimpent vers les hauts pâturages pour y passer l'été. Le 25 mai, traditionnellement, tout est clos sur le plateau, mais des milliers de curieux assistent -quand le contexte sanitaire le permet !- à la manifestation. Car au-delà du folklore, des réjouissances et autres ripailles qui sont associées aux festivités, la transhumance constitue une véritable vitrine pour le travail des éleveurs du territoire. Ailleurs dans le département, d'autres événements témoignent aussi de cette prégnance de l'agriculture en Aveyron, et notamment de l'importance des activités liées à l'élevage. Chaque mardi matin, les maquignons se tapent dans la main sous le foirail de Laissac, où s'échangent veaux, vaches, taureaux et broutards. Au mois de mars, Laguiole et Baraqueville célèbrent les bœufs gras de Pâques. En juin, c'est Réquista qui fête sa brebis lacaune. Tandis qu'à l'automne, La Davalada marque le retour des vaches à la ferme, au terme de six mois passés dans les estives. Toute l'année, ce sont ainsi la dynamique et la qualité des filières d'élevage aveyronnaises qui sont valorisées auprès du grand public. Classé à 94% en zone de montagne, l'Aveyron est en effet un territoire dont les reliefs très contrastés sont favorables au développement des races bovines et ovines -viande et lait- mais aussi caprines et porcines. Les exploitations sur lesquelles s'épanouissent vaches et brebis sont cependant les plus nombreuses. Le département compte plus de 217 000 têtes de vaches, pour 5 180 fermes, situées principalement au nord et à l'ouest. Tandis que près de 750 000 brebis gambadent sur les terres agricoles du Sud-Aveyron et plus précisément dans le périmètre du bassin de Roquefort. La manne économique engendrée est évidemment conséquente -l'agriculture, dans sa globalité, représente à elle seule 10% des emplois du département- mais le gain en terme d'image de marque du territoire est aussi considérable. L'excellence de la production aveyronnaise est en effet reconnue partout en France.

Vache de race Aubrac.

Deux races locales

La race bovine aubrac et la brebis lacaune concourent notamment à cette notoriété. Les historiens pensent que les vaches aubrac sont installées sur le plateau éponyme depuis de nombreux siècles. Ce seraient les moines de la dômerie, fondée en 1120, qui les auraient acclimatées à ce territoire isolé. À cette époque, elles servaient à tout : les bœufs labouraient les champs et tiraient les chariots ; les vaches donnaient du lait pour le fromage et pour leur veau ; leur cuir partait chez le tanneur, et leur corne, chez le coutelier… Aujourd'hui, la vache aubrac,

© IRINA PETRUSEVICH - SHUTTERSTOCK.COM

Elevage de brebis Lacaune.

aux cornes si caractéristiques, à la robe ocre et aux yeux sublimes comme maquillés de khôl, est essentiellement destinée à la production de viande. Elle incarne aussi le travail d'éleveurs passionnés, et plus largement, un territoire préservé et de caractère. L'écrivain Daniel Crozes la décrit d'ailleurs en ces termes : « La race aubrac constitue un élément à part entière du paysage et du patrimoine, au même titre que les croix de basalte érigées à la croisée des chemins, les drailles de la transhumance, les burons, les lavoirs des villages ou les églises romanes, les toits de lauze ». Au Sud du département, c'est la lacaune, l'emblématique brebis du rayon de Roquefort, qui tient la vedette. Seule autorisée par le cahier des charges de l'AOP fromagère, elle tient son nom d'une ancienne cité thermale située dans le Tarn. Façonnée pour le territoire, après croisement de plusieurs races locales, on la reconnaît à son port de tête altier -dépourvu de cornes- et à ses longues pattes, prolongées de petits sabots qui lui permettent de crapahuter sur les cailloux. Nourrie d'herbe et de foins produits pour trois quarts au moins sur l'exploitation, elle produit, chaque jour, 2 à 3 litres de lait pour l'industrie du roquefort, et contribue, par-delà cette fonction, à entretenir la vocation agropastorale des Grands Causses, reconnue au Patrimoine mondial de l'Unesco.

Et plusieurs signes officiels de qualité

L'agriculture aveyronnaise, et plus particulièrement les activités d'élevage, sont ainsi d'une richesse extraordinaire, de par la diversité des territoires et des traditions perpétuées, mais aussi du fait du travail d'hommes passionnés. Le département se démarque en effet par un grand nombre de produits sous labels et signes officiels de qualité et d'origine. L'AOP roquefort est assurément la plus notoire. C'est aussi la plus ancienne et la première en France : le célèbre fromage bénéficie de l'appellation d'origine depuis 1925 ! Dans son sillage, le laguiole, fromage de l'Aubrac à croûte séchée et le bleu des Causses, une pâte persillée fabriquée avec du lait de vache, ont aussi conquis leurs lettres de noblesse. Le pérail quant à lui, un petit fromage au lait entier de brebis lacaune, se bat depuis 1994 pour obtenir cette précieuse étiquette, qui couronne la typicité des produits et le savoir-faire des hommes dans une aire géographique déterminée. Côté viande, le département compte aussi plusieurs filières de qualité. L'agneau fermier des Pays d'Oc, l'agneau laiton de l'Aveyron, le bœuf fermier Aubrac et le veau d'Aveyron et du Ségala sont couronnés du Label Rouge, qui récompense des conditions de production strictes et un niveau de qualité supérieure. On peut rajouter à cette énumération les nombreux éleveurs qui ont fait le choix du bio et arborent le label AB -Agriculture biologique. Ils sont aujourd'hui près de 700 à incarner une éthique et une agriculture respectueuse des hommes et de l'environnement. Notre département, enfin, a également sa propre signature, « Fabriqué en Aveyron », portée par le Conseil départemental, « pour mettre en valeur les savoir-faire et les filières emblématiques ». Nombres d'éleveurs ont d'ailleurs déjà misé sur cette image, symbole d'authenticité, de simplicité et de naturalité ; symbole aussi, d'un territoire qui donne le goût des bons produits de terroir. Il n'y a qu'à pousser la porte des restaurants du département pour le constater. Le bien-manger est une véritable religion en Aveyron.

GÉOGRAPHIE

Roquefort, le viaduc de Millau, l'abbatiale de Conques, l'abbaye de Sylvanès, la cathédrale de Rodez, les bastides du Rouergue, les cités templières sont autant de repères dans la géographie aveyronnaise. Ces édifices ou villages emblématiques jalonnent un territoire qui offre du grand air mais aussi de nombreux horizons. Le profil de l'Aveyron est en effet très contrasté. Entre les contreforts du Massif central tout en haut et les rougiers à l'autre extrémité, distants de 150 km à vol d'oiseau –plus de 220 par la route !- les paysages défilent. Les grands espaces de l'Aubrac, le décor austère de l'ancien bassin minier de Decazeville, le pourpre des vignobles de Marcillac, les plateaux calcaires des Causses, les terres arides du Larzac, le vert profond des gorges du Tarn ou celui plus nuancé des lacs du Lévézou se côtoient en effet de près et constitue la richesse d'un département réputé pour sa qualité de vie et son sens de l'accueil.

Un paysage contrasté

L'Aveyron a un relief très diversifié au sud du Massif central. Malgré un poids de moins en moins lourd de l'agriculture, le département garde une vocation essentiellement agricole, relayé par un niveau tertiaire grandissant et l'exploitation du tourisme qui s'affirme d'année en année. Grâce à son étendue, l'Aveyron est le plus vaste département de Midi-Pyrénées et le cinquième au rang national avec une superficie atteignant les 8 735 km². A l'est, s'étalent des massifs montagneux où se rencontrent les plus hautes altitudes : le Puech de Cazalets sur les monts de l'Aubrac (culminant à 1 463 m), le Lévézou (culminant à 1 155 m) et les Grands Causses pouvant avoisiner les 1 000 m. Les cours d'eau, se dirigeant tous vers la côte atlantique, ont creusé de profondes vallées. D'est en ouest, le relief s'étage en paliers successifs formant des plateaux, cristallins comme le Ségala, ou calcaires comme les Causses. Les contrastes sont parfois saisissants entre les hauts plateaux et les profondes vallées, tant par le style de vie, que par l'architecture, les cultures ou le climat. Les températures en Aveyron varient beaucoup en fonction des différents coins du département. Mais de manière générale, elles oscillent entre 0 et 20 degrés. En hiver, la neige se fait de plus en plus rare mais le brouillard et les brumes matinales persistent. Côté ensoleillement, le département, à l'instar de ses homologues du Sud-Ouest, est plutôt bien loti, avec près de 2 000 h chaque année.

Le Tarn à Millau.

Paysages caractéristiques

Entre les monts d'Auvergne et les plaines toulousaines, l'Aveyron offre un paysage aux multiples facettes. Les emblématiques Causses, plateaux calcaires entaillés par des gorges profondes, où l'on retrouve le célèbre plateau du Larzac, sont entourés des avant-causses, paysage de collines et de plateaux aux influences méditerranéennes. Au sud du département les monts de Lacaune et de Lévézou ronds et verdoyants sont voisins avec les Rougiers aux couleurs contrastées où se blottissent villages et châteaux. Au nord les monts de l'Aubrac, hauts plateaux volcaniques, abritent de nombreuses stations de ski. Les vallées du Ségala, qui occupent un large territoire de centre-ouest du département, sont recouvertes de chênes et de châtaigniers.

Cours d'eau et vallées

L'eau est partout présente en Aveyron et alimente 4 000 ha de lacs et 7 000 km de cours d'eau. Les joies de l'eau peuvent se vivre aussi dans des vallées et des gorges profondes. Quatre grandes rivières ont creusé leur lit d'est en ouest : l'Aveyron, qui donne son nom au département, le Tarn qui baigne Millau, le Lot dont les gorges délimitent les monts d'Aubrac du causse comtal, le Viaur, ruisseau puis rivière qui parcourt de part en part le Lévézou et le Ségala. A ces cours d'eau majeurs, il faudrait encore ajouter les rivières de montagne que sont la Truyère, l'Argence, la Selves et le Selvet, sans oublier les boraldes, ces torrents qui dévalent les pentes de l'Aubrac pour se jeter dans le Lot. Même le sud du

© ARENYSAM - SHUTTERSTOCK.COM

Plateau du Larzac.

département, région des causses et des vallons, est terre d'eau. Plus secrète, elle s'enfonce dans les terres calcaires pour former les gorges de la Dourbie, du Tarn ou du Cernon.

Plateaux

Le plateau du Larzac. Il est un des plus célèbres plateaux des Grands Causses. Une altitude comprise entre 600 et 900 m, voisin des causses noirs et rouges, son climat est chaud et orageux en été et enneigé et rude en hiver. Il est bordé par la rivière de la Dourbie. Ils abritent non loin de cinq sites historiques tels que la Cavalerie ou la Couvertoirade datant de la période de l'ordre des Templiers et des Hospitaliers. L'agriculture est très présente sur ce plateau où les troupeaux pâturent pour fournir du lait à Roquefort.

Les plateaux de l'Aubrac. Au nord du Rouergue, c'est là que commence l'Auvergne et que s'arrête le Languedoc. Le calcaire fait place au granit, le climat méditerranéen au climat continental. Des départements du Cantal et de la Lozère, à la vallée du Lot, toute cette région de tradition, dévorée en grande partie par le plateau de l'Aubrac, a su fort bien conserver son histoire et sa culture qui s'expriment à travers son architecture, ses traditions et son savoir-faire. Au cœur des hautes terres du Pays du Haut-Rouergue, déroulant ses impressionnantes immensités, le légendaire et attirant plateau de l'Aubrac profile ses horizons à l'infini. Forêts et pâturages se partagent l'espace où paissent à la belle saison des troupeaux roux, autour des burons, ces chalets dont les toits touchent presque le sol, pour mieux se défendre de la neige en tourmente et où l'on fabriquait, il n'y a pas si longtemps, le fromage et la tomme de Laguiole qui sert à la préparation du non moins fameux aligot.

Le plateau du Carladez. À l'ombre du plomb du Cantal, le Carladez est un vaste plateau basaltique qui est souvent confondu avec celui de l'Aubrac. Il se serait formé à la fin de l'ère tertiaire à partir de laves déversées par l'énorme volcan du Cantal qui dépassait alors 3 000 m d'altitude. Entre les profondes vallées de la Truyère et du Goul, c'est une région harmonieuse et préservée, aux paysages verdoyants. La nature à l'état sauvage est omniprésente et il ne faut pas hésiter à quitter les routes et emprunter les chemins.

Les plateaux du Lévézou. Au cœur du département, entre les vallées du Tarn et de l'Aveyron, le plateau du Lévézou est bordé par la vallée de La Muze à l'est et celles, moins profondes, de l'Alrance et du Lagast à l'ouest. Le paysage a été profondément modifié lorsque EDF a implanté un aménagement hydraulique tel que cinq lacs, d'une superficie totale de 1 800ha, se sont formés. Le plus vaste, Pareloup, est une petite mer intérieure et l'un des plus grands lacs de France de par sa superficie. Toutes les activités nautiques y sont praticables et les pêcheurs, ou tout simplement les promeneurs, apprécieront ce décor paisible de lacs, de pâturages et de forêts telles celles des environs de Saint-Léons.

Sommets et cols

Le signal de Mailhebiau. Point culminant des monts de l'Aubrac à 1469 m, c'est un des derniers volcans identifiables de l'Aubrac. Couvert de pâturages et bordé par le Bés qui se jette dans la Truyère, on peut apercevoir les jours de beau temps le mont Lozère, le plomb du Cantal et même les monts Dores. Au sommet, vous retrouverez une table d'orientation sur laquelle est inscrite un poème louant les mérites et les charmes de l'Aubrac.

Le Puech del Pal. C'est le point culminant du Lévézou, à 1 155 m d'altitude, et la source de la rivière Viaur.

Le Merdelou. Situé sur la commune de Peux-et-Couffouleux, tout près de Camarès, il culmine à 1 110 m et héberge un parc d'éoliennes.

NATURE

L'Aveyron est un département rural, une alliance de grands espaces préservés et d'agglomérations à taille humaine dont l'expansion est maîtrisée. Surnommé le « balcon vert du Grand Sud », le territoire, leader dans la production d'énergies renouvelables et précurseur en matière d'agriculture biologique, compte deux parcs naturels régionaux, Aubrac et Grands Causses. Les deux structures, chacune à une extrémité du département, veillent à protéger et mettre en valeur le patrimoine naturel. Hors des frontières de ces deux réserves, la faune et la flore bénéficient aussi de conditions respectueuses et favorables à leur développement. C'est que l'Aveyron est la patrie de Hippolyte Costes, botaniste réputé auteur d'une *Flore descriptive et illustrée de France*, et de Jean-Henri Fabre, naturaliste et entomologiste éminent, qui ont profondément influencé le caractère authentique du département.

La faune de l'Aveyron

L'Aveyron est le département français où l'élevage des ovins est le plus important. Le pastoralisme, essentiellement dans le sud du département, est le fil conducteur de toute une économie. Il y a bien sûr le roquefort qui est réalisé à base de lait de brebis, mais il y a aussi d'autres spécialités comme la brousse (fromage frais, caillé et égoutté partiellement), la flaune (délicieux gâteau à base de lait de brebis), le pérail (fromage à pâte molle onctueuse, de forme ronde et plate). Sur le Causse du Larzac, de grands troupeaux de brebis de plusieurs centaines de têtes se nourrissent de l'herbe rase du causse. Ce sont essentiellement des brebis de race lacaune qui sont élevées. La filière ovine viande est elle aussi importante et le département produit de très bonnes viandes d'agneaux « élevés sous la mère ».

Côté faune sauvage, l'Aveyron compte de multiples espèces qui évoluent en liberté dans l'immensité boisée. En partant à la cueillette des champignons ou des framboises à la lisière d'une forêt, vous observerez peut-être des empreintes de renards, de chevreuils, de sangliers, et de cerfs dont le brame résonne à l'aube aux époques d'accouplement... Mais aussi de lièvres, de genettes, de belettes ou encore d'écureuils. Ces dernières années, le castor est également réapparu sur les bords du Tarn et de la Dourbie. Chouettes, crécerelles, hulottes, faucons, buses ou circaètes répondent présents en ce qui concerne les oiseaux. Certaines espèces disparues ont été réintroduites c'est le cas du vautour fauve (bouldras) réintroduit dans les gorges de la Jonte au début des années quatre-vingts, grâce au Fonds d'intervention pour les rapaces. On en dénombrerait près de 600 dans les Grands Causses aujourd'hui.

Avec plus de 7 000 km de cours d'eau classés en première et deuxième catégorie, l'Aveyron, baptisé « pays des lacs », est un paradis pour les pêcheurs. La truite fario, poisson type des rivières du Rouergue, le brochet, dont les connaisseurs pourront apprécier l'abondance et la belle taille, la sandre, que vous trouverez plus particulièrement dans les lacs de Saint-Geniez-d'Olt, Castelnau-Lassout ou Golinhac, la perche, et bien d'autres encore révèlent la richesse et la diversité de la faune aquatique de la région. Une mention particulière pour le site Lévézou, « le royaume des pêcheurs «, les lacs de Bages et la Gourde préserve nature et tranquilité, un lieu de prédilection pour la pêche aux carnassiers et aux poissons blancs.

Narcisses sur le plateau de l'Aubrac.

La flore du département

Le Causse du Larzac, sous l'influence des climats méditerranéen et océanique, porte un mélange de végétations de types garrigue et montagne tout à la fois. On remarque d'abord les étendues mouvantes de stipe pennée, une graminée légère que les anciens baptisent « cheveux d'ange », elle est facile à reconnaître et symbolise le causse, elle partage les terres steppiques avec les corolles jaune d'or de l'adonis de printemps. En se penchant ensuite sur le cas des orchidées :

© SORIANOPIX - SHUTTERSTOCK.COM

Vautours fauves dans les grottes de la Jonte.

on constatera que dans le département, elles sont au nombre de 45 espèces et sous-espèces (sur un total de 150 en France), dont la rare et magnifique ophrys de l'Aveyron, que l'on admire et protège en ne la cueillant jamais. L'iris nain se rencontre dès le mois d'avril, juste après la floraison de l'hellébore. On lui préfère sans hésitation le parfum de jasmin des petites fleurs rose fuchsia du daphné des Alpes. Parmi les buissons, le cornouiller mâle se signale par de petites fleurs jaunes en grappe (alors que son fruit est rouge rubis) et la busserole, aussi appelée « raisin d'ours » porte des fleurs rosées en forme de grelot... A ces quelques exemplaires, l'Aubrac répond avec la même exubérance, comme si la nature jaillissait du sol après des mois de neige. Des prés entiers se couvrent de crocus, les jonquilles forment des tapis jaunes qui tentent la gourmandise des vaches et forment de bien jolis bouquets. On connaît aussi la silhouette de la grande gentiane, dont on apprécie la valeur apéritive, mais beaucoup moins le drosera, une plante carnivore devenue hélas très rare. Le thé de l'Aubrac (sarriette à grandes fleurs - Satureja grandiflora ou calament à grandes fleurs - Thymus grandiflora) parfume infusions et alcools. Les narcisses, abondants, sont toujours utilisés dans les parfumeries de Grasse. Un promeneur bucolique ne pourra manquer de rencontrer l'une des 2 000 espèces végétales de l'Aubrac et aura peut-être la chance d'admirer une belle et rare tulipe sauvage. Pour en savoir plus, on vous conseille les ouvrages d'Hippolyte Costes, botaniste réputé qui a présidé la Société de géographie botanique à Paris. Curé de campagne, originaire de Balaguier-sur-Rance, son encyclopédie intitulée Flore descriptive et illustrée de la France, de la Corse et des contrées limitrophes, est toujours une référence.

Parcs et réserves naturelles

Parc naturel régional des Grands Causses

Créé le 6 mai 1995, ce parc met en avant le fort intérêt naturel et patrimonial de la région millavoise : 93 communes sont réparties sur 330 000 ha. Les paysages variés autour de Millau, place centrale, reposent sur une alternance de causses (Larzac, Causse noir, Causse rouge ou de Sauveterre) et de gorges (Tarn, Dourbies, Jonte) où la cité occupe une « cuvette » au pied des montagnes et au confluent des rivières. L'objet du Parc est avant tout de protéger et mettre en valeur le patrimoine naturel (faune et flore) et soutenir les activités traditionnelles et veiller à un développement respectueux.

Informations complémentaires : www.parc-grands-causses.fr

Parc naturel régional de l'Aubrac

Le classement est officiel depuis la fin du mois de mai 2018. Après des années d'études et de travaux préliminaires, l'Aubrac est le 53e Parc naturel régional de France. A cheval sur trois département - Aveyron, Cantal et Lozère -, le plateau réunissait tous les éléments pour cette labellisation. La nature y est généreuse et les paysages grandioses. Et le patrimoine agropastoral - bâti et culturel - tout simplement exceptionnel : vestiges ruraux médiévaux, burons, drailles, et pratiques agricoles - dont la transhumance - toujours très vivantes. Cette reconnaissance célèbre donc un territoire, mais aussi ses hommes et leur savoir-faire. Les couteaux de Laguiole témoignent de productions artisanales et identitaires fortes, l'aligot et le fromage de Laguiole, de traditions gastronomiques de qualité.

Informations complémentaires : www.parc-naturel-aubrac.fr

DÉCOUVRIR

HISTOIRE

À la croisée des civilisations, l'histoire de l'Aveyron se confond avec celle de la France. Le département a vécu les mêmes épisodes que la mère patrie et connu, entre autres, les Wisigoths, les Barbares, la guerre de Cent Ans et l'invasion des Anglais... Le département toutefois, à la différence de ses homologues hexagonaux, a été plus profondément marqué par certains chapitres. Le territoire notamment, a hébergé les moines-soldats Templiers et Hospitaliers, qui avaient trouvé là un lieu approprié pour se garder du monde. Plusieurs forteresses et cités du Larzac portent aujourd'hui encore leurs empreintes. Saint-Jacques-de-Compostelle et son illustre chemin ont également laissé des traces. Églises, abbayes et autres édifices religieux jalonnent le département et témoignent de ce passé chargé d'histoire. Plus près de nous, c'est la lutte du Larzac et celle de milliers d'opposants à l'extension du camp militaire qui a braqué les projecteurs sur l'Aveyron.

La Préhistoire

Le squelette fossilisé d'un plésiosaure a été retrouvé en 1986 à Tournemire. Figurant parmi les plus complets découverts en France, ce reptile aquatique témoigne de la présence d'une mer en ces lieux il y a près de 180 millions d'années !

Les premiers hommes, quant à eux, se seraient établis sur les terres des Causses dès l'ère postglaciaire. Cueilleurs et chasseurs ont laissé diverses traces de leur passage : notamment des pointes en silex sur le Larzac ; la grotte de Foissac, située entre Capdenac et Figeac, ; et plus tard, des édifices funéraires ou statues-menhirs. L'Aveyron est ainsi le département français qui compte le plus de dolmens.

Dolmen aveyronais.

L'Antiquité

VERS 700 AVANT J.-C

Vers 700 avant J.-C., les Rutènes, une tribu celte, viennent s'installer au centre de cet espace qui deviendra le Rouergue. Au sommet d'une colline, ils établissent leur capitale, Rodez, baptisée à l'époque Segodonum. En 54 avant J.-C., la Gaule subit l'invasion des Romains. Les Rutènes combattent aux côtés de Vercingétorix. En vain. L'administration romaine quadrille leur ancien territoire et l'exploite. Au sud, la ville de Condatomagus (l'actuelle Millau), profitant de l'argile et de l'eau du Tarn, développe la production de céramiques sigillées, créant l'un des premiers gros complexes dédiés à la production de masse. Ce site de la Graufesenque est toujours visible à Millau.

FIN IVE - DÉBUT VE SIÈCLE

A la fin du IVe siècle et au début du Ve, à l'instar du reste de l'empire, les villes placées sous l'influence de Rome déclinent. C'est aussi l'époque des invasions barbares et sarrasines.

Le Moyen-Âge

La période du haut Moyen Âge est celle de l'évangélisation, moines ou ermites se lancent à la conquête de cette terre, située sur le chemin des pèlerins se rendant à Saint-Jacques-de-Compostelle. La terre du Rouergue semble renaître. De nombreuses abbayes sont fondées, Conques, Aubrac, Sylvanès, Loc-Dieu. Le XIIe siècle voit également l'arrivée des ordres militaires qui prennent possession de nombreux domaines dans le Larzac et le Lévézou. Des fastes de cette époque subsistent quelque 300 églises ou chapelles romanes. Le Moyen-Âge voit aussi se développer plusieurs petits fiefs implantés dans des bastides ou des sauvetés (ou bourg ecclésial). De nombreux châteaux, plus de 500, sont érigés sur les moindres points hauts du département. Les luttes d'influence locales, les mariages et, les alliances font et défont les limites des domaines. Les grands tourments de ces siècles n'ont que peu influencé ce territoire, un peu à l'abri des grands échanges.

XIVe-XVe SIÈCLE

Durant la guerre de Cent Ans, après le traité de Brétigny, le Rouergue passe entre les mains des Anglais sans grand bouleversement pour la population qui s'accommoda assez bien de cette occupation.

De la Renaissance à la Révolution

A l'époque moderne, les guerres de Religion ont plus d'impact et divisent le pays en deux blocs opposés : le nord et Rodez, catholiques sans faille, et le sud, influencé par la doctrine protestante ! Millau, Saint-Affrique et Camarès ont à subir les dragonnades. Mais il semble que l'opposition au pouvoir central ait été plus forte que ces oppositions religieuses et les deux entités gardent une certaine unité.

De la Révolution au XIXe siècle

La Révolution n'a que de légers retentissements dans le département, hormis un épisode tardif : l'assassinat à Rodez, en 1817 d'un procureur impérial. Ce qui donne lieu à la fameuse affaire judiciaire Fualdés, qui a un énorme retentissement en France et en Europe. Certaines villes se lancent dans l'industrialisation ou l'exploitation des richesses du sous-sol. C'est ainsi que sont créées les villes de Decazeville, et plus tard Capdenac. Après avoir connu son maximum de population vers 1886, le département subit inexorablement l'exode rural. Ses habitants prennent l'habitude, dès la moitié du XIXe siècle, de s'expatrier à la recherche de travail. C'est l'époque où les Aveyronnais « montent » à la capitale. A Paris, ils constituent une communauté forte qui va prendre en grande partie le marché des débits de boissons.

1971

En Aveyron, 1971 marque le début de la lutte du Larzac. Les paysans sud-aveyronnais, rejoints par des militants de tout bord, s'engagent dans une bataille collective qui durera 10 ans, pour s'opposer à l'extension du camp militaire de La Cavalerie.

XXIe SIÈCLE

Aujourd'hui

Malgré une forte dominante rurale et un enclavement certain, le département de l'Aveyron sait mettre à profit ses nombreux atouts et ressources. Dynamique, ambitieux, moderne, le territoire brille par ses grands espaces, son patrimoine, son agriculture, ses traditions et sa qualité de vie.

ARCHITECTURE

L'Aveyron est riche d'une histoire singulière et de traditions fortes qui ont laissé leurs empreintes un peu partout sur le territoire. L'ouest du département illustre notamment l'urbanisation et la fondation des villes nouvelles dans la deuxième moitié du 13e siècle, à travers les bastides et leur plan très régulier. Au sud, ce sont les remparts des moines-soldats Templiers et Hospitaliers, et les maisons médiévales autour, qui caractérisent le territoire. Tandis que l'architecture du nord, et de l'Aubrac en particulier, est liée au mode de vie des bergers et à la fabrication du fromage dans de solides bâtisses semi-enterrées. Aujourd'hui, ce patrimoine exceptionnel fait l'objet d'une attention particulière de la part des pouvoirs publics, mais aussi de bénévoles ou d'entrepreneurs déterminés à conserver intacts ces traces d'un autre temps. C'est grâce à eux que l'on peut aujourd'hui découvrir et visiter ces villes et villages, habitats ou édifices.

Les bastides

Cinq villes et villages du Rouergue présentent des critères qui les font qualifier de bastide. Au premier abord, on reconnaît ces lieux à leur plan régulier, plus ou moins orthogonal (un plan qui semble issu du modèle des villes antiques et qui contraste avec l'amoncellement de maisons que furent souvent les villages du haut Moyen-âge bâtis près du château ou de l'église), les bastides ont le plus souvent été construites sur un site vierge. A une époque calme de l'histoire politique du royaume, au début du XIIIe siècle, les puissants mirent en œuvre une véritable politique d'aménagement du territoire, leur but premier était de mettre en valeur les terres. Le deuxième objectif est d'assurer la sécurité publique en regroupant la population dans des centres fortifiés. Au cours d'une période d'un siècle et demi environ, à partir des années 1220, 315 bastides sont bâties de toutes pièces ou constituées à partir de villages existants dans le Sud-Ouest de la France.

Les bastides rouergates

A Villefranche-de-Rouergue, Sauveterre-de-Rouergue, Najac, Villeuneuve-de-Rouergue et La Bastide-l'Evêque. Le modèle-type de bastide est constitué autour d'une place centrale, carrée, voulue comme un lieu d'échange, elle est d'emblée ou sera ensuite bordée de couverts, ces avancées soutenues par des arcades sur lesquelles repose le premier étage des maisons. Des quatre angles partent quatre rues vers l'extérieur, d'autres sont tracées à angle droit et constituent des quartiers de lotissement, à l'origine, les maisons sont souvent de même superficie, les regroupements dus à la fortune se faisant plus tard. L'ensemble de la bastide est entouré d'un mur, parfois d'un fossé. Villefranche-de-Rouergue et Sauveterre-de-Rouergue sont le modèle parfait de cet urbanisme géométrique et planifié : une grande place au centre où se concentre l'activité économique, politique et judiciaire, une enceinte fermée, dont les portes se trouvent au débou-

Burons de l'Aubrac.

ché des quatre rues principales, un fossé, par la suite comblé et souvent transformé en boulevard périphérique. A Villeneuve-d'Aveyron et à Najac, la bastide s'est superposée à un habitat déjà existant. Enfin, La Bastide-l'Evêque, fondée en 1280 par l'évêque de Rodez, se distingue par la petitesse de son plan dont le centre est occupé par une église des XIVe et XVe siècles.

Les burons

Ces constructions traditionnelles sont le signe de l'Aubrac, d'un mode de vie et d'une époque. On appelle ainsi les maisons rustiques dans lesquelles les bergers venaient passer l'estive. Construits en basalte et en granit, les burons sont à demi enfoncés dans la terre pour se protéger du froid et du vent ! Leur toit de lauzes rejoint souvent le sol. L'intérieur est austère, on y entre par une porte basse. Une ou deux pièces le composent : une salle commune au sol en terre battue ou dallée de pierre, éclairée d'une petite fenêtre au sud et une cheminée ! Une salle de travail où les buronniers pressent le lait caillé et fabriquent les fourmes de fromage. S'y ajoute une cave d'affinage. Bien que la fabrication de fromage ait été effective depuis l'époque romaine, elle n'a pris de véritable ampleur qu'au XIXe siècle. Le nombre de burons a alors considérablement augmenté sur l'Aubrac, atteignant les 300, et 1 200 saisonniers y travaillaient au début du XIXe siècle.

Les commanderies hospitalières

L'opulence de ces commanderies, basée sur leurs activités agropastorales, leur bonne conduite par les ordres religieux, l'absence de grandes destructions au cours des siècles expliquent l'importance de l'héritage actuel. Depuis de nombreuses années, le Conseil départemental s'efforce de conserver et de mettre en valeur ce patrimoine, il a créé à cet effet le conservatoire du Larzac templier et hospitalier, constitué de scientifiques et d'acteurs de la vie politique, ainsi a été mis en place un centre d'information. De lui dépendent différents lieux d'information mis en place dans les commanderies elles-mêmes. Il organise, également, des circuits de découverte du Larzac templier et hospitalier. Ces sites sont remarquables par leur architecture : ils ont conservé les murailles et fortifications érigées entre le XIVe et le XVe siècle, les constructions médiévales et les maisons opulentes des XVIIe et XVIIIe siècles. On retrouve dans leurs rues une ambiance médiévale, comme si le temps s'était arrêté. Ils ont bénéficié de programmes de restauration et sont le cadre d'animations médiévales au cours de l'été.

Les châteaux : la route des seigneurs du Rouergue

Cette association regroupe 19 châteaux en Aveyron, Lot, Tarn et Cantal. Notre département en

Château de Najac.

particulier, connaît une belle abondance, dont on recherche les origines dans le passé politique de ce vaste territoire, est aussi due à la position de ce département, au carrefour des voies nord-sud, vers Saint-Jacques-de-Compostelle ou vers la mer. La plupart de ces maisons fortes naquirent entre les Xe et XIIe siècles, la fondation médiévale a ensuite été modifiée au cours des siècles, agrandie à la fin du Moyen Âge et rendue plus confortable à la fin des époques troublées, puis elles sont devenues des résidences d'agrément entre la Renaissance et le XVIIIe siècle.
Ces châteaux ont en commun d'avoir bénéficié d'importants travaux de rénovation de la part de leurs propriétaires privés ou publics. Grâce à l'association La Route des Seigneurs du Rouergue chacun s'est doté d'une plaquette de présentation qui invite à leur découverte. Cette plongée dans un autre univers, hors le temps, comporte une visite des parties restaurées de ces demeures. Les visites guidées ont l'avantage de faire vivre les lieux et des installations de découverte parachèvent cette intention. Selon le château, ce peut être une illumination qui magnifie l'architecture, des animations en costumes d'époque, la reconstitution d'un siège, des joutes de chevalerie ou le chant des troubadours, certains jardins ont été recréés et peuplés d'animaux. Ces demeures aménagées pour la visite sont aussi devenues de superbes terrains de découverte pour les enfants. L'abondance est telle, la mise en valeur si réussie qu'on a l'impression, à chaque carrefour, de mettre ses pas dans ceux d'un chevalier en armure ou de quelque manant qui contemple, les yeux écarquillés, les belles demeures d'antan. L'art est ici d'avoir su conserver ces lieux vivants.

BEAUX-ARTS

L'Aveyron est une terre de savoir-faire. Ça ne fait aucun doute. Où que l'on aille en France, il y a toujours quelqu'un pour savoir que le roquefort ou les couteaux laguiole sont fabriqués dans notre beau département. Ce n'est pas forcément le cas quand on parle de beaux-arts, même si Pierre Soulages, l'un des peintres contemporains les plus connus au monde, est né sur le Piton. Son musée, inauguré en 2014, a indéniablement attiré la lumière sur notre territoire. Mais avant lui, d'autres artistes, collectionneurs ou mécènes ont beaucoup œuvré au service de l'art. Maurice Fenaille, un industriel, a notamment fait don d'un magnifique hôtel particulier pour abriter le musée qui porte son nom à Rodez. Le peintre Toulouse-Lautrec a passé une partie de son enfance et de ses vacances dans le château familial du Bosc à Camjac. Et aujourd'hui, de nombreux artistes, artisans d'art et acteurs culturels, partout sur le territoire, entretiennent cet héritage.

Soulages, l'ambassadeur

Le 20 octobre 2010, Pierre Soulages posait la première pierre de son musée ruthénois, à quelques pas seulement de la maison de la rue Combarel qui l'a vu naître en 1919. Imaginée par les architectes calatans RCR, la structure est destinée à abriter l'importante donation consentie par Pierre Soulages et son épouse, Colette, à la communauté d'agglomération du Grand Rodez. Elle se compose de peintures sur toile et sur papier -dont un ensemble majeur de brous de noix ; des compositions rares dans les collections publiques- d'eaux-fortes, lithographies et sérigraphies –tout l'œuvre imprimé de l'artiste- et des cartons préparatoires aux vitraux de Conques. Aujourd'hui, le musée Soulages, composés de parallélépipèdes successifs bardés d'acier corten rouge sombre, est comme Pierre Soulages l'avait imaginé. Pas un mausolée qui lui serait entièrement dédié mais plutôt un établissement ouvert, avec une salle d'exposition temporaire à la programmation de portée nationale et internationale. Calder, Picasso, Le Corbusier, et plus récemment Le Chat de Geluck sont notamment passés par cet espace de plus de 500 m^2. Il faut dire que Pierre Soulages est l'artiste contemporain le plus connu au monde. Ce fils d'artisan est d'ailleurs présent dans de nombreux musées. Né à Rodez en 1919, il a fréquenté très tôt les ateliers d'artisans de sa rue natale : bourrelier, menuisier, imprimeur, ébéniste, maréchal-ferrant et manifesté son intérêt pour son pays et ses caractéristiques : les paysages des Causses, les énigmatiques statues-menhirs et les églises romanes entre autres. Il raconte d'ailleurs que c'est à Conques, adolescent, qu'il a découvert sa vocation pour la peinture, à laquelle il décide de se consacrer tout entier. Après la guerre, Pierre Soulages, proche des artistes expressionnistes abstraits tels Klein, Rothko, Newman ou Pollock, obtient une première reconnaissance comme artiste non figuratif. Mais c'est en 1979 que sa peinture uniformément noire, son Outrenoir, lui assure une notoriété universelle.

Musée Denys-Puech.

Rodez, la ville aux 3 musées

On a l'habitude de comparer les musées du Grand Rodez à une flotte, dont le musée Soulages serait le vaisseau amiral. Avec le musée Fenaille, dédié à l'archéologie locale, et le musée Denys-Puech qui abrite la donation du sculpteur et une partie d'art contemporain, il forme un ensemble complémentaire.

Toulouse-Lautrec et son château familial du Bosc

Le musée Toulouse-Lautrec à Albi détient la plus importante collection publique au monde consacrée au peintre. Tableaux, lithographies, dessins et affiches y reflètent les différents talents et facettes de cet artiste qui maintenait des liens solides avec l'Aveyron. Né à Albi en 1864, Henri de Toulouse-Lautrec a en effet grandi au Bosc, un château familial situé à Camjac, dans lequel il reviendra plus tard chaque été. Le deuxième étage de la bâtisse accueille d'ailleurs de nombreux dessins et photos du peintre, dont le souvenir est encore très présent en ces lieux.

RCR – Musée Soulages Rodez.

MUSIQUES ET SCÈNES

En Aveyron, la Pastourelle et l'Escloupeto sont les gardiens des coutumes liées aux danses et musiques rouergates. Les deux groupes folkloriques sont notamment très actifs pour témoigner des traditions locales à travers les représentations de leurs écoles de danse et troupes de théâtres respectives. Plus largement, ce répertoire d'antan est encore très vivant dans le département, notamment dans les mariages et autres célébrations festives où l'on danse volontiers la bourrée ou le brise-pied au son de l'accordéon ou de la cabrette. Le territoire, pour autant, n'a pas oublié de prendre le virage de la modernité, avec des structures d'enseignement de la musique et de la danse, particulièrement performantes et à la page. Et des salles de spectacle, toujours à taille humaine, qui se relaient tout au long de l'année pour offrir aux Aveyronnais une programmation culturelle haute en couleurs.

Les danses locales

Depuis maintenant plus de soixante ans, l'Escloupeto de Rodez raconte la paysannerie rouergate et la vie dans nos campagnes de 1820 à 1880. En ce temps-là, les jeunes filles portaient un jupon et un caraco. Couronnées d'une belle coiffe, elles avaient pour unique bijou un saint-esprit autour du cou. En guise de dessous, qui étaient toujours blancs, elles enfilaient un panti ou pisse-droit –appelé ainsi parce qu'il était troué à l'entrejambe ! Les hommes aussi étaient harnachés de belle manière. Un pantalon à pont, une ceinture de flanelle, une chemise en lin, un gilet ou une blouse, des guêtres et un chapeau. Aux pieds, des sabots pour tous, indifféremment du sexe. Aujourd'hui, c'est encore ce costume qu'arborent les danseurs et musiciens de l'Escloupeto de Rodez, notamment lorsqu'en représentation, ils dansent la bourrée, un grelot agrippé à la cheville. Cette danse en trois temps, leur préférée se déclinent en plusieurs versions qui ont une signification différente. Certaines sont destinées à séduire ; d'autres reproduisent le mouvement d'un pressoir par exemple. Mais toutes s'accompagnent d'un air d'accordéon, de vielle ou de cabrette. Des instruments emblématiques du folklore aveyronnais. À tel point qu'un musée leur est entièrement dédié !

Des instruments caractéristiques

C'est Vines, village préservé de la commune de Cantoin, entre Laguiole, Chaudes-Aigues et Mur-de-Barrez, qui abrite la Maison de la cabrette et des traditions populaires de l'Aubrac, dans un beau bâtiment en pierre de pays. En 2009, qu'André Ricros, expert en musiques traditionnelles, et André Raynal, alors maire de Cantoin, ont en effet imaginé ensemble cette maison singulière. Réunis par l'amour du pays et le respect des ancêtres, ces deux fortes personnalités ont planché pendant trois ans pour concevoir ce lieu dédié à l'Aubrac et à ses richesses, ses savoir-faire et son patrimoine culturel. Cabrettes, accordéons, vielles, mais aussi objets, documents et fonds audiovisuels… Les collections du musée réunissent aujourd'hui des dizaines d'instruments de musiques du XIXe et XXe siècle, dont plus de 200 cabrettes. Ce musée bien vivant présente aussi une reconstitution de l'atelier ancien d'un facteur de cabrette datant du XIXe siècle et un espace d'exposition temporaire. A l'intérieur, Jean-Louis Claveyrole, facteur de cabrette à Mels, et conservateur des lieux, accueille le public. Depuis 2018 et une première extension du bâtiment, les lieux abritent aussi des cornemuses du monde entier.

La musique aujourd'hui

Aujourd'hui, la musique joue toujours un rôle majeur dans la culture aveyronnaise. La plupart des villes possèdent une fanfare et ou une harmonie, une antenne de l'école nationale de musique et de nombreuses formations musicales. Des temps forts comme Tout le monde contre le cancer à Villefranche-de-Rouergue, l'Estivada à Rodez (carrefour des cultures d'oc), le Cap Festival, festival musical itinérant (rock et les musiques actuelles) pour n'en citer que quelques-uns émaillent la vie musicale du département. Ces manifestations sont de véritables scènes où les meilleurs groupes se retrouvent.

Certains lieux ont même acquis leurs lettres de noblesse comme Sylvanès qui est connu à l'échelle européenne comme le centre majeur de musique sacrée. On y dispense de l'enseignement mais c'est aussi un lieu où l'acoustique de l'abbaye permet l'enregistrement de nombreux supports musicaux. Le département possède aussi un chœur départemental de très haut niveau, qui développe la pratique amateur et multiplie les représentations notamment en milieu rural.

De la musique traditionnelle au rock, du répertoire folklorique à la musique classique, tous les styles de musique sont représentés dans le département et force est de constater qu'il

© ANNA55555 - SHUTTERSTOCK.COM

La vielle, instrument emblématique du folklore aveyronnais.

se dégage une nouvelle génération de musiciens de très haut niveau qui participe activement à la vie culturelle de l'Aveyron. C'est le cas du rappeur Lombre qui s'illustre dans son registre au-delà des frontières départementales. Il a notamment été lauréat du Prix d'écriture Claude Nougaro en 2016 et bénéficié du soutien de Big Flo et Oli. En 2021, cet artiste made in Aveyron a sorti « La lumière du Noir », un EP de six titres, inspiré de l'œuvre du peintre Pierre Soulages.

Les salles de spectacle

L'Aveyron, contrairement aux grandes agglomérations toutes proches -Toulouse, Montpellier, Clermont-Ferrand- ne comptent pas de grosses salles de spectacle. Le département s'appuie davantage sur des structures à dimensions humaines dont la programmation offre de jolis moments de culture aux habitants du territoire. Rodez et son Amphithéâtre, d'une capacité totale de 2 500 places assises, mise sur l'éclectisme avec des têtes d'affiche nationale -Francis Cabrel, Hugues Aufray ou Patrick Fiori sont les derniers en date- des humoristes, du cirque, des spectacles d'hypnose, de la musique classique…

A Rodez encore, la MJC se distingue avec une saison culturelle essentiellement dédiée au théâtre. Tout près, à Onet-le-Château, La Baleine, le théâtre municipal, déroule aussi un programme plus centré sur le spectacle vivant, avec du théâtre, de la danse et de l'humour -dont le festival Rire Onet, chaque année au mois de septembre.

Le Club à Rodez, une ancienne salle de cinéma réhabilitée en salle de concert et pôle de création par l'association Oc'Live, peut aussi se vanter d'un beau dynamisme. La structure accueille musiciens et compagnies en résidence ; et reçoit le public entre ses murs à l'occasion de festivals, concerts et autres actions à destination de tous.

Et parce que la danse, la musique, le théâtre sont de puissants leviers pour l'image d'un territoire, son attractivité et son dynamisme, certaines municipalités ou associations jouent un rôle primordial en ce sens, en s'attachant à enrichir la vie des gens par l'accès à la culture, et plus généralement à la convivialité. On peut citer par exemple la salle multiculturelle des Tilleuls à Arvieu dont les 114 fauteuils en gradin et les équipements audiovisuels autorisent de nombreux événements dans cette bourgade rurale. Mais aussi la troupe historique des Comédiens au chariot -elle est née en 1952- qui joue régulièrement dans son minuscule auditoire de la préfecture, et trimballe sa roulotte et son théâtre populaire mais de qualité dans toutes les campagnes du département.

LITTÉRATURE

L'Aveyron a inspiré de nombreux artistes et notamment quelques écrivains reconnus pour leur récit vantant les merveilles du Rouergue. Leurs écrits ont parfois largement retenti au-delà des frontières du département. Jean Boudou, né en 1920, est ainsi l'un des plus grands écrivains en langue occitane. Et l'Ostal Joan Bodon, sa maison natale à Crespin, s'attache aujourd'hui en mettre en lumière la richesse incroyable de son œuvre, qui se décline aussi en français. Plus près de nous, en ce début de siècle, de nouveaux noms font leur apparition sur la scène littéraire nationale, et trustent les pages des journaux et les salons du livre. Olivier Norek, ex-lieutenant de police, dont les parents ont une maison à Aubin, est de ceux-là. Comme une poignée de ses contemporains aveyronnais, il reste profondément attaché à ses racines et à son pays.

Les auteurs historiques

▶ **François Fabié** (1846 - 1928), né à Durenque, est un poète aveyronnais. Son style est proche de celui de Pagnol ; sa prose décrit son enfance dans le Rouergue, un milieu rural proche de la nature. Il a vécu et grandi dans le moulin de Roupeyrac que l'on peut aujourd'hui visiter.

▶ **Antonin Artaud** (1896-1948) n'est pas un Aveyronnais mais il a séjourné à l'asile de Rodez de 1943 à 1946. Il semble que les terribles traitements électrochocs du docteur Gaston Ferdières lui aient permis de se remettre à écrire. En son souvenir, Rodez décerne, chaque année depuis 1951, un prix littéraire.

▶ **Jean Boudou** (1920-1975), enfin, est l'un des plus grands écrivains de l'Occitanie (Joan Bodon), originaire de Crespin. Parent éloigné d'Honoré de Balzac, il a écrit de nombreux romans, poèmes et contes décrivant sa terre natale.

L'Aveyron à la page

Aujourd'hui, plusieurs auteurs, natifs de l'Aveyron, expatriés à la capitale ou les deux pieds encore fermement ancrés dans le département, connaissent un joli parcours.

▶ **Olivier Norek,** originaire du Bassin de Decazeville, est un ancien policier. Il est l'auteur de plusieurs polars, dont *Entre deux mondes*, sur la jungle de Calais, paru en 2017 et qui lui a assuré un succès populaire. *Surfaces*, le roman suivant dont l'intrigue se déroule en Aveyron, et *Impact*, son dernier ouvrage en date, ont achevé de le propulser dans la cour des grands.

▶ **Jean-Gabriel Causse**, coloriste et designer mondialement connu, né à Rodez, est aussi de ceux qui réussissent sur plusieurs tableaux. *Les crayons de couleur*, son premier roman, édité en 2017, a inondé les librairies et séduit les lecteurs par son effet feel-good. *L'algorithme du cœur*, dans lequel il aborde l'intelligence artificielle, semble suivre le même chemin en termes de succès populaire.

▶ **Alain Layrac,** le scénariste de la série culte *Une famille formidable* sur TF1, né à Decazeville, est lui aussi passé au papier avec, entre autres, *Une vie de scénariste*, dans lequel il retrace sa trajectoire professionnelle -avec ses hauts et ses bas- et glisse quelques mots sur son attachement à l'Aveyron : « *Je me sens citoyen aveyronnais et touriste à Paris* ».

▶ **Dans un autre registre, plus identitaire, Roger Béteille et Daniel Crozes** sont des auteurs prolixes. Le premier, géographe, professeur honoraire, spécialiste du monde rural, a écrit une bonne quinzaine d'ouvrages universitaires ou grand public. Ses romans sont les témoins de la vie quotidienne rouergate.

▶ **Daniel Crozes** est l'écrivain du terroir aveyronnais par excellence, avec une cinquantaine de livres à son actif ! *Les barrages du Lévézou et des raspes du Tarn, La cuisine aveyronnaise avant le surgélateur, Les bougnats de l'Aubrac, André Valadier- L'Aubrac au cœur, Les 501 proverbes de l'Aveyron, L'estofi, Les bêtes noires*, et l'ensemble de ses romans constitue un trésor historique particulièrement bien documenté.

QUE RAPPORTER ?

Cuir, textile, bois, pierre, céramique, verre... Les artisans et artisans d'art aveyronnais ont tous les talents. Il faut dire que le département est le légataire d'une histoire riche en savoir-faire, que des hommes et des femmes entretiennent aujourd'hui avec conviction. Le département abrite de nombreux pôles de métiers d'art, dont les plus dynamiques sont à Sauveterre-de-Rouergue et Sainte-Eulalie-d'Olt, ainsi qu'une flopée d'ateliers discrets qui travaillent de manière plus confidentielle. Leurs créations singulières, à la qualité irréprochable, trouveront certainement place dans vos bagages de retour. De la même manière, on ne quitte pas notre département sans un produit gourmand à ramener à la maison, pour soi évidemment mais aussi pour offrir. La gastronomie aveyronnaise est en effet une valeur sûre que l'on a envie de partager avec ses proches, après l'avoir expérimentée au fil de quelques jours sur le territoire.

Les produits gourmands

Vous le constaterez certainement lors de votre séjour : les Aveyronnais sont des chanceux, qui n'ont qu'à tendre la main pour dénicher un pain de campagne, un excellent fromage, de la charcuterie de compétition ou encore une bonne bouteille de vin. Agriculteurs, producteurs et restaurateurs ont naturellement fait le choix de la qualité et la plupart de leurs produits se caseront aisément dans votre valise.

La charcuterie. L'image du cochon tué le dimanche matin dans la cour de la ferme ; avec les copains, les voisins qui mettent tous la main à la pâte, n'est plus celle qui prévaut dans le département. Aujourd'hui, la filière porcine répond en effet majoritairement à des normes industrielles. Mais quelques éleveurs du département continuent cependant de se démarquer, et de se battre pour produire un porc de qualité. De la même manière, les charcutiers entretiennent un savoir-faire traditionnel, avec des matières premières rigoureusement sélectionnées et du temps donné au travail. Leur saucisse sèche, fumée ou non, leur saucisson pur porc, aux noix ou au roquefort, et leur fricandeau (un petit pâté cuit au four dans une crépine de porc) et autre spécialité vont vous faire saliver. Il serait dommage de ne pas partager avec vos proches, non ?

Les fromages. L'Aveyron est aussi un pays à fromages. Notre département peut d'ailleurs s'enorgueillir d'avoir fait naître trois AOC, un gage de qualité bien connu des consommateurs. Le roquefort est un fromage au lait de brebis, produit dans un périmètre déterminé et obligatoirement affiné dans le village qui lui a donné son nom. Crémeux et fort en goût du fait de sa pâte persillée, il est le roi des fromages ! Fabriqué tout près, le bleu des Causses a aussi des tâches de penicillium, mais il est préparé avec du lait de vache. Le laguiole, au lait cru de vache, est le dernier à avoir obtenu la précieuse AOC. Le pérail, le thérondels, le vieux rodez (proche du parmesan) pour ne citer qu'eux méritent aussi d'être connus. Il n'est certes pas aisé de les transporter du fait des exigences en matière de conservation, mais vous apprécierez, une fois rentrés à la maison, de déguster un bout de fromage avec un bon vin rouge de Marcillac.

Les douceurs sucrées. Nous sommes probablement un peu chauvins, mais il faut reconnaître qu'en matière de gâteaux, le département tire aussi son épingle du jeu. La fouace est présente dans la très grande majorité des boulangeries. Son nom est dérivé du latin qui focus, qui désignait autrefois le foyer dans lequel elle cuisait. La fouace a l'avantage d'être facilement transportable. D'ailleurs certaines maisons, à l'image de la boulangerie Cavalier à Campagnac, propose de la vente en ligne et des expéditions partout en France. Le gâteau à la broche, pur beurre, cuit au feu de bois et tourné à la main, les échaudés, les rissoles aux pruneaux font aussi partie de ces spécialités aveyronnaises dont on se souvient longtemps. D'autres artisans ont développé çà et là en Aveyron leur propre gamme de gâteaux moins traditionnels. À Camarès, le biscotin de Guy Majorel est un sablé pur beurre. À quelques kilomètres à Montlaur, Adeline des Délices du Rougier fait un carton avec ses biscuits apéritifs, dont l'apérockfort, parfumé au roquefort.

Fromage de Laguiole.

DÉCOUVRIR

© FRANCK SANSE - STOCK.ADOBE.COM

La fouace, spécialité facilement transportable.

Les boissons. Outre les quelques vins aveyronnais de qualité, marcillac, côtes-de-millau, entraygues-et-du-fel, tous chapeautés d'une AOC, l'Aveyron compte aussi de nombreux fabricants de bière. La Brasserie d'Olt, à Saint-Geniez-d'Olt, a ouvert la voie il y a un peu plus de vingt ans. Après elle, de nombreux autres artisans se sont lancés à leur tour et quadrillent aujourd'hui le territoire. Les Mousses du Rouergue à Decazeville, la Hocq à Saint-Christophe-Vallon, la Brasserie de l'Aveyron à Onet-le-Château, la brasserie du Larzac à Millau, la micro-brasserie LVZ à Alrance entre autres, conjuguent en effet traditions et convictions dans de savoureuses bières locales.

Depuis 2017, l'Aveyron est aussi producteur de whisky. Le presbytère des Anges à Laguiole a servi ses premières bouteilles en novembre 2020. Pour l'apéritif, nous vous conseillons également les recettes de Marius Bonal : la fameuse gentiane d'Aubrac, le pastis aveyronnais, le joli coing ou encore le ratafia.

Les produits fabriqués en Aveyron

L'Aveyron a développé au fil des âges des savoir-faire identitaires forts. Outre les couteaux de Laguiole et les gants de Millau, dont nous présentons les principaux fabricants plus loin dans ce guide, plusieurs artisans misent sur une fabrication locale. Et ce, dans tous les domaines : beauté, mode, maison…

Bien-être et beauté. L'Aveyron bénéficie d'une richesse environnementale précieuse qui a inspiré de nombreux artisans du secteur de la beauté et du bien-être. Le laboratoire du Haut Ségala à Rieupeyroux a ainsi développé une gamme de cosmétiques naturels et biologiques. Même démarche, à une échelle plus artisanale pour Elodie Corocher et sa marque Naturae Bioty à Millau qui crée des cosmétiques écologiques et écoresponsables, ou encore les Secrets d'Elo à Onet-le-Château, qui connaissent un joli succès. Leurs produits sont idéaux pour un cadeau.

Mode. L'Aveyron a aussi donné naissance à des filières remarquables, notamment dans les métiers du cuir, et abrite aujourd'hui de nombreux gantiers et maroquiniers. Le Sac du berger à Marnahgues-et-Latour, a redonné ses lettres de noblesse ce vieux bagage de berger. A Saint-Georges-de-Luzençon, Bleu de Chauffe joue dans le cours des grands avec ses sacs de métier revisités. Les tarifs sont élevés, mais l'effet est garanti. Aussi, l'entreprise millavoise de mode haut de gamme, Catherine André, qui possède plusieurs boutiques en France et a un gros succès au Japon.

Dans un tout autre registre, celui du textile -et à un prix plus abordable !- le T-shirt Propre, fabrication française et écoresponsable, fera à coup sûr plaisir.

Maison. Si l'Aubrac a donné naissance à l'emblématique couteau de Laguiole, le vallon de Marcillac a ressuscité de son côté le Liadou : l'authentique couteau des vignerons du Vallon. Najac et Sauveterre-de-Rouergue ont aussi leur couteau. Mais rappelez-vous que si vous offrez l'un de ces spécimens à un proche ou un ami, la personne qui le reçoit devra vous donner une pièce pour maintenir le lien qui vous unit.

Côté maison, le buffadoo de Jérôme Roux à Laguiole, pour attiser les flammes de la cheminée ou du barbecue, fait aussi partie des beaux objets à ramener chez soi.

Cette liste évidemment est loin d'être exhaustive. Et il y a fort à parier que vous aurez des coups de cœur pour d'autres créations locales lors de votre séjour aveyronnais.

SPORTS ET LOISIRS

L'Aveyron est un terrain de jeu idéal pour les passionnés de sports et de loisirs de pleine nature. Ses paysages hétéroclites et son climat permettent en effet de profiter du grand air toute l'année. Il existe notamment plus de 1 250 kilomètres de grande randonnée dans le département, parmi lesquels le très fréquenté GR65, qu'empruntent les marcheurs vers Saint-Jacques-de-Compostelle. Le territoire est aussi riche de sentiers pour les vététistes, les cavaliers ou les pilotes d'enduro. L'eau, partout présente à travers lacs et les rivières, permet de s'adonner à de nombreuses activités : baignade et pêche évidemment, mais aussi voile, canoë, paddle, rafting… Tandis que les forêts et les reliefs se prêtent à l'accrobranche, à l'escalade ou à la via ferrata : plusieurs sites exceptionnels sont en effet accessibles aux amateurs de sensations, qu'ils soient débutant ou chevronnés, prudents ou téméraires.

Activités de plein air

Randonnées pédestres

Le département a recensé pas moins de 1 250 km de sentier de grande randonnée et bien plus encore de chemins de petite randonnée. Pas un village, pas un site qui n'ait balisé son coin de nature pour vous en faire approcher la beauté le temps d'une journée de marche. La situation et la configuration du département l'expliquent en partie : sa situation géographique l'a mis, au cours de l'histoire, au carrefour des chemins et les évolutions récentes l'ont préservé.

Plusieurs sentiers de grande randonnée traversent l'Aveyron, dont un GR de pays.

GR6, l'itinéraire Alpes - Océan traverse l'Aubrac, les Causses et le Rouergue, une partie de sa route est commune avec les GR65 et GR62.

GR65, le chemin de Saint-Jacques-de-Compostelle appelé Via Podensis, il vient du Puy, passe par Aubrac et rejoint la vallée du Lot par Conques puis se dirige vers Cahors.

GR62, qui vient de l'Aigoual et vise Conques en passant par le Causse noir, Millau et Rodez.

GR36, le tour des gorges de l'Aveyron en passant par Villefranche-de-Rouergue.

GR71C, 100 km pour un circuit Templier Hospitalier.

GR71D, le tour du Larzac.

GR620, une boucle de 170 km pour découvrir les clochers et les horizons du Rouergue.

GR de Pays, un circuit de 150 km autour des monts d'Aubrac.

Bien sûr, si les plateaux et les vallées sont d'excellents terrains de randonnées, il ne faut pas oublier pour autant les forêts dont celles du Causse du Larzac et du Causse noir et celle de l'Aubrac. Cette dernière offre en automne l'occasion d'aller écouter le brame du cerf.

Paysage de tourbière sur le GR 6, près de Prades-d'Aubrac.

© FLORIAN CALVAT - STOCK.ADOBE.COM

Balade à vélo près de Livinhac-le-Haut.

Randonnées à cheval et à dos d'âne

Plus de 1 000 km de piste sont praticables en Aveyron pour les amoureux de la nature et des chevaux. Certains agriculteurs aveyronnais sont d'ailleurs prêts à partager cette passion. Plusieurs fermes équestres sont réparties sur le département et permettent, au choix, de s'initier à l'équitation, de faire des promenades ou des activités d'attelage... Divers itinéraires sont proposés pour sillonner le territoire. Là encore, petits et grands peuvent en profiter à leur aise. De l'aventure liberté à l'aventure sportive, tous les goûts seront satisfaits lors de ces grandes chevauchées sauvages.

Balades à vélo, cyclotourisme et VTT

Pour ceux qui préfèrent partir à l'aventure en deux-roues, il existe de nombreux chemins accessibles aux VTT et au cyclotourisme. Plusieurs topo-guides permettent une découverte variée de l'Aveyron : par exemple le Larzac à vélo ou pourquoi pas le tour des lacs, plus rafraîchissant l'été, pour ceux qui voudraient piquer une tête... Tous les guides sont disponibles au comité départemental de cyclotourisme de Millau.

Chasse, pêche et nature

Pêche

Le département est largement favorisé par un important réseau de rivières et de lacs. C'est une destination réputée en ce qui concerne la pêche des carnassiers et du poisson blanc. Les grandes rivières comme le Lot, l'Aveyron - en aval de Rodez -, le Tarn en aval de Millau permettent de réaliser des pêches mémorables. Les grands lacs du Lévézou - Pareloup (1 200 hectares), Pont-de-Salars, Villefranche-de-Panat -, ceux du Nord-Aveyron - Sarrans (1 000 hectares), la Selve, pour ne citer que les principaux ou celui de Castelnau-Lassout-Lous, un des plus cotés en France pour la pêche de la carpe - sont réputés pour les poissons records qu'ils recèlent. Sur le seul lac de Pareloup, il est fréquent de voir mettre au sec des brochets de plus d'un mètre. Côté carpe, les mêmes possibilités sont offertes. Que ce soit en lac de barrage ou sur la rivière Lot, les spécimens de plus de 25 kilos sont nombreux et la barre des 30 kilos a été maintes fois franchie.

Concernant les pêches nouvelles, l'Aveyron n'est pas en reste. On peut y pêcher le silure sur le lac de Castelnau-Lassout-Lous, le black-bass sur le plan d'eau du moulin de Bannac - près de Villefranche-de-Rouergue -, la carpe de nuit sur près de 400 km de berges ouvertes à cette technique. Si le département est essentiellement tourné vers la seconde catégorie - carnassiers, carpes, poissons blancs - il n'en demeure pas moins que de nombreuses rivières à truites sont présentes. C'est le cas sur le Tarn et la Dourbie en amont de Millau - pêches techniques - ou sur les rivières qui descendent de l'Aubrac - boraldes.

Dans les airs

Mais que sont donc tous ces points multicolores dans le ciel de Millau ? Une foule de privilégiés qui ont décidé de visiter la région autrement, vue du ciel. Millau est en effet un site renommé de vol libre (parapente, deltaplane). Toutes les conditions sont réunies pour pratiquer ce sport une bonne partie de l'année : un ciel clément, plusieurs sites de décollage, la possibilité de voler en local ou de partir en « cross », différentes écoles de vol et... Les innombrables ressources de la région - notamment sportives - histoire de se distraire les jours où l'on ne peut pas voler. Millau favorise ce secteur autant que possible, les décollages et leur accès ont été aménagés et la ville, qui a déjà été le cadre de plusieurs compétitions nationales et de rassemblements de grande envergure.

my petit fute
mon guide sur mesure
A CHACUN SON GUIDE !
1,99 € SEULEMENT
Le lieu exact de votre séjour
Les escapades à 20, 50 ou 100 km
Vos catégories de bons plans préférés
HONFLEUR
TROUVILLE-SUR-MER
ESSAOUIRA
ESPELETTE
A CE PRIX-LÀ, JE N'HÉSITE PAS !
MYPETITFUTE.FR

Parapente – deltaplane

Voici un rapide descriptif de trois sites et de leurs caractéristiques, pour essayer de rivaliser...

▶ **Brunas,** au sud de la ville : c'est un peu le site chouchou des deltistes et parapentistes parce que le décollage est aussi un excellent atterrissage, les conditions sont telles qu'il n'est pas rare de pouvoir y revenir en fin de vol - fini les galères de la récup' ! Le décollage se fait en condition de vent nord à nord-ouest. Le but : rejoindre la mer, à Sète, soit 90 km à couvrir. On peut donc partir en cross sur le Larzac ou voler en local.

▶ **La Pouncho d'Agast :** c'est le bout du Causse noir, qui devient terrain de vol par vent sud, sud-ouest et ouest. Les trois décollages ont été aménagés, de là on part à l'est vers l'Aigoual ou au nord vers le Puy, un pilote a même atteint Saint-Etienne. Le plus : voler accompagné par les vautours sur le Causse noir et dans les gorges de la Jonte.

▶ **Le Puech d'Andan :** la solution de secours, au nord de Millau. Les pilotes se rabattent sur ce décollage par vent sud-est, mais il est moins fréquent que les deux autres, tout comme le site alternatif de Novis (attention cependant ce site est non officiel !). Renseignements auprès du comité départemental (aveyronvollibre.free.fr) ou des écoles de vol de Millau.

Sports d'hiver

Avec l'arrivée de l'hiver, le plateau de l'Aubrac se recouvre d'une fine poudreuse. La neige est partout présente et attire facilement les amateurs de sports de montagne. Si les anciens se souviennent des jours de tempêtes, les plus jeunes apprécient, comme avant, l'esprit d'entraide qui règne sur le plateau pendant ces longs mois d'hiver. Il est alors temps de sortir les skis ou les raquettes. Deux cents kilomètres de pistes de fond balisées relient Brameloup, Nasbinals, Aubrac, Saint-Urcize et Laguiole. Quant aux amateurs de descente, deux stations les accueillent chaque hiver sur le plateau.

▶ **Station de Laguiole (1 000 m - 1 400 m).** La station comporte plusieurs pistes de descente et remontées ; l'une d'elles est même éclairée la nuit, une autre est réservée à la luge. Les amateurs de ski de fond y trouvent 60 km de pistes tous niveaux, reliées au domaine de l'Espace Aubrac. Des sentiers de promenade sont ouverts à tous en forêt.

▶ **Brameloup (1 200 m - 1 390 m).** La station est complète, ses trois domaines de descente, en plein cœur d'une forêt de 40ha, sont dédiés aux débutants comme aux confirmés, répartis entre skieurs et surfeurs, les pistes sont desservies par plusieurs remontées. Le ski de fond se pratique sur piste.

Sports nautiques

▶ **La voile.** De nombreux Aveyronnais pratiquent la voile grâce à la présence de plusieurs lacs. La planche à voile n'est pas en reste que ce soit à Pareloup ou à Villefranche-de-Panat qui présente l'avantage d'être un véritable couloir d'air assurant des conditions maximales pour tirer des bords.

▶ **Le motonautisme** est possible sur tous les grands lacs - Pareloup, Sarrans, Pont-de-Salars. Il est possible de louer des bateaux avec ou sans permis. Un lac comme Pareloup est véritablement le lieu idéal pour pratiquer le ski nautique. Sur les lacs du sud Aveyron - la Jourdanie, Pinet - c'est plutôt la promenade qui est prédominante avec des paysages somptueux.
A noter qu'il est aussi possible de pratiquer l'aviron sur le Lot ou à Pareloup où il existe des structures d'accueil et d'initiation. De nombreux autres lacs de plus petite dimension offrent des possibilités de baignade, de pratique de jeux nautiques - bateaux à pédales, toboggan etc. -, comme entre autres à Privezac, au lac des Galens, lac de Saint-Gervais, la Selves, Brasc. Pour les visites en bateau, les lacs de Pareloup s'y prêtent bien avec une formule découverte et possibilité de repas à bord ou bien dans le sud du département, grâce à une promenade à bord du Héron des Raspes, sur le lac de Pinet.

▶ **Pour les plus jeunes**. Arvieu, Salle-Curan, Villefranche-de-Panat, Pont-de-Salars : sur toutes ces bases de voile des lacs du Lévézou, des activités pour les enfants s'organisent, notamment de l'initiation en optimist, catamaran et planche à voile. Bouée et banane tractée sur l'eau s'avèrent très ludiques, aussi.

Sports d'eaux-vives

Sur les rivières d'eau vive, Lot sur certains secteurs - Vieillevie, la rivière Tarn ou Dourbie - les possibilités de pratiquer le canoë ou le kayak sont nombreuses. En période estivale les loueurs d'embarcations ne manquent pas. Sur ces rivières, les niveaux de difficultés vont de la classe I - facile - à la classe III - difficile. Sur la rivière Aveyron de Compolibat à Villefranche-de-Rouergue : 20 km de classe III s'offrent aux plus sportifs. Le label Point Canoë Nature permet d'identifier les loueurs de qualité affiliés à la FFCK.

▶ **Pour les plus jeunes.** Les cours d'eau du Lot et du Tarn se prêtent bien à la découverte du canoë et du kayak. En été, ces rivières sont assez calmes pour que l'initiation se réalise sans problème.

GASTRONOMIE

Au même titre que les bastides du Rouergue ou le viaduc de Millau, la gastronomie aveyronnaise est un patrimoine. Un bagage culturel que le département entretient avec goût et générosité. Dans ce territoire à prédominance rurale, le bien-manger demeure une véritable philosophie, sinon un art de vivre. Les auberges de campagne, les restaurants, les établissements étoilés sont ainsi une invitation permanente à la gourmandise. De même que les magasins de producteurs qui balisent çà et là le territoire. Le nord du département est ainsi le fief du chef mondialement connu, Sébastien Bras, et d'un plat emblématique : l'aligot de l'Aubrac. On y trouve aussi d'excellentes charcuteries et des fromages au lait de vache. Au sud, pays de la brebis et de l'agropastoralisme, ce sont la viande d'agneau et le roquefort qui trônent sur les tables. À l'ouest, aux confins du Quercy, on mange du *stockfisch* ou *estofinado* : le plat de prédilection de la vallée du Lot.

Spécialités locales

L'aligot

Spécialité de l'Aubrac (Auvergnats et Aveyronnais se partagent cette spécialité !), l'aligot était à l'origine le plat traditionnel des vachers. Cette grosse purée de pommes de terre (attention aux susceptibilités !) mélangée à la tomme d'Aubrac et parfumée à l'ail - ce dernier permet que l'aligot se conserve mieux ! - est très copieuse. Tout l'art de l'aligot est de savoir le faire filer sans le rompre. Il se mange en été comme en hiver.

L'estofinade

Francisation de l'occitan *estofinada*, se prononçant « estofinado », ce plat délicieux se mange essentiellement le long des berges du Lot. Il est préparé à base de morue, de pommes de terre, d'huile de noix, d'ail et de persil. Étrange quand on sait que la morue ne se pêche pas dans les rivières du cru ? Pas tant que ça, si l'on précise que ce sont les échanges économiques entre le Bordelais et la vallée du Lot qui ont conduit à faire connaître ce poisson. En effet, les navigateurs qui descendaient le Lot jusqu'à Bordeaux, accrochaient la morue à la remorque de leurs gabares en rentrant, et la laissaient traîner ainsi jusqu'à ce qu'elle arrive dessalée au pays. La légende veut que l'ancien président du conseil, député maire de Decazeville et plusieurs fois ministres, Paul Ramadier, faisait dessaler ses morues en les plaçant dans la chasse d'eau de ses toilettes !

Préparation de l'aligot avec de la tomme fraîche.

© BARMALINI - SHUTTERSTOCK.COM

Le Roquefort, fromage typique du département.

Les farçous

Encore une spécialité gastronomiques rouergates, dont chaque famille a sa propre recette ! On distingue le farçou maigre (aux herbes, aux blettes ou aux épinards) et le farçou gras (enrichi de lard et de viandes). Ces sortes de beignets vert doré peuvent se savourer en entrée accompagnée d'une salade, et se picorent aussi du bout des doigts à l'apéro.

Les tripoux

A la fin du XIXe siècle, ce plat traditionnel du Rouergue était confectionné par les ménagères agricoles à base de tripes de veau pour le dimanche avant le départ des « pages » (propriétaires des domaines) et de leurs domestiques pour la messe. Ils deviendront ensuite une coutume, servis lors de rencontres entre agriculteurs ou amis de divers horizons. Ce plat très local fut essentiellement conservé par des traditionalistes et on ne le trouvait plus que dans quelques maisons, où la recette était jalousement conservée. Il doit, ensuite, sa notoriété au chemin de fer, et notamment à la construction de la voie ferrée Toulouse-Rodez qui contribua à faire connaître cette spécialité hors du Rouergue où elle fut très vite adoptée comme casse-croûte du matin. Et c'est la foire-exposition de Rodez, en 1966, qui a confirmé leur renommée. Elaborés à partir de la panse de veau, les tripoux ont conquis leurs lettres de noblesse sur les marchés de l'Aveyron. Proposés au petit-déjeuner à la fourchette (comme à Réquista), certains maquignons peuvent en avaler plusieurs dès le matin pour sceller de bonnes affaires. Depuis toujours en Aveyron, les fêtes de villages commencent d'ailleurs le matin par un déjeuner aux tripoux.

À noter que dans le sud du département, on préférera les trénels. Même si l'apparence semble quasi identique, les tripoux et les trénels sont deux plats bien différents. Ces derniers sont préparés à base de tripes et de panse d'agneau. Une pointe de safran relève le tout et en fait un plat plus raffiné que l'on peut déguster avec un Côtes-de-Millau.

Les produits du terroir

Viandes, volailles et gibiers

L'Aveyron est réputé pour ses viandes saines et goûteuses. Agneau, bœuf et veau bénéficient d'ailleurs de labels de qualité. On les trouve chez nombre de bouchers et sur la table de plusieurs restaurants dans le département.

Charcuteries

La charcuterie est un autre incontournable en Aveyron. D'ailleurs, on tue encore le cochon dans certaines fermes. Et dans les restaurants, saucisse, saucisson, pâté et autres charcutailles se servent en planches à partager. La version plus élaborée de ces compétences charcutières se retrouve dans plusieurs conserveries artisanales qui confectionnent terrines, mousses et autres plats cuisinés à partir de canard, oie, sanglier, lièvre...

Fromages, produits laitiers

L'Aveyron est un pays de fromages. Le roquefort est le premier à avoir obtenu une AOC en France. Le sud a ses brebis, ses tommes et ses pérails ; le nord, ses vaches et son fromage de Laguiole, accompagné d'un petit nouveau, l'écir (un pérail mais à base de lait de vache). Tandis que l'ouest est plutôt le terrain des chèvres qui donnent des pélardons vers Camarès et des rocamadours vers Villefranche-de-Rouergue.

Fruits et légumes

Les petits marchés de producteurs sont nombreux et ici, nul ne sacrifie à la qualité. Ce sont sur ces mêmes marchés que vous pouvez rencontrer les grands chefs de réputation nationale et internationale. Ils viennent sélectionner leurs produits auprès des producteurs eux-mêmes. Sébastien Bras bien sûr mais aussi les sœurs Fagegaltier de Belcastel, Truchon à Sauveterre-de-Rouergue, pour n'en citer que quelques-uns. Sur ces marchés, les légumes de pays sont nombreux, beaucoup proviennent de l'agriculture bio... Dans le Sud en début d'été, les producteurs de cerises envahissent les marchés.

Douceurs

L'échaudé. L'échaudé est le plus ancien de tous les gâteaux encore connus en Aveyron. Cité dans une charte datant de 1202, cette très ancienne spécialité biscuitière était également nommée « panis qui disunher eschandatis » (pains appelés échaudés). Ce n'est que plus tard qu'un artisan eut l'idée d'ajouter des grains d'anis à la pâte. La recette n'a guère évolué depuis le Moyen-Âge. La base est un bâton parfumé à l'anis, la forme triangulaire est donnée en rabattant les bords et, un pochage à l'eau bouillante modifie la texture et l'aspect de la préparation. Cette opération rend le biscuit plus digeste, car il perd une partie de son amidon. Une fois égoutté, l'échaudé est cuit au four très chaud (à bois de préférence). Les goûts changent et s'affinent, aussi élabore-t-on aujourd'hui aussi des pâtes plus fines, plus riches, dans lesquelles sont incorporés du sucre, des œufs, ou du miel.

La flaune. C'est le dessert typique du sud Aveyron, la flaune (ou flône), adaptation du mot occitan « flan » ou « flau » est obtenue à partir d'œufs, de sucre, de farine et de recuite (ou brousse), une mousse fromagère obtenue en chauffant à 95 °C du petit lait de brebis, un produit dérivé du roquefort. Parfumée à l'eau de fleur d'oranger, elle est déposée sur une pâte brisée puis cuite au four, sous la cendre et la braise. Selon les recettes, elle comporte encore des zestes râpés d'orange et de citron et de la poudre d'amandes amères qui l'aromatisent de parfums subtils. Ce gâteau de caractère peut se déguster nature, sucré, avec de la confiture de baies d'églantine ou encore du miel de pays.

La fouace. Elle est cousine de la fougasse. Ce gâteau connaît des variantes au sein même du département. Inutile de chercher par exemple le goût de la fouace de Laguiole ailleurs dans le département. Même chose avec celle qui est fabriquée dans le sud ou même dans le vallon de Marcillac où elle devient plus compacte et porte le nom de soleil. Chaque boulanger conserve jalousement sa recette et la transmet uniquement à l'aîné de la famille. Un secret que les plus chanceux gardent précieusement. Cette gourmandise à base de pâte à brioche existe donc sous diverses formes : rondes, ovales, en forme de soleil (région de Marcillac) ou encore fouace coque... Elle est parfois agrémentée de fruits confits sur le dessus. Pour ceux qui voudraient tenter de percer le secret, sachez que les ingrédients de base sont de la farine de froment, du beurre, du sucre, des œufs, de la fleur d'oranger, du levain, de l'eau, du sel... Mais peu importe les recettes, ce dessert peut être consommé aussi bien au petit-déjeuner qu'au goûter.

Le gâteau à la broche. Sa préparation est longue et minutieuse. C'est pour cela qu'à l'origine, on en mangeait seulement lors de fêtes et de grandes occasions. La pâte elle-même est assez proche de celle de la madeleine. La particularité du gâteau réside dans son mode de cuisson : il consiste à verser peu à peu de la pâte sur un cône de bois plein, fixé sur une broche, que l'on tourne doucement devant un feu. Il faut attendre que chaque « couche » cuise avant de verser à nouveau de la pâte et l'on obtient ainsi un gâteau en cône, d'aspect irrégulier, mais qui rappelle des souvenirs d'enfance ou de fêtes à chaque Aveyronnais.

La pompe à l'huile. Derrière ce nom original se cache en fait une pâtisserie en pâte de pain. Préparée sous la forme de grande plaque plate, elle réunit des œufs, de l'huile et des amandes effilées qu'on passe au four. Le résultat est excellent et il est conseillé de la manger chaude ou pour le moins tiède.

Vins

Le vin de Marcillac. Implanté dès l'époque gallo-romaine et développé plus tard par les moines de Conques, le vin de Marcillac doit sa renommée à son cépage unique. De la famille des cabernets, le « fer de servadou » se caractérise par sa couleur rouge-noir aux reflets violacés et par son arôme de fruit rouge, framboise et cassis. Bénéficiant de l'influence de trois climats, continental, océanique et méditerranéen, aménagées en terrasses sur un terrain calcaire et argileux, après une longue vinification, les vignes du « mansois », comme on appelle aussi ce cépage, donnent un vin tanique et charpenté.

Côtes-de-Millau. Bien avant le roquefort, c'est le vin qui assurait la prospérité du Sud Aveyron, depuis Compeyre notamment. Victime du phylloxera au XIXe siècle, le vignoble périclite avant, mais se relève à la fin des années 50, grâce à la passion de quelques hommes. Aujourd'hui, le Côtes-de-Millau, issu des cépages de gamay noir et syrah pour les vins rouges, est auréolé d'une AOC.

TOP 10

GASTRONOMIE LOCALE

La générosité, l'authenticité, la diversité définissent bien le département de l'Aveyron, qui a donné naissance à de très nombreux produits d'exception. Fromages, viandes, pains et vins sont les symboles d'un pays où l'on aime indiscutablement se réunir autour de la table pour bien boire et bien manger.

VEAU D'AVEYRON ET DU SÉGALA

Un Label Rouge récompense ce veau fermier élevé sous la mère et complémenté en céréales.

ROQUEFORT

Le roi des fromages est fabriqué à partir de lait de brebis et de *penicillium roqueforti*.

© BARMALINI - SHUTTERSTOCK.COM

TOME DE L'AUBRAC

Ce fromage non salé est l'ingrédient essentiel à la préparation de l'aligot et de la truffade.

© PATRYSSIA - STOCK.ADOBE.COM

AGNEAU LAITON

L'agneau laiton est élevé en bergerie sous la mère ; sa viande est rose, tendre et fine.

MARCILLAC

Cette AOC est la plus importante appellation aveyronnaise ; elle donne des vins rouges et rosés.

LAGUIOLE

Le lait cru de vache donne naissance à ce fromage à pâte pressée non cuite.

© FOOD-MICRO - STOCK.ADOBE.COM

PÉRAIL

Ce petit fromage à pâte molle au lait de brebis se reconnaît à sa forme ronde et plate.

© PIXATERRA - STOCK.ADOBE.COM

BLEU DES CAUSSES

Ce fromage de vache se distingue par sa pâte veinée de bleu et une croûte naturelle fleurie.

© ART_RICH - SHUTTERSTOCK.COM

BŒUF AUBRAC

Cette viande Label Rouge est issue de bêtes pure race aubrac qui transhument chaque année.

RÉGALOU

Ce pain au levain est fabriqué avec une farine moulue à partir de blé cultivé en Aveyron.

AGENDA

Le sport, la musique, le théâtre, les produits du terroir, les arts de la rue… Les fêtes, manifestations et festivals thématiques sont nombreux en Aveyron et donnent le tempo tout au long de l'année. Dans les grandes villes du département, mais aussi dans ses plus petits bourgs et ses campagnes les plus isolées. La culture est partout présente sur le territoire, notamment grâce au secteur associatif qui s'évertue à maintenir vivant chaque parcelle géographique. Parmi les temps forts, on peut citer les 100 kilomètres de Millau, et le festival des Templiers également dans le Sud-Aveyron, qui drainent chaque année des milliers de sportifs. En matière musicale, c'est Sylvanès et son festival des musiques sacrées, qui fait résonner les voix du monde entier dans son abbatiale. Dans un autre registre, la foire agricole de Baraqueville, la fête de la brebis de Réquista, sont aussi de grands moments populaires.

L'AUTRE FESTIVAL [DERRIÈRE LE HUBLOT]

CAPDENAC-GARE

www.derriere-le-hublot.fr

En avril/mai.

Derrière le Hublot est une association qui a été créée en 1996 à Capdenac-Gare. Depuis vingt ans, elle tente de créer une dynamique culturelle en lien avec les territoires qui l'entourent. Elle propose ainsi des spectacles de mai à décembre, des projets et un festival, aux mois d'avril-mai chaque année L'Autre Festival accueille généralement des artistes emblématiques de l'histoire de l'association et à d'autres plus jeunes à l'avenir prometteur.

FOIRE AU MATÉRIEL AGRICOLE

BARAQUEVILLE

En mai.

Si son intitulé semble destiner cette foire aux exploitants agricoles, elle draine un public bien plus large que la clientèle professionnelle. Créée en 1955, la manifestation est en effet un rendez-vous populaire et convivial incontournable dans le département. Chaque année, entre 800 et 1 000 exposants venus de tout le Grand Sud, s'installent dans les rues du Bourg et sur ses places, pour faire la promotion de l'agriculture dans son ensemble. Un vrai moment de convivialité !

TRANSHUMANCE

AUBRAC

La manifestation se déroule généralement depuis Aubrac, le week-end le plus proche du 25 mai, le jour de la Saint-Urbain, où traditionnellement les vaches rejoignent leur beau plateau. Au fil des années, cette coutume est devenue une véritable fête à laquelle le grand public est convié. Le spectacle du passage des troupeaux décorés s'accompagne en effet de nombreuses animations : un marché de producteurs locaux, des danses folkloriques et des repas gargantuesques autour des spécialités de l'Aubrac : aligot, bœuf, fromage de laguiole...

FÊTE DE LA BREBIS

RÉQUISTA

En juin.

Depuis plus de 25 ans, Réquista fête la brebis, et plus particulièrement la lacaune, qui produit le lait destiné à la fabrication du roquefort. L'occasion de réunir le grand public autour d'un programme qui fait la part belle au terroir. La ronde de la brebis est ainsi une randonnée gourmande, ponctuée de plusieurs dégustations (gâteau à la broche, saucisse, vin, roquefort...), qui ouvre les festivités de bon matin. L'autre moment fort de la manifestation, c'est le défilé des brebis dans les rues de la ville. Un joyeux charivari au son des bandas.

NATURAL GAMES

3, rue Pasteur
MILLAU
www.naturalgames.fr
Fin juin/début juillet.

En plein cœur du parc des Grands Causses, dans un cadre naturel exceptionnel, les Natural Games ouvrent chaque année la saison estivale. Ce festival de sports outdoor, référence pour les athlètes professionnels, réunit un casting de premier choix composé des meilleurs VTTistes, kayakistes, parapentistes, slackliners et highliners venus du monde entier. A la nuit tombée, la fête de se poursuit sur le site de la Maladrerie où se déroule de nombreux concerts. Un va-et-vient constant entre sport et musique qui permet d'avoir des spectacles en continu.

FESTIVAL EN BASTIDES

VILLEFRANCHE-DE-ROUERGUE
www.espaces-culturels.fr
Début août.

Le festival en Bastides est organisé chaque année au mois d'août. Animé par les Espaces culturels villefranchois, il a pour but de promouvoir le spectacle vivant et les arts de la rue, en allant à la rencontre des publics d'ici et d'ailleurs. A Villefranche-de-Rouergue, mais aussi dans les bastides et villes environnantes (Najac, Rieupeyroux, Labastide-L'Evêque, Vabre-Tizac, Villeneuve-d'Aveyron, Sauveterre-de-Rouergue), s'invitent troupes et musiciens, pour une programmation aussi riche que variée : conte, théâtre, cirque, musique, danse, mime...

LES RENCONTRES MUSICALES DE CONQUES

CONQUES-EN-ROUERGUE
✆ 05 65 71 24 00
www.centre-europeen.com
En été.

Sur le chemin de Saint-Jacques-de-Compostelle, Conques constitue un mariage heureux entre architecture médiévale et art contemporain. La célèbre abbatiale Sainte-Foy et ses vitraux, réalisés par Pierre Soulages, accueille chaque été entre ses murs, des rencontres musicales qui conjuguent harmonieusement passé et présent, mélodies d'hier et d'aujourd'hui. La manifestation s'exporte aussi hors-les-murs à Saint-Austremoine et jusque dans la cathédrale de Rodez certaines années.

FESTIVAL LIVRE BD JEUNESSE

LA FOUILLADE
www.bulles12.com
Fin août.

Le Festival Livre BD Jeunesse de La Fouillade se tient chaque année dans la salle omnisports, au mois de juillet. Il accueille des auteurs BD, Jeunesse et Littérature régionale, des caricaturistes, des scénaristes, pour des rencontres avec tous les publics – adultes compris. Au programme également, des ateliers, un concours d'écriture, la possibilité d'acheter des livres sur place et bien d'autres surprises, spectacles et séances de dédicaces, à découvrir sur place.

FESTIVAL DE MUSIQUE SACRÉE ET MUSIQUES DU MONDE

SYLVANÈS
✆ 05 65 98 20 20
www.sylvanes.com
En juillet et août.

Le Festival international de musique sacrée et musiques du monde de Sylvanès est une référence. Les représentations se déroulent dans l'ancienne abbaye cistercienne du XIIe siècle et accueille chaque année des artistes de renommée internationale autour d'une thématique soigneusement choisie, qui permet d'entendre chœurs, solistes chanteurs, organistes dans des œuvres sacrées, liturgiques, classiques et traditionnelles, en provenance de tous les pays.

FESTIVAL DE THÉÂTRE AMATEUR, DEUXIÈME ACTE

25, place des Artistes
ONET-LE-CHÂTEAU
✆ 05 65 77 68 00
www.la-baleine.eu
En mai.

Du théâtre simple comme bonjour. Beaucoup de travail, de volonté de bien faire, qui effacent les rares imperfections. De l'humilité, surtout, propre aux amateurs. Le festival « Deuxième acte » propose chaque année du beau jeu... Et un peu plus que ça : une rencontre, une nouvelle relation, faites de convivialité, entre public et comédiens. D'autant que l'éclectisme est toujours de mise. Un beau festival et des tarifs avantageux pour toucher tous les publics.

RENCONTRES... À LA CAMPAGNE

RIEUPEYROUX

www.rencontresalacampagne.org

Seconde semaine de septembre.

Les rencontres... à la campagne se tiennent tous les ans au mois de septembre à Rieupeyroux, depuis une bonne vingtaine d'années. Il s'agit de célébrer le septième art en organisant plusieurs jours de projections et de rencontres entre publics et professionnels. Au programme, des avant-premières, une journée réservée aux films produits ou réalisés en région(s), films du répertoire, films jeunesse, courts métrages... et un chapiteau pour rassembler festivaliers et invités !

FESTIVAL DES TEMPLIERS

MILLAU

www.festivaldestempliers.com

En un peu plus de vingt ans d'existence, le Festival des Templiers est non seulement devenu un temps fort dans le paysage sportif aveyronnais, mais aussi le plus grand rassemblement de traileurs sur la planète ! Chaque année, à la fin du mois d'octobre, les coureurs du monde entier -près de 12 000 ! - se donnent rendez-vous à Millau pour participer à cet événement mythique, qui combine défi sportif et décor majestueux. Une quinzaine de distances, parmi lesquelles l'endurance trail, 106 km, ou l'intégrale des Causses, 61 km, sont proposées.

FÊTE DE LA CHÂTAIGNE ET DU CIDRE DOUX

SAUVETERRE-DE-ROUERGUE

En octobre.

Créée dans les années 60, cette fête est un moment fort dans la vie de la Bastide, déterminée à sauvegarder ses traditions. Chaque année, à la fin du mois d'octobre, les bûchers sont installés sur la place des Arcades, pour faire griller en moyenne 800 kg de châtaignes. La dégustation se fait un verre de cidre doux à la main (plus de 1 000 litres sont avalés sur la journée) et en musique. Des groupes folkloriques animent la journée, qui accueille aussi un marché d'artisans.

FESTIVAL BONHEURS D'HIVER

17, avenue de la République

MILLAU

✆ 05 65 59 50 00

www.millau.fr

Née à l'initiative de la ville de Millau durant l'hiver 2014, cette manifestation, désormais bien installée dans le calendrier de la Cité de la Gant, renforce la magie des fêtes de fin d'année. Outre un marché de Noël, le festival Bonheurs d'hiver propose plus de 70 temps forts, dédiés notamment au jeune public : feu d'artifice, balades aux lampions, spectacle de rue, expositions, jeux ludiques... De l'émotion, de la convivialité et des étoiles plein les yeux !

Chataîgnes grillées.

DÉCOUVRIR

AUBRAC, CARLADEZ ET VALLÉE DU LOT

Au nord de l'Aveyron, les paysages de l'Aubrac laissent un sentiment d'infini et de plénitude. Ce massif volcanique qui précède ceux de l'Auvergne est constitué de reliefs émoussés et de plateaux. L'Aubrac est parcouru de drailles, ces chemins en creux, délimités par des murets de pierre, qu'empruntaient les troupeaux en transhumance. C'est aussi le pays des burons, les maisons de vachers, et des troupeaux de vaches aubrac, cette bête à la robe couleur miel et aux yeux ourlés de noir. Quelques villages de montagne et le bourg de Laguiole ponctuent ces terres arides mais riches d'une flore unique. Plus au nord encore, aux confins du département du Cantal, c'est le Carladez, un autre pays de caractère, une autre terre généreuse en paysages naturels et en patrimoine bâti avec le château de Vallon, presque millénaire, les ruelles médiévales de Mur-de-Barrez, le barrage de Sarrans, la presqu'île de Laussac…

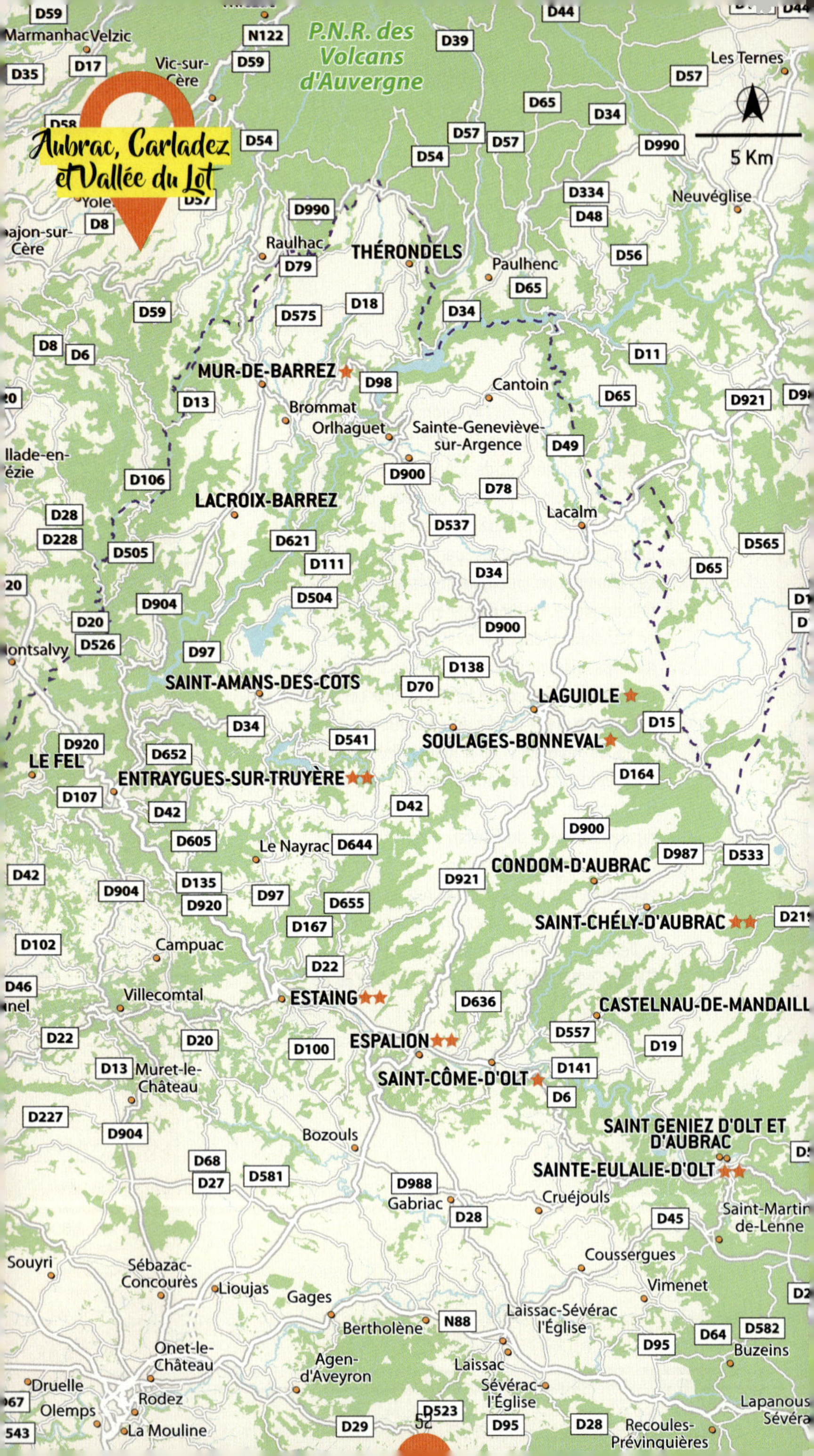
Aubrac, Carladez et Vallée du Lot
P.N.R. des Volcans d'Auvergne
5 Km
Marmanhac
Velzic
Vic-sur-Cère
Les Ternes
Neuvéglise
Raulhac
THÉRONDELS
Paulhenc
MUR-DE-BARREZ
Brommat
Orlhaguet
Cantoin
Sainte-Geneviève-sur-Argence
LACROIX-BARREZ
Lacalm
SAINT-AMANS-DES-COTS
LAGUIOLE
SOULAGES-BONNEVAL
LE FEL
ENTRAYGUES-SUR-TRUYÈRE
Le Nayrac
CONDOM-D'AUBRAC
SAINT-CHÉLY-D'AUBRAC
Campuac
Villecomtal
ESTAING
CASTELNAU-DE-MANDAILL
ESPALION
SAINT-CÔME-D'OLT
Muret-le-Château
Bozouls
SAINT GENIEZ D'OLT ET D'AUBRAC
SAINTE-EULALIE-D'OLT
Gabriac
Cruéjouls
Saint-Martin-de-Lenne
Souyri
Sébazac-Concourès
Lioujas
Gages
Coussergues
Vimenet
Bertholène
Laissac-Sévérac l'Église
Onet-le-Château
Agen-d'Aveyron
Laissac
Sévérac-l'Église
Buzeins
Druelle
Rodez
Olemps
La Mouline
Recoules-Prévinquières
Lapanouse
D59
D17
D35
D8
D6
D13
D106
D28
D228
D505
D904
D20
D526
D97
D34
D920
D652
D107
D42
D605
D135
D102
D46
D22
D227
D68
D27
D581
D988
D28
N122
D54
D990
D79
D575
D18
D98
D621
D111
D504
D541
D644
D655
D167
D100
D39
D65
D34
D57
D334
D48
D56
D11
D921
D49
D900
D78
D537
D565
D138
D70
D15
D164
D987
D533
D636
D557
D19
D141
D45
N88
D64
D582
D95
D523
D29

© CÉLINE - STOCK.ADOBE.COM
Sainte-Eulalie-d'Olt.

LAGUIOLE ★

Etymologiquement, Laguiole provient de « La Gleisola » qui signifie petite église de secours. Cette dernière fut remplacée par une église principale édifiée au XVIIe siècle sur le site d'ancien fort. Ce village, bien ancré dans son milieu, à tradition d'élevage, et bien connu pour son artisanat coutelier du XIXe siècle qui a été dépassé par la production industrielle. En descendant la place du village et son monumental « Taureau de Laguiole », œuvre du sculpteur Georges Lucien Guyot, symbole de la race Aubrac et aujourd'hui porte-bonheur au toucher des passants. Une visite s'impose aux coutelleries de Laguiole, un savoir-faire et une fierté du village.

Laguiole.

LA CASCADE DU DEVÈZ

Forêt domaniale
CURIÈRES
Renseignements à l'OT Aubrac-Laguiole.

Haute d'une trentaine de mètres, la cascade du Devèz est l'une des plus remarquables du département. Située au creux de la forêt domaniale de la Roquette-Bonneval, elle est longtemps restée confidentielle du fait de la difficulté à la localiser. Aujourd'hui, deux circuits balisés (5 km en 1h30 et 9,8 km en 3h15) permettent aux randonneurs de découvrir ce site naturel particulièrement préservé, qui abrite également une fosse à loup. Du fait de sa situation ombragée, cette balade est très plaisante à faire en été quand le soleil cogne un peu fort.

FOSSES À LOUP

PRADES-D'AUBRAC

Depuis le milieu des années 2010, l'Aubrac est classée en zone de présence permanente du loup. Les indices relevés sur le terrain attestent en effet que le grand carnivore, bien que discret, s'est sédentarisé sur le territoire, renouant avec ses habitudes d'autrefois. A une époque en effet, l'animal était particulièrement actif sur l'Aubrac, comme en témoigne la présence de fosse à loups : des pièges bâtis en pierre sèche, dont certains font jusqu'à 2,5 mètres de profondeur. La plupart a été recouverte mais certaines sont encore visibles depuis les sentiers.

OFFICE AUBRAC-LAGUIOLE-CARLADEZ-VIADÈNE

Place de la Mairie ✆ 05 65 44 35 94
www.aubrac-laguiole.com
En été, du lundi au samedi : 9h30-12h30 14h-18h30 ; et dimanche : 10h-12h 14h-17h. Hors-saison : voir site Internet.

Ce bureau d'information touristique, situé en cœur de village, tout près de la mairie, est un passage incontournable au pays du célèbre couteau. Ouverte à l'année, la structure est animée par une équipe dynamique et passionnée par son territoire. Guide d'accueil, fiches rando, topoguides vous permettront de partir à la conquête d'un bourg particulièrement dynamique et de ses alentours : l'Aubrac et ses paysages grandioses. Sans oublier sa gastronomie, généreuse et inoubliable !

DOMAINE DU VAYSSAÏRE €

Jean-François et Marie-Hélène Alaux
✆ 05 65 51 51 81
Pour 28 personnes. Nuitée de 18 (dortoir) à 32 € (chambre avec sanitaire). Petit-déjeuner : 6 €. Repas du soir : 16 €.

Cet hébergement, posé au milieu des pâturages, révèle un cadre idyllique et une vue splendide sur l'Aubrac. Le décor et le confort conviennent à tous : randonneurs, vététistes, cavaliers ou motards, qui peuvent venir seuls, en famille ou entre amis, pour une ou plusieurs nuitées. Ce gîte contemporain d'une capacité de 28 personnes est en effet le point de départ idéal pour découvrir Laguiole et ses alentours... Sur la table d'hôtes : aligot, retortillat, farçous et fouace, sans oublier la viande des vaches Aubrac élevées sur place depuis trois générations.

AIR AUBRAC €€

La Violette-Alpuech
✆ 06 78 67 05 55
www.airaubrac.com

Gîtes de France (4 épis). 3 gîtes de 480 à 1 590 €/semaine selon saisons et capacités.

Cette magnifique maison abrite cinq chambres d'hôtes élégantes et confortables, décorées dans un style classique et authentique. On profite d'une agréable salle de vie et d'un magnifique jardin bien entretenu. Un gîte indépendant peut accueillir jusqu'à quatre personnes. Toujours aux petits soins avec leurs clients, les propriétaires ne sont pas avares de conseils pour découvrir les alentours et proposent des spécialités locales avec des produits frais pour une cuisine du terroir goûteuse et toujours appréciée avec leur table d'hôtes.

BRAS**** €€€

Route de l'Aubrac
✆ 05 65 51 18 20
www.bras.fr

Chambre double de 360 € à 485 €. Appartements à 590 et 630 €.

L'établissement a été conçu par Eric Raffy comme un buron moderne, qui sort sobrement de terre et que traverse une draille imaginée. Des matériaux nobles, le bois, le granit, ont servi à son élaboration, et de grandes baies vitrées et des terrasses ouvrent directement sur les collines et les plaines. Les treize chambres et leur salle de bains sont le reflet de cette alliance sobre entre végétal et minéral. La salle de restaurant domine cette nature qui inspire la cuisine de Sébastien Bras, à base de produits de grande qualité.

FERME DE MOULHAC €€€

Moulhac ✆ 05 65 44 33 25
www.fermedemoulhac.fr

Chambre simple à partir de 83 € ; chambre double de 92 € à 136 €. Gîte : 1001 €/semaine. Petit-déjeuner compris.

A moins de 3 km de Laguiole, Moulhac est une adresse à retenir. Cinq chambres, dont une « grand confort », avec terrasse privative, ont été aménagées dans une ancienne grange typique de l'Aubrac. L'intérieur soigné est un mélange réussi de bois, de pierres apparentes, de vieux meubles et d'éléments modernes ; les installations sont très confortables. Les hôtes prendront plaisir à partager un petit-déjeuner gourmand agrémenté de crêpes, fouace et confitures maison. La ferme abrite également un gîte : « Aubrac bien-être » avec hammam, sauna et bain bouillonnant.

HÔTEL-RESTAURANT GILLES MOREAU*** €€€

2, allée de l'Amicale ✆ 05 65 44 31 11
www.gilles-moreau.fr

Chambre double de 59 à 109 €. Petit-déjeuner : 13 €. Etape VRP de 99 à 115 €. Restaurant : tarif à la carte.

Gilles Moreau tient les rênes de cette institution laguiolaise. La salle de restaurant ose un mélange de bois et de mur coloré qui annonce une cuisine entre tradition et renouveau. Les plats sont élaborés au fil des saisons, à partir de produits du terroir. La carte propose par exemple des samosas de pomme de terre et écir, une côte de bœuf fermier aubrac, l'incontournable aligot, ou un fromage bio de Laguiole. L'ambiance maison de famille se savoure aussi dans de jolies chambres.

MAISON VAL D'AUBRAC €€€

1, Val d'Aubrac
✆ 05 65 51 18 20
www.bras.fr

Pour 9 personnes (330 m²). De 2 030 € à 4 220 € la semaine selon saison.

Val d'Aubrac - c'est le nom de cette magnifique bâtisse traditionnelle - est l'un des nombreux lieux de la famille Bras à Laguiole. Sébastien, le chef du très réputé restaurant Le Suquet, et sa femme, Véronique, ont transformé cette demeure aubracienne construite dans les années 1990 en meublé de tourisme 5 étoiles. Dans cet écrin grand luxe, trois grandes chambres, un séjour, une cuisine, et une piscine intérieure, qui se prolonge en extérieur, offrent un cadre enchanteur pour se ressourcer. Le confort d'une maison de famille et les attributs d'un grand hôtel !

L'AUBERGE DU TAUREAU €

23, Allée de l'Amicale
✆ 05 65 66 01 74
www.auberge-taureau.com

Pizzas de 9 à 12 €. Plat du jour : 9 €.

Boris et Ludivine ont repris cette auberge dans le centre du village au mois d'avril 2021, après quelques années passées dans la capitale. Outre une appétissante carte de pizzas à emporter, le couple propose une cuisine de terroir, inspirée des recettes de leurs aïeuls. C'est ainsi qu'on déguste à leur table l'incontournable aligot de l'Aubrac, la tête de veau à la façon de la grand-mère, les tripous, ou le filet mignon de cochon, toujours accompagnés de purée, frites, gratin et autres accompagnements faits maison. N'oubliez pas de goûter à la fouace : un régal !

CHEZ COLETTE €€

Place des Conhes
CASSUÉJOULS
✆ 05 65 44 33 71
cassuejouls.free.fr/pages/colette.html
Ouvert du jeudi au mardi le soir ; tous les jours le midi. Menus de 22,50 € à 25 €.

Le restaurant sur la place du village vous accueille dans une belle salle. Colette Pastissier vous propose en ce lieu, connu des amateurs, d'excellentes spécialités de pays. Les habitués ne s'y trompent pas et viennent se régaler d'un flan aux pleurotes, d'une truffade accompagnée d'une pièce de bœuf de l'Aubrac ou d'une tarte aux noix et au bleu d'Auvergne. L'aligot et les tripous sont terribles, sans oublier le poulet aux écrevisses ! On peut clôturer les festivités par un dessert maison, dont la fameuse mousse à la noix de coco.

LA MAISON DU LAGUIOLE

2, place de la Patte-d'Oie
✆ 05 65 48 44 22
www.maison-laguiole.com
Ouvert toute la semaine. En juillet et en août, ouverture non-stop de 9h à 19h30. Couteaux à partir de 60 €.

© DR

Créé en 1991 par Jean-Pierre Mijoule, cet atelier a été repris par son fils Benoît, et propose une large gamme de laguioles traditionnels, mais aussi des créations telles que le « laguiole custom », un couteau composé d'un manche en pièces métalliques ou le laguiole Sarrans, réalisé à partir de bois récupéré lors de la vidange du barrage de Sarrans, et qui a séché pendant près de quatre ans. La maison du Laguiole ne travaille qu'avec des bois locaux. Les couteaux sont numérotés et en série limitée. Toute une gamme arts de la table est également proposée.

LE COMPTOIR €

2, place de la Mairie
✆ 05 65 48 05 43
Ouvert toute l'année. Du mardi au dimanche le midi et le soir. Réservation recommandée. Pizzas et carte.

A Laguiole, les bonnes adresses de bouche ne manquent pas. Et celle-là, même à l'écart des lieux de grand passage, ne fait pas exception à la règle. Sur l'ardoise du jour de ce bar-restaurant-pizzeria : un wok de poulet, un lapin à la moutarde, un Parmentier de canard à la patate douce, un duo de sole et Saint-Jacques, un brick au canard, cèpe et foie gras... Vous tomberez vite sous le charme de cette cuisine qui vient du cœur, et des hôtes qui accueillent chaque client comme un roi. Les pizzas, rouges ou blanches, sont aussi succulentes.

LE RELAIS D'HUPARLAC €

Le Bourg
HUPARLAC
✆ 05 65 48 17 33
Ouvert tous les jours le midi ; le samedi soir. Menus de 13 € à 28 €.

Marie-Laure, native de Montézic en Aveyron, et Migael, originaire du Cantal, se sont connus sur les bancs de l'école hôtelière d'Aurillac. Quand ils se sont installés à Huparlac, dans un vieux relais bâti en 1912, les deux jeunes gens ont naturellement donné une couleur auvergnate à leur restaurant. Le couple propose chaque midi un copieux menu ouvrier. Le soir et le week-end, la carte s'étoffe et fait la part belle aux produits régionaux : charcuterie de pays, tarte au bleu d'Auvergne, steak de bœuf aubrac, sans oublier l'indétrônable truffade à tous les repas.

LE BARDIÈRE €€

4, rue Bardière
✆ 05 65 51 68 30
www.le-bardiere.com
Ouvert du jeudi au mardi le midi et le soir. Formule : 32 € (entrée/plat ou plat/dessert : 25 €).

Au cœur de Laguiole, cette table logée dans une petite bâtisse en pierre, est un pur bonheur. Inaugurée le 9 juin 2021, elle connaît déjà un large succès, grâce à une carte fraîcheur renouvelée chaque mois. Ainsi Le Bardière a fait son entrée sur la scène des restaurants aubraciens avec des recettes précises et élaborées : terrine de pot-au-feu, carpaccio de betterave et pêche, filet de canard risotto au chorizo et olives noires, tartare de fraise au combava... De quoi satisfaire les clients les plus exigeants, d'autant que l'accueil est aussi engageant.

© DR

© DR

© DR

COUTELLERIE DU BARRY

4, Place du Foirail ✆ 05 65 48 43 19
www.coutelleriedubarry.com
Basse saison : ouvert mardi-samedi de 9h à 18h30. Haute saison : mardi-dimanche de 9h à 19h. Atelier, route d'Aubrac.

En patois aveyronnais, *lou barri*, signifie « le quartier ». Pourtant cette coutellerie, de plus de trente ans d'âge, a dépassé les frontières. Il faut dire que les couteaux qu'Antoine fabrique méritent d'être vus. Son secret ? L'utilisation de matériaux traditionnels bien sûr, mais aussi un savoir-faire inégalable. Les manches se font en bois d'olivier, buis, genévrier, ébène, thuya, corne de bovin et même os de girafe, croûte ou molaire de mammouth, abalone, pour la gamme Prestige. En 2020, sa fille Elodie a repris le flambeau en testant de nouvelles matières.

© DR

© DR

BENOÎT L'ARTISAN

21, allée de l'Amicale
✆ 05 65 51 55 80
www.laguiole-benoit.com
Ouvert du lundi au samedi de 9h30 à 12h30 et de 14h à 19h ; le dimanche de 10h à 12h30 et de 14h à 18h30.

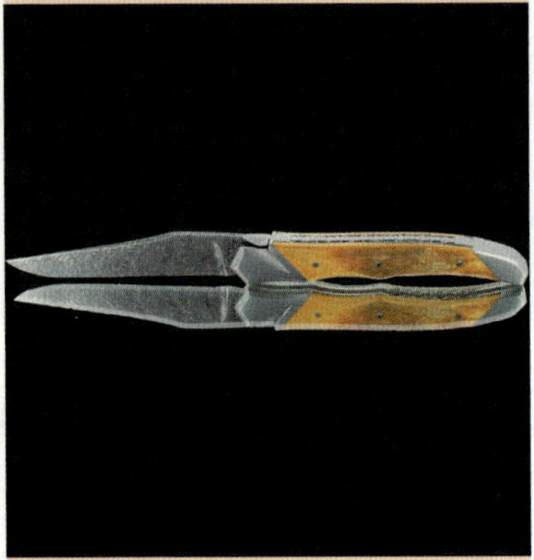

© DR

Formé en apprentissage dans l'atelier de son père, Benoît Mijoule est devenu en vingt ans de métier un maître en coutellerie. L'artisan a notamment créé deux couteaux Laguiole signature : le Tribal, un couteau contemporain qui tient bien dans la main ; et plus récemment le Sarrans, un intemporel taillé dans les essences de bois du lac du Nord-Aveyron à l'occasion de sa vidange en 2014. Maître artisan d'art, Benoît Mijoule propose des visites de son atelier tout au long de l'année. Il organise également des stages de fabrication de couteau.

RELAIS DE LA VITARELLE €€

La Vitarelle - **MONTPEYROUX**
✆ 05 65 44 36 01
www.lerelaisdelavitarelle.fr
Ouvert le midi du dimanche au vendredi. Formule du midi : 14 €. Menu aveyronnais : 27 €. Menu enfant : 9 €.

À 8 km de la route d'Espalion, les lumières brillent aux fenêtres de cette maison traditionnelle entièrement rénovée. Au rez-de-chaussée de la bâtisse se trouvent un salon et la salle de restaurant. Par la fenêtre, la vue s'étend sans limite sur les prés et les vallons. Les menus, même celui du jour, s'inspirent des richesses du terroir. Ici, on mitonne les grands classiques de l'Aubrac, l'aligot, la truffade, le chou farci, la tête de veau et de bons morceaux de viande de bœuf Aubrac, sans oublier les ris de veau et le fois gras de canard maison... Excellent !

BOULANGERIE-PÂTISSERIE ROUX

12, rue Bardière
✆ 05 65 44 33 30
www.fouace-laguiole-roux.fr
Du mardi au dimanche de 6h30 à 19h30.

Dans cette boulangerie-pâtisserie vieille de 160 ans, la recette de la fouace est un véritable trésor, que l'on se lègue précieusement depuis six générations. La spécialité de la maison Roux, dont les effluves de fleur d'oranger se mélangent au parfum du froment, est plébiscitée à des kilomètres à la ronde par les amateurs de bons produits artisanaux. Les rissoles et tartes aux pruneaux et le cake aux fruits confits font également partie des gâteaux préférés des clients de la maison.

AUBRAC ARTIZANA

Le Puech du Gridou
✆ 05 65 44 24 40
www.aubrac-artizana.com

Créée par des Aveyronnais, amoureux de leur terroir, cette boutique en ligne propose ce qu'il y a de meilleur dans le département. Les producteurs sont choisis pour leur authenticité et un certain savoir-faire traditionnel, qui garantissent la qualité de leur production. Conserves, plats préparés, viandes, charcuterie, fromages, vins, mais aussi produits bio ou naturels et gourmandises (miel de l'Aubrac, chocolat de Bonneval, gâteaux de l'Aveyron)... Ce magasin virtuel ravira tous les amateurs de bonne chère. D'autant que les livraisons sont express !

COOPÉRATIVE FROMAGÈRE JEUNE MONTAGNE

✆ 05 65 44 35 54
www.jeune-montagne-aubrac.fr
Haute saison : visites du lundi au samedi de 8h à 19h ; le dimanche et les jours fériés de 9h à 13h et de 14h à 18h.

Fondée dans les années 60, Jeune Montagne est la gardienne des traditions et du terroir aubraciens. Composée de 76 producteurs et 90 salariés, elle collecte chaque année 15 millions de litres de lait, directement transformés dans ses ateliers. Héritière du savoir-faire des moines et buronniers d'antan, la coopérative fabrique des fromages au lait cru : le laguiole AOP, affiné entre 4 mois et 2 ans, et la tome fraîche de l'Aubrac qui sert à préparer les célèbres aligot et truffade.

LE COUTEAU DE LAGUIOLE

23, allée de l'Amicale
✆ 05 65 44 39 49
Ouvert du lundi au samedi. Fermeture entre 12h et 13h30.

La société Le Couteau de Laguiole a été parmi les premières en 1985 à faire revivre la tradition coutelière du village. Avec une promesse : « Chaque couteau qui quitte notre atelier est le gage de notre savoir-faire ». L'entreprise fabrique en effet l'ensemble de ses produits, s'attachant à assembler et polir chacun d'entre eux à la main. Les lames sont également frappées d'un taureau, symbole de la race Aubrac. Outre les traditionnels modèles pliants, la société propose aussi des couteaux de table, à pain ou à fromage, et un accueil toujours chaleureux.

COUTELLERIE CALMELS

3, allée de l'Amicale
✆ 05 65 44 30 03
www.calmels-laguiole.com
Ouvert du mardi au samedi de 9h15 à 12h30 et de 14h15 à 19h.

La devanture de bois affiche encore un petit air rétro et ses vitrines sont bourrées de couteaux. Les plus beaux sont aussi les plus classiques, ceux dont le manche est fait en pointe de corne. La gamme est complète, elle fournit des coffrets de couteaux de table, des pliants à lame seule, d'autres à deux et trois pièces - poinçon et tire-bouchon. Les lames sont de plusieurs types, fabriquées dans un excellent acier inoxydable ou dans un acier traditionnel au carbone qui demande un peu plus d'entretien mais dont la qualité de coupe reste insurpassable.

LAGUIOLE VILLAGE

2, Place du Foirail
✆ 05 65 48 48 41
www.laguiolevillage.com
Visite gratuite de notre atelier d'Espalion, tous les jours en semaine de 9h à 12h et 14h à 17h.

© DR

Cathy, professionnelle de la coutellerie depuis plus de vingt-cinq ans et Francis, un ancien de l'aéronautique, se sont associés pour développer Laguiole Village, en prenant le parti d'innover. Leurs créations, qui ont toutefois conservé le caractère des authentiques couteaux laguiole, sont découpés au jet d'eau, un processus écologique, qui autorise aussi une grande liberté d'imagination. La maison a ainsi modelé l'Espalion, dont le manche est inspiré du Pont Vieux de la ville, et l'Antartica, imaginé de concert avec l'explorateur Jean-Louis Etienne.

COUTELLERIE COIGNET

10, rue du Valat
✆ 09 67 75 66 09
www.coignet-laguiole.fr
Stage de fabrication : 295 €/journée, prix du couteau compris.

Depuis 2011, Mickaël fabrique tous ses couteaux dont des créations (le couteau du Mézenc et le Crozillac entre autres) dans un atelier-boutique. La production se compose de couteaux, poignards et sommeliers artisanaux fabriqués selon les règles traditionnelles, associées à l'acier, à la corne, au bois et aux différents matériaux (os de chameau !) qui composent une palette séduisante. L'artisan propose des stages de fabrication sur réservation : une journée entière pour façonner un couteau et repartir fièrement le soir avec sa création.

COUTELLERIE GLANDIÈRES

13, allée de l'Amicale
✆ 05 65 44 33 37

Fondée en 1938, la coutellerie Glandières est l'une des plus anciennes entreprises du village à fabriquer d'authentiques laguioles. Les artisans travaillent principalement la corne et plusieurs essences de bois. Des matériaux de synthèse, et de manière très exceptionnelle, de l'ivoire, sont aussi parfois utilisés. On trouve ainsi dans la boutique de Laguiole, dont l'agencement a été revu, des couteaux laguiole fermants, des couteaux de cuisine et de table. Des étuis, des pierres et outils d'aiguisage et un service de gravure sont également proposés sur place.

LA DROSERA GOURMANDE

Route d'Aubrac
✆ 05 65 54 11 18
www.la-drosera-gourmande.fr
Du 15 juillet au 31 août : lundi au dimanche 9h30 - 19h. Hors-saison : voir site Internet.

Installé à Laguiole, Claude Rus mise sur ses racines et sur des traditions ancestrales pour élaborer ses produits au bon goût d'Aveyron. Maître artisan, affineur en foie gras, il se montre intraitable sur la qualité. Les matières premières sont rigoureusement sélectionnées et les lobes de foie gras de canard ainsi choisis, simplement déveinés, salés et poivrés manuellement. Ni conservateur, ni alcool, ni arôme ! Claude Rus propose aussi des cous farcis, des cailles, des tripous, des pâtés, des fritons et autres terrines, tous fabriqués de façon artisanale.

FORGE DE LAGUIOLE

Route de l'Aubrac
✆ 05 65 48 43 34
www.forge-de-laguiole.com
Visite libre du lundi au vendredi de 9h à 12h et de 13h30 à 17h30.

On connaît la silhouette longiligne de cette manufacture, dans laquelle l'architecte Philippe Starck a fiché une immense lame. La société Forge de Laguiole a été créée en 1987. Elle a repris les méthodes de fabrication traditionnelle. On commence la visite par le hall d'accueil et la salle d'exposition. Le mobilier, là comme dans le magasin du centre-ville, est signé Starck. On poursuit par un passage dans les ateliers et à la forge (à chaud), qui permet de voir comment des blocs de métal, de corne et de bois sont transformés.

Ô CUIR

ZA La Poujade
✆ 05 65 51 02 23
www.ocuirlaguiole.com
Ouvert du lundi au vendredi de 10h à 12h30 et de 14h à 18h30.

Martine est en quelque sorte un talent multicarte... Elle a longtemps travaillé à la coutellerie Durand avant de laisser son talent s'exprimer en solo. Elle est désormais à la tête d'un atelier-boutique. Un espace de travail qu'elle a imaginé comme un lieu de vie et dans lequel elle travaille le cuir en véritable artisan. Martine crée, à la main et à Laguiole, des accessoires : pochettes, sacs cabas, porte-cartes, ceintures, dans des matériaux très nobles. Et tout cela devant les clients, invités à découvrir un savoir-faire rare autour d'un café.

TWELVE WHISKY D'AUBRAC

14, place du Couvent ✆ 05 81 36 14 87
www.whiskytwelve.com
Visite de 45 minutes toute l'année, sur réservation. Tarif : 5€ par personne, déductibles sur l'achat de bouteilles

Twelve whisky d'Aubrac est une idée un peu folle portée par Christian Bec et ses acolytes : un petit clan de douze copains amateurs de spiritueux. Douze comme l'Aveyron et douze aussi comme Twelve dans la langue de Shakespeare. Élevé en fûts de chêne pendant trois ans minimum, sous le chaperonnage d'un jeune maître de chai venu de Normandie, ce whisky d'Aubrac est fabriqué avec l'eau du plateau et de l'orge française. La distillerie propose des visites toute l'année, sur réservation, pour découvrir les différentes étapes de fabrication de cet alcool d'exception.

CASTELNAU-DE-MANDAILLES

Entre Castelnau et Mandailles se dresse le puy de Barry (829 m), alors que l'on peut suivre les méandres du Lot pour regagner Saint-Côme-d'Olt. La commune est le rassemblement de deux petits villages. Le premier est perché autour des restes du château qui lui a donné son nom. Des fortifications, il ne subsiste que trois tours, reliées entre elles par une haute muraille percée de fenêtres ; quant au château du XVIIe siècle, il a été transformé en presbytère. On rejoint Mandailles en traversant le Mossau, un ruisseau vif comme un torrent et en contournant le puy de Barry. Mandailles montre l'image d'un village qui s'étire le long d'une rue unique. Certaines de ses maisons s'offrent le plaisir d'une vue imprenable sur le lac constitué par le barrage de Castelnau-Lassouts, c'est un paradis pour les pêcheurs et les promeneurs. Le lac de Castelnau-Lassouts a la particularité de posséder deux murs de retenue. Sa navigation demande une extrême prudence, car la rivière Lot qui alimente cette retenue charrie de nombreux troncs d'arbres pouvant être dangereux. En descendant de Castelnau-de-Mandailles au bord du lac, on suit un chemin de terre qui va longer le lac de retenue. Ce chemin est praticable en voiture – hors période pluvieuse où les risques de s'embourber sont élevés. C'est un lieu de promenade agréable pour tous ceux qui recherchent le calme. Du bord du lac, on peut voir le village de Mandailles accroché sur son bloc de roche. Un paysage particulièrement beau en automne.

© DR

© DR

MAISON CONQUET

16, place de la Patte-d'Oie
✆ 05 65 51 51 04 - www.maison-conquet.fr
Du mardi au samedi de 7h30 à 12h30 et de 14h à 19h, le dimanche de 8h à 12h30. Livraison et commande en ligne.

Chez les Conquet, on aime le travail bien fait. Un état d'esprit que la maison fondée en 1950, perpétue dans son atelier de Laguiole. Boucher-charcutier de cœur, Lucien Conquet - le plus jeune des quatre enfants du fondateur Paul - vante notamment les traditions et les labels locaux. Le bœuf fermier Aubrac est sur tous ses étals. Les charcuteries ne sont pas en reste : saucisses sèches - nature, au laguiole ou au roquefort -, saucissons, rosettes, chorizos à la race Aubrac, pâtés et fricandeaux ont conquis les gourmets aveyronnais mais aussi ceux de la capitale.

© DR

© DR

© DR

CONDOM-D'AUBRAC

Monts de l'Aubrac

Construit initialement vers 1120 par Adalard, seigneur des Flandres et pèlerin, pour servir de refuge contre les brigands sur la route de Saint-Jacques-de-Compostelle, le petit hameau perdu au milieu de la nature s'étend près des vestiges de l'ancienne dômerie d'Aubrac (monastère dont l'abbé avait le titre de dom). La tour de l'église du XIIe siècle contient la cloche Maria, ou « cloche des Perdus » qui en sonnant servait de repère aux voyageurs égarés dans la neige et le brouillard.

JARDIN BOTANIQUE DE L'AUBRAC

village d'Aubrac
✆ 05 65 44 65 84
www.aubrac-jardin.org
Ouvert du 15 mai au 30 septembre. Adulte 4 €.

Ce Jardin botanique permet de découvrir la riche flore de ce plateau au climat particulier qu'est l'Aubrac. Mais aussi quelques aspects de son patrimoine naturel. Ainsi un talus est aménagé pour découvrir la géologie, et il y a des nichoirs à insectes... Il présente un grand nombre de plantes typiques des pâturages, environ 650 espèces. Parmi celles-ci vous apercevrez notamment la drosera à feuilles rondes, la ligulaire de Sibérie et la gagée jaune.

LE BURON DES ENGUILHENS €€

✆ 06 48 26 32 30
https://burons4f.wixsite.com/aubrac
Nuitée de 85 à 120 € selon saison. Petit-déjeuner : 7 €. Paniers repas aligot : 20 €/ personne.

Ce buron de 1916 a rempli ses fonctions jusque dans les années 70 en abritant les bergers communaux entre ses murs épais. Grâce à l'association Burons des 4 frères, il a renoué avec sa vocation d'accueil. Soutenus par la commune et le Parc régional de l'Aubrac, les quatre frangins, Augustin, Cyprien, Victor et Wandrille, confient régulièrement les clés de la bâtisse à quelques chanceux touristes. Le rez-de-chaussée abrite l'espace de vie, tandis que l'étage, façon dortoir, compte six couchages. Les garçons proposent aussi des activités pour découvrir le plateau.

MAISON DE L'AUBRAC

Aubrac
✆ 05 65 44 67 90
www.maisondelaubrac.com
Fermé du 11 novembre au 31 mars. En juillet et août, ouvert du mardi au dimanche de 9h à 19h.

Comme une agora des temps modernes, cette Maison de l'Aubrac est un carrefour de rencontres pour tous les amoureux du plateau. A la fois point info touristique, galerie d'art, espace audiovisuel, épicerie fine et bar gourmand, la structure s'est donnée pour mission de mettre le territoire en perspective et de promouvoir ses nombreux atouts, historiques, naturels ou gastronomiques. Des ateliers et conférences, des visites thématiques, des spectacles sont régulièrement organisés pour toucher du doigt, sentir, goûter, humer tout ce qui fait fait le sel de l'Aubrac.

SAINT-CHÉLY-D'AUBRAC ★★

Le village Saint Chély d'Aubrac est situé au cœur de la vallée de la Boralde Saint Chély à 820 mètres d'altitude. Pour commencer la visite de ce village marqué par certains édifices du XIVe siècle, il n'y pas mieux que la Maison de L'Aubrac; un lieu d'espace culturel, un point d'information touristique pour découvrir la région, une épicerie fine et un restaurant-bar avec terrasse. Et c'est parti pour la découverte de l'église et son retable du XIVe siècle, d'ailleurs l'un des premiers en France. Le pont des pèlerins, inscrit sur la liste du patrimoine de l'humanité par l'UNESCO. Le lac des Picades (payant) pour la pêche à la truite et saumon...

LA COLONIE €

Lieu-dit Aubrac
✆ 05 65 51 64 79
www.la-colonie.com
Chambre simple de 60 à 70 € ; chambre double de 80 à 130 €. Petit déjeuner inclus.

Construit en 1895, cet hôtel a d'abord été transformé en colonie de vacances avant de se muer avec succès en chambres d'hôtes. Au cœur du majestueux plateau de l'Aubrac, cette guesthouse se décline en chambres, loft et appartements, aussi authentiques et chaleureux les uns que les autres. La table d'hôtes mise aussi sur la tradition : produits du terroir et vins régionaux. Sans oublier le champagne familial : maison Auguste Chauvet, fondée en 1848 ! Une maison chic qui se propose de vous faire partager ses passions pour la gastronomie et les grands espaces.

GÎTE D'ÉTAPE COMMUNAL-CHEZ FANNY ET JEREMY €

Route d'Espalion

✆ 06 29 83 58 82

www.chezfannyetjeremy.fr

Nuitée : 22 € petit-déjeuner compris. Emplacement tente : 6,50 €.

Ce gîte d'étape communal est situé au cœur du village de Saint-Chély-d'Aubrac dans une charmante bâtisse aubracienne. Il offre un confort appréciable à tous les pèlerins en chemin vers Saint-Jacques-de-Compostelle. Les dortoirs comptent cinq lits au maximum et les sanitaires sont séparés. Fanny et Jérémy, qui gèrent les lieux, proposent couverture et coussin, et préparent le petit-déjeuner à la demande. Un camping vert permet aussi de planter la tente ou de faire une pause en caravane.

LES COUDERCOUS*** €€

Route d'Aubrac

✆ 05 65 44 27 40

www.lescoudercous.fr

Chambre double de 46 € à 90 €. Menus de 14 à 26 €.

Le bonheur est palpable quand Elise et Vianney accueillent leurs hôtes dans leur établissement du centre du village, baptisé Les Coudercous. Les treize chambres de la bâtisse, plutôt cosy, ont été entièrement rénovées, et sont dotées d'une décoration chaleureuse qui fait écho à l'environnement naturel de l'hôtel. Dans la salle de restaurant, aux murs boisés, Vianney, formé dans la célèbre école Ferrandi, concocte une cuisine de terroir, à la fois généreuse et soignée, à l'image de ses poireaux confits accompagnés d'Ecir ou de sa poire pochée au vin de Marcillac.

L'ESTIVE D'AUBRAC €€

Village d'Aubrac

✆ 05 65 44 91 15

www.estive-aubrac.fr

Chambre double de 90 € à 110 €. Petit déjeuner inclus. Restauration (table d'hôtes : 30 €).

La maison d'hôtes de Gévy et Jean-Louis a été aménagée dans l'ancien presbytère d'Aubrac. Totalement transformée, la bâtisse déroule aujourd'hui deux belles chambres, capable d'accueillir chacune 2 personnes. Leurs noms de baptême fait référence aux paysages alentour : le Puy de Gudette - dans le Cantal- d'un côté ; et le signal de Mailhebiau -point culminant du plateau- de l'autre. Ils donnent aussi de sérieux indices sur le panorama exceptionnel qui s'offre à vous depuis les fenêtres de cette charmante maison située tout près de l'église.

LES GÎTES DU ROYAL AUBRAC €€

Route de l'Aubrac

✆ 05 65 44 28 41

www.royal-aubrac.fr

Location à la nuitée : 30 €/personne avec petit-déjeuner.

A la croisée de l'Aveyron, du Cantal et de la Lozère, les gîtes du Royal Aubrac sont un repaire idéal pour découvrir l'Aubrac. Fidèles aux valeurs d'accueil et de partage chères à ce plateau, la maison, reçoit aussi bien les familles, les groupes d'amis, les couples d'amoureux, que les randonneurs ou les pèlerins en route vers Saint-Jacques. Chaque gîte est équipé d'un accès indépendant et d'une salle d'eau. A l'extérieur, terrasse et barbecue permettent de dîner dehors.

L'ANNEXE D'AUBRAC €€€

Place des Fêtes

✆ 06 75 88 41 19

www.lannexedaubrac.com

Chambre autour de 200 €. Petit déjeuner inclus.

Une montagne ouverte aux quatre vents, des paysages bluffants aussi hostiles qu'accueillants... Et pour profiter de ces horizons exceptionnels, une adresse rare aux intérieurs remarquables et inédits. La bâtisse, aujourd'hui propriété de Virginie, abrite cinq chambres, des salons et pièces à vivre qui incarnent « les plateaux envoûtants de l'Aubrac, mais aussi la mystérieuse Transylvanie et le faste d'une Russie éternelle ». Dépaysement et émerveillement garantis dans cette guesthouse époustouflante qui tient aussi lieu de boutique, salon de thé et restaurant.

LES ENFRUX €€€

L'accès au hameau des Enfrux, à 2,5 km de Saint-Chély, se fait par le GR Tour des Monts d'Aubrac. Accès vers le hameau entre Bonnefon et Saint-Chély. ✆ 05 65 48 29 77

www.chambres-aubrac.com

Chambre double de 90 € à 120 €. Petit déjeuner inclus. La Grange : 600 €/semaine pour 4 personnes.

Entre esprit de village, décor authentique et parfum de campagne, les chambres d'hôtes d'Annie Galtier ont de quoi séduire. Passionnée par les objets anciens et les curiosités, la maîtresse des lieux a imaginé trois chambres et une décoration élégante, mais sans prétention. On trouve çà et là des articles récupérés au fil du temps : le robuste escalier de l'ancienne école du hameau, ou de vieilles planches de la grange devenues garde-corps. Le choix des couleurs enfin, chaudes et chaleureuses, donne aux pièces l'aimable confort d'une pension de famille.

HOTEL-RESTAURANT LA DOMERIE** €€€

✆ 05 65 44 28 42
www.hoteldomerie.com
Chambre double de 72 € à 100 €. Petit-déjeuner : 12 €.

Cette belle bâtisse en pierre coiffe le petit village d'Aubrac, et au-delà, les paysages sauvages du plateau. Propriété de la famille Auguy, depuis plusieurs générations, elle ouvre ses portes aux amoureux des grands espaces et de bonne chère. Vingt-et-une chambres, au décor charmant et au confort moderne, sont réparties dans les étages. On s'en extrait pour partir en promenade ou prendre un repas au restaurant, où est servie une généreuse cuisine de terroir.

LE BURON DU COUDERC €

Route d'Espalion
✆ 05 65 48 02 99
www.buronducouderc.fr
Ouvert de mi-avril à fin octobre. Terrasse et parking – Accueil de groupes. Menus de 22 € à 27 €.

Le Buron du Couderc offre un décor charmant où demeurent encore les traces du temps. Philippe Gély, qui a réhabilité le buron familial de ses grands-parents, propose une savoureuse cuisine régionale composée de produits frais : salade, charcuterie, aligot-saucisse, viande aubrac, fromage laguiole et dessert préparé maison. Les boissons (apéritifs et vins) bénéficient ici d'une caution terroir. L'adresse, située tout près du village d'Aubrac, est un repaire pour les locaux, mais aussi des marcheurs en route vers Saint-Jacques-de-Compostelle.

LE BURON DE L'AUBRAC €€

Aubrac ✆ 05 65 44 21 63
www.restaurant-buron-aubrac.com
Ouvert de mi-avril à début octobre. Ouvert tous les jours. Menus de 21 € à 26,50 €. Aligot-saucisse : 13 €.

Ce buron est un lieu tout trouvé pour un repas dans un cadre authentique. L'Aubrac tout autour offre en effet une vue bucolique sur les vaches et leurs pâturages. Gérard, enfant du pays, s'est installé il y a une bonne quinzaine d'années pour partager son amour du plateau et des nourritures vraies avec les nombreux pèlerins ou touristes de passage. En salle ou sur la terrasse ombragée, ils servent, avec Nanou, des plats simples et généreux : aligot-saucisse, pavé de bœuf Aubrac, confit de canard, tripous et desserts maison : tarte aux fruits rouges ou panna cotta.

SOULAGES-BONNEVAL ★

A l'origine, le lieu-dit s'appelait Bonalde, transformé avec le temps en Bonneval. L'abbaye a été fondée en 1147 à la demande de l'évêque de Cahors qui eut une vision à cet endroit. Bâtie par les moines cisterciens, elle fut jusqu'à la Révolution une des plus riches abbayes du Rouergue. Laissée à l'abandon près d'un siècle, elle se relèvera en 1875 à l'installation des sœurs de Maubec. Suivant la règle de Saint-Benoît, elles vivent du travail de leurs mains. Depuis, l'abbaye de Bonneval est aussi connue pour son patrimoine que pour sa fameuse chocolaterie dont les pralinés, tablettes et autres permettent de financer les œuvres de la communauté.

LE GRENIER DE CAPOU ★

Ferme de la Crestilie
✆ 05 65 44 31 63
Adulte : 6 €. Enfant : 3 €.

Le grenier de Capou c'est la caverne aux merveilles de Raymond Capoulade, un musée très personnel où les objets ordinaires de jadis, par leur accumulation, créent l'étonnement, le sourire et l'intérêt ! Murs de caisses de chocolat, véhicules antiques à deux roues, à trois roues, bazar d'instruments paysans d'il y a cent ans, horloges, plaques d'émail aux graphismes charmants, bidules étranges... Cet antre de brocanteur fou parlera aux petits comme aux grands. Aujourd'hui, c'est toute la famille Capoulade qui s'investit pour faire vivre ce lieu un peu magique.

AUBERGE DU MOULIN €

Le Bourg
✆ 05 65 44 32 36
www.aubergedumoulin-laguiole.fr
Chambre double de 42 à 52 €. Petit déjeuner : 7 €. Menus de 14 à 32 €. Menus enfant de 8 à 12 €.

Marie-Hélène est installée à 5 km à l'ouest de Laguiole depuis un petit bail. L'un des secrets de la longévité de son affaire réside sans doute dans l'accueil qu'elle réserve à ses clients. A l'Auberge du Moulin, on est reçu sans chichi, dans une ambiance familiale et bon enfant. Les chambres qu'elle met à la disposition de ses hôtes sont simples mais bien tenues. Certaines d'entre elles bénéficient d'une belle vue sur le village. Dans les assiettes se côtoient des spécialités traditionnelles à base de produits du terroir : foie gras, bœuf Aubrac, aligot...

MUR-DE-BARREZ ★

Cette cité, située à l'extrême nord du département, à 800 m d'altitude, tourne son regard vers le Cantal. Certes, la proximité et la facilité d'accès vers ce département y sont pour beaucoup, mais les racines n'y sont pas non plus étrangères. En effet, Mur-de-Barrez fait partie de la province du Carladez, dont la capitale était Carlat, village cantalien dominé par une puissante forteresse. En 1643, le Carladez est donné par le roi de France aux Grimaldi, ceux qui règnent toujours sur le rocher de Monaco ! Ainsi, ce petit village possède-t-il sa place de Monaco et sa tour Grimaldi, qui était une des trois portes de la ville, gardée en permanence.

BUREAU D'ACCUEIL CARLADEZ

12, Grand'Rue
✆ 05 65 66 10 16
www.carladez.fr

Haute saison : du lundi au vendredi de 9h30 à 12h30 et de 14h à 18h ; le dimanche et les jours fériés de 10h à 12h30.

Territoire de caractère, aux confins de l'Aveyron et du Cantal, le Carladez vous ouvre ses portes depuis son bureau d'information touristique basé à Mur-de-Barrez. Sur place, en plus de plusieurs guides (accueil, hébergements...), cartes et brochures thématiques, une équipe, aussi accueillante que professionnelle, distille ses bons conseils pour découvrir la région et profiter de ses atouts : des paysages préservés, un patrimoine architectural remarquable et de très bonnes tables.

AUBERGE DU BARREZ*** €€

Avenue du Carladez
✆ 05 65 66 00 76
www.aubergedubarrez.com

Chambre standard à partir de 65 € et grand confort à partir de 68 €. Petit-déjeuner : 11 €.

L'Auberge du Barrez, véritable institution de la ville et ce, depuis plus de trente ans !, vous accueille dans un cadre contemporain, dont la décoration a été conçue avec goût. L'ensemble dégage une atmosphère agréable doublée d'installations de grand confort. Les chambres sont assez grandes, les plus simples ont tout de même une salle de bains, des toilettes et la télévision, les autres sont dotées, en plus, d'une douche à jets. De bois clair et de teintes chaudes, elles sont lumineuses et les plus agréables donnent de plain-pied sur le jardin.

LE COMPTOIR DU BARREZ €€

Rue du Carladez
✆ 05 65 66 00 76
www.aubergedubarrez.com

Menus de 24 € à 42 €. Formule du midi : 14,90 €.

Sophie et Uri, en couple à la ville comme aux fourneaux, ont repris cette auberge familiale au printemps 2016. Et lui ont donné un sacré coup de jeune. Place à une cuisine de comptoir, à tendance bistronomique. Uri, major de promotion à l'institut Paul Bocuse, a travaillé chez Bras. Sophie a été vice-championne de France des desserts à l'assiette. A eux deux, ils forment un tandem authentique, attaché aux produits du coin. Mais ils n'oublient pas pour autant de réveiller cette contrée du Carladez à coup de tapas et de dégustations de vin.

Le marché du jeudi matin à Mur-de-Barrez.

CHARCUTERIE DU CARLADEZ

12, place de Monaco
✆ 05 65 66 00 50

Ouvert du lundi au samedi de 7h15 à 12h30 et de 14h à 19h ; le dimanche de 8h30 à 12h15.

La maison de Serge Chabbert, artisan charcutier en Carladez, peut légitimement vanter les mérites de son jambon, de sa saucisse sèche et de ses saucissons séchés au feu de bois. Nombre d'Aveyronnais reconnaissent la haute qualité de ses produits et l'on vient parfois de loin pour s'y ravitailler. Il faut découvrir l'impressionnante étagère de conserves « maison », confits de canard, cous d'oies ou de canards farcis, boudins, jambonneaux, gésiers préparés, etc. Les pâtés en croûte sont plus appétissants les uns que les autres.

LACROIX-BARREZ

Situé aux confins de trois régions, Carladez, Ruthène et Auvergne, ce village a connu diverses administrations, tombant tantôt sous la juridiction des comtes de Rodez, tantôt sous celle du vicomte de Carlat ou de l'abbé de La Chaise-Dieu. Cette position lui a surtout permis de vivre de son artisanat et du commerce. Bien que le village ait jadis comporté un prieuré, l'église actuelle est toute récente puisque construite en 1932. Elle l'a été à la demande du cardinal Jean Verdier, enfant du pays, devenu archevêque de Paris. La crypte de la petite église renferme d'ailleurs une « exposition souvenir » dédiée à cet homme d'Eglise.

LE CHÂTEAU DE VALON ★

Valon
✆ 05 65 66 10 16
www.carladez.fr

Du 20 juillet au 20 août, du mardi au dimanche de 10h30 à 18h30. Hors saison : voir site Internet

Perché sur son éperon rocheux, le château de Valon, du XIIe siècle, trône fièrement sur les gorges de la Truyère. Mentionnée pour la première fois en 1150, cette forteresse médiévale est occupée pendant la guerre de Cent Ans par les « routiers » qui pillèrent la contrée. A partir de la Révolution, le château ne sera plus habité. Témoin inébranlable de ces époques lointaines, le donjon abrite trois salles superposées : on circule de l'une à l'autre en empruntant un étonnant escalier très étroit. Au sommet, la terrasse offre une vue panoramique sur les alentours.

LA FERME DE DILHAC

✆ 05 65 66 19 78
www.lafermededilhac.fr

Visite gratuite de la ferme et dégustation pendant toutes les vacances scolaires.

Dans le hameau de Dilhac, Isabelle et Serge Rayrolles s'occupent d'un troupeau de vaches laitières, de race brune, nourries à l'ancienne avec l'herbe des pâturages, un peu de foin et quelques céréales cultivées sur l'exploitation. Le goût subtil des produits laitiers vendus ici – beurre, crème fraîche, lait cru et fromages frais, en faisselle ou affinés, et même glaces – en témoigne. Le couple, qui s'est converti au bio dès 2009, élève aussi quelques cochons, dont ils tirent de fameux jambons, saucisses, pâtés et plats cuisinés (langues de porc...).

FERME PÉDAGOGIQUE DES BORNOTTES

Fraysse
✆ 06 49 02 28 06
www.fermedesbornottes.fr

Visite libre : 5 €. Visite guidée : 7 €. Atelier enfants : 8 €.

Marie Delpuech est à la tête d'un drôle de cheptels. Des vaches, des cochons, des moutons, des poneys, des volailles, des ânes, des lamas, des chèvres et des lapins ! Tout ce petit monde vagabonde librement sur 2 hectares de terrain à Lacroix-Barrez, et se pavane volontiers devant les très nombreux visiteurs qui poussent chaque été les portes de la ferme des Bornottes. La visite se fait en autonomie ou accompagnée, pour approcher de plus près les bêtes, les caresser ou les nourrir.

LA COULÉE DES SAVEURS €€

1, place Robert Delmas
✆ 06 30 33 00 79

Formule du midi : 13 €. Menu du week-end : 18 €.

Gautier Rayrolles, la vingtaine, a mis beaucoup de conviction et d'énergie dans son restaurant de Lacroix-Barrez. La Coulée des Saveurs est adossée à la ferme familiale de Dilhac, et propose une cuisine simple à base de produits bio et locaux. Gautier Rayrolles emprunte en effet les plus courts circuits pour garnir les frigos et étagères de son restaurant en viande, légumes, pain et pâtisseries. Chaque midi, le menu se décline en buffet d'entrées, plat, fromage et dessert pour une somme ridicule quand on constate que tout est de qualité et préparé maison.

THÉRONDELS

Véritable village auvergnat en Occitanie, à la fois par sa situation à la pointe de l'Aveyron, cerné de toutes parts par le Cantal, et par son architecture et l'aspect de ses maisons grises, prévues pour affronter des hivers rigoureux. L'économie locale est axée avant tout sur l'élevage bovin, mais se développe de plus en plus vers le tourisme de pleine nature. Il faut aller jusqu'à la presqu'île de Laussac, apparue après la mise en eau du barrage de Sarrans, pour admirer le paysage verdoyant de la vallée de la Truyère. Soyez prudent toutefois car ce lac est artificiel est avant tout destiné à alimenter l'usine électrique de Sarrans.

LE CHALET DU LAC €€

Presqu'île de Laussac
✆ 05 65 66 04 58

Ouvert au printemps : les week-ends (samedi, dimanche, ponts et jours fériés), tous les jours l'été sauf le lundi.

Sur cette presqu'île de Laussac, qualifiée d'endroit le plus romantique en Aveyron, le Chalet du Lac de Daniel Tarrisse, remet le couvert tous les jours en saison en servant à ses clients charcuterie, tarte à la tome, aligot, viande locale et glaces de la ferme. Une manière pour cet enfant du pays, parti un temps à Paris pour travailler dans la limonade, de rester acteur de son territoire. Inutile de vous préciser que les assiettes sont plus que généreuses. Mais vous aurez tout le loisir de digérer sur la petite plage toute proche de ce bout d'Aveyron.

LA SOURCE**** €

Presqu'île de Laussac
✆ 05 65 66 05 62
www.camping-la-source.com

Emplacement + véhicule + 2 personnes de 13 € à 42 €. Mobil-homes pour 4 à 6 personnes de 469 € à 637 € la semaine.

4 étoiles, pas moins, pour un camping qui s'offre en plus un panorama à 360° sur le lac de Sarrans. Il est aménagé en trois terrasses, partiellement ombragées, qui comptent des emplacements, des chalets, des bungalows et des mobil homes. Au-dessus du lac, des espaces jeux - ping-pong, pétanque, mini-golf... -, un terrain multi-sports - football, volley, handball... -, une piscine et le bar occupent un grand espace. Le ravitaillement se fait à l'épicerie du camping ou sur commande auprès du boucher et du boulanger. Sur place, snack, pizzeria, plats cuisinés...

CAVE COOPÉRATIVE

✆ 05 65 66 02 88
www.therondels.fr

Ouvert le vendredi et le samedi de 9h à 12h. Visite et dégustation gratuites.

Basée à Thérondels, aux confins du Cantal et de l'Aveyron, cette coopérative, fondée en 1946, est la seule unité fromagère du département à pouvoir produire du cantal AOC. Composée d'une vingtaine de producteurs de lait du territoire, la structure est aussi spécialisée dans la fabrication de tome fraîche, d'aligot et de thérondels, un fromage qui s'apparente à la tome de Savoie ou à la tome des Pyrénées. Ce savoir-faire, ses origines et ses exigences sont expliqués lors de visites hebdomadaires menées par des producteurs passionnés et fiers de leur travail.

MAISON DE LA BONNE VIE €€

Lieu-dit Frons ✆ 05 65 48 60 04
www.maisondelabonnevie.fr

Chambre double de 126 à 166 €. Petit déjeuner inclus. Gîtes de 146 à 176 €/nuitée. Table d'hôtes 25 €.

Dans cette Maison de la Bonne Vie, l'accueil est sans fausse note et l'ambiance, à la fois sereine et conviviale. Les trois chambres et les deux gîtes sont meublés avec goût et décorés avec un soin tel qu'ils méritent assurément le qualificatif de luxueux. Aux commandes de cette adresse un peu à part : Derk et Guido, deux hommes aux talents pluriels et au cœur généreux. Leur hospitalité exceptionnelle s'exprime aussi à leur table d'hôtes : un restaurant singulier que Guido, chef pâtissier, abreuve de bons petits plats italiens, français, asiatiques ou hollandais.

SAINT-AMANS-DES-COTS

Bienvenue en Viadène, éminence boisée entre Cantal et Aubrac, balcon vers les monts d'Auvergne, terrasse occidentale du plateau granitique ! Saint-Amans-des-Côts (prononcer « des co ») symbolise la porte du pays des églises à clochers-peignes. Ces curiosités architecturales se découvrent dans de nombreux petits villages du secteur, dont le site impressionnant et sauvage de Bez-Bédène avec son église du XIIIe siècle. Celle de Saint-Amans-des-Côts est de style gothique. Le monument surprend par son absence de symétrie et les vestiges romans subsistants. Mais son joyau est sans aucun doute son retable en bois peint, réalisé en 1626 par Ludovicus Gomez.

CAMPING LES TOURS•••• €€

✆ 04 30 63 38 84

www.campinglestours.com

Tarifs à la semaine. Voir site Internet.

Ce camping de 15 ha est venu s'installer sur les rives tranquilles du lac de la Selves. A 600 m d'altitude, l'établissement allie des installations de qualité et une nature préservée. Si le lac est une retenue associée à un ouvrage hydroélectrique, l'environnement est l'un des plus sauvages et des plus boisés du département. Les presque 300 grands emplacements mi-ombragés bénéficient de tous les services : bar, restaurant, épicerie… Les Tours propose aussi un somptueux parc aquatique avec toboggans, un espace bien-être, ainsi que toute une palette d'activités.

FERME DE LA BORIE HAUTE

D34

✆ 05 65 44 39 77

www.fermedelaboriehaute.fr

Vente de fromage le lundi et vendredi matin.

La ferme est au cœur du Parc naturel régional de l'Aubrac, et abrite un troupeau d'une cinquantaine de vaches Simmental et quelques autres de race Aubrac. Une partie du lait est livrée à la coopérative Jeune Montagne et l'autre est transformée sur place. Venez visiter la cave naturelle creusée dans le granit, et déguster leur Laguiole AOP fermier et leur fourmette de la Viadène, deux fromages fermiers, au lait cru. Isabelle a également mis au point sa propre recette de confiture de lait. Un régal, à tartiner d'urgence sur vos gaufres ou crêpes maison.

DOMAINE DE SANGAYRAC €€

Sangayrac

✆ 06 12 02 43 98

www.domainedesangayrac12460.com

Petit déjeuner : 5 €. Chambre double : 40 €/personne. Demi-pension et pension complète sur demande.

Ce centre d'hébergement collectif et individuel a une capacité totale de 64 personnes. D'un aspect moderne, il est idéal pour les repas familiaux, anniversaires, mariages ou encore vins d'honneur et séminaires mais également pour les groupes sportifs grâce aux équipements disponibles dans les environs. Vous pourrez ainsi profiter de nombreux loisirs tels que planche à voile, via ferrata, escalade, VTT ou bateaux à pédales, accessibles dans les environs. Sur le site, un accueil chaleureux vous sera réservé et des solutions de restauration

HÔTEL-RESTAURANT LE FLORENTIN•• €

FLORENTIN-LA-CAPELLE

✆ 05 65 44 41 01

www.hotel-le-florentin.fr

10 chambres. Animaux acceptés. Restauration.

Au cœur du petit village de Florentin, dans une maison centenaire, les hôtes vous accueillent avec chaleur et bienveillance. C'est dans cette demeure familiale, dotée d'une piscine et d'une terrasse offrant une vue sur la bourgade, que vous pourrez passer des vacances et des moments de détente en toute sérénité. Les chambres modernes, décorées avec goût offrent confort et calme. Le restaurant propose une cuisine traditionnelle au rythme des saisons, à base de produits du terroir.

LYSETH CREATION

Atelier de Monnes

✆ 05 65 44 83 74

www.lysethcreation.com

Ouvert de mai à octobre de 10h à 13h et de 14h à 19h. Non-stop l'été.

Installés dans l'ancienne ferme-forge du XVIe siècle de Monnès, sur le versant occidental de l'Aubrac, Lyseth vous accueille pour découvrir et partager la passion qui la lie à cette région d'exception. La créatrice dit d'elle qu'elle a été « façonnée » par l'Aubrac. Bijoux, gravures, poteries et autres peintures font plutôt bon ménage dans cet atelier, mi-showroom mi-galerie d'art. Des bijoux en or, argent massif et bronze mais aussi des céramiques, des tableaux, les sculptures de ses amis artistes y sont exposés dans un écrin authentique qui respire la sérénité.

ENTRAYGUES-SUR-TRUYÈRE ★★

Pour découvrir ce village situé au confluent du Lot et de la Truyère, il faut quitter la rue du Tour-de-Ville pour se faufiler dans les rues de la vieille ville. Sa création remonte au XIIIe siècle, lorsque Henri II, comte de Rodez, décide d'y faire bâtir un château qui servirait à contrôler le trafic fluvial. Ainsi, la rue Basse, le passage de l'Eglise, l'impasse de l'Horloge ou bien encore la place de l'Eglise ont conservé une atmosphère de la période médiévale, avec notamment de nombreux passages sous les maisons. La ville a été fortifiée en 1357, et du chemin de ronde subsistent quelques traces dans ce qui est devenu la rue de l'Horloge.

CENTRALE HYDROÉLECTRIQUE EDF DE CAMBEYRAC

Route de Banhars
✆ 05 65 44 56 10
Ouvert toute l'année.

La centrale de Cambeyrac a été mise en service en 1957. Elle produit aujourd'hui l'équivalent de la consommation d'une ville de 14 000 habitants : c'est-à-dire 10 fois celle de la population d'Entraygues-sur-Truyère ! Un belvédère, aménagé face à l'usine sur la rive gauche de la Truyère propose des jumelles d'observation et des modules d'information pour en apprendre davantage sur son fonctionnement. De l'extérieur, il est aussi possible d'observer la salle des machines.

OFFICE DE TOURISME TERRES D'AVEYRON

Place de la République ✆ 05 65 44 56 10
www.terresdaveyron.fr
Haute saison : ouvert du lundi au samedi de 9h30 à 12h30 et de 14h à 18h30 ; le dimanche de 10h à 12h30.

L'office de tourisme du pays d'Entraygues-sur-Truyère règne sur un territoire de cinq beaux villages : Le Fel, Golinhac, Espeyrac, Saint-Hippolyte... et Entraygues évidemment, chargé d'histoire, avec ses vieilles rues, cantous et ganelles, ses superbes maisons à colombages datant des XVe et XVIe siècles, son château et ses ponts du XIIIe siècle. La structure propose de nombreuses visites pour découvrir ces villages et leur environnement, les barrages, les artisans du coin...

HÔTEL DES DEUX VALLÉES €

7, avenue du Pont-de-Truyère
✆ 05 65 44 52 15
www.hotel-les2vallees.com
Chambre double de 58 € à 67 € ; chambre triple 74 €. Petit déjeuner : 9 € (10 € en chambre). Menus de 23 à 34 €.

Vingt chambres se répartissent entre deux étages différenciés par leurs couleurs tendres. Une petite salle de bains complète est attenante à chacune d'elles. Celles donnant sur la courette, à l'arrière, sont les plus calmes. La décoration mériterait un renouvellement, mais le rapport qualité/prix est imbattable, de même que l'accueil chaleureux réservé aux hôtes. Au restaurant, le menu du jour suit les saisons – il n'est que la fameuse association aligot-saucisse qui soit intemporelle ! – mais les plats ont indiscutablement une saveur rouergate.

Entraygues-sur-Truyère.

HÔTEL DU CENTRE €

Place République
✆ 05 65 44 51 19
www.hotelducentre-12.com

Chambre double de 45 € à 50 € ; chambre triple de 55 € à 60 €. Soirée Étape Pèlerin : 45 €. Menus de 13,50 € à 21 €.

La salle de restaurant a bénéficié d'un bon coup de neuf il y a une paire d'années. Et de la même manière, les chambres, déjà très confortables, ont connu quelques améliorations, notamment à travers la pose de parquet en lieu et place des anciennes moquettes. Côté cuisine, le cap de la tradition est maintenu avec un croustillant de cabécou au miel, une salade aveyronnaise, des pièces de bœuf, de l'aligot, du fromage blanc aux châtaignes... Les planches (charcuteries et fromage locaux) servies à toute heure de la journée sont aussi très largement appréciées.

LA LANDETTE €

La Landette
GOLINHAC
✆ 05 65 44 78 53
www.landette.fr

Chambre double 58 € ; chambre triple 81 €. Petit déjeuner inclus. Restauration.

Placée sur les hauteurs du village aveyronnais de Golinhac, La Landette vous accueille dans l'une de ses 4 chambres d'hôtes, chacune disposant d'une salle de bain privée. Le matin, un petit déjeuner copieux vous sera servi. Un appartement, deux chambres et trois salles de bain, est aussi disponible, pour profiter en toute autonomie de ce point de chute situé sur le chemin de Saint-Jacques-de-Compostelle. Il n'est pas rare en effet que les hôtes de Christa et Paul arrivent ici à pied, via le GR 65. Le cadre est en effet propice à une pause récupératrice.

ÇA GÎTE SUR TRUYÈRE €€

7, rue du Dr Versepuech
✆ 06 22 85 02 48
www.cagitesurtruyere.fr

75 € pour 1 à 2 personnes (tarifs dégressifs au-delà de 2 nuits).

De la convivialité et surtout, beaucoup de fun ! C'est le leitmotiv de Catherine et Jean-Christophe qui ouvrent les portes de leur maison du XVe siècle au centre d'Entraygues. Cet ancien relais de diligence compte en plus un salon, une salle à manger et une belle piscine, ainsi qu'un jardin donnant sur la Truyère pour la mise à l'eau des canoës. Jean-Christophe, en effet, n'est pas qu'un simple hôte ; ce sportif propose de mêler le plaisir des sens à celui de l'effort grâce à des formules « raid » en VTT, à pied et même à moto, pour découvrir la région et ses trésors.

LE CLOS SAINT-GEORGES €€

19, coteaux Saint-Georges
✆ 05 65 48 68 22
www.leclosstgeorges.com

Chambre à partir de 90 €. Gîte à partir de 450 €.

C'est dans une demeure du XVIIe siècle que Sandra vous accueille avec décontraction dans ses 5 chambres d'hôtes de charme et son gîte indépendant. Chaque pièce, avec vue sur le jardin, le parc ou le village, est décorée avec des objets et des meubles chinés avec passion au fil des années. La table d'hôtes, à base de charcuterie, farçous, truffade, aligot, légumes du jardin, viande d'Aubrac et pâtisseries maison, est l'occasion de partager des moments privilégiés avec les hôtes. Pour des randonnées inoubliables, des VTT haut de gamme sont proposés à la location.

LA MAISON D'ÉMILIE €€

Rue du Boutigou
✆ 06 08 50 20 27
www.maisonemilie.fr

Gîtes de 380 à 660 €/semaine selon les saisons.

Elisabeth et Pierre sont aux commandes de La Maison d'Emilie, une charmante bâtisse divisée en deux gîtes indépendants. Au rez-de-chaussée, 60 m² et deux chambres peuvent accueillir jusqu'à 4 personnes. A l'étage, le gîte de Jean, plus vaste, compte aussi deux chambres pour une capacité de 5 personnes. Chaque hébergement dispose d'une cuisine, d'une salle d'eau et d'une terrasse privative. Autour, la piscine d'Entraygues, le Lot, la ferme équestre du Badour et les jolis villages du coin offrent de nombreuses opportunités d'activités.

LE PETIT CHOU €€

Place de la République
✆ 05 65 48 58 03
www.lepetitchou.fr

Ouvert toute l'année. Accueil 24h/24. Chambre double à partir de 86,50 €. Petit déjeuner inclus.

Le Petit Chou, c'est l'effet de surprise ! À l'étage, on trouve en effet quatre chambres d'hôte de charme avec un petit look vintage. La Framboise est romantique avec un lit à baldaquin ; la chambre Lilas, mansardée plus épurée avec vue sur la place du village ; la chambre Ocre, lumineuse et spacieuse, propose une petite alcôve – salon particulier ; et enfin celle baptisée Olive, est très spacieuse en bois, fourrure, peau avec une baignoire sabot et une douche. Le petit déjeuner est copieux et de qualité, Le Petit Chou est aussi un salon de thé !

PÔLE TOURISTIQUE BELLEVUE €€

Le Bourg - **GOLINHAC**
✆ 05 65 44 50 73
www.pole-bellevue.fr
Ouvert du 2 avril au 2 novembre. Tarifs détaillés sur le site Internet.

Aux confins de la vallée du Lot et de l'Aubrac, le Pôle touristique Bellevue vous accueille et met à votre disposition un ensemble de moyens locatifs saisonniers : chalets, gîte d'étape (idéal pour les pèlerins en chemin vers Compostelle), maisons ou camping classé 3 étoiles. Impossible dans ce cas de ne pas trouver votre bonheur dans cette offre complète, qui vous permettra d'apprécier les paysages du coin. L'Auberge, à quelques pas, vous fera découvrir les spécialités locales.

LE CHOU ROUGE €

3/4, place de la République
✆ 05 65 48 58 03
www.lechourouge.fr
Haute saison : du mardi au dimanche le soir ; le dimanche midi. Menus de 27,95 € à 44,95 €.

A côté de l'office de tourisme, sur la place principale d'Entraygues, cet établissement gourmand et multicarte (salon de thé, chambres d'hôtes, épicerie, restaurant) est aux mains d'Emilien Teil. Le jeune homme et son chef, Julien, servent des menus bistronomiques au Chou Rouge : un établissement et une signature plutôt modernes par rapport aux traditionnels restaurants du coin. Les produits frais sont cuisinés avec précision et finesse et s'accompagnent de bon vin et cocktails, notamment à l'occasion de soirées spéciales et thématiques.

LA MÉJANASSÈRE €€

✆ 05 65 44 54 76
www.domaine-de-mejanassere.fr
Chambres doubles de 88 à 98 €, petit-déjeuner compris. Gîte de 320 à 880 €/semaine selon saison. Ferme-auberge : 36 €.

La Méjanassère est une ancienne ferme rénovée, devenue la ferme-auberge de Véronique et Frédéric Forveille. Leur belle table s'ouvre aux visiteurs qui découvrent un menu établi selon le marché et la production de la ferme. La cuisinière sert ses terrines, des chapons, des canettes rôties au miel, un porcelet... La saucisse fumée faite maison se marie à merveille avec le pain bio fabriqué par Frédéric Forveille. Le repas s'accompagne bien sûr d'un chenin d'Entraygues. Les gîtes et les quatre chambres sont dans la même veine : aussi charmantes qu'accueillantes.

LA FORGE DE DENYS

Le Bourg
ESPEYRAC
✆ 06 81 90 31 15
www.laforgededenys.fr
Ouvert du lundi au vendredi de 9h à 18h ; le samedi de 10h à 14h.

Denys est un artisan forgeur, un authentique ; il récupère le minerai, l'hématite (oxyne de fer), il le concasse, le grille, le réduit en poudre et en extrait le fer par réduction. Ensuite, il forge le métal. Dit en deux lignes, cela représente cinq jours de travail pour concevoir une lame. Ses couteaux de table, pliants ou droits sont uniques, à l'image de ses créations signatures. La couteau dragon forgé, reconnaissable entre mille grâce à son manche torsadé entièrement réalisé à la main, est particulièrement apprécié pour couper la saucisse aveyronnaise.

A LA VOSTRA

8, place Castanié
✆ 06 75 02 87 18
www.frenette-occitane.com
Ouvert le vendredi et le samedi de 10h à 12h30.

Ingénieur agronome, Sylvain s'est lancé dans la production de frênette, une potion ancestrale dont s'abreuvaient déjà les Gaulois. Il se fournit en matière première sur des terres familiales, perchées à 600 mètres d'altitude au Fel. Les feuilles de frênes sont cueillies à la main tout au long de l'été, puis séchées et infusées avant d'être mélangées à du sucre et de la levure pour fermentation. Sa frênette, nature, parfumée au citron ou au sureau, version ambrée ou allégée en alcool, est notamment en vente directe à l'atelier à Entraygues.

MOULIN MÉJANE

La Molenarie
ESPEYRAC
✆ 05 65 69 88 80
www.moulin-mejane.com
Ouvert du lundi au samedi de 8h30 à 12h et de 14h à 19h. Ouvert toute l'année.

Aux archives départementales, on apprend que ce moulin date de 1635 ; il appartient à la famille Méjane depuis 1880. Depuis cette date, parents et enfants travaillent ensemble à la ferme et s'activent au moulin. Ils y élaborent de façon artisanale des huiles de noix, de noisette et de colza de première pression. 100% naturelles, sans additif ni conservateur, elles sont particulièrement appréciées des restaurateurs locaux. Le Moulin Méjane produit aussi à l'ancienne des farines de blé et de froment, dont certaines portent le label Agriculture biologique.

LE FEL

Là-haut, sur les contreforts de la vallée du Lot se niche ce charmant et paisible village aux maisons en schiste couvertes de lauzes. Le Fel offre aux visiteurs un point de vue imprenable sur les coteaux escarpés de la vallée. Sur ce relief accidenté une poignée de courageux viticulteurs cultive la vigne en terrasse qui donne naissance à l'AOC « Entraygues-Le Fel ». Ce vignoble est l'un des plus petits de France. Si vous passez au Fel, n'oubliez pas de goûter à la spécialité locale, les cabécous – fromages de chèvre.

RÉSERVE NATURELLE RÉGIONALE DES CÔTEAUX DU FEL

Le Mas

✆ 05 65 42 94 48

Gratuit.

Dans un secteur de vallons, prairies, bois de châtaigniers et de chênes, cette réserve présente une singulière biodiversité : de nombreuses espèces d'oiseaux y résident, dont l'engoulevent au chant crépusculaire, mais aussi des reptiles, comme le grand lézard ocellé, des mammifères aussi bien terrestres : genette, blaireau, putois… que volants : les chauves-souris, barbastrelles, rinolophes et autres murins à oreilles échancrées ! En accès libre, le site est balisé.

AUBERGE DU FEL €€

Le Bourg

✆ 05 65 44 52 30

www.auberge-du-fel.com

Menu du marché à 22 € + carte. Menu enfant : 12 €. Chambres de 74 à 81 € selon la saison, petit-déjeuner à 10,50 €.

Anaïs et David mettent ici chaque jour en œuvre une devise toute personnelle, empreinte d'une touchante sincérité : « Pas de chichis mais des plats préparés et servis avec le cœur ! ». David affectionne particulièrement les produits frais, locaux, et bien souvent biologiques. La carte évolue avec les saisons mais les menus sont toujours servis dans la salle de restaurant ou sur la terrasse joliment couronnée de vignes et de glycines. Un hôtel abrite quelques chambres dans lesquelles confort et douceur de vivre sont privilégiés.

DOMAINE MOUSSET

Le Bourg

✆ 05 65 44 50 51

Haute saison : ouvert tous les jours de 9h à 19h. En basse saison, contacter les propriétaires. Visite gratuite.

Le domaine Mousset est l'un des représentants du petit vignoble d'Entraygues-le-Fel. Ces agriculteurs ont diversifié leur activité d'abord centrée sur l'élevage. Ils contribuent aujourd'hui à la renaissance de la vigne sur ces coteaux mi-rouergats, mi-auvergnats (une partie du vignoble empiète en effet sur le Cantal). Les Mousset (qui sont passés au bio) produisent des vins rouges et blancs sur huit hectares schisteux en terrasses exposées plein sud, entre 300 et 400 mètres d'altitude. L'un des cépages cultivés est le fer servadou, typiquement aveyronnais.

ESPALION ★★

Ville-étape fondamentale sur les chemins de Saint-Jacques-de-Compostelle, le fameux GR 65, Espalion, entre causse et montagne, garde aussi l'entrée des gorges du Lot qui remontent vers Estaing. Le pont Vieux, comme beaucoup de monuments ici, est construit en grès rose. Il a été modifié au fil des siècles et agrandi, mais conserve charme et authenticité. Plus haut, le Vieux Palais, construit en 1572, propose une étrange architecture Renaissance, avec sa tour dite « en poivrière », comme collée à même les murailles, et de curieuses perspectives. Pour embrasser au mieux toutes ces richesses, il faut se rendre sur le Foirail et suivre la rivière.

CHAPELLE DES PÉNITENTS

29, rue du Plô

✆ 07 84 06 39 67

Gratuit. Participation libre.

Sa façade en grès est si discrète qu'il faut être averti pour la remarquer. Pourtant, cette chapelle édifiée en 1704 et restaurée à partir des années 2000, recèle de petits trésors : un Christ en papier mâché du XVIIe siècle, un autel Louis XIV et toute une collection d'objets sacrés, qui font de cette petite église un joli musée très apprécié des amoureux de l'art baroque ou des pèlerins de Saint-Jacques-de-Compostelle. Le site se visite gratuitement, grâce à l'engagement et au dévouement des bénévoles de l'association des Amis de la chapelle.

Le village d'Espalion.

CHÂTEAU DE CALMONT-D'OLT ★

La Colombie ✆ 05 65 51 69 92
www.chateaucalmont.org
Haute saison : tous les jours de 10h30 à 19h30. Adulte : 9 €. Enfant : 7,50 €. 5,50 € et 4,50 € en basse saison.

Dressé depuis mille ans sur son piton volcanique, le château domine Espalion et la vallée du Lot, et offre un panorama exceptionnel des causses à l'Aubrac. N'ayant subi aucune transformation, il témoigne des conditions de la vie militaire du Moyen Âge. Aujourd'hui, des « chevaliers » retracent l'attaque et la défense d'une forteresse au cours de la guerre de Cent ans. Les visiteurs peuvent y découvrir l'art de la guerre au Moyen Âge, grâce à des animations dont des démonstrations d'archerie, des initiations au tir à l'arc pour les enfants et des ateliers créatifs.

ÉGLISE DE PERSE ★

Rue de Perse
Gratuit.

Edifiée aux alentours de l'an mil, ce monument méconnu est un véritable trésor aux yeux des amateurs d'art roman. Bâtie en grès rose, l'église de Perse propose un curieux clocher-peigne et un superbe portail sculpté. Son tympan, même s'il reste bien sûr plus modeste que celui de l'abbatiale Sainte-Foy, mérite plus qu'un regard. On a beaucoup disserté sur les scènes naïves qu'il présente : Jugement dernier, Apocalypse, Pentecôte ? Il y a là un joyeux désordre de personnages. Les curieux constateront que faute de place, les apôtres ne sont plus que onze.

MUSÉE JOSEPH-VAYLET ★

Rue Droite
✆ 05 65 44 09 18
www.association-musees-espalion.fr
Plein tarif : 4 € - Tarif réduit : 2,50 €.

L'originalité de ce musée est d'avoir été installé dans l'ancienne église Saint-Jean, qui date du XVe siècle. Ce cadre gothique accueille les collections de Joseph Vaylet, un Espalionnais qui s'est efforcé de préserver une partie du patrimoine rouergat en collectant diverses pièces. On découvre ainsi des objets usuels, des costumes, de la vaisselle et des outils. Et on se perd dans ce capharnaüm d'objets insolites, où des brise-tommes en bois sculpté côtoient un squelette en bois peint et pièce unique en Rouergue, un porte-calelh – lampe à huile en bois.

MUSÉE DU SCAPHANDRE

38, rue Droite
✆ 05 65 44 09 18
Ouvert toute l'année. Fermé le lundi. Gratuit jusqu'à 26 ans. Adulte : 4 €.

Insolite ! Le scaphandre les pieds dans l'eau du Lot et les bathyscaphes qui trônent devant le musée en plein centre d'Espalion auront sans doute surpris plus d'un touriste : pourquoi un tel musée au cœur de l'Aveyron ? C'est simple : le premier scaphandre autonome moderne a été mis au point en 1864 par deux enfants d'Espalion, Benoît Rouquayrol et Auguste Denayrouse, qui travaillaient à la mine de Decazeville. Le premier, ingénieur des mines, avait mis au point un système de régulateur des gaz comprimés destiné aux appareils de secours en atmosphère irrespirable. Le second, officier de marine, eut l'idée d'adapter ce régulateur à la plongée sous-marine. Ensemble, ils mirent au point le scaphandre autonome avec un réservoir sous pression et un détendeur à membrane. Les premiers essais furent effectués dans le Lot. Une association locale a voulu rendre hommage à ces inventeurs, en ouvrant en 1980 ce musée, présentant du matériel de plongée, de provenances et d'âges divers : scaphandres modernes ou historiques, petits sous-marins, tourelle de plongée, lampes, lunettes appareil-photo étanche... Au total, ce ne sont pas moins de 400 pièces, maquettes ou documents que l'on y découvre. Le meilleur ambassadeur du scaphandre Rouquayrol fut Jules Verne qui découvrit l'invention à l'exposition universelle de Paris, et en équipa son Capitaine Nemo dans « Vingt mille lieues sous les mers ». Il y a aussi le scaphandre du vaisseau La Licorne de Tintin, imaginé par Hergé... Une visite vraiment passionnante à faire en famille.

LA HALTE SAINT-JACQUES €

8, rue Docteur-Trémolière
✆ 05 65 66 35 61
www.gite-etape-espalion.fr
Nuitée 16,60 € par personne. Petit déjeuner : 6 €. Repas du soir 15 €.

C'est au bout du Pont Vieux qui enjambe le Lot que cette Halte accueille avec bonne humeur les visiteurs de passage dans son gîte d'étape. Elle propose plusieurs chambres de quatre ou cinq personnes avec salle de bain individuelle et diverses commodités – lave-linge, sèche-linge… Pour les repas deux solutions s'offrent aux voyageurs : avoir recours au service des restaurants voisins, ou profiter de la cuisine de Florian, maître des lieux et amateurs de bons produits locaux. Les rues autour de la Halte rassemblent une multitude de petits commerces et de services.

LE RELAIS DE BORALDE* €

76, route de Saint-Côme-d'Olt
✆ 05 65 44 06 41
www.relaisdeboralde.com
Chambres de 46 € à 63 €. Petit déjeuner : 7 €. Menus à partir de 16,50 €.

Le premier atout du Relais de Boralde, c'est l'accueil chaleureux réservé aux habitués et aux clients qui y font étape. L'autre qualité réside dans l'excellent rapport qualité-prix de ses prestations. Les chambres sont aménagées dans un style simple mais, offrent un bon niveau de confort ; le restaurant est du même acabit. Il s'y déguste une cuisine simple, qui fait la part belle aux produits du terroir tels que tête de veau, farçous, aligot ou canard confit… On vous conseille vraiment cette petite adresse qui met tout en œuvre pour rester au goût du jour.

L'AUBERGE DU LAC €€€

Mandailles
✆ 05 65 48 90 27
www.aubergedulac-mandailles.fr
Chambre double de 78 € à 98 €. Petit déjeuner : 9 €. Salade repas : 14 €. Menu enfant : 9 €.

Au cœur du village de Mandailles, entre Saint-Geniez-d'Olt et Espalion, à mi-pente vers l'Aubrac, Justine et Anthony proposent toujours de jolies chambres et suites confortables, dont certaines donnent sur le magnifique lac. Dans une salle au décor rustique et chaleureux, le restaurant laisse découvrir les talents du chef Anthony et ses plats régionaux : escargots poêlés, truite d'Estaing entière grillée, burger de bœuf Aubrac... Les visiteurs se réjouiront de la variété du relief et de la qualité des eaux de ce lac sur le Lot réputé pour la pêche au carnassier.

VILLAS DE LABRO €€€

Route de Labro
✆ 05 65 48 26 12
www.villas-labro.fr
De 1 590 à 2 890 € la semaine selon saison. Animaux acceptés (10 €/jour). Service de ménage.

Avec leur piscine privative et leur emplacement privilégié dans la vallée du Lot, ces trois maisons d'architecte ont tout pour plaire aux vacanciers. Haut perchées au-dessus d'Espalion, avec vue imprenable sur le château de Calmont-d'Olt, les villas de Labro affichent un look moderne et lumineux. Un seul niveau, deux espaces nuit de deux chambres chacun et, au milieu, une pièce de vie de 50 m^2. Michèle et Emmanuel, les heureux propriétaires de ces petits palaces ruraux, ponctuent aussi les séjours de multiples petites attentions pour leurs hôtes. On apprécie !

LA CASA €€

39, bis rue Droite
✆ 05 65 48 00 04
Pizza à partir de 9€. Formule du midi : 12,50 €.

© DR

On vient ici pour les pizzas parfaitement exécutées, certaines traditionnelles et d'autres dites spéciales. On aime particulièrement la Chef composée de magret, roquefort, châtaignes, poires et emmental. Chaque midi, l'adresse propose un plat du jour différent qui sort de l'ordinaire : poisson le vendredi, tajine de poulet... Les desserts, comme les pizzas, sont faits maison et c'est un régal ! Nous vous recommandons le fameux crémeux au citron... Et louons l'accueil qui est réservé aux clients : un passage dans cette pizzeria est toujours un excellent moment.

BRASSERIE DU PALAIS €

4, place Saint-Georges
✆ 05 65 44 18 15
Ouvert toute l'année. Du jeudi au mardi. 7j/7 de mai à août. Menus de 18 à 23 €. Formule du midi : 13 €. Terrasse.

Partis de Paris, Françoise et Gérard se sont installés au pied de l'Aubrac. En plein centre, l'établissement jouxte la mairie d'Espalion. Une grande terrasse s'étire, l'été, devant une devanture arrondie. En cuisine, on concocte de bons petits plats locaux : charcuterie aveyronnaise, tripoux de Naucelle, aligot et tartare au couteau. Plusieurs burgers dont celui du Palais : bacon, oignon, tomates, sauce maison, sont aussi à la carte. Au menu du jour, le choix est varié et original : bœuf-carottes, saucisson de Lyon... Une adresse simple mais sûre.

LE FLORE €

38, boulevard de Guizard
✆ 05 65 44 00 92
Ouvert toute l'année. Fermé le dimanche et le samedi midi. Soirée le vendredi. Formule du midi : 13,50 €. Goûter : 5 €.

En descendant de Laguiole, on tombe sur le Flore. Le bistrot de Jean-Michel est sans chichis, mais il a développé une excellente réputation à Espalion. Le menu est affiché sur l'ardoise avec comme entrée salade niçoise, pour continuer manchons de canard ou jambon braisé et pour terminer un tiramisu crème de marron whisky maison. Le vendredi ça monte en gamme avec des ris d'agneau, de la viande d'Aubrac ou des poulets fermiers pris chez le boucher d'à côté. On peut aussi venir se poser sur les banquettes pour avaler un bon goûter : une pâtisserie et une boisson.

RESTAURANT LA TOUR €€

3, place Saint-Georges
✆ 05 65 44 03 30
www.maison-burgarella.fr
Fermé en janvier. Réservation recommandée. Menus de 49 à 69 €. Chèque Vacances, Chèque Restaurant. Terrasse.

David Bugarella propose un menu du jour d'un bon rapport qualité-prix. Au rez-de-chaussée c'est le bistro ; à l'étage, le restaurant gastro. Dans l'assiette bistrotière : tête de veau, salade de chèvre chaud, tripous... A l'étage, David concocte une cuisine plus raffinée avec des grands classiques : corne d'Aubrac, œuf de caille, truite fario de Nant, pigeon et foie gras, fromages régionaux... En dessert, on craque pour la crème brûlée cerise au vin. Vous pourrez choisir de déjeuner dans la cave à vin installée dans la tour, un emplacement de choix.

LE MEJANE €€€

8, rue Méjane
✆ 05 65 48 22 37
www.restaurant-mejane.fr
Ouvert du jeudi au lundi le midi ; le lundi et du jeudi au samedi le soir. Menus de 33 à 67 €.

Lionel et Simon, qui ont repris cet établissement emblématique en 2020, ont déjà imprimé leurs valeurs : des produits de saison sourcés tout près et des assiettes créatives aux influences hexagonales. Leur cuisine s'exprime en toute liberté, notamment avec la canette de Maymac, filet et cuisse, servie avec un gâteau de pomme de terre aux girolles... Côté dessert, les idées sont aussi intéressantes. Lionel et Simon, qui ont repris à la carte le célèbre baba de leurs prédécesseurs, lui ont donné un twist très personnel avec de l'amaretto.

LES 3 CAVES

ZA de la Bouysse
✆ 05 65 44 00 74
www.3caves.com
Ouvert du lundi au samedi de 9h à 12h et de 14h à 19h.

Essentiellement tournée vers le commerce du vin à ses débuts, Les 3 Caves sont aujourd'hui devenues une adresse plus largement dédiée aux flacons. Propriété de la famille Lauzet à Aurillac, le magasin (qui compte quatre autres parents dans le Cantal et en Corrèze), propose une sélection généreuse mais pertinente de bouteilles : vins, spiritueux, bières et champagnes. Habitués à travailler avec les particuliers comme les professionnels, Les 3 Caves peuvent compter sur une équipe de commerciaux passionnés et un œnologue diplômé en la personne de Jean-Pierre Lauzet.

CHOCOLATERIE DE L'ABBAYE DE BONNEVAL

Abbaye de Bonneval
✆ 05 65 44 24 49
www.abbaye-bonneval.com
Du lundi au samedi de 10h à 12h et de 15h à 17h15, le dimanche de 15h à 17h. Hors vacs : fermés lundis et mardis matins.

Cette abbaye a été fondée en 1147 ; bâtie par les moines cisterciens, elle fut jusqu'à la Révolution une des plus riches du Rouergue. En 1875 s'y installent les sœurs de Maubec et la chocolaterie. Les religieuses, qui tiendraient leurs secrets de fabrication d'un chocolatier de Limoges, travaillent à l'ancienne. Leur chocolat se présente en tablettes, mais aussi rochers, malakoffs, chocolats à la crème... ainsi qu'en petites bouteilles au cœur de liqueur, très réputées.

LAGUIOLE VILLAGE

Route de Laguiole
✆ 05 65 48 09 26
www.laguiolevillage.com
Ouvert du lundi au vendredi de 9h à 12h30 et de 14h à 18h30. Visite de l'atelier sur demande. Couteaux à partir de 60€.

A la sortie d'Espalion, l'atelier de Cathy et Francis existe depuis 2013. La boutique est arrivée depuis. Ici, on trouve le Laguiole classique et de nombreux autres modèles très créatifs, et originaux, l'Antartica fait avec Jean-Louis Etienne contre le réchauffement climatique, l'Espalion avec le vieux pont sur le manche, le Saint-Côme avec la lame qui rappelle le clocher tors du village, et l'unique Laguiole fermeture double pompe. Ex-ingénieur dans l'industrie aéronautique, Francis a créé le Laguiole « fermeture double pompe », très original.

LIBRAIRIE PONT VIRGULE

2, rue Saint-Antoine
✆ 05 65 44 91 41
Ouvert du mardi au samedi de 9h30 à 12h30 et de 14h à 19h.

Si certains dans son entourage trouvaient bien farfelue l'idée de Sylvie Lacan d'ouvrir une vraie librairie dans sa petite ville natale, elle-même n'a jamais douté. Depuis 2007, Pont virgule propose des ouvrages de littérature française et étrangère, des beaux livres et livres d'art, avec un rayon jeunesse, des jeux de société, un rayon jardinage, cuisine, sans oublier un choix de de jolie papèterie créative. Les deux libraires font leur métier avec passion et les soirées de signature avec des auteurs invités sont de vrais moments de convivialité.

MANOIR ALEXANDRE

Avenue d'Estaing
✆ 05 65 48 05 01
www.manoir-alexandre.fr
Ouvert du lundi au vendredi de 8h30 à 12h30 et de 13h30 à 19h ; le samedi de 9h à 12h et de 14h à 19h.

Fondée en 1983 à Espalion, l'entreprise familiale s'est spécialisée dans le canard gras et la cuisine traditionnelle aveyronnaise. Confits, gésiers, terrines, foies gras côtoient ainsi une gamme de plats cuisinés typiques du Rouergue : aligot, truffade, choux farcis, pounti... Le Manoir Alexandre reçoit visiteurs et gourmands autour d'une vidéo, retraçant les étapes de fabrication, et propose dans sa boutique une multitude de coffrets originaux dans lesquels on glisse les fameuses conserves parfois accompagnées d'une bonne bouteille.

SAINT-CÔME-D'OLT ★

Situé au pied de la vallée du Lot (olt en occitan), ce village médiéval fortifié est classé parmi les Plus Beaux Villages de France. L'élément le plus remarquable est sa forme quasi-circulaire. On trouve trois portes d'entrée fortifiées; la porte de la Barrieyre, du Théron et de la porte neuve qui vous permet d'accéder au centre village. En sillonnant ses venelles, vous trouverez le manoir des sires de Calmont du XIIe siècle, le château de Castelnau du XIIIe siècle et qui fait office de Mairie actuellement. Et à deux pas, vous avez l'église au clocher flammé, de style gothique édifiée en 1552. Ce style de clocher du village est plutôt rare en France.

CHAPELLE DES PÉNITENTS

Rue des Pénitents
✆ 05 65 48 24 46
www.saintcomedolt.com
Fermé du 1er octobre au 15 avril. Haute saison : ouvert tous les jours de 9h à 19h. Gratuit.

Siège des Pénitents blancs jusqu'en 1935, cette église du XIe siècle abrite aujourd'hui un petit musée consacré à l'art de la charpente gothique et aux clochers tors. La toiture de l'église elle-même n'est pas sans intérêt, car elle est faite à la Philibert, selon la forme d'une carène renversée. D'autres exemples de ce style sont visibles à Saint-Côme, dans la même rue que la chapelle en retournant vers le centre du village. La chapelle des Pénitents fut longtemps la paroisse du village, avec le cimetière à son chevet, jusqu'au déplacement de celui-ci, en 1950.

ÉGLISE DE SAINT-CÔME-D'OLT ★

A côté du château, l'église date de 1522. Elle est de pur style gothique flamboyant, avec une nef élancée. Elle est ornée d'un portail sculpté et, surtout, d'un clocher flammé ainsi qualifié parce qu'il est vrillé sur lui-même. Cette silhouette surprenante est l'un des rares exemples du genre en France. L'église abrite un christ en bois de noyer du XVIe siècle et ses portes en chêne sculpté sont classées monument historique. Chacune d'entre elles présente 365 clous en fer forgé.

HÔTEL DU COUVENT DE MALET** €

Route d'Aubrac
✆ 05 65 51 03 20
www.hotel-malet-aveyron.fr
Nuitée à partir de 47,84 €/personne. Lit « pèlerin » : 18,24 €. Petit déjeuner : 6,50 €. Repas : 12 €.

Au pied de l'Aubrac, l'Hôtel du Couvent de Malet accueille les pèlerins, touristes, familles, groupes. L'hôtel dispose de 27 chambres individuelles ou type dortoir suivant la formule choisie. L'établissement propose quotidiennement (sur réservation uniquement) des repas pour ses clients : menu unique service au plateau. Pour ceux qui le souhaitent, il est possible de participer aux offices religieux ou d'avoir un temps d'échange avec une religieuse.

LE JARDIN D'ÉLIANE €€

3, avenue d'Aubrac ✆ 05 65 48 28 06
www.lesjardinsdeliane.com
Ouvert mars-novembre. Chambre double 66€ avec petit-déjeuner. Repas du soir 15€ par personne, panier pique-nique 8€.

Une belle maison de maître entièrement rénovée à l'entrée de Saint-Côme-d'Olt. On peut apprécier le bonheur de plonger dans la piscine bien intégrée au jardin, se reposer sous les arbres, et trouver le sommeil dans l'une des chambres disposant chacune de leur décoration intérieure et d'une salle de bains privative pour le confort de tous. Au dîner, on se retrouve autour de la table d'hôtes que l'on aura préparée avec soin autour de la cuisine aveyronnaise. Un espace balnéo, avec hammam, sauna, bain bouillonnant, est venu compléter les équipements l'année dernière.

GÎTE DE COMBES ÉTAPE ET SÉJOUR €€€

✆ 05 65 48 21 58
www.gitedecombes.com
Location forfaitaire du gîte : 350 € la nuit, 700 € le week-end, 2 100 € la semaine.

Ce gîte est aménagé sur une exploitation agricole de 140 hectares, où pâture un troupeau de vaches aubrac. Dans une vaste grange de trois niveaux entièrement rénovée avec beaucoup de cachet, l'hébergement peut recevoir jusqu'à 23 personnes dans ses 7 chambres. Il fait également bon se reposer pour les pèlerins sur le chemin de Compostelle sur la terrasse avec vue sur l'Aubrac et la vallée du Lot. Votre hôte se propose aussi de vous fournir des repas à la demande.

LE SAINT DAMIEN €€

Place de la Fontaine
✆ 05 65 44 39 68
Ouvert du jeudi au mardi le midi ; du jeudi au dimanche le soir. Menus de 19 € à 25 €. Terrasse.

Lucie et son compagnon Jean-Philippe proposent une excellente cuisine, un peu tendance bistronomie. Ils griffonnent chaque jour deux menus sur leur ardoise, et leurs clients y piochent ce qu'ils ont envie, en toute liberté. Le dimanche midi, les deux tourtereaux mettent les petits plats dans les grands, avec de grands et bons classiques : souris d'agneau confite au thym ; poêlée de gambas miel et gingembre ; tête de veau sauce gribiche... Mention spéciale pour l'accueil et la jolie carte de vin qui s'accompagne de charcutaille.

ESTAING ★★

Au pied de l'Aubrac, le village d'Estaing, digne des décors les plus époustouflants du « Seigneur des Anneaux », est établi au confluent du Lot et de la Coussane. Dans les rues, on admire encore de belles façades datant des XVIe, XVIIe et XVIIIe siècles dont l'hôtel Cayron – mairie actuelle – et l'ancien collège. Outre l'important pèlerinage de saint Fleuret, Estaing tirait parti de se trouver sur le chemin de Saint-Jacques qui franchissait le Lot grâce au pont gothique. Ce dernier, classé au patrimoine mondial de l'Unesco, a bénéficié de travaux de rénovation. Il soutient en son centre la croix d'Estaing, si connue qu'elle symbolise l'Aveyron et a été reproduite en bijouterie.

LE CHÂTEAU ★

Place François Annat
✆ 05 65 44 72 24
www.chateaudestaing.org
Haute saison : ouvert du mardi au dimanche de 10h30 à 12h30 et de 14h à 19h. Adulte : 6 €. Visite guidée sur RDV : 10 €.

Demeure illustre de la famille d'Estaing qui donna à l'histoire du Rouergue et à celle de France de nombreux personnages, militaires et religieux, le château d'Estaing mérite une visite. L'édifice fut vendu dans les biens nationaux en 1794, devint le siège de la Congrégation de Saint-Joseph-d'Estaing en 1836, fut classé aux monuments historiques en 1945, il est cédé à la commune en 2000, puis devient en 2005 la propriété de l'ancien président de la République Valéry Giscard d'Estaing. Des salles d'exposition permanente lui sont consacrées.

BUREAU D'INFORMATION TOURISTIQUE D'ESTAING

24, rue François-d'Estaing
✆ 05 65 44 03 22
www.tourisme-espalion.fr
Haute saison : ouvert du lundi au samedi de 9h30 à 12h30 et de 14h à 18h30 ; le dimanche de 14h30 à 18h.

Outre son fameux château – racheté par l'ancien président de la République Valéry Giscard d'Estaing – Estaing possède un riche patrimoine bâti. Dont un pont gothique sur le Lot. Au milieu, trône le « Bienheureux François d'Estaing », statue érigée en 1866, et juste en face, la croix d'Estaing en fer forgé, reproduite en bijoux et symbole des amoureux. A voir aussi, un peu à l'écart du village, la chapelle de l'Oradou et la Maison de la vigne, du vin et des paysages.

HÔTEL ANGLADE €

Le Bourg
LE NAYRAC
✆ 05 65 44 40 09
www.hotel-anglade-aveyron.com
Chambre double à partir de 55 €. Demi-pension : 66 €. Petit déjeuner : 10 €.

La famille Anglade est dans les murs depuis quatre générations. L'établissement est aujourd'hui tenu de main de maître par la dernière d'entre elles, même si les anciens gardent toujours un œil sur ce qui s'y passe... La cuisine mérite le détour tant elle est bien tenue. Une belle salle de restaurant tout en longueur permet d'en profiter pleinement. La cuisine est locale et traditionnelle : aligot maison, lapin, veau du Ségala… Bref, que du bon. Une quinzaine de chambres simples et confortables permettent de séjourner sur place.

AUBERGE SAINT-FLEURET** €€

19, rue François-d'Estaing ✆ 05 65 44 01 44
www.auberge-st-fleuret.com
Chambre double de 54 à 58 €. Demi-pension : 60 €. Petit déjeuner : 9 €.

Cette auberge est installée dans une belle bâtisse ancienne dans laquelle on se plaît à cultiver un charme désuet. Les propriétaires régalent les tables de plats du terroir : escargots de Nadaillac, foie gras cuit avec un chutney aux figues, piece de bœuf de Conquet... La carte varie en fonction des produits du marché. Quatorze chambres riment avec harmonie. Les plus calmes donnent sur le jardin, d'autres ont la télévision et toutes disposent de salle de bains ou douche. Pour les chaudes journées d'été, l'hôtel dispose d'une piscine.

LE CLOS MARTY €€

Marty
SÉBRAZAC
www.chambres-d-hotes-le-clos-marty.fr
Chambre double de 75 € à 85 €. Petit déjeuner inclus.

Le Clos Marty est le domaine de Christelle, une jeune femme originaire de Normandie et qui a décidé de vivre l'aventure aveyronnaise en rénovant cet ancien corps de ferme, situé tout près du plus beau village de France : Estaing. La bâtisse, toute de pierre vêtue, déroule aujourd'hui quatre chambres élégantes et confortables, toutes équipées de salle de bain privative. Le matin, le petit-déjeuner est servi sur la terrasse en bois qui domine la vallée du Lot, ou dans la salle où trône l'ancien four à pain, et qui jouit elle aussi d'une vue splendide.

LA COUR PAVÉE €€

Lieu-dit Réquista
SÉBRAZAC
✆ 0565482246
www.gite-lacourpavee.com
De 290 € à 580 € la semaine selon saison.

Dans cette splendide bâtisse du XVIIe siècle, Monika, créatrice textile, a ouvert plusieurs gîtes : Le Cantou, 70 m², deux chambres et une imposante cheminée ; et L'Alcôve, un studio de 37 m² pour 2-3 personnes. Le Pigeonnier, une chambre pour deux personnes, dont le regard plonge vers la cour pavée et la vallée, peut être loué en complément pour augmenter la capacité d'accueil du site. Tout près, dans l'enceinte-même de la bâtisse, l'atelier de couture de Monika se visite sur rendez-vous. Vous serez charmés tant par les lieux que par leur hôtesse.

Le village d'Estaing, au bord du Lot.

LE JOAILLIER DU COUTEAU

Place du Quai
✆ 05 65 48 03 09
www.joaillierducouteau.com
Ouvert du lundi au samedi.

© DR

Depuis son atelier installé sur les quais du Lot, Christophe Lacaze rayonne dans le monde entier. Cet ancien mécanicien, spécialisé dans les couteaux haut de gamme, est en effet un véritable orfèvre, dont les créations rivalisent de splendeur et de précision. L'artisan sélectionne avec rigueur des matériaux précieux (corail, pierre précieuse, nacre, ivoire, ébène...) qu'il met en forme selon un savoir-faire qui lui est propre et qu'il nourrit de passion. Ses couteaux, aussi élégants que fonctionnels, s'offrent comme un bijou aux amateurs de beaux objets.

HÔTEL-RESTAURANT AUX ARMES D'ESTAING** €€

Quai du Lot
✆ 05 65 44 70 02
www.estaing.net
Chambre double de 65 € à 85 €. Restauration (menus de 18 à 38 €).

Dans l'un des plus beaux village de France, en contrebas du château du XVe siècle, Rémi et Pascale Catusse ont rénové la propriété de leurs parents et vous y accueillent le temps d'un repas ou d'une nuit. Les chambres ont une vue imprenable sur le pont gothique et la rivière. Tous les hôtes de cet hôtel familial, accueillis avec le sourire, goûtent à une cuisine maison, à base de produits frais et locaux, joliment travaillés et présentés par le chef Maître Restaurateur.

LE MANOIR DE LA FABRÈGUES*** €€€

La Fabrègues ✆ 05 65 66 37 78
www.manoirattitude.com
6 chambres. Chambre double de 80 € à 115 €. Gîte et studio de 70 à 90 €/jour. Wifi. Bain bouillonnant, sauna.

Entre Estaing et Espalion, sur la D920, ce manoir confortable propose six chambres d'hôtes avec tout le confort moderne (salle de bains balnéo...), ainsi qu'un gîte et un studio. Entouré de verdure, on se sent très bien aussi dans le patio ou au salon autour de la cheminée de cette magnifique et imposante bâtisse du XVe siècle restaurée et aménagée avec un goût certain. Chaque matin, le petit déjeuner s'organise autour d'un buffet de produits locaux ou faits maison.

L'AUBERGE FLEURIE €

Avenue d'Estaing
LE NAYRAC
✆ 05 65 44 41 18
www.laubergefleurie.fr
Menus de 14 à 30 €. Vin au verre. Chambre à partir de 45 €. Petit déjeuner : 7 €.

A 9 km d'Estaing, sur les contreforts de l'Aubrac, l'Auberge fleurie accueille les gourmands dans deux vastes salles pouvant recevoir jusqu'à 150 places. Dans les assiettes, la cuisine est simple mais de qualité. A côté des spécialités régionales telles qu'une salade avec les farçous, des viandes à la carte – faux-filet, pavé de bœuf grillés – des tripoux ou de l'aligot, on peut s'y régaler de pizzas qui tiennent bien la route. L'auberge ouvre également aux voyageurs neuf chambres confortables. De bonnes prestations pour un prix raisonnable.

BRASSERIE DU CHÂTEAU €€

2, quai de l'Amiral d'Estaing
✆ 05 65 44 12 89
Menu moyen à la carte : 30 €.

Ce restaurant adossé au pont d'Estaing nous enchante avec sa décoration fleurie très réussie et son mobilier de couleurs vives, mais surtout avec ses deux terrasses dont l'une, en bord de rivière, nous offre la plus belle vue du coin. L'accueil est enjoué et des produits locaux sont proposés aux marcheurs et autres touristes, comme la truffade ou la truite d'Estaing, diverses viandes grillées ou encore une carte de salades variées. L'autre originalité de cette adresse est la possibilité de manger non-stop de 12h à 23h. C'est très rare en Aveyron !

MAISON DE LA VIGNE, DU VIN ET DES PAYSAGES

D 920

✆ 05 65 44 04 42

www.lesvigneronsdolt.fr

Du 1er mai au 30 septembre ouvert tous les jours sauf dimanche et jours fériés de 10h à 12h30 et de 15h à 19h.

Ils représentent l'une des plus petites caves coopératives en France. Mais voient les choses en grand. A Coubisou, à mi-chemin entre Espalion et Estaing, les vignerons d'Olt – ils sont une quinzaine – ont bâti leur Maison de la vigne : un outil de travail moderne et fonctionnel, à la mesure de leur ambition. On y plonge dans l'histoire du terroir et de ses paysages à travers un film et une exposition, avant d'accéder au Chai et à la dégustation des différentes cuvées.

SAINT GENIEZ D'OLT ET D'AUBRAC

Saint-Geniez est surnommée « la cité marmotte » en référence à une légende remontant au XVe siècle : deux enfants, vivant avec leur père dans une maison au bord du Lot, avaient apprivoisé une marmotte. Un soir d'orage, la pauvre bête s'enfuit, effrayée, entraînant les enfants dans sa course. Finalement, enfants et animal durent s'abriter dans une cabane. Quand ils rentrèrent au village, ils découvrirent que le Lot avait débordé et emporté leur maison et leur père. Les enfants sauvés par la marmotte ne la quittèrent plus, et on les appela les marmots, nom qui fut donné aux habitants de Saint-Geniez-d'Olt, idéalement placée entre causses et Aubrac.

LA CHAPELLE DES AUGUSTINS

Rue de l'Hôtel-de-Ville

✆ 05 65 70 43 42

Visite libre toute l'année. Visite guidée de fin juin à début septembre, sur réservation à l'office de tourisme.

La construction de cet édifice religieux, construit sur un terrain ayant appartenu aux Augustins, remonte au XIVe siècle. La chapelle des Augustins, dite « église des Pénitents », qui a longtemps servi d'annexe pour l'église de Marnhac (accédez par la porte rue de l'Hôtel-de-Ville), renferme des reliquaires en bois dorés, une pietà, et surtout un très beau retable en bois sculpté du XVIe siècle, chef-d'œuvre de l'art gothique flamboyant attribué à un atelier d'Anvers. Il représente l'adoration des Mages en son centre, la circoncision et la présentation au temple sur les deux volets peints... Le pavement de pierre comporte des gravures symbolisant les corps de métiers : ciseau de tailleur, marteau et enclume de forgeron. Au plafond, les clés de voûte sont ornées de blasons nobiliaires. A gauche de la porte d'entrée latérale, une nativité est due au style mi-nabis, mi-classique du peintre et sculpteur aveyronnais Casimir Serpantié. Côté façade, un vitrail contemporain d'une grande délicatesse a été créé par un artisan verrier installé à Saint-Geniez. L'édifice a été confisqué à l'Eglise à la Révolution, puis finalement rendu au culte en 1805. L'office de tourisme des Causses à l'Aubrac organise des visites pour les groupes tout au long de l'année. Les particuliers peuvent quant à eux découvrir l'édifice en juillet et août à l'occasion des visites accompagnées de la ville, qui les mèneront aussi vers d'autres bâtiments remarquables de la cité.

CHAPELLE DES PÉNITENTS NOIRS

4, rue du Cours

Se visite lors de manifestations ou en visites guidées organisées par l'office du tourisme.

Vaste salle rectangulaire à la voûte boisée, l'ex-chapelle des Pénitents Noirs est déconsacrée depuis la Révolution. Elle accueille aujourd'hui des spectacles et des répétitions dans un cadre à la fois intime et prestigieux. La splendeur baroque à la française y trône sous la forme d'un retable illustrant la décollation de saint Jean-Baptiste. Les proportions et les volumes s'accordent avec un apparat à échelle humaine. La chapelle est ouverte aux visites guidées en été.

LE MONUMENT TALABOT ★

Situé sur les hauteurs de la ville, ce mausolée du XIXe siècle est consacré à une fille pauvre de la commune, qui épousa Paulin Talabot, député, magnat des chemins de fer et de la banque. Désormais riche et introduite dans la bonne société, Marie Talabot revint dans son village natal, mais la bourgeoisie locale battit froid à cette « parvenue ». Vexée et en colère, elle jura qu'elle dominerait les Marmots, fût-ce après sa mort. Ainsi fit-elle en acquérant les restes du château Rey, au-dessus de la ville, en le rasant et en commandant ce monument à son souvenir.

OFFICE DE TOURISME DES CAUSSES À L'AUBRAC

✆ 05 65 70 43 42
www.causses-aubrac-tourisme.com
Eté : du lundi au samedi de 9h à 12h et de 15h à 18h30 ; le dimanche et les jours fériés de 10h à 12h et de 15h à 18h.

Abrité dans une aile du cloître des Augustins, l'office de tourisme Des Causses à l'Aubrac affiche un beau dynamisme. La structure, qui gère l'image et l'animation de douze communes, fait la part belle au patrimoine et au tourisme vert (randonnées, cyclotourisme, pêche, canoë...). Le territoire, découpés en trois entités complémentaires et attractives (les Causses, la Vallée du Lot et les Monts de l'Aubrac), se prête en effet à de magnifiques découvertes naturelles.

CHEZ CHRISTIANE SALEIL €

58, chemin du Séminaire
✆ 05 65 47 52 00
www.chambresdhotes-saintgeniez.fr
Chambre simple 50 € ; chambre double 58 € ; chambre triple 84 €. Petit déjeuner inclus. Lit supplémentaire : 25 €.

Christiane et Claude reçoivent chez eux dans un intérieur coquet, confortable et soigné, avec deux chambres et une table d'hôte qui met en valeur les produits du jardin. Pour passer un bon séjour et se sustenter avec une authentique cuisine traditionnelle, c'est une adresse à recommander, Christiane passe son après-midi à vous mijoter des spécialités aveyronnaises. Claude, passionné de pêche et de cyclotourisme, vous donnera de précieux conseils. Tous deux vous aideront dans la découverte du patrimoine local et la beauté des paysages aveyronnais.

HÔTEL RESTAURANT LE SENT-GINIEIS €

28, rue de la Tuilière
✆ 05 65 47 44 41
Ouvert toute l'année. Chambre double à partir de 50 €. Menu à 14 € uniquement le midi. Le soir menu à 17 et 24€.

Sur la place principale du village, cet hôtel propose le confort requis pour un prix somme toute modeste. C'est le restaurant qui a fait aussi la renommée de cette adresse. Florian Salabert a repris l'adresse début 2018. Pizzas, aligot saucisse, truffade, farçous, pounti, beaucoup de spécialités aveyronaises mais aussi des salades sont proposées dans un petit patio confortable à l'arrière de la salle principale. La cuisine est faite maison à base de produits locaux.

CHÂTEAU DE LA FALQUE*** €€

Route des monts d'Aubrac ✆ 05 65 62 45 60
www.chateau-la-falque.fr
Chambre double à partir de 90 €. Petit-déjeuner : 14 €.

Sur les hauteurs de Saint-Geniez, cette demeure, un ancien couvent, a été transformée en hôtel de charme et spa. Le lieu est magnifique et propice à la détente. Toutes les chambres ou suites sont spacieuses avec une décoration contemporaine dans une déclinaison thématique. Une vaste terrasse donne sur le Lot et le parc du château qui se prête à la flânerie. Le petit déjeuner est achalandé en produits du terroir. L'espace spa avec hammam, sauna et bain bouillonnant est consacré au bien-être. Sont aussi proposés toute l'année des massages et des soins esthétiques.

HÔTEL DE FRANCE** €€

18, place du Général-De-Gaulle
✆ 05 65 70 42 20
www.hotel-saint-geniez-dolt.com
Chambre double à partir de 70 €. Formule du midi : 15,50 €.

L'hôtel de France est une grande maison traditionnelle, dont l'intérieur est indéniablement moderne. Les confortables chambres se répartissent sur 3 étages. L'établissement est engagé dans le développement durable, depuis les petits gestes du quotidien jusqu'à l'approvisionnement du restaurant en produits locaux. Sur les tables, on voit ainsi arriver les spécialités du terroir, cuisinées sur place : farçous et roquefort dans les salades, aligot et sa saucisse fraîche, truite meunière d'Estaing ou encore une originale et savoureuse pastilla d'Oc au cantal et à la volaille.

LE LION D'OR** €€

Place de l'Hôtel-de-Ville
✆ 05 65 47 43 32
Chambre double de 60 à 65 €. Petit-déjeuner : 8 €. Menus de 22 à 39 €.

Sonia et Jérôme reçoivent en plein cœur de Saint-Geniez-d'Olt dans une belle bâtisse de pierre. Pour une ou plusieurs nuits, leurs hôtes sont confortablement installés dans l'une des chambres de l'établissement. A table, l'hospitalité de cette adresse ne se dément pas. Dans une ambiance terroir et un cadre élégant, on se régale de la cuisine de Jérôme Cantagrel, le chef, qui met à l'honneur les produits et le savoir-faire régional. A ne pas manquer : les spécialités comme l'aligot, le carré d'agneau en croûte d'abricot, le magret de canard rôti sauce agrume...

LA NAXE €€

La Naxe
SAINT-LAURENT-D'OLT
✆ 05 65 52 74 13
www.lanaxe.com
De 1 285 € à 1 390 € la semaine selon saison.

Aux confins de la Lozère, ce gîte peut accueillir jusqu'à 15 personnes. Une salle de billard, un salon TV et des jeux de société, ainsi qu'une petite ferme biologique apportent un peu d'animation sur place. Mais ce lieu inoubliable quand on y est venu une fois, est surtout un excellent point central pour rayonner sur le Causse de Sauveterre (les gorges du Tarn ne sont pas loin), l'Aubrac (visible au nord), la vallée du Lot, le Rouergue. Profitez-en aussi pour faire le plein de viande d'agneau, merguez et chipolata de mouton.

BOULANGERIE-PÂTISSERIE CAVALIER

Le Bourg - **CAMPAGNAC** ✆ 05 65 70 42 34
www.fouace-campagnac.com
Ouvert du lundi au vendredi de 7h30 à 13h et de 14h à 19h ; le samedi de 7h30 à 19h ; le dimanche de 7h30 à 12h30.

Immanquable, la fouace de Campagnac. Et tellement bonne, elle fait partie des meilleures du département. Voilà cinq générations que la famille Cavalier s'est emparée de cette recette de brioche à la fois gonflée et généreuse, avec ce petit goût particulier qui a fait sa réputation. Tout aussi immanquable, la boulangerie-pâtisserie, rutilante, située en bord de route, place du Triadou. La maison possède une boutique en ligne où l'on peut commander fouaces, tartes aux pruneaux...

BRASSERIE D'OLT

16, ZA de la Salle ✆ 05 65 52 75 03
www.brasseriedolt.com
Lundi au vendredi de 8h30 à 12h et de 13h30 à 17h, samedi de 10h à 12h. Visites de la brasserie toute l'année sur rdv.

Amoureux de l'Aubrac et de la vallée du Lot, Sébastien Blaquière signe avec ses bières et soft drinks un hommage à son territoire. Produites depuis 1998 à Saint-Geniez-d'Olt, ses boissons brassent en effet le meilleur du terroir, à commencer par l'essentiel : l'eau des Boraldes et d'autres sources de l'Aubrac. Une gamme de bières, blondes, blanches ou ambrées est d'ailleurs dédiée au plateau et à son côté sauvage. Les limonades bio à la châtaigne ou à la gentiane sont aussi une ode à ses richesses naturelles. A savourer au verre ou directement au goulot !

LES IFERS, LES ARBRES DE L'AVENTURE

Route de Saint-Martin
✆ 05 65 70 60 60
www.ifers.net
Ouvert en juillet-août.

Le domaine des Ifers occupe une grande forêt de feuillus et dissimule de beaux champignons, des tyroliennes, ponts de singe, échelles de grenier, passerelles, sauts de Tarzan, balançoire de trappeur... Les Ifers proposent aussi des activités pêche, canoë ou empreintes d'animaux. Vous pouvez dormir sur place dans l'une des cabanes perchées à 6 m du sol dans la forêt. Accès par une petite marche dans les bois, annexe avec toilettes et lavabos, lumière solaire.

SAINTE-EULALIE-D'OLT ★★

Le village de Sainte-Eulalie-d'Olt a vu le jour au Moyen Age au même titre que le château XVe siècle. Le bourg est organisé autour de la place central. Où on retrouve le musée Marcel Boudou (artiste-peintre), les maisons au toit de lauze construite en galet avec ou sans colombages, l'église de style roman et gothique datant du XIe siècle...Une cité médiévale richement fleurie, qui lui a valu, entre autres, le titre de l'un des « beaux villages de France ». Et si vous y êtes à la Toussaint, ne ratez pas la vente aux enchères insolite où l'huissier la commence depuis des siècles par une poule vivante comme premier lot, pour offrir des messes aux défunts.

OFFICE DE TOURISME DES CAUSSES À L'AUBRAC

Espace Louis Marcilhac
✆ 05 65 47 82 68
www.causses-aubrac-tourisme.com
Hors saison : voir site Internet.

Karine tient ce bureau d'informations touristiques tout au long de l'année. Incollable sur ce plus beau village de France, elle partage volontiers ses connaissances sur l'histoire du site et ses artisans, derrière le comptoir de son bureau, situé au sein de l'atelier Eulalie d'Art, ou à l'occasion de visites commentées dans les charmantes ruelles du bourg. Sainte-Eulalie-d'Olt appartient en effet à la liste très sélective des Plus Beaux Villages de France.

CAMPING MUNICIPAL LA GRAVE €

✆ 05 65 47 44 59
www.sainteeulaliedolt.fr
Emplacement + véhicule + 2 personnes de 10 € à 11 €. Aire pour camping-cars.

Ce camping familial se situe en bordure de rivière. Le centre du village de Sainte-Eulalie est à 2 minutes à pied ; Saint-Geniez à seulement 5 minutes à vélo. Un peu plus en aval, le cours du Lot – retenu par un barrage – s'élargit sur plusieurs kilomètres et forme le lac de Castelnau-Lassouts. Ce lac est un paradis pour les pêcheurs, les véliplanchistes, les baigneurs et les promeneurs. Ce camping est une bonne base pour aborder l'Aubrac et rayonner sur la vallée du Lot..

AU MOULIN D'ALEXANDRE €€

Rue Traverse
✆ 05 65 47 45 85
www.aumoulindalexandre.fr
Chambre double de 52 € à 70 €. Petit déjeuner : 8 €. Restauration (menus de 26 à 33 €. Formule du midi : 14 €).

L'établissement est sis sur une placette du village, dans un moulin restauré qui jadis broyait le grain grâce à une dérivation du Lot (la roue à aube en témoigne). La terrasse est particulièrement agréable en été, l'ambiance est accueillante, le lieu authentique tant sur le plan de l'hébergement (neuf chambres confortables et spacieuses) que de la cuisine. Celle-ci tire sa substance principalement de l'élevage et des ressources du terroir : tripous et terrine de foie gras maison, confit de canard aux cèpes, tête de veau truite, sandre... Le tout mitonné avec goût.

BELLEVUE D'AVEYRON €€€

✆ 06 80 90 71 07
www.bellevuedaveyron.com
De 1 190 € à 2 590 € la semaine selon saison.

Au-dessus de Sainte-Eulalie-d'Olt, un des Plus Beaux Villages de France, ce gîte vous réserve un accueil grand luxe. Une bâtisse en pierre, une piscine chauffée, une aire de jeux pour enfants et tout autour des pâturages à perte de vue. A l'intérieur, les prestations sont aussi belles : une cuisine professionnelle, cinq chambres, une literie haut de gamme et beaucoup d'espace pour profiter pleinement des lieux entre amis ou en famille (le gîte peut accueillir 10 hôtes). Une chambre au rez-de-chaussée est accessible aux personnes à mobilité réduite.

LE BRAQUEUR DES SENS

Place de l'Eglise ✆ 06 83 74 54 38
Ouvert le dimanche et le lundi de 8h30 à 13h, et du mardi au samedi de 8h30 à 13h et de 15h30 à 19h30.

Fils d'une restauratrice locavore, Nicolas lui a emprunté ses convictions pour garnir les étagères de son commerce, installé dans le centre de l'un des plus beaux villages de France. En véritable épicerie de quartier, Le Braqueur des Sens propose tous les produits du quotidien. Nicolas se fournit en fruits, légumes, viandes, fromages et autres tisanes, biscuits, sirops dans un rayon géographique le plus court possible. L'été, le trentenaire déploie quelques tables et chaises dans la rue et sert de petites planches de produits du terroir.

EULALIE D'ART

Espace Louis-Marcilhac
✆ 05 65 47 82 68
www.sainteeulaliedolt.fr
Accès libre.

En collaboration avec des créateurs déjà présents, s'est ouvert, en 2002, le centre Eulalie d'Art, parfois simplement appelé La Grange. Là, autour d'un vaste patio se distribuent des ateliers ouverts au public. Y travaillent aujourd'hui une céramiste, une créatrice de bijoux... Mais l'expression créative est également présente ailleurs dans la commune. Citons par exemple Yann, le souffleur de verre, Laurent Reynaud, le fabricant créateur de roulottes... La Petite Ecole d'art complète le paysage en proposant des cours et stages de différents niveaux.

O PADDLE D'OLT

La Grave
✆ 06 50 84 34 72
www.opaddledolt.fr
Bateaux solaires : 60 € la demi-journée pour 2 personnes ; 80 € la journée.

Ils étaient spécialistes du cabotage en canoë, kayak et autre paddle. Depuis qu'ils sont installés sur les rives du Lot, Gaëtan et Loïs multiplient les propositions. Ainsi avec leurs bateaux électrosolaires pour naviguer tout en respectant l'environnement et sans permis. Leur offre de loisirs de pleine nature qui ne cesse de s'enrichir. Vélos électriques, espace de restauration, zone « relax », jeux pour enfants, s'ajoutent désormais à leurs prestations pour permettre au plus grand nombre de découvrir et d'apprécier la vallée du Lot.

BASSIN ET VALLON DE MARCILLAC

Entre le Vallon de Marcillac et le Bassin de Decazeville, il n'y a que quelques petits kilomètres. Pourtant ces deux entités paysagères sont bien différentes. A une vingtaine de minutes de Rodez, Marcillac se caractérise par ses terres rouges, dont la coloration si singulière procède des oxydes de fer qu'elle contient. Le pourpre ici est aussi la couleur des pierres qui ont servi à bâtir les maisons, et celle des vignes qui poussent en terrasse pour produire le vin de Marcillac. A Decazeville, l'environnement est nettement moins contrasté. La cité minière et ses voisines ont gardé les stigmates de leur histoire. Ici, pendant longtemps, c'est le charbon qui a régné. Le chevalement de mine, qui culmine à 22 mètres, et la Découverte, la plus grande mine à ciel ouvert de France, en témoignent encore aujourd'hui. Tout près, Cransac tire son épingle du jeu avec ses thermes et son casino, qui lui donnent un air de villégiature.

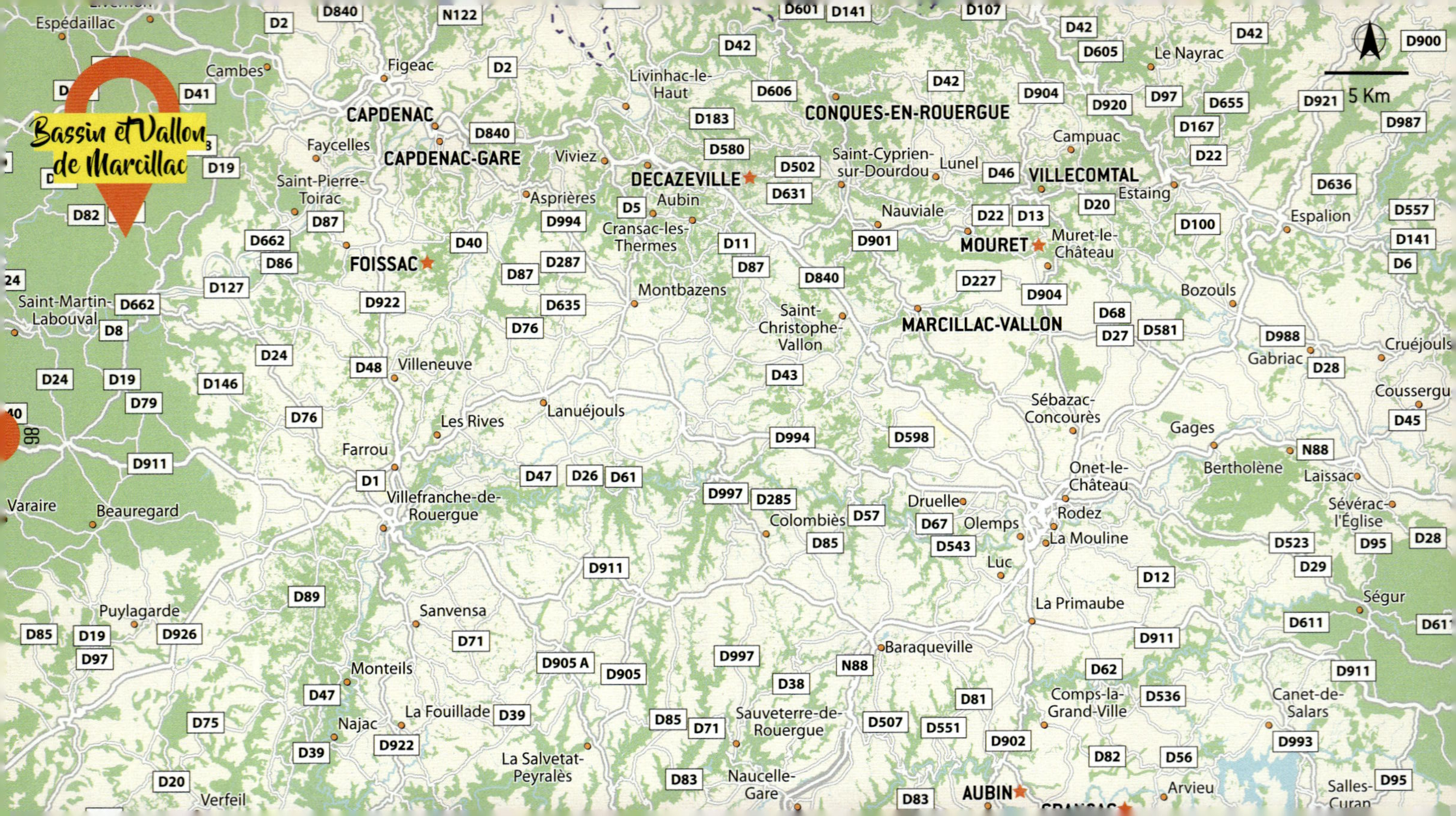
Bassin et Vallon de Marcillac
5 Km
CAPDENAC
CAPDENAC-GARE
FOISSAC
DECAZEVILLE
CONQUES-EN-ROUERGUE
VILLECOMTAL
MOURET
MARCILLAC-VALLON
AUBIN
Espédaillac
Cambes
Figeac
Faycelles
Saint-Pierre-Toirac
Saint-Martin-Labouval
Viviez
Asprières
Livinhac-le-Haut
Aubin
Cransac-les-Thermes
Montbazens
Saint-Cyprien-sur-Dourdou
Lunel
Nauviale
Campuac
Estaing
Le Nayrac
Espalion
Muret-le-Château
Bozouls
Saint-Christophe-Vallon
Gabriac
Cruéjouls
Coussergu
Villeneuve
Les Rives
Lanuéjouls
Farrou
Villefranche-de-Rouergue
Sébazac-Concourès
Gages
Bertholène
Laissac
Onet-le-Château
Rodez
Druelle
Olemps
Colombiès
La Mouline
Luc
Sévérac-l'Église
Ségur
La Primaube
Baraqueville
Varaire
Beauregard
Puylagarde
Sanvensa
Monteils
Najac
La Fouillade
La Salvetat-Peyralès
Sauveterre-de-Rouergue
Naucelle-Gare
Comps-la-Grand-Ville
Canet-de-Salars
Arvieu
Salles-Curan
Verfeil
86

PAGES

© GERALD VILLENA - STOCK.ADOBE.COM

Conques-en-Rouergue.

DECAZEVILLE ★

L'histoire de la ville est liée à celle de la mine et de son fondateur, le duc Elie Decazes (1780-1860), qui fut ministre du roi Louis XVIII mais qui, surtout, a créé la Société des Houillères et Fonderies de l'Aveyron en 1826. La ville possède cet aspect typique des cités industrielles qui s'étendent le long des usines. Au centre s'élève l'église, construite à l'initiative de Gracchus Cabrol, le directeur de la mine, en 1847, suivant le modèle de celle de Gênes. Le clocher a été achevé en 1873, douze ans après la consécration de l'église. Au-delà de l'aspect industriel, c'est aussi un haut lieu de manifestations culturelles avec deux festivals de jazz.

MUSÉE DU PATRIMOINE INDUSTRIEL ET MINIER

Z.I. du Centre
✆ 05 65 43 09 18
Juillet et août : du mardi au samedi, de 10h à 12h et de 14h à 18h30. Septembre : jeudi de 14h à 18h.

Créée en juin 1997, cette association a pour but de sauvegarder et promouvoir le patrimoine industriel et minier. L'ASPIBD propose, dans d'anciens locaux de la sidérurgie, une exposition sur le matériel de mines et d'usines (machines, photos, outils...), des plans et des photographies d'époque et une reconstitution de deux types de galeries de mines avec leur équipement intérieur. Une partie est également consacrée aux entreprises actuelles du bassin.

ANCIENNE MINE « LA DÉCOUVERTE » ★

✆ 05 65 43 18 36
www.tourisme-paysdecazevillois.fr
Visites commentées en deux étapes (découverte, musée du Patrimoine minier et industriel) de mars à novembre.

Exploitée entre 1892 et 2001, cette ancienne mine de charbon a été la plus grande exploitation de charbon à ciel ouvert de France. Aujourd'hui réhabilité, ce site offre de nombreux sentiers de randonnée et accueille depuis 2017 une centrale solaire. On trouve à proximité le dernier chevalement du Bassin, 22 mètres de hauteur. Véritable emblème des mines de fond, ce monument, qui demeure le témoin de l'importante activité minière du Bassin, a été construit entre 1902 et 1904.

THÉÂTRE DE PIERRE-MARIE-MAISON DE MARIE-PIERRE

SAINT-SANTIN
✆ 05 65 63 27 96
Ouvert tous les jours de 10h à 18h. Adulte : 2 € (séance/site).

Le Petit théâtre de Pierre-Marie à Saint-Santin en Aveyron et la Maison de Marie-Pierre à Saint-Santin-de-Maur dans le Cantal sont situés dans le même village ! Et c'est pour témoigner de cette absurdité, de cette géographie tiraillée entre deux communes, deux départements et deux régions, que les deux structures ouvrent leurs portes au public. A travers un spectacle audiovisuel d'une petite demi-heure, on apprend ainsi l'histoire fascinante du bourg et tout un tas d'histoires drôles.

LE CHEMIN DE CROIX DE GUSTAVE MOREAU ✞ ★

Place Wilson
✆ 05 65 46 18 36
Visites guidées de mars à novembre par l'Office du Tourisme et du Thermalisme de Decazeville Communauté.

L'église Notre-Dame de Decazeville (XIXe siècle) abrite un trésor inestimable : une série de 14 toiles représentant le chemin de croix peint par Gustave Moreau en 1863. Fixé à 3 mètres de hauteur, ce chemin de croix était tombé dans l'oubli avant que Gilbert Bou ne le découvre en 1964 et le signale à Jean Paladilhe, conservateur du musée Gustave Moreau à Paris, qui a fait des recherches afin de certifier l'authenticité de l'œuvre avant son classement aux monuments historiques en 1965.

TUB

Maison de l'Industrie
✆ 05 65 43 95 20
www.decazeville-communaute.fr
Ticket unitaire : 1,00 €

Le Tub, réseau de transports urbain du bassin, relie, via deux lignes, les cinq communes de la Communauté de communes du Bassin Decazeville-Aubin : Aubin, Cransac, Decazeville, Firmi et Viviez. Les titres de transport sont vendus directement dans le bis ; une carte magnétique rechargeable peut être achetée au Centre technique Intercommunal de Decazeville Communauté (quartier de Fontvergnes). Idéal pour les habitants qui se rendent d'un lieu à l'autre ou pour les touristes qui souhaitent découvrir ce territoire sans contrainte de transport et à moindre coût.

BIO GÎTE LA VITA E BELLA €

90, place du 14-Juin - **LIVINHAC-LE-HAUT**
✆ 06 77 55 78 33

Ouvert de Pâques à la Toussaint. Tarif pour la nuitée de 15 à 18 €. Petit déjeuner 6,80 €.

Jani et Andrea ont ramené une bonne dose de convivialité de leur Italie natale, et proposent à leurs hôtes de mener la dolce vita dans leur bio-gîte situé sur le chemin de Saint-Jacques. La maison reçoit tout au long de la journée, pour un café, une collation ou une bonne nuit de repos. Le tarif est fixe pour les nuitées ; le prix des repas est à la discrétion des invités. Mais sur la table, tous les produits sont bio et les plats faits maison. En prime, c'est un chef de cuisine italien qui officie : c'est vous dire le goût des pizzas et autres pastas !

LES CÈDRES BLEUS €

Route de Joany
VIVIEZ
✆ 05 65 63 61 38

Chambre simple de 55 € à 58 € ; chambre double de 65 € à 70 € ; chambre triple de 76 € à 80 € ; suite de 86 € à 90 €.

Corinne et Guy ont aménagé des chambres dans leur maison en pierre du XVIIIe siècle, pour y recevoir des hôtes, tout en leur réservant une entrée indépendante. Leur atout ? De belles poutres et le charme des mansardes, conjugués à un environnement incroyablement verdoyant mais aussi à l'accueil de ce couple sympathique, soucieux de partager ses bonnes adresses. Si les chambres et les suites sont déjà de grande qualité, vous pourrez aussi opter pour plus d'indépendance en choisissant de louer leur beau gite tout aussi douillet et fonctionnel.

LE CHÂTEAU DE BOISSE €

Le Château Boisse
BOISSE-PENCHOT
✆ 05 65 64 86 33
www.le-chateau-boisse.fr

Chambre simple à partir de 75 € ; chambre double à partir de 85 €. Petit déjeuner inclus.

Dans cet ancien bassin minier, le château du XIVe siècle et ses dépendances abritent quatre chambres d'hôtes raffinées. Placards et parquets en chêne, stuc et badigeon, associés à un mobilier moderne et fonctionnel et à une position dominante de sentinelle qui s'ouvre en grand sur la Vallée du Lot. Le petit-déjeuner continental est servi dans la salle à la manger du château, une immense et magnifique salle voûtée. Pour agrémenter votre séjour, vous aurez accès à une belle piscine bordée de dalles de pierre qui domine la vallée du Lot.

HÔTEL MALPEL €

16, avenue Alexandre-Bos ✆ 05 65 43 04 33
www.hotelmalpel.com

Chambre double à partir de 55 €. Petit déjeuner : 8 €. Soirée étape : 72 €/personne. Formule 3 plats 16,50 €.

Situé au centre de Decazeville, l'hôtel Malpel constitue un point de chute idéal pour les nombreux randonneurs sur le chemin de Saint-Jacques, mais aussi pour tous les touristes ou travailleurs en déplacement. L'établissement compte une vingtaine de chambres, à la décoration sobre, et équipée de salle de bains et de télévision. Le restaurant, baptisé « Le Moderne », est réputé pour son authenticité et sa générosité. On y déguste des produits régionaux – charcuterie aveyronnaise, aligot, confit de canard – autour d'un verre de cahors ou de marcillac.

CAMPING LE ROQUELONGUE*** €€

D42 - **BOISSE-PENCHOT** ✆ 05 65 63 39 67
www.camping-roquelongue.com

Emplacement + véhicule + 2 personnes de 14 € à 25 €. Chalets pour 4 à 6 personnes de 300 € à 700 € la semaine.

Voila un camping plein de ressources ! Vous y trouverez des emplacements, des chalets et des mobil-homes, dont l'espace est délimité par de belles haies champêtres. On y pratique notamment les loisirs aquatiques : piscine, canoë, kayak et pêche sur les berges ou en barque. Le tout en restant connecté à Internet via le Wi-Fi, en accès libre. Les amateurs de randonnée trouveront le GR65 (chemin de Compostelle) à seulement 300 mètres de l'établissement d'hôtellerie de plein air !

GÎTE DE LA COMMANDERIE €€

Rulhe-le-Haut - **AUZITS**
✆ 06 16 12 00 71
www.commanderie-aveyron.com

De 950 € à 1 250 € la semaine selon saison.

L'extérieur de ce gîte, qui témoigne de 900 ans d'histoire, est un brin sévère. L'intérieur, en revanche, est un ravissement, tant par son volume que par sa décoration. Deux belles chambres, des lits grand confort, une cheminée en pierre de taille dans la cuisine et un salon cosy donnent à cette adresse ses galons de 5 étoiles. Dehors, une piscine avec nage à contre-courant et un jardin médiéval où poussent des plantes médicinales et aromatiques permettent de profiter pleinement des vacances en ces lieux. N'oubliez pas toutefois d'aller explorer les alentours.

HÔTEL-RESTAURANT FOULQUIER** €€

14 bis, avenue Victor-Hugo
✆ 05 65 63 27 42
www.hotelfoulquier.com

Chambre double à partir de 50 €. Petit déjeuner : 6,50 €. Menus à 16 € et 23 €.

Cet hôtel accueille ses clients dans des chambres simplissimes mais tout confort, dont une est accessible aux personnes handicapées. A l'heure des repas, les hôtes sont invités à rejoindre le Play Off, le restaurant, qui sert de nombreuses spécialités aveyronnaises. Aligot, grillades et autres confits s'accompagnent de bons vins de la région. Dans l'ancienne cité minière, l'hôtel-restaurant Foulquier reste une institution grâce à un accueil chaleureux et un bon rapport qualité-prix.

LE MINEUR PAYSAN €€

765, route de Viviole ✆ 05 65 43 33 44
lemineurpaysan.free.fr

Pour 14 personnes (3 chambres). Dortoir Marie : 18 €/pers. Chambres partagées de 22 € à 24 €/pers.

Cette ancienne bâtisse a été retapée avec des matériaux écologiques. Les pierres ont été jointées traditionnellement avec du sable et de la chaux aérienne. Les menuiseries sont en bois. Les meubles sont imprégnés d'huile de lin. Les toilettes sont sèches... A l'extérieur, un petit potager et quelques arbres fruitiers disputent l'espace à un mini-troupeau de vaches et de chèvres. Christian, partisan d'une reconnexion – raisonnée ! – à la terre, est aussi très attaché à son histoire et à celle du bassin houiller, que l'on retrouve racontée sur une série de panneaux.

LE BLACK PEARL €

23, faubourg Desseiligny
✆ 06 52 73 18 41

Assiette fromage, charcuterie, accras de morue : 7 €.

Darline et Wilfried sont des figures à Decazeville. Populaires par leur cuisine généreuse ; reconnues aussi pour la chaleur et l'ambiance qui animent leurs établissements. Leur Black Pearl, inauguré en juin 2021, ne fait pas exception. Ouvert sept jours sur sept, ce bar à tapas à la décoration résolument moderne propose de partager des assiettes de fromages, charcuteries ou accras de morue autour d'une bière ou d'un verre de vin, de champagne, de vieux rhum. L'adresse, qui dispose de deux belles terrasses, a aussi mis en place des soirées à thèmes.

IGUANA €

2, place de l'Hôtel de Ville
FIRMI
✆ 05 65 80 87 09

Ouvert tous les jours le midi ; le vendredi et le samedi le soir. Formule du midi : 13,50 €.

Dans cet établissement, l'atmosphère est chaleureuse, voire tropicale, lorsque les cocktails maison s'invitent sur les tables ! Depuis sa réouverture à la fin de l'année 2019, Iguana conjugue convivialité et bons petits plats à toutes les sauces. Le menu du jour alterne entre propositions traditionnelles -saucisse aveyronnaise grillée et purée- ou plus audacieuses -tajine de pommes de terre aux merguez, poulet rôti à la mangue... Des salades géantes, des burgers, des pizzas et d'autres plats au nom appétissant -pinchos de crevette cajun- complètent la carte.

L'ENDROIT €€

15, avenue Cabrol
✆ 07 87 94 52 72

Tous les jours le midi ; le vendredi et le samedi le soir. Menu unique à 29 €. Menu du jour : 15 €.

Dans ce restaurant, à la décoration de blanc et de bleu et ornée de photos modernes, Arnaud annonce le programme à travers un menu du jour renouvelé quotidiennement avec goût : croustillant aux 2 viandes, noix de jambon miel et citron semoule et légumes, et dessert, le tout maison. La carte n'est pas grande, car elle évolue au fur et à mesure du marché et bien sûr de l'humeur du chef, qui reste bien souvent local en citant ses producteurs. Les accompagnements sont bien trouvés ! L'une des plus belles adresses de Decazeville.

LE WILSON €€

Place Wilson
✆ 05 81 35 16 37

Formule du midi : 15 € (entrée + plat : 12 €).

A deux pas de l'église Notre-Dame, dans l'espace commercial du même nom, cet établissement se distingue par un accueil tout sourire, de rigueur sous la belle voûte du restaurant et sur la terrasse ombragée dès les beaux jours. Restaurant emblématique à Decazeville, passé entre de nombreuses mains, le Wilson semble avoir trouvé son rythme de croisière avec une formule, déclinée chaque midi, en entrée-plat-dessert. L'adresse propose aussi des pizzas ou demi-pizzas, des salades, des moules, fish and chips et autres spécialités pour tous les goûts et tous les âges.

LE PUY DE WOLF €€€

FIRMI

✆ 05 65 43 45 79

Menus de 20 € à 26 € (menus gastronomiques de 33 € à 43 €). Formule du jour : 13€.

Ici, simplicité et tradition sont les maîtres mots. L'équipe nous concocte de bons petits plats comme cette trilogie de foies gras du Sud-Ouest mi-cuits, le carpaccio de cerf, les gambas flambées au pastis, la tête de veau d'Aveyron, l'estofinade, le tartare de bœuf race Aubrac et autres spécialités très gourmandes et desserts exquis. La carte des vins est riche d'une belle palette des terroirs de l'Hexagone. Certains nectars peuvent être dégustés au verre. Une excellente adresse qui ne désemplit pas, d'autant que le rapport qualité-prix est excellent.

BOULANGERIE FALIP

FIRMI

✆ 05 65 43 08 10

Ouvert tous les jours de 7h à 19h30. Plat du jour : 8,90 €. Super hamburger : 9.90 €.

Cette adresse, émanation de la maison Falip, propose de nombreuses douceurs sucrées : gâteaux à la broche, rissole, pompe à l'huile, « soleil » de Marcillac et tout une gamme de viennoiseries et pâtisseries. Située en bordure de la RD840, elle s'est aussi spécialisée dans le snacking, à travers une gamme de sandwiches, salades fraîches et autres petits plats chaud et traditionnels à emporter. Un coin d'herbe et quelques tables permettent de déjeuner à l'extérieur. Le spot reste agréable, malgré la circulation assez dense sur cet axe routier.

LES MOUSSES DU ROUERGUE

1 bis, impasse d'Iéna

✆ 06 41 12 44 71

www.moussesdurouergue.com

Azeb, d'origine éthiopienne, a travaillé dans le domaine et du droit et de la gestion d'entreprise. Régis a grandi sur les terres viticoles du Marcillac avant de se former à la fabrication de bière. Un sacré cocktail culturel et professionnel que les deux jeunes gens ont mis en commun pour créer la Brasserie Mousses du Rouergue à Decazeville. Produites à l'anglaise, c'est-à-dire sans pasteurisation, sans ajout de produit chimique et par infusion, leurs bières, qui portent la mention Nature et Progrès, sont complètement naturelles.

CRANSAC ★

Tout autant minière que thermale, l'histoire étonnante de cette petite ville est fidèlement retracée dans le Musée Les Mémoires de Cransac. La commune est passée d'une activité à l'autre, en tirant toujours le meilleur parti des entrailles de sa montagne. Ici, nous sommes dans le pays de « la montagne qui brûle » appelé aussi « le Vésuve aveyronnais ». De cette montagne, des eaux minérales soufrées jaillissent au pied de la colline à 280 °C. Leurs vertus curatives pour les maladies du foie, des intestins et de la peau sont réputées depuis l'Empire romain ! Aux eaux s'ajoutent des étuves de gaz naturels chauds particulièrement efficaces contre les rhumatismes. Chirac, le médecin de Louis XV, recommandait lui aussi les bienfaits d'une cure à Cransac ! L'activité thermale fut à son apogée au XIXe siècle avec un parc thermal, de nombreux hôtels et un casino. Parallèlement à cette activité thermale se développe l'activité minière : les mines de fond et à ciel ouvert voient le jour, une trentaine de puits de mine quadrillent le village, plus de 3 000 ouvriers travaillent dans ces mines de charbon. Ce développement économique fulgurant entraîne l'arrêt de l'exploitation des eaux thermales à Cransac. A la fermeture des mines en 1961, Cransac se renouvelle grâce à son thermalisme lié aux étuves de gaz naturels, un phénomène unique en Europe. Depuis 2003, un tout nouvel établissement thermal accueille plus de 5 000 curistes par an.

LA COMMANDERIE HOSPITALIÈRE DE LUGAN

MONTBAZENS

Edifiée par l'ordre des Hospitaliers de Saint-Jean de Jérusalem, actuellement Ordre de Malte, cette commanderie possède encore aujourd'hui une vocation hospitalière en abritant un foyer pour personnes âgées. Après confiscation à la Révolution, le lieu renoua avec sa vocation religieuse et sociale en accueillant une école religieuse pour filles de 1886 à 1960. L'église de la commanderie date de l'époque romane et est inscrite à l'inventaire supplémentaire des monuments historiques.

LE MUSÉE LES MÉMOIRES DE CRANSAC ★

Place Jean-Jaurès
✆ 05 65 63 06 80
Adulte : 3,50 € (habitants de Cransac : 1,50 €). Groupe (10 personnes) : 2 €.

Le musée Les Mémoires de Cransac présente les différentes physionomies de Cransac au fil des siècles et l'histoire du village racontée par ses habitants. Des textes et images relatifs à l'histoire locale sont imprimés sur de grands panneaux coulissants et un espace est consacré à l'artiste Joëlle Tuerlinckx et à sa vision de l'histoire locale au travers des archives qu'elle a réunies pendant sa recherche : des objets trouvés, des documents donnés par les habitants...

OFFICE DE TOURISME DU PLATEAU DE MONTBAZENS

43, avenue du Ségala - **MONTBAZENS**
✆ 05 65 63 77 94
www.plateau-de-montbazens.com
Ouvert du lundi au vendredi de 9h à 12h et de 14h à 18h.

Ce bout de campagne, où il fait aussi bon résider que séjourner, compte de nombreux trésors insoupçonnés, parmi lesquels le musée de Faïences anciennes et d'Art chinois, le musée de Modélisme ferroviaire ou encore l'ancienne commanderie hospitalière de Lugan. Ils sont tous répertoriés par l'office de tourisme du plateau de Montbazens, qui a également compilé les bonnes adresses en matière de restauration, hébergement et loisirs dans différentes brochures destinées au public.

HÔTEL DU PARC*** €€

11, rue du Général-Artous
✆ 05 65 63 01 78
www.hotelduparc-cransac.com
Chambre simple de 65 € à 90 € ; chambre double de 73 € à 98 €. Petit-déjeuner : 11 €. Menu : 28 €.

Les chambres de cet établissement sont d'une esthétique classique et de bon goût, leurs portes-fenêtres s'ouvrent directement sur les arbres. Côté assiette, Philippe décline ses spécialités avec talent et enthousiasme : terrine de foie gras, truite au lard, magret de canard d'Aveyron farci au romarin, carpaccio d'ananas à la vanille et au rhum... La salle de restaurant est vaste, et décline une harmonie parfaite aux dominantes blanc-argenté, sous de beaux lustres. Un établissement de qualité, qui constitue une belle étape aux confins du Rouergue et du Quercy.

RÉSIDENCE CAP NATURE ET SOLEIL** €€

Parc thermal ✆ 05 65 63 24 24
www.hotel-tulipier.com
Chambre double à partir de 60 €. Appartement 2 pièces à partir de 290 €/semaine, 3 pièces à partir de 479 €/semaine.

Bordé d'un jardin où ont pris place piscine et tennis, cet hôtel moderne possède également un bar, une salle de jeux et un barbecue, pour le plaisir des grands et des petits. La résidence se compose d'une trentaine de chambres standardisées, soigneusement entretenues et d'une quinzaines d'appartements avec cuisine équipée. Le confort y est de mise jusque dans les parties communes comme la salle de restaurant où est servie une cuisine simple issue de produits du terroir.

LE STAFF €

Place Jean-Jaurès
✆ 07 83 74 33 33
www.le-staff-cransac.fr
Formule du midi : 13 €.

Le Staff est un café qui brasse culture et restauration, « un lieu de rencontres et d'échanges de la bouche à l'esprit ». L'endroit propose en effet une programmation musicale et festive étoffée : concerts, théâtre, soirées à thème... Ainsi qu'une cuisine 100% maison, généreusement aveyronnaise, servie dans la salle, la pergola ou sous la véranda. Araignée de porc marinée, planche de fromage et charcuterie de pays, Le Staff pioche autant que possible dans les produits locaux. C'est l'endroit idéal pour passer un bon moment autour d'un verre ou d'un repas.

LES THERMES DE CRANSAC

✆ 05 65 63 09 83
www.chainethermale.fr
Ouvert de mars à novembre. Formule spa : à partir de 40 € pour 3 soins.

Ici, on pratique le thermalisme depuis la nuit des temps. Les gaz qui s'échappent de la montagne ont des vertus thérapeutiques reconnues. On vient aux Thermes de Cransac pour soigner des rhumatismes, un mal de dos ou bichonner ses articulations. Les cures, de façon générale, se déclinent sur trois semaines. Mais les thermes de Cransac n'ont cessé de se moderniser et propose depuis 2012 un spa, composé de plusieurs espaces de détente, et accessible aux non-curistes. On peut ainsi y venir pour des demi-journées de bien-être et de soins. A tester absolument !

CASINO DE CRANSAC

Avenue Jean-Moulin
✆ 05 65 80 68 08
www.casino-cransac.com
Ouvert tous les jours et les jours fériés. Brasserie midi et soir du mercredi au dimanche.

Cransac a gagné ses galons d'authentique cité thermale en avril 2015, avec l'inauguration du premier -et seul- casino du département. Construit dans le bâtiment qui abritait autrefois les douches des mineurs du Bassin, l'établissement s'est imposé dans le monde du divertissement aveyronnais, avec un échantillon étoffé de machines à sous, tables de jeux (black jack notamment) et roulette électronique. Une brasserie et un bar proposent également boissons, cocktails, salades, grillades, pizzas et autres encas. Une carte snacking complète l'offre 7 jours sur 7.

AUBIN ★

Aubin, l'une des plus anciennes villes du Rouergue, est dominée par son fort auquel on accède par des ruelles abruptes. Une fois passé les maisons à colombages et la halle aux grains, symbole de la dynamique commerciale au Moyen Age, on devine les points de guet ou de tir et on découvre la tour carrée, la seule encore debout, et l'église de la Cène ou Saint-Amans-du-Fort. Le sommet, au pied de la Vierge à l'Enfant offre une vue vertigineuse sur la vallée de l'Enne, le quartier du Gua et ses cheminées réveillant les souvenirs de la mine.

AUBERGE DU FORT €€€

42, rue Alary
✆ 05 65 43 20 51
www.aubergedufort.com
Formule du midi : 14 € (en semaine). Menus à 28 €, 34 € et 48 €.

Voici une belle adresse raffinée et originale, où l'on vous accueille dans une belle bâtisse typique du vieil Aubin. La petite salle est chaleureuse et intime et dès les premiers beaux jours la terrasse vous comblera. Côté assiette, place à la créativité avec un gaspacho de carotte au lait de coco, un dos de flétan en croûte d'herbes ou une ballotine de pintade rissolée à la sauge. En dessert, un soufflé glacé à la verveine, une nectarine pochée sur sablé breton.... Chaque saison, les menus changent. Une garantie pour ne pas se lasser.

MUSÉE DE LA MINE ★

Allée du Musée
✆ 05 65 43 58 00
www.museedelamine-lucienmazars.fr
Entrée libre pour les particuliers. Entrée en groupe payante.

Sur les vestiges de la mine, le musée, créé en 1979, retrace l'histoire du bassin Aubin/Decazeville et des gueules noires. A partir d'archives, témoignages, photographies et documents – outils, documents – revivez la vie des mineurs. A travers les reconstitutions, revivez le coup de grisou – l'impressionnant accident qui endeuilla le bassin houiller – et l'univers emblématique de la région. Six petits films complètent la visite. A voir également, une très belle collection de lampes de mine ainsi que de plusieurs drapeaux et bannières corporatives.

© DR

© DR

CAPDENAC-GARE

Depuis ce petit village, le point de vue sur la vallée du Lot est superbe. On admirera de magnifiques maisons lotoises avec pigeonniers. Capdenac-Gare est la jumelle de Capdenac-le-Haut au riche patrimoine gallo-romain. Son expansion est principalement due à la présence de la gare qui a permis, notamment, l'implantation en 1866 d'une conserverie, la conserverie Raynal et Roquelaure, devenue célèbre depuis. Une locomotive à vapeur est exposée sur une voie de garage de la gare. En été, la base nautique amène une animation sympathique. A voir, le pont Eiffel, les trois tunnels (fluvial, routier et ferroviaire), l'église Notre-Dame des Voyageurs.

OT DU GRAND FIGEAC, VALLÉES DU LOT ET DU CÉLÉ

Place du 14-Juillet
✆ 05 65 64 74 87
www.tourisme-figeac.com
Eté : du lundi au samedi de 9h à 13h et de 14h à 18h30, le dimanche de 10h à 13h et de 14h à 18h.

La commune de Capdenac-Gare (rive droite du Lot), à la limite administrative avec le beau département du Lot, fait partie du Pays de Figeac. Le paysage est fortement marqué par les deux voies qui participent à son identité et son économie : la voie ferrée et la rivière Lot, particulièrement paisible et harmonieuse à ce point de son cours. S'ajoutent des manifestations culturelles de qualité : Derrière Le Hublot (arts de la rue), Festival de Querbes (jazz et littérature)...

AUBERGE DE LA DIEGE** €€

Saint-Julien-d'Empare
✆ 05 65 64 70 54
www.diege.com
Chambre double de 63 € à 73 €. Petit-déjeuner : 9 €. Menus de 13 € à 38 € + carte.

Après avoir été grange, ce bâtiment traditionnel s'est transformé en auberge typique voilà un quart de siècle. Sa table est une vitrine gourmande des spécialités régionales, où les ris d'agneau sauce aux cèpes, l'omelette aux cèpes, le confit de canard-aligot ou encore la croustade aux pommes rivalisent de bon goût, surtout quand ils sont accompagnés d'une belle sélection de vins locaux et français. Les menus sont servis dans une salle rustique et chaleureuse, mais l'établissement compte également une vingtaine de chambres modernes.

CHEZ CAMILLE €€

Lieu-dit Nissols
BOUILLAC
✆ 05 65 80 41 03
www.chambres-hotes-chezcamille.com
Chambre simple 52 € ; chambre double 62 €. Petit déjeuner inclus. Table d'hôtes : 22 € par personne.

Le lieu est une ancienne ferme en pierres apparentes et aux volets vert d'eau. La maison semble située « au bord du monde », sur un promontoire à l'extrémité occidentale du Causse de l'Aveyron, en surplomb d'un méandre du Lot. A l'intérieur, tout est arrangé dans une originalité de bon goût. Le décor y est à dominante de pierres, de bois, d'étoffes et de couleurs harmonieusement combinées, avec trois chambres confortables et personnalisées. La table est aussi de qualité avec des plats gourmands et parfumés et de savoureux desserts.

LE MÛRIER DE VIELS €€

Lieu-dit Viels
CAUSSE-ET-DIÈGE
✆ 05 65 80 89 82
www.le-murier.com
Chambre double de 80 € à 110 € ; suite de 110 € à 140 €. Petit déjeuner : 10 €.

Le Mûrier de Viels, qui tient sont nom de l'arbre deux fois centenaire qui trône devant sa façade, est une ancienne ferme caractéristique de l'architecture en pierre traditionnelle du Quercy. On vient dans cet établissement, divisé en trois bâtiments, trouver un peu de calme et de douceur. Les chambres, au nombre de sept, ont conservé le charme de l'ancien, tout en proposant les équipements nécessaires. Sur la propriété, un gîte indépendant peut accueillir jusqu'à 5 personnes. Au restaurant, la cuisine est de saison et locale, avec de très belles propositions.

LA DOUNE €

6, rue Carnot
✆ 06 37 45 41 88
Menus de 18 € à 25 €. Menu enfant : 10 €.

Avec La Doune, Avedis et Carol font découvrir un panel très éclectique de saveurs ramenées du Liban et de Syrie. Les mezze, froids ou chauds, tiennent une grande place sur leur carte, et c'est en terrasse, ou en salle, que l'on déguste taboulé, houmous, feuilles de vigne farcies et autres falafels. Des menus, le soir et le week-end permettent de combiner cet assortiment de petits plats avec des brochettes de bœuf ou de poulet. L'adresse vaut aussi pour ses desserts : une sélection de très bonnes pâtisseries orientales -baklawa, flan à la cannelle...

CAFÉ-RESTAURANT LE CALYPSO €€

Place Jean-Jaurès
✆ 05 65 64 71 33
www.lecalypso-restaurant-capdenac.fr
Ouvert tous les jours le midi ; du jeudi au dimanche le soir. Formule du midi : 13 €.

Dans une salle de pierre et de bois très chaleureuse, on découvre sur la carte une cuisine traditionnelle et raisonnablement inventive : blanquette de veau à l'ancienne, magret de canard sauce au poivre, entrecôte grillée, confit de canard, pavé de saumon sauce citron, tiramisu maison au spéculoos... Le chef cuisine aussi de savoureuses pizzas. La carte varie selon les saisons, et en été, l'équipe migre pour ses quartiers d'été à la Guinguette en bord du Lot.

LA RENAISSANCE €€

16, rue de la République
✆ 05 65 64 18 33
www.larenaissance-capdenac.fr
Menus de 30 € à 45 €. Formule du midi entre 13 et 17 €.

Gilles a fait ses classes auprès de grands chefs avant de revenir au pays. Grand spécialiste du poisson, à l'honneur au menu du jour et dans ses menus gastronomiques, il nous régale d'un tartare de bœuf Aubrac taillé au couteau à la noisette, croquettes d'escargots de Viviez, chantilly au persil ; ou d'un magret de canard de la Ferme des Cazalous, pommes de terre croustillantes et onctueuses et jus aux myrtilles ; ou de poisson poêlé servi avec des aubergines farcies.. Pour finir, une barre à la rhubarbe façon crumble ou l'incontournable verrine « chocolathé ».

CONSERVERIE RAYNAL ET ROQUELAURE

Avenue Raynal-et-Roquelaure ✆ 05 65 80 23 00
www.raynal-roquelaure.fr
Renseignements et réservations auprès de l'office de tourisme Grand Figeac : www.tourisme-figeac.com.

Impossible d'évoquer Capdenac sans parler de la conserverie Raynal et Roquelaure. Vous avez déjà vu ce nom quelque part. Au moins, dans votre supermarché, au rayon des conserves. Ces deux personnages ont vraiment existé. Ils officiaient au siècle dernier, au buffet de la gare et à force de préparer des plats cuisinés pour les voyageurs, l'idée leur est venue de créer cette société. La visite de l'entreprise retrace cette histoire et propose de découvrir les secrets de fabrication.

BASE DE LOISIRS NAUTIQUES

Berges du Lot
✆ 06 14 76 47 45
Ouvert en juillet et août. Ouvert tous les jours de 11h à 19h.

Cette base de loisirs nautiques offre des espaces protégés et balisés, plus de 3 km de navigation sur le Lot et toute une ribambelle d'activités et de services : location de bateaux miniatures, canoës, bateaux à pédales, bateaux-promenades, aire de jeux, mini-golf, skate, tennis, aire de pique-nique. Une base de loisirs complète et très agréable. Et en prime, le charme discret d'une guinguette au bord de l'eau proposant grillades, salades et animations musicales.

CAPDENAC

Le site de Capdenac était déjà habité par l'homme au Néolithique moyen. Particulièrement propice à un habitat, il a été occupé de très longue date. Pendant l'Antiquité, Capdenac était un oppidum romain longtemps considéré comme étant le dernier bastion gaulois contre César. Lorsque Galiot de Genouillac en devient le Seigneur au XVIe siècle, le livre d'histoire de la ville est déjà bien rempli de batailles, pillages, envahissements, etc. La citadelle nous révèle des remparts des XIIIe et XIVe siècles avec portes, donjon carré avec échauguettes – tour de Modon –, maisons médiévales et haut calvaire de pierre du XVIIe siècle. Un îlot de pierres suspendu.

BASSIN ET VALLON DE MARCILLAC

© PHOVOIR

Vue générale de Capdenac.

LE JARDIN DES 5 SENS

Place Lucter

Ouvert toute l'année. Accès libre et gratuit tout au long de l'année.

Pour accéder au jardin, vous devrez suivre ruelles, escalier qui vous mèneront au coeur du quartier médiéval de Capdenac. En son sein, un petit havre de paix vous y attend. Les plantes y sont classées selon un ordre sensitif, une parcelle pour chaque sens. A travers végétaux et plantes médicinales, on vous suggère le toucher, l'odorat, la vue, le goût. L'ouie, dans ce lieu de silence, est sollicitée par une belle fontaine en bois. Cette promenade pleine de poésie est aussi destinée à ouvrir les consciences, à travers une sensibilisation à l'écologie.

LE RELAIS DE LA TOUR €€

Place Lucter

✆ 05 65 11 06 99

www.lerelaisdelatour.fr

Menus de 24 € à 34 €. Formule du midi : 11,50 €.

Situé au cœur du haut village lotois classé parmi les Plus beaux villages de France, le restaurant le Relais de la Tour offre un cadre chaleureux et une cuisine simple, régionale et élaborée avec des produits frais locaux. La carte propose de belles salades gourmandes alliant poisson et canard. Les pièces de viande (canard, agneau...) sont généreuses et accompagnées de légumes ou de frites maison selon les envies. Le choix des desserts s'aligne au sérieux de l'établissement en avançant une liste de fromages locaux et de douceurs sucrées.

LE RELAIS DE LA TOUR*** €€

Place Lucter

✆ 05 65 11 06 99

www.lerelaisdelatour.fr

Fermé aux vacances de la Toussaint et les vacances d'hiver. Chambre double à partir de 73 €. Menu du jour 11,50 €.

Une décoration simple, de belles tables, une ambiance qui invite à la convivialité et de très belles chambres décorées dans des matériaux nobles et bien équipées. Dans la salle à manger, sous un beau plafond à la française, près de l'imposante cheminée de pierre, vous hésiterez sans doute entre terrine de foie gras mi-cuit ou escalope de foie gras aux fruits rouges. En été, prenez le temps de profiter de ce lieu magique en vous prélassant sur la terrasse. Une très bonne adresse, avec des produits simples, de qualité, des portions généreuses..

FOISSAC ★

Village typique du Causse de 450 habitants, Foissac n'aurait pas connu l'engouement qu'il suscite auprès des touristes si un agriculteur n'avait pas, en 1965, découvert une grotte préhistorique du plus grand intérêt. Pays des dolmens, il faut parcourir la campagne pour les découvrir ; un circuit pédestre leur est dédié. A l'entrée du village, vous verrez une église datant de la fin du XIXe siècle, qui fut construite initialement au centre du village au Moyen Age. La chapelle Notre-Dame de la Miséricorde est un lieu de pèlerinage au XXe siècle. Plus insolite, le carnaval de Foissac avec l'incinération de l'âne et le bal masqué confidentiel.

L'OLTIS €

Rue de la Commanderie

✆ 05 65 34 05 85

Ouvert toute l'année. Réservation recommandée. Menus dès 15 €. Terrasse. Vue panoramique.

Situé sur les hauteurs lotoises, l'Oltis est une taverne médiévale avec une terrasse panoramique à la vue imprenable sur la vallée du Lot. Côté carte, une farandole de galettes salées et crêpes sucrées, des assiettes gourmandes de fromages, charcuterie et produits du terroir, sans oublier quelques classiques du Sud-Ouest : confit de canard et foie gras. Les plats sont généreux et gourmands, et l'accueil toujours au rendez-vous. L'établissement propose également une boutique de produits régionaux : bières artisanales, cidre fermier bio, fouaces, infusions, etc.

GROTTE PRÉHISTORIQUE DE FOISSAC ★

Le cap de Tété ✆ 05 65 64 60 52

www.grotte-de-foissac.fr

Avril-mai-octobre, dimanche-vendredi 14-17h. Juin tous les jours 10h-11h30/14h-18h. Juillet-août 10h-18h. Tarif 7/11 €.

Cette grotte attire à la fois par son patrimoine naturel, véritable royaume de concrétions, de stalactites et stalagmites, mais aussi par la richesse des traces d'occupation préhistorique. Outre ce spectacle naturel, mis en valeur par la lumière, il est une émotion encore plus intense lorsqu'on découvre les sépultures en place, les ossements, mais surtout les empreintes et les objets abandonnés par les hommes et femmes qui vécurent ici du Paléolithique supérieur jusqu'au Néolithique.

CONQUES-EN-ROUERGUE

Déjà classé parmi les Plus Beaux Villages de France et les Grands Sites Occitanie, Conques a été élevé au rang de Patrimoine mondial de l'Unesco. Pour en profiter au mieux, la circulation des véhicules est interdite dans le village. En parcourant à pied la rue principale, dite de Charlemagne, vous admirerez les maisons médiévales à encorbellements ou à colombages, les rues pavées, avec un caniveau central, les toits en lauzes. On ne pourrait passer sans admirer, l'abbatiale qui allie une architecture romane, des orfèvreries médiévales et des vitraux contemporains de Soulages. C'est également une étape importante sur le chemin de Compostelle.

CHAPELLE SAINT-ROCH ✞

Le Faubourg
www.tourisme-conques.fr

Des milliers de pèlerins découvrent chaque année cette chapelle posée au sommet d'un éperon rocheux dans les faubourgs du village. En plus de rappeler l'existence du château primitif de Conques, à cet endroit même, cette petite église offre une vue exceptionnelle sur le bourg et ses rues pavées et enchâssées les unes aux autres. Construite au XVe siècle, elle dissimule également entre ses murs de très belles fresques et peintures du XIXe siècle et d'autres plus anciennes. Deux bassins, alimentés par des eaux de ruissellement, coulent sous cet édifice.

LES CHAMBRES DE LUMIÈRE

21, rue de l'Église
✆ 05 65 46 51 09
www.leschambresdelumiere.fr
De mi-avril à fin septembre. En octobre sur rendez-vous. Participation libre.

Lumineux et merveilleux ! Bastien Carré, artiste « lumigraphe », travaille la lumière. Il vous invite à découvrir ses « lumigraphies » dans un ancien couvent fondé en 1746 regroupant 4 maisons du XVe siècle communiquant entre elles, de configuration insolite. Immergés dans un dédale de pièces hétéroclites, les sculptures, mobiles et tableaux de leds du créateur offrent une surprenante échappée dans un monde de lumière et de poésie. Sculptures, tableaux et mobiles lumineux se dévoilent du mois d'avril au début du mois de novembre.

LE CLOÎTRE ET TRÉSOR DE SAINTE-FOY ★

www.tourisme-conques.fr
Ouvert tous les jours.

On accède au cloître par un petit escalier à ciel ouvert, donnant sur une cour au milieu de laquelle trône un énorme bassin en serpentine verte. Du cloître roman, qui se trouvait au même emplacement, il ne subsiste plus grand-chose. Tout au plus, quelques chapiteaux sont-ils conservés dans le musée du docteur Fau. Pour atteindre l'aile dans laquelle se trouve exposé le trésor, il faut emprunter un couloir bordé d'arcades, qui constituait l'ancien réfectoire des moines bénédictins.

Le village de Conques et son abbatiale Sainte-Foy.

© FAHPA-OTCM

ABBATIALE SAINTE-FOY ★★★

Place de L'Abbaye
✆ 05 65 72 85 00
www.tourisme-conques.fr
Tous les jours 7h-22h (22h30 haute saison). Visite guidée par l'office de tourisme avril-septembre. Tarifs 4,50€, 2,50€.

Joyau du village de Conques inscrit au patrimoine mondial de l'Unesco, au titre des chemins de Saint-Jacques-de-Compostelle en France, ce chef-d'œuvre de l'art roman dont la construction s'étala du XIe au XIVe siècle domine de sa majesté les gorges de la rivière Dourdou. Le porche est encadré par deux tours carrées et possède surtout un tympan magnifiquement ouvragé sur lequel ont été sculptés 124 personnages pour composer le Jugement dernier. A l'opposé, se trouve le chevet, avec son élévation de style pyramidal. De cet endroit, on domine légèrement l'édifice, ce qui permet de comparer les différentes toitures. A l'intérieur, l'enlacement des lignes pures, la hauteur et l'austérité surprennent. L'église a retrouvé une partie de sa lumière originelle, sobre, grâce aux étonnants vitraux de Pierre Soulages. Cet artiste contemporain, qui fut frappé dans sa jeunesse par la vision de l'abbatiale, lui a composé des vitraux d'inspiration moderne, faits d'un verre dépoli particulier. Pour prendre pleinement la mesure de ce monument d'exception, il est nécessaire de prendre son temps. Les vitraux de Pierre Soulages donnant au fil de la journée et de la lumière du jour des teintes différentes et des atmosphères singulières. En filtrant de la sorte la lumière au fil des saisons, l'édifice change continuellement d'apparence. Il est très difficile en une simple visite d'en percevoir toutes les nuances. Ce seul aspect mérite un séjour prolongé pour réellement apprécier l'architecture de l'abbatiale et l'œuvre de Soulages.

LA FERME AUX AUTRUCHES

La Besse
SÉNERGUES
✆ 05 65 69 83 95
www.autruches-conques.com
Ouvert tous les jours de 10h à 12h et de 15h à 19h. Adulte : 4 €. Enfant moins de 12 ans : 2 €.

Geneviève, Christian Vigouroux, Cédric et Rémi vous reçoivent dans cette ferme atypique à deux pas de Conques, sur ce plateau où la vue est magnifique. Vous l'aurez vite compris, dans cette exploitation, c'est l'autruche qui est reine. On y visite l'élevage, on y voit les autruchons, leurs parades amoureuses, leurs étonnantes danses, suivi d'une projection vidéo et une petite visite à la boutique, où l'autruche se décline en plumes, œufs et œufs décorés. Une maroquinerie de belle qualité et quelques produits gourmands sont à la vente. Aire de pique-nique.

TERRA OLT

Le Bourg - **SAINT-PARTHEM**
✆ 05 65 63 27 96
www.terra-olt.com
Ouvert en saison, l'après-midi. Fermé le jeudi. Gratuit jusqu'à 5 ans. Adulte : 6 €. Enfant : 3 €.

Installé à Saint-Parthem, l'espace scénographique de la Vallée du Lot – Terra Olt – vous restitue la vie quotidienne des hommes de la vallée au début du siècle dernier avec des personnages plus vrais que nature. Grâce à une mise en scène inventive, des automates, des effets spéciaux et un concept de visite dernière génération, vous vivrez de grands moments. Dix espaces permettent de partir à la découverte du cantou, de l'école, la cabane du pêcheur, les poissons, les gabariers et la Vallée du Lot aujourd'hui. Une visite riche en surprises et émotions.

L'AUBERGE AUX PORTES DE CONQUES** €€

Le Bourg
✆ 05 65 69 84 43
www.auxportesdeconques.com
Chambre double de 52 € à 57 €. Menus à 21 et 28 €.

À 8 km de Conques, cette auberge est dédiée aux richesses culinaires aveyronnaises : assiette de charcuterie, rognons de veau, confit de canard, tripous de pays, filet de truite, grenadin de veau d'Aveyron et desserts maison… Venez découvrir les spécialités dans la salle de caractère du restaurant, ou en été, à l'ombre d'une belle terrasse fleurie. Dix chambres personnalisées vous permettront de prolonger votre séjour dans le joli vallon de Marcillac.

LE CASTELLOU €€

Le Faubourg
✆ 05 65 78 27 09
www.aucastellou.fr
Chambre simple de 66 € à 72 € ; chambre double de 77 € à 87 € ; chambre triple à partir de 111 €. Menu : 30 €.

Sur le GR 65 et à 300 mètres du joli village de Conques, c'est un lieu pour tous : randonneurs, pèlerins ou simples curieux. On y dort dans cinq chambres à l'inspiration pour le moins éclectique : vénitienne, bourguignonne, exotique, montagnarde et orientale ! Mention spéciale pour les repas de la table d'hôtes préparés avec les produits du jardin, des artisans du canton et forcément accompagnés des vins du terroir. Une ambiance générale simple, mais chaleureuse, comme l'ont rêvé Guy et Barbara, les charmants maîtres des lieux.

LE CHÂTEAU DE LUNEL €€

Lunel - **SAINT-FÉLIX-DE-LUNEL**
✆ 06 70 63 87 26
www.chateaudelunel.com
Chambre double 109 €. Petit déjeuner inclus. Restauration (table d'hôtes : 28 euros/pers.

Ancienne dépendance de l'abbaye de Conques, le château de Lunel est devenu une étape de charme à deux pas de la vallée du Lot et du vallon de Marcillac. Fabrice, Séverine et leurs enfants ont créé trois belles chambres, logées dans le bâtiment principal ou les dépendances du château. Chacune vous accueille avec un petit plateau de courtoisie et une table d'hôtes, à base de produits du potager, sinon locaux, permet de se restaurer sur place ou de bénéficier de paniers pique-nique. Des ateliers de découverte du vignoble de Marcillac sont également proposés en été.

LES GRANGETTES DE CONQUES €€

Calvignac
✆ 06 75 50 59 19
www.lesgrangettesdeconques.fr
Chambre double de 74 € à 94 €. Petit déjeuner inclus.

En pleine nature, cette ancienne ferme a été transformée en belle maison d'hôtes où la vue sur la vallée et la nature environnante est à couper le souffle. Un jardin, des arbres fruitiers, des animaux de la ferme et le décor est planté. Les 3 chambres bénéficient de tout le confort et d'un certain charme alliant pierre, bois et prestations simples. Le plaisir est aussi autour de la table d'hôtes. Des plus authentiques, ces grangettes vous offriront une escale aux senteurs de bonheur.

HÔTEL-RESTAURANT AUX GORGES DU DOURDOU** €€

Le bourg
✆ 05 65 69 83 03
www.auxgorgesdudourdou.jimdofree.com
Chambre double de 42 € à 60 €. Petit déjeuner : 8,50 €.

Dans la vallée étroite du Dourdou (mais à 1 km du Lot), cet hôtel-restaurant a fait son nid dans une grande maison de pierre. Elle renferme quinze chambres de bon confort – salle de bains, téléphone, télévision –, donnant soit sur la rivière soit vers le village et le jardin, deux d'entre elles ont même une terrasse couverte, sur le côté de l'établissement. La salle de restaurant est un mélange d'esprit rustique et de manières raffinées, et ne reçoit plus que les groupes.

LE MOULIN DE CONQUES**** €€€

Le Moulin
✆ 05 65 72 84 77
www.moulindecambelong.com
Chambres à partir de 150 €. Menus de 50 à 110 €.

A 30 min de Rodez, au premier plan, un moulin à châtaigne à l'authenticité et à la rusticité toutes aveyronnaises, un petit bassin, quelques gallinacées et le bruit de la rivière. Vous serez certainement charmés dès le premier coup d'œil. A l'intérieur de l'hôtel, changement de décor, les chambres et suites de l'établissement ont été rénovées et modernisées dans des tons qui rappellent les toiles de Pierre Soulages. La famille Busset, propriétaire des lieux, a souhaité privilégié le confort, mais aussi la détente et la convivialité.

LE PONSONNET €€

Conques en Aveyron
✆ 05 65 72 86 48
www.leponsonnet.com
Gîtes de France (4 épis). 3 chambres. Chambre double de 113 € à 123 €. Petit déjeuner inclus.

Marie-Jo et Gilbert forment un couple adorable. Leur bonne humeur et leur bienveillance s'expriment dans leur jolie maison de grès rouge, située sur la commune de Conques, dans laquelle ils reçoivent leurs hôtes. La bâtisse qui surplombe le village, abrite trois chambres à la décoration soignée. Le jardin cache une magnifique piscine à débordement ainsi qu'un spa, qui garantissent un séjour des plus agréable et reposant. La cuisine extérieure en été permet d'être plus indépendants même si les petits-déjeuners et repas de Marie-Jo sont vraiment délicieux.

AUBERGE DU PEYRAL €

La Vinzelle
✆ 05 65 72 83 04
www.lavinzelle.fr
Fermé de septembre à avril. Réservation recommandée. Tarifs assiettes à partir de 10,50 €.

Depuis quelques années, cette auberge accueille amicalement les gourmets de passage. Elle dispose d'une terrasse ombragée, particulièrement agréable en été, avec vue imprenable sur la vallée du Lot et les toitures de lauze du village. L'adresse propose une cuisine campagnarde simple mais savoureuse : des salades composées et une excellente assiette de charcuterie qui suffit à elle seule « à nourrir son homme ». Pour les gros estomacs, il faut goûter la spécialité de la maison : le gâteau aux noix. On ne vous en dit pas davantage…

VILLAGE DE GÎTES GRAND-VABRE NATURE €€

Les Passes
✆ 05 65 72 85 67
www.grand-vabre.com
Ouvert de début avril à fin octobre. 20 gîtes pour 6 personnes de 420 € à 700 € la semaine. Chèque Vacances.

Dans une ambiance familiale, en pleine nature, ce village-vacances confortable vous accueille près de Conques, et vous propose de nombreuses activités. Vous pourrez profiter des cours d'aquagym en été, partir en randonnée pédestre ou à VTT (location sur place), faire une course d'orientation, descendre de Lot en canoë participer des tournois divers organisés par l'équipe, et vous amuser lors de soirées à thème… Ambiance familiale et très conviviale.

AUBERGE DE LA CASCADE €€

SAINT-FÉLIX-DE-LUNEL
✆ 05 65 44 61 54
www.auberge-de-la-cascade-polissal.fr
Menu : 15 €. Plat du jour : 10 €.

Dans son auberge, Laurence vous propose un bel échantillon de spécialités aveyronnaises. Du stockfisch au chevreau à l'oseille, des feuilletés de ris d'agneau à la tête de veau, en passant par l'excellente viande, fournie directement par le frère de Laurence, éleveur de charolaises, tout y est d'une extrême qualité. Les habitués, comme les touristes en vacances, se bousculent d'ailleurs pour goûter à cette cuisine généreuse ; et en été, la grande terrasse désemplit rarement. L'établissement est accessible, et a reçu cette année le label Tourisme et Handicap.

AUBERGE SAINT-JACQUES €€

Rue Gonzagues-Florens
✆ 05 65 72 86 36
www.aubergestjacques.fr
Chambres de 63 à 77 €. Petit-déjeuner : 9 €.
Menus de 21 € à 45 €.

Au restaurant, nombreux sont les gourmands qui viennent à l'Auberge Saint-Jacques pour profiter d'un menu Pèlerin particulièrement savoureux pour un rapport qualité-prix inégalé sur la commune. Dans les assiettes s'enchaînent d'excellentes préparations telles qu'une salade laguiolaise, des tripoux, ou un saucisse-aligot. Pour passer la nuit, une douzaine de chambres entièrement rénovées accueillent la clientèle. Décorées dans un style traditionnel qui fait la part belle au bois, aux moquettes fines et aux couleurs douces, elles sont douillettes et bien équipées.

LE CADAVRE EXQUIS €€

Le Bourg
SAINT-PARTHEM
✆ 07 66 03 03 60
Menu traditionnel ou végétarien, toutes boissons comprises : 35 euros

Sylvaine et François ont emprunté le nom de leur restaurant à Jacques Prévert et à son célèbre jeu qui consiste à composer phrases ou dessins de manière collective, sans voir la contribution des autres personnes. On imagine alors un établissement un brin décalé avec des patrons malicieux mais chaleureux. Le Cadavre Exquis a ainsi fait le pari de s'appuyer sur un menu unique, décliné selon les goûts en version végétarienne. Les produits sont bio, locaux et la cuisine maison. Mais cette qualité se mérite et il faut bien souvent penser à réserver pour y goûter.

CHEZ MARIE GRAND VABRE €€

Le Bourg ✆ 05 65 69 84 55
Été : ouvert tous les jours midi et soir. Plat du jour : 9.,50 €

Dans une grande bâtisse typique du village, Marie conjugue depuis vingt ans cuisine de terroir et accueil familial… Dans son bistrot de pays, le comptoir nous remémore l'atmosphère des troquets d'antan tandis que l'esplanade ombragée permet de rêvasser côté rivière. Dans les assiettes, des recettes dont seules les grands-mères détiennent le secret : ris d'agneau sauce aux cèpes, sauté de veau sauce morilles, assiette complète aveyronnaise (salade, roquefort, tomates et jambon de pays qui comble le plus affamé) ou une terrine de foie gras maison…

RESTAURANT ROLS €€

Le Courbies
ALMONT-LES-JUNIES
✆ 05 65 64 10 41
www.restaurantrols.fr
Menus de 19,50 € à 22,50 €. Menu enfant : 9 €.

Sur le plateau dominant Grand-Vabre ou encore le petit hameau de Flagnac, ce lieu, à mi-chemin entre Conques et Decazeville, est devenu une véritable institution pour les habitués et amateurs d'estofinado dont l'enseigne est le « fief ». Le restaurant vante ce plat fait de stockfisch – morue séchée et de pommes de terre. Mais d'autres spécialités sont aussi de la fête. Poule farcie, caneton aux olives, truite au lard ou ris d'agneau sauce champignons, sont servis généreusement et dans le respect des traditions culinaires. Tout est fait 100 % maison.

LA RIVIÈRE €€

La Rivière
✆ 05 65 78 13 14
Salade à partir de 10 €.

A deux pas de Conques, dans un cadre verdoyant, vous découvrez un lieu un peu magique aux mains d'une sympathique petite équipe. Au menu, des grillades au feu de bois pavé de bœuf, magret de canard…), des spécialités aveyronnaises (salade aux chèvre de Clairvaux, saucisse aligot) ou encore à base de poisson (gambas flambées au pastis) et quelques desserts alléchants à souhait. Un endroit fort sympathique où il fait bon de s'arrêter le long du Dourdou. N'hésitez pas à profiter aussi de la terrasse en été ainsi que de la piscine.

LA TABLE D'HERVÉ BUSSET €€€

Le Moulin de Conques
✆ 05 65 72 84 77
www.moulindecambelong.com
Menus de 50 € à 110 €.

Chaque matin, Hervé Busset s'en va butiner dans son jardin, et par delà, sur le chemin de Conques, pour cueillir ses ingrédients fétiches. De la berce pour accompagner le veau du Ségala ; de l'alliaire pour remplacer l'ail dans l'aligot ; du plantain pour relever le goût des salades ; ou encore du mélilot, justement vanillé, à l'heure du dessert… Véritable explorateur de la nature, des plantes et des produits, le chef modifie ses menus au gré des saisons, de ses envies et de ses voyages. Les vins, selon la même philosophie, sont respectueux de leur terroir.

LE FOURNIL DU PÈLERIN

Le Bourg
✆ 05 65 69 85 37

Ouvert du mardi au dimanche de 7h30 à 18h45. Ouvert le lundi en juillet et août

Le Fournil du pèlerin – la plus vieille boulangerie du département ! – est l'adresse tout indiquée pour les amateurs de gâteaux aux noix et autres gourmandises et spécialités locales. Il vous sera proposé de nombreuses spécialités comme la fouace traditionnelle aveyronnaise ou bien le pélerin, ce gâteau cuit à la broche et en forme de canne de marche des pélerins de Compostelle. On retrouvera également le gâteau à la broche, dans le même domaine ou pour les gourmands la pompe à huile. Pour un petit plaisir régressif, goûtez les palmiers, ils sont excellents.

LES ÂNES DE MONÉDIÈS

Les Bréfinies
ALMONT-LES-JUNIES
✆ 05 65 43 19 51
http://monedies.fr

Des ânes pèlerins sur la voie du Puy ? Connaissant parfaitement le chemin de Compostelle pour l'avoir suivi de nombreuses fois, les ânes de Monédiès – basés dans l'Aveyron et se promenant régulièrement autour de la magnifique étape de Conques – vous aideront à parcourir la voie du Puy en portant vos bagages, voire les enfants, si vous partez en famille. La ferme des ânes de Monédiès organise pour vous des séjours de randonnée itinérante clef en main. La formule parfaite pour des itinérances originales, agréables et sans souci.

LE FOURNIL DU TRUQUET

Paganelle ✆ 06 99 76 94 05

Vente directe au fournil le mercredi 9h/13h et le samedi 9h/13h.

Le pain de Claire et Laurent s'achète auprès du boulanger, directement au fournil, ou au gré des tournées de Claire, qui sillonne les marchés. Des circuits courts, également privilégiés pour la fourniture des matières premières. Pour le reste, c'est le savoir-faire et le tour de main de Laurent qui font toute la différence : du pur levain (mélange d'eau et de farine) et aucun produit chimique, additionné à beaucoup de maîtrise et de patience pour pétrir (parfois à la main), bouler et cuire. Résultat : des pains au sarrasin, au petit épeautre, aux noix, aux figues…

MARCILLAC-VALLON

Marcillac est au cœur d'une des régions les plus étonnantes de l'Aveyron par ses paysages et son patrimoine. C'est le passage obligé entre Rodez et l'un des sommets de l'art roman, l'église abbatiale de Conques évidemment. Mais on trouve aussi toute une série de petites perles autour de ce joyau imposant : Sainte-Austremoine et Saint-Paul sur la commune de Salles-la-Source ou encore Saint-Jean-du-Froid sur les hauteurs de Marcillac. En remontant du Moyen Âge vers les Temps Modernes, l'architecture n'est pas en reste avec nombre de châteaux Renaissance. La nature a réservé à cette région une beauté hors pair : rivières, flancs de vallées…

LA RIVE

Le Bourg
✆ 05 65 42 41 79
www.larive-maroquinier.fr

Ouvert tous les jours de 10h à 18h30. Ouvert d'avril à mi-octobre.

Ce jeune couple fabrique de la maroquinerie de très belle facture à Saint-Cyprien et vend ses sacs à mains, portefeuilles, porte-monnaies, bourses, porte-cartes et ceintures sur-mesure face à l'abbatiale de Conques. Stéphanie et Manu ont changé de vie avec un réel succès, leur collection est élégante, le cuir est de très belle qualité et les couleurs et dessins sont originaux, à la fois variés, tendances et modernes. Un travail appliqué, tant pour homme que pour femme. Outre l'atelier de Conques, La Rive compte aussi une boutique à Saint-Cyprien-sur-Dourdou.

DOMAINE DU CROS

GOUTRENS
✆ 05 65 72 71 77
www.domaine-du-cros.com

Visite sur rendez-vous.

La famille Teulier veille depuis quarante ans sur ces terres du vallon de Marcillac. Un seul hectare en 1982 ; une trentaine aujourd'hui, déclinée en terrasses et sur laquelle s'épanouissent de solides pieds de vigne. Philippe, et son fils Julien, en tirent des vins remarquables, grâce à une passion et une détermination héritées de leurs aïeux. Toute la production du domaine est issue du Fer Servadou, l'emblématique cépage de l'AOC Marcillac. Les vins sont l'expression de leur terroir et le reflet du travail d'authentiques vignerons fiers de leur raisin.

ESPACE GEORGES ROUQUIER

Le Bourg
GOUTRENS
✆ 05 65 42 19 89
www.espacegeorgesrouquier.fr
Eté : du mardi au dimanche de 14h à 18h. Adulte : 5 €. Enfant (de 12 à 17 ans) : 3,50 €.

Georges Rouquier est un cinéaste, producteur et acteur d'origine aveyronnaise. Il est connu pour deux longs-métrages d'inspiration documentaire réalisés à 37 ans d'intervalle, dont l'action se situe à Goutrens : Farrebique et Biquefarre. C'est en l'honneur de l'enfant du pays et de la création qui l'immortalise que la commune de Goutrens a soutenu l'ouverture de ce centre culturel. Des extraits des films du maître ainsi que d'autres documents peuvent être visionnés et des manifestations autour du cinéma sont organisées, dans un esprit ciné-club.

MUSÉE DU ROUERGUE ★

SALLES-LA-SOURCE
✆ 05 65 67 28 96
www.musees.aveyron.fr
Gratuit jusqu'à 26 ans. Adulte : 4 €.

Le musée des arts et métiers traditionnels du Rouergue se cache dans les beaux bâtiments d'une ancienne manufacture de fil et de drap de laine, à quelques pas de la cascade. On le visite comme on irait chez un ancien du village. Parce qu'il y a là, parmi des centaines d'objets, des petites merveilles du temps passé qu'on ne se lasse jamais de regarder. Des machines d'autrefois, exposées sur plusieurs niveaux, et qui, longtemps au cœur de la vie de nos aïeux, racontent la chasse et la pêche, les méthodes d'élevage, la fabrication du vin de Marcillac...

OFFICE DE TOURISME DE CONQUES MARCILLAC

52, Tour de ville
✆ 05 65 71 13 18
www.tourisme-conques.fr
Du 15 juin au 15 septembre : du lundi au vendredi de 9h30 à 12h30 et de 14h à 17h30.

Le vallon de Marcillac, patiemment creusé par les ruisseaux, revendique un environnement remarquable et un accueil de qualité. On trouve à l'office de tourisme de Marcillac toutes les informations nécessaires pour préparer un séjour dans ce coin d'Aveyron, où les bonnes adresses ne manquent pas : bonnes tables, hébergements confortables, loisirs, producteurs locaux -notamment de vins de Marcillac, commerces et services, artistes et artisans d'art...

AÉROPORT RODEZ AVEYRON

Route de Decazeville - **SALLES-LA-SOURCE**
✆ 05 65 42 20 30
www.aeroport-rodez.fr
Sur place aéro-club. Distributeurs de billets. Restaurant. Parking (2h gratuites) et abonnements possibles.

L'aéroport de Rodez-Aveyron propose plusieurs vols hebdomadaires à destination de Paris, via Amelia International. La compagnie Ryanair assure aussi des liaisons vers le Royaume-Uni, l'Irlande et la Belgique à des tarifs défiant toute concurrence. L'occasion de s'offrir un peu d'inédit depuis Rodez. Un service de restauration et de location de salles complète l'offre de l'aéroport. Voici un aéroport de proximité qui offre une porte d'entrée pour accéder également aux départements limitrophes. Service de location de voitures sur place.

LES AMORIÈRS €€

La Boutique - **NAUVIALE**
✆ 05 65 69 84 88
www.gite-des-amoriers-conques.com
8 à 12 personnes. 180 m². De 600 € à 1 150 € la semaine selon saison.

Sur ce territoire aux bâtis de grès rouge, cette ancienne maison de maître, toute de blanc vêtue, a conservé charme et élégance. D'abord vignoble, puis magnanerie, elle accueille des hôtes depuis 2009, après quatre années de rénovation. Deux salons, une vaste cuisine de 30 m² et quatre belles chambres s'ouvrent sur un environnement incroyablement vert et reposant... Le petit plus ? Les commerces et services à 10 minutes à peine, et les villages emblématiques du département – Conques, Belcastel... – à portée de main. Une adresse aussi douce que le climat du Vallon.

L'OUSTAL €€

Pont-les-Bains
SALLES-LA-SOURCE
✆ 05 65 71 39 00
www.oustal-vacances-aveyron.fr
8 jours / 7 nuits en pension complète : à partir de 452 €/adulte.

Les adeptes des villages de vacances sont accueillis ici dans une grande et belle bâtisse (et des dépendances) possédant 70 chambres et quelques appartements (pour trois à huit personnes). En cuisine, les repas sont réalisés avec soin et font place à des spécialités bien de la région comme l'aligot, la truite, les tripoux ou des magrets de canard. Pour se divertir, l'Oustal propose un large panel d'activités aux petits comme aux grands. Le choix va de la randonnée pédestre ou vtt à des cours de tir à l'arc, en passant par la spéléologie, l'escalade...

LA SOURCE DU VALLON €€

Quartier du Faubourg - **SALLES-LA-SOURCE**
✆ 05 65 59 14 77
www.la-source-du-vallon.com
Chambre simple à partir de 70 € ; chambre double de 80 € à 105 € ; chambre triple 110 €. Petit déjeuner inclus.

Caroline, biologiste s'offre ici une reconversion rêvée. Après d'imposants travaux, sa maison accueille aujourd'hui les hôtes dans trois chambres. Les petits déjeuners sont servis dans l'ancienne salle du bistrot, où le comptoir rappelle le vœu d'hospitalité formé par la bâtisse, il y a des années déjà. Les produits proposés sont maison : granola, yaourt, confiture, madeleine… Cette maison d'hôtes est ainsi un point de chute idéal pour découvrir les incontournables de Salles-la-Source : la cascade, le musée des Arts et Métiers traditionnels, les églises...

LA FRÉGIÈRE €€

Allée Quo-Vadis
CLAIRVAUX-D'AVEYRON
✆ 05 65 72 71 40
www.fregiere.com
Locations de chalets toute l'année de 390 € à 650 € la semaine. Menu de groupes de 25 à 35 €.

Autrefois propriété viticole, cet établissement vit aujourd'hui de son restaurant, de ses gîtes ruraux et de son club hippique. Si le cadre ne manque pas de charme, la cuisine est également un des atouts de l'adresse. Dans une salle décorée dans la plus pure tradition aveyronnaise, vos hôtes en ces lieux cuisinent d'excellentes spécialités au feu de bois. Côté hébergement : les chalets et roulottes accueillent les visiteurs à la semaine dans un cadre de verdure. L'établissement comprend aussi un centre équestre et une installation de pisciculture.

AUBERGE LE PATOIS €

GOUTRENS
✆ 05 65 42 53 55
Ouvert toute l'année. Menu à partir de 15,50 €. Chambres de 50 à 60 €.

La cuisine de cette auberge fait l'unanimité à la ronde : les produits sont frais et travaillés à la façon aveyronnaise. Comprenez avec beaucoup de cœur et de convictions. Outre les plats traditionnels et certains d'inspirations plus lointaines, l'adresse déroule une carte de pizzas à déguster sur place ou à emporter. Au-dessus du restaurant, quelques chambres d'hôtes, qui ont fait l'objet de rénovations et aménagement au fil des années, permettent de passer la nuit sur place. L'occasion de savourer un peu plus longtemps un art de vivre dédié à la bonne chère.

LE CAFÉ DE LA PLACE - CHEZ CHANTAL €

Le Bourg
PRUINES
✆ 05 65 69 86 60
Tous les jours à midi et sur réservation. Réservation impérative. Formule du midi : 13,50 €.

Ce petit café-restaurant, au charme des bistrots des années 1970, fait l'unanimité à la ronde et au-delà. La cuisinière soigne sa carte pour vous proposer le meilleur du pays : tout est frais, local quand c'est possible, et toujours de saison. Les assiettes sont généreuses et cuites avec justesse : délicieuse salade composée au foie gras, feuilleté de ris d'agneau, tête de veau... Mais aussi chou farci et croustade aux pommes. Un lieu chaleureux et convivial sans pareil !

LE CRUOU €

48, Tour de Ville
✆ 05 65 47 48 36
Formule du midi : 14 €. Menus à 20 € et 25 € + carte.

Une terrasse agréable dressée à l'ombre des platanes nous invite à nous asseoir à l'heure du déjeuner. A l'intérieur, la salle moderne habillée d'un mur de pierre et d'un mobilier moderne et sobre et d'un patio ombragé tout au fond, se remplit au fur et à mesure. La carte du Cruou n'est pas immense et c'est tant mieux ! L'établissement élabore des spécialités traditionnelles, mais pas que... La petite carte des vins fait la part belle au marcillac et aux vins plus largement régionaux du gaillac au pic-saint-loup. En été, les soirées à thèmes animent le lieu.

MALICE & DÉLICE

11, avenue des Prades
✆ 05 65 60 57 49
Ouvert du mardi au samedi de 8h30 à 12h et de 14h à 18h. Boutique en ligne.

Marig a ouvert ce charmant espace au début de l'automne 2019. Mi-salon de thé, mi-concept-store, on trouve côté boutique une sélection de produits écoresponsables et des créations françaises, sinon locales : des bijoux faits mains, des objets de décoration, des produits de beauté, des gourdes... Malice & Délice est aussi l'endroit idéal pour grignoter d'exceptionnels gâteaux et pâtisseries maison : fondant chocolat spéculoos, rocher coco, muffin à la prune et au chocolat caramel, sablés à la noix... En sirotant un thé, un café ou un délicieux smoothie.

LA TRADITION PÂTISSIÈRE-BOULANGERIE FALIP

38, Tour de Ville
✆ 05 65 71 75 35
www.specialite-aveyronnaise.com
Ouvert du mardi au samedi de 7h à 19h30 ; le dimanche de 7h à 13h.

Depuis cinq générations, cette boulangerie-pâtisserie nourrit son monde en pain de qualité. On se presse également dans cette jolie boutique pour son rayon sucré et ses spécialités de pays. Ici, gâteau à la broche, pompe à l'huile, rissole, tarte aux pruneaux et autres fouaces prennent la saveur du savoir-faire et de la tradition. Les habitués se laissent aussi volontiers tenter par le « soleil » de Marcillac, cette célèbre et fameuse couronne étoilée déclinée en plusieurs saveurs.

LES VIGNERONS DU VALLON

Tour de Ville
✆ 06 20 33 42 34
www.vigneronsduvallon.com
Ouvert du mardi au dimanche. Fermé le dimanche hors-saison.

© DR

Les Vignerons du Vallon, de la cave coopérative toute proche de Valady, se sont offerts une « résidence secondaire ». Avec cette boutique en bonne place sur le tour de ville de Marcillac, ils disposent d'un deuxième point de vente local. Mais pas seulement ! Chaque dimanche matin, en saison, à l'heure du célèbre marché dominical, les travailleurs de la vigne assurent l'animation en expliquant leur quotidien. Une manière pour eux de s'impliquer davantage encore dans la promotion de ce « vin divin ». Mais aussi de renforcer la proximité avec les consommateurs.

DOMAINE LAURENS

7, avenue de la Tour - **CLAIRVAUX-D'AVEYRON**
✆ 05 65 72 69 37
www.domaine-laurens.com
Visite sur réservation toute l'année, sauf dimanche et jours fériés.

La Maison Laurens est un domaine familial implanté depuis plusieurs générations dans le village médiéval de Clairvaux-d'Aveyron. Elle exploite une bonne vingtaine d'hectares de vignes en coteaux sur les pentes vertigineuses qui entourent ce village tout en pierres de gré rouge. Au cœur du village, la famille Laurens vous accueille dans son chai et vous fait découvrir ses différentes cuvées rosés et rouges en AOP marcillac, mais également ses ratafias, ainsi que ses alcools blancs produits les mois d'hiver où les arômes de l'alambic viennent embaumer le village.

LA HOCQ

ZA du Vallon
SAINT-CHRISTOPHE-VALLON
✆ 06 86 16 13 88
www.lahocq.fr
Visite possible avec dégustation. Livraison possible.

LA HOCQ, diminutif de Hocquard, désignant Séverine et David Hocquard. Leur credo : proposer des bières de qualité et issues de l'agriculture biologique. Très différentes les unes des autres, leurs mousses, légères, sont produites par fermentation basse, comme à l'anglaise, filtrées et brassées sans additif -la Cardabelle est notre préférée. Fabriquées en Aveyron, en privilégiant bien sûr les producteurs et les circuits courts, elles sont en vente dans les magasins Biocoop, les épiceries fines ou directement sur le lieu de production sur commande.

MARCHÉ TRADITIONNEL DE MARCILLAC

Pour tout renseignement, contacter la mairie de Marcillac au 05 65 71 72 25. Chaque dimanche matin.

On y croise les habitants du bourg, mais aussi ceux de tout le Vallon, rejoints dès les beaux jours par les nombreux touristes en villégiature dans le coin. Le marché de Marcillac est le rendez-vous incontournable des dimanches matins. On y vient pour faire le plein de bons produits, mais aussi, pour picorer pain, fouace et soleil de Marcillac au gré des étals, boire un verre avec les copains, ou tout simplement flâner dans une ambiance conviviale et détendue.

LE VIEUX PORCHE - DOMAINE MATHA

Le Bourg - **CLAIRVAUX-D'AVEYRON**
✆ 05 65 72 63 29
www.domainematha.fr

Haute saison : du lundi au samedi de 10h à 12h et 14h à 19h. Fermé le dimanche et jours fériés.

Depuis plus de trois décennies, Jean-Luc Matha travaille 16 hectares de vignes, au cœur du vignoble de Marcillac. Homme amoureux de son terroir, il y cultive un vin reconnaissable entre mille, dans le respect des traditions et d'un cépage unique sur ce terroir, le fer servadou. Jean-Luc Matha propose du rouge, du blanc, du rosé, et un vin de soif, comme il aime à l'appeler. Il innove avec des apéritifs issus de vin rouge et de noix verte, ou encore de vin et de fleurs de pissenlit.

MOURET ★

Quatre châteaux existaient ici vers les XIVe et XVe siècles. Ils étaient reliés entre eux par une ligne circulaire de murailles entourées de fossés. Il n'en reste aujourd'hui que d'imposantes ruines à l'exception d'un seul qui fait l'objet d'une sérieuse restauration, c'est le château de Servayrie (hélas, cette petite merveille ne se visite plus pour l'instant, les propriétaires ayant d'autres projets en préparation). L'église, elle aussi a disparu, mais on peut voir encore quelques maisons anciennes, certaines médiévales avec portes et fenêtres romanes ou gothiques. A la Capelle-Mouret, l'église à la nef préromane possède des chapiteaux historiés.

VILLECOMTAL

Fondée entre 1295 et 1304 par Henri II et Bernard d'Armagnac, la ville conserve une partie de ses fortifications et l'aspect original du plan en bastide de ses rues à angles droits : cinq parallèles à la rivière et cinq tranversales. Les maisons ont un aspect mi-rustiques mi-citadines, construites en pierres de grès rouge. L'église Saint-Barthélémy et la mairie possèdent des frontons en triangle à la grecque, style en faveur au siècle des Lumières. Le clocher de l'église, ajouté vers 1900 sans aucun égard pour le style originel, dépare et banalise quelque peu la belle construction classique. Le château de la Guizardie et sa tour carrée (XVe siècle) dominent le village.

GLAMPING TERRE ROUGE €€

Le Verdier
✆ 06 78 50 34 41
www.terre-rouge.fr

Emplacement + véhicule + 2 personnes de 12 € à 18 €. Tentes lodges de 330 à 699 €.

Ce village se distingue de ce qu'on peut trouver en Aveyron, avec ses belles tentes, version lodge africain. A l'intérieur, ces refuges, installés sur pilotis au milieu des arbres, offrent tout ce qu'il faut de confort : un coin cuisine, une petite salle d'eau et surtout, une très bonne literie. Quand le bar et les douches collectives, aménagés sous serre, offrent un panorama sur le ciel aveyronnais. On peut aussi venir à Terre Rouge planter sa propre tente sur une vaste prairie parfumée de menthe, et profiter d'une virée au village via les sentiers verdoyants.

LA FABRIQUE DU ROUGIER €

14, avenue Joseph Vidal ✆ 05 65 44 04 36

Ouvert du mardi au jeudi de 10h à 19h ; le vendredi et le samedi de 10h à 22h ; le dimanche de 10h à 14h.

La Fabrique du Rougier est à la fois un restaurant, un salon de thé, et plus largement, un lieu de vie ouvert sur le bourg. David et Iseult, néo-Aveyronnais, l'animent en famille, à la grande satisfaction des habitants de Villecomtal. Lui, Isérois, s'affaire aux fourneaux pour sortir salades, soupes et plats du jour à l'heure de manger (porc sauté à l'aigre douce, riz & mange-tout ; cabillaud au chorizo, risoni et courgette farcie...). Elle, la Bretonne, virevolte en salle pour servir les assiettes, les boissons, les pâtisseries, selon le moment de la journée.

PAYS VILLEFRANCHOIS ET SÉGALA

A l'ouest de la préfecture ruthénoise, Villefranche est la plus grande des bastides médiévales aveyronnaises, la plus impressionnante vue du ciel, aussi : la collégiale Notre-Dame domine de sa haute silhouette les toits de tuiles rouges sagement rangés en secteurs bien organisés. Au cœur du Ségala, surnommé le pays aux Cent Vallées, Sauveterre-de-Rouergue est aussi un parfait exemple de la construction d'une bastide médiévale royale. Les rues principales, rectilignes, conduisent à la place centrale pavée : un grand rectangle bordé de belles demeures. La visite de Sauveterre-de-Rouergue est d'autant plus intéressante que le bourg a su tirer parti de son patrimoine architectural mais aussi de son artisanat de qualité (il abrite de nombreux ateliers). Plus au Sud, c'est le Réquistanais, un secteur essentiellement agricole où les brebis vivent en nombre et produisent du lait pour le fromage de Roquefort.

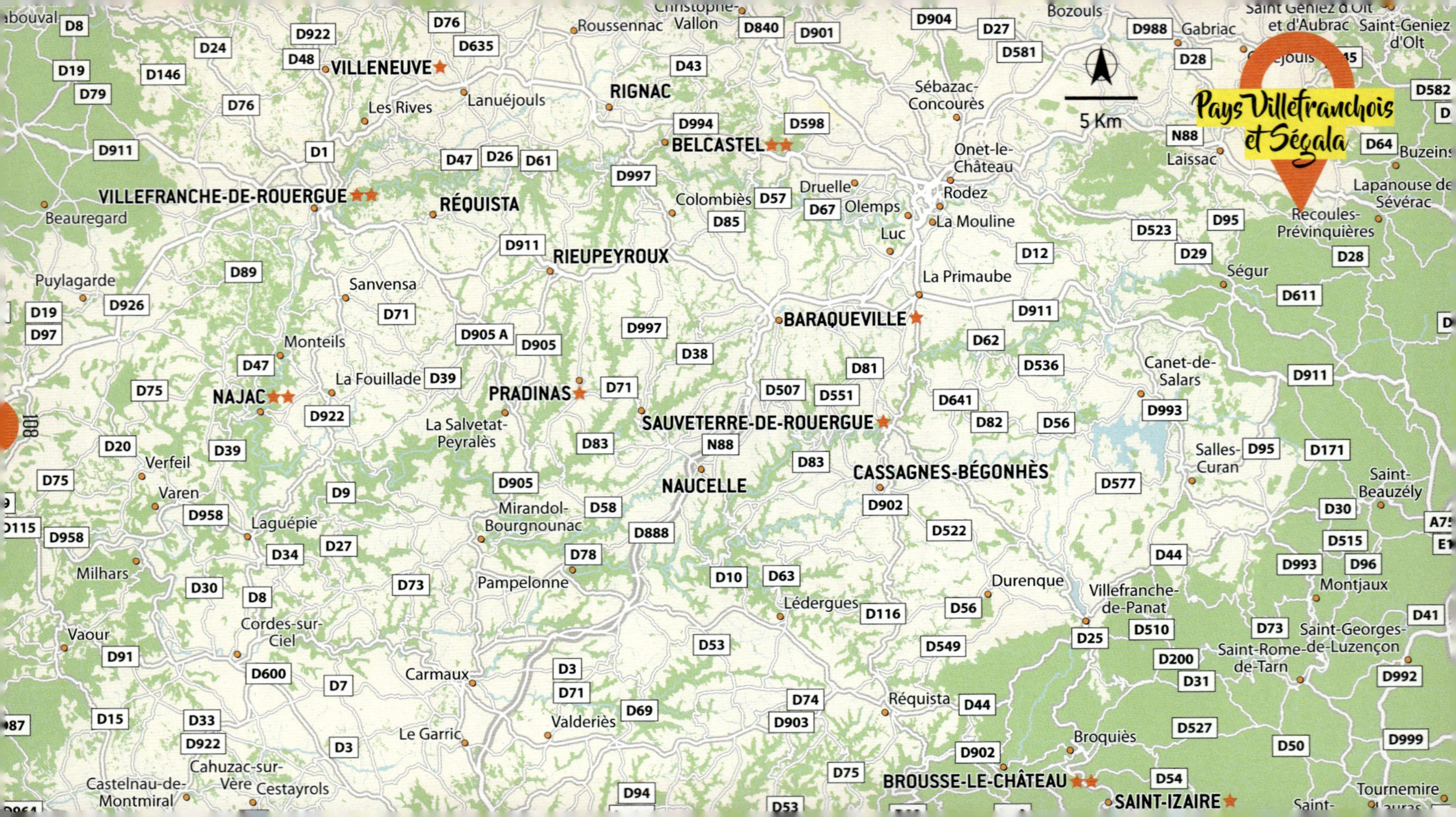

Pays Villefranchois et Ségala
5 Km
VILLENEUVE
RIGNAC
BELCASTEL
VILLEFRANCHE-DE-ROUERGUE
RÉQUISTA
RIEUPEYROUX
BARAQUEVILLE
NAJAC
PRADINAS
SAUVETERRE-DE-ROUERGUE
NAUCELLE
CASSAGNES-BÉGONHÈS
BROUSSE-LE-CHÂTEAU
SAINT-IZAIRE
Roussennac
Vallon
Bozouls
Gabriac
Saint-Geniez d'Olt et d'Aubrac
Saint-Geniez d'Olt
Lanuéjouls
Les Rives
Sébazac-Concourès
Onet-le-Château
Rodez
Druelle
Olemps
La Mouline
Luc
Colombiès
Laissac
Buzeins
Lapanouse de Sévérac
Recoules-Prévinquières
Ségur
Beauregard
Puylagarde
Sanvensa
La Primaube
Monteils
La Fouillade
La Salvetat-Peyralès
Canet-de-Salars
Salles-Curan
Saint-Beauzély
Verfeil
Varen
Laguépie
Mirandol-Bourgnounac
Milhars
Pampelonne
Durenque
Ledergues
Villefranche-de-Panat
Montjaux
Vaour
Cordes-sur-Ciel
Carmaux
Saint-Georges-de-Luzençon
Saint-Rome-de-Tarn
Réquista
Valderiès
Le Garric
Broquiès
Cahuzac-sur-Vère
Castelnau-de-Montmiral
Cestayrols
Tournemire

PAGES

© ARONAZE - ISTOCKPHOTO.COM

Le village de Belcastel.

VILLEFRANCHE-DE-ROUERGUE ★★

Important carrefour commercial, la ville s'est développée suivant le plan caractéristique des bastides, autour de la collégiale Notre-Dame. Ainsi, en 1276, sont créés les couverts de la place autour de l'église. Cinquante ans plus tard, le pont des Consuls permet de franchir l'Aveyron. La ville est fortifiée en 1343. Elle a su admirablement conjuguer la beauté de son architecture avec les contraintes du monde moderne. Une balade au cœur de cette bastide saura vous en convaincre.

L'ABBAYE DE LOC-DIEU ✞ ★★

MARTIEL ✆ 05 65 29 51 18

www.abbayedelocdieu.com

Eté : tous les jours sauf mardi et dimanche matin : 10h à 12h et 14h à 18h. Adulte : 7 €. Enfant 5 €.

L'abbaye est construite autour d'un cloître central. Elle est fortifiée, de sorte qu'extérieurement elle ressemble autant à un château qu'à un édifice religieux. La pureté des lignes de son église, ou des autres dépendances, est admirable et lui confère un charme particulier. L'abbaye a subi de nombreuses attaques et certaines parties furent reconstruites dans des styles différents. Elle a notamment été restaurée de 1880 à 1897, et aujourd'hui, on peut y admirer un superbe retable ou y écouter l'un des concerts qui ont lieu chaque été.

CALVAIRE DE VILLEFRANCHE

✆ 05 65 57 15 92

Aire de pique-nique.

A l'est de la ville et la surplombant, le Calvaire de Villefranche est un but de promenade qui offre une vue plongeante sur le plan orthogonal de la bastide et une magnifique perspective cavalière vers les marches du Quercy. Une table d'orientation est installée au pied d'un gigantesque crucifix. Monter au calvaire peut se faire à pied en une demi-heure par un chemin abrupt que l'on prend rive gauche de l'Alzou, après avoir passé un petit pont de pierre. En voiture, 4 km en direction du Mauron puis du Boï sont nécessaires pour rejoindre le point de vue.

CHAPELLE DES PÉNITENTS NOIRS ✞ ★

Boulevard Haute-Guyenne

Adulte : 4,50 €. Enfant : 3 €.

Edifiée au cœur de la Bastide au XVIIe siècle, la chapelle des Pénitents Noirs présente quelques remarquables attributs. A commencer par son architecture en forme de croix grecque, surmontée d'un curieux toit aux deux clochettes superposées. L'intérieur n'en est pas moins éblouissant : le retable est sans doute le meuble le plus fastueux. Ce formidable ouvrage de menuisier, ébéniste, sculpteur, stucateur, doreur et peintre, révèle le Christ dans toute sa beauté et sa grandeur.

Vue aérienne de Villefranche-de-Rouergue.

CHARTREUSE SAINT-SAUVEUR ✝ ★

Avenue Caylet ✆ 05 65 45 13 18
www.tourisme-villefranche-najac.com
Haute saison : ouvert tous les jours de 10h30 à 12h30 et de 14h à 18h. Adulte : 7 €. Enfant : 4,50 €.

La Chartreuse Saint-Sauveur a été construite à partir de 1452, un peu à l'écart de la cité, de l'autre côté sur la rive sud de l'Aveyron. Edifiée selon les derniers vœux de Vézian Valette, un riche marchand de la ville, elle fut destinée à accueillir une communauté de moines respectant une discipline de fer : isolement, vie contemplative et silence absolu ! On peut visiter le grand cloître de la Chartreuse, l'un des plus grands de France, qui possède également un petit cloître richement sculpté, dans le style gothique flamboyant.

COLLÉGIALE NOTRE-DAME ✝ ★

✆ 05 65 45 21 27
Ouvert du lundi au samedi de 8h30 à 18h ; le dimanche de 12h à 18h. Entrée libre.

C'est au XVe siècle que la construction de la collégiale s'est achevée, après 300 ans de travaux ! L'édifice, imposant, propose un style gothique méridional qui met en valeur le clocher-porche qui s'ouvre sur la place centrale de la ville. Le porche ecclésial et le plan carré bordé d'arcades font de la place Notre-Dame un cœur de ville particulièrement accueillant et sécurisant. Les curieux remarqueront toutefois un « petit » détail : le clocher de cette collégiale n'a en fait jamais été terminé ! A ne pas manquer également : les vitraux !

MUSÉE MUNICIPAL URBAIN-CABROL ★

Place de la Fontaine
✆ 05 65 45 44 37
Du lundi au samedi, 10h-12h et 14h - 8h30 et dimanche et jours fériés 14h -18h. Gratuit jusqu'à 18 ans. Adulte : 3 €.

Le musée Urbain Cabrol est abrité dans un hôtel particulier du XVIIIe siècle en plein cœur de la vieille ville. Un bel écrin pour cette galerie qui présente un ensemble d'œuvres très hétéroclites. Le rez-de-chaussée est dédié à l'art tribal canaque et amérindien ; tandis que les autres étages se partagent entre minéralogie, préhistoire, archéologie gallo-romaine, art baroque et mobilier de la chapelle des pénitents noirs de la ville, dermatologie et médecine au XIXe siècle...

VISITE DE LA VILLE ★

Promenade du Guiraudet
✆ 05 36 16 20 00
Juillet et août : mardi et jeudi à 10h30. Adulte : 5,50 €. Enfant : 3 €.

Cette balade à travers la ville permet de parcourir le centre ancien de Villefranche. De la place de Notre-Dame à la Collégiale en passant par les rues médiévales, les somptueuses maisons de marchands, la fontaine monolithe. Cette visite se fait, en général l'été, avec un départ programmé devant l'office de tourisme et une pause méridienne dans l'un des bons restaurants de la ville. Les groupes peuvent réserver toute l'année une visite guidée complète avec guide-conférencier, pour des explications poussées sur l'histoire de la bastide.

OFFICE DE TOURISME OUEST AVEYRON

Promenade du Guiraudet ✆ 05 65 45 13 18
www.tourisme-villefranche-najac.com
Été : du lundi au samedi, 9h30-12h30 14h-18h30. (Jeudi dès 9h). Dimanche et jour férié, 9h30-12h30 et 14h-17h30.

Situé au cœur de la ville, le bureau de Villefranche-de-Rouergue vous propose de multiples brochures pour préparer agréablement votre séjour dans la Bastide, vous familiariser avec ses magnifiques paysages et son architecture surprenante ! Ses agents sauront aussi vous conter l'histoire de la ville ; vous guider lors de randonnées à pied ou à vélo, à travers les Causses, la vallée du Lot ou les gorges de l'Aveyron ; ou vous conseiller en matière d'hébergement et de restauration.

LE BATEAU OLT

FLAGNAC
✆ 05 65 63 27 96
www.bateau-olt.com
Croisières commentées : 30 €/adulte ; 24 €/enfant. Croisière tapas aveyronnaises 37 €/adulte et 13 €/enfant.

Quelques heures à se la couler douce, au rythme de la rivière et de ses méandres : c'est la promesse de ce bateau à propulsion électrique qui navigue sans bruit sur le Lot depuis quelques années. L'équipage de l'Olt vous attend au port de Flagnac, et vous propose de mêler le plaisir des yeux à celui des papilles (tapas aveyronnaises au menu), à travers un circuit de deux à trois heures, qui traverse notamment les villages de Livinhac-le-Haut et Port-d'Agrès. Une croisière plaisante et riche en découvertes, patrimoniales comme naturelles.

AUBERGE DE LA POSTE* €€

45, rue du Général-Prestat
✆ 05 65 45 13 91
www.aubergedelaposte.com
Chambre double de 59 € à 64 €. Petit déjeuner : 7 €. Menu de 20 € à 30 €.

Les chambres de cet hôtel, parmi les moins chères de la ville, font le plein à la belle saison. La décoration est à la fois rustique et très kitsch années soixante-dix. Dans la salle de restaurant, on croirait presque que notre repas a mijoté dans ces casseroles en cuivre qui brillent au mur. Même si ces ustensiles de grand-mère n'ont pas servi, le chef a au moins prêté l'oreille aux recettes qu'ils racontent et sert aujourd'hui des menus à l'ancienne bien ancrés dans leur terroir. Ici, la volaille est fermière et les légumes tout aussi frais.

LES CABANES CARACOLE €€

Mas de Bouyssel
VAILHOURLES
✆ 05 65 29 55 18
www.lescabanescaracole.fr
D'avril à novembre. Cabanes de 60 € à 80 €/nuit.

Objectifs culture et développement durable au Mas de Bouyssel. En marge des ateliers d'initiation aux arts du cirque (acrobaties, équilibre, jonglerie…), le site accueille les vacanciers sur un bout de terre où se côtoient un camping nature, un gîte, une roulotte et des cabanes dans les arbres tout à faits charmantes… Tous les locataires, qu'ils passent ici une journée, un week-end ou quelques jours, sont invités à adopter un mode de vie respectueux de l'environnement : toilettes sèches, tri sélectif, compost, déplacement à pied et repas maison bio et locavores.

DOMAINE LA BROUTIE €€

La Broutie du Mauron
MALEVILLE
✆ 06 43 36 10 26
www.domainebroutie.com
Gîtes de 1 200 à 2 900 €/semaine.

L'histoire du site, la proximité des chevaux, la déco intérieure et extérieure, les valeurs d'hospitalité... C'est tout cela qui nous a séduits au Domaine La Broutie. Situé dans un coin tranquille, à quelques kilomètres de Villefranche-de-Rouergue, cet ancien hameau a récemment bénéficié d'un coup de neuf. Plusieurs corps de bâtiments, une piscine, des terrasses et des espaces de verdure composent un ensemble où il fait bon vivre et passer ses vacances. Quatre permettent d'accueillir de 2 à 9 personnes. Chacun est baigné d'un univers propre et chaleureux.

LA GRANGE DE FONCLAUSE €€

Fonclause - **LA ROUQUETTE**
✆ 06 73 87 44 00
www.fonclause.fr
De 1 350 à 2 640 € la semaine selon saison.

Le Domaine de Fonclause -35 hectares ! - et ses bâtis figurent certainement parmi les plus belles demeures aveyronnaises. Classée 5 étoiles -une première pour l'Ouest Aveyron- cette ancienne bergerie-étable et atelier compte une immense pièce à vivre en rez-de-chaussée, ainsi que quatre chambres dont les noms de baptême -Océan, Voyage, Métro et Nature- évoquent indiscutablement les vacances. Le domaine abrite une belle piscine mais sa richesse est ailleurs. Situé en zone classée Natura 2000, il abrite une faune et flore nombreuses.

LA MAISON DE SILOÉ €€

7, rue Mailhes
✆ 06 48 81 34 76
www.lamaisondesiloe.com
Chambre double de 96 € à 135 €. Petit déjeuner inclus. Gîte : de 455 à 875 €/semaine.

Christine et Philippe tiennent cette jolie maison du XIXe siècle, proche du centre de la Bastide. Ils y ont aménagé quatre chambres d'hôtes charmantes, dont une suite familiale, ainsi qu'un gîte, avec entrée indépendante et terrasse privative. L'adresse propose des prestations de qualité : la bâtisse en pierre a en effet été admirablement restaurée en 2017 et les différents commerces et services de la ville sont accessibles à pied. Vous pourrez ainsi facilement vous rendre au restaurant, à la piscine, ou rejoindre le cœur de la cité pour une visite.

LE MAS DE JOUAS €€

SAINT-RÉMY
✆ 05 65 81 64 72
www.masdejouas.com
Accueil à la semaine : de 1 500 à 2 000 €. Garde d'enfants.

Danny et Abbi Coman-Ricketts possèdent cette ancienne bergerie, un bout de nature entre la fraîcheur du Rouergue et le soleil d'une rocaille méditerranéenne, dont on se délecte au bord de la piscine paysagée – avec cascade – ou près de la mare aux cygnes. Ambiance familiale garantie dans cet établissement « baby friendly » qui proposent une multitude de jeux et d'activités sécurisés et adaptés aux enfants. Le Mas de Jouas fait aussi table d'hôtes, et tous les jeudis, l'ensemble des convives mangent ensemble autour d'une paëlla ou d'un tajine.

RELAIS DE FARROU**** €€

Route de Figeac
✆ 05 65 45 18 11
www.relaisdefarrou.com
Chambre double de 79 € à 149 €. Petit-déjeuner : 14 €. Restauration (menus de 20 à 65 €)

Relais fondé en 1792 et étape gastronomique depuis des années, cet hôtel bénéficie de tout le confort. Dans un grand bâtiment, on trouve vingt-six chambres récentes dans lesquelles qualité et services ont été privilégiés : literie impeccable, insonorisation, climatisation régulée... La décoration est de caractère, avec des tons chauds et naturels. Et les équipements sont dignes d'un quatre étoiles. L'hôtel compte en effet un court de tennis, une piscine avec solarium, un mini golf en extérieur, un espace spa et une salle de fitness.

LES TERRASSES DE LA MAISON PAGO €€

29, rue Montlauzeur
✆ 05 65 81 59 26
www.maisonpago.fr
Chambre simple de 74 € à 84 € ; chambre double de 86 € à 96 € ; chambre triple de 104 € à 114 €. Petit déjeuner inclus.

Parce que la terrasse est un endroit de prédilection dès les beaux jours, cette ancienne conserverie, nichée au cœur de la bastide de Villefranche-de-Rouergue, en possède deux ! La première, haut perchée, s'ouvre sur les toits de la ville ; le seconde, version patio, permet de se prélasser à l'abri des regards extérieurs. Trois chambres et deux gîtes sont proposés. Quoi que l'on choisisse, la décoration est soignée, liant moderne et ancien et l'ambiance conviviale.

HÔTEL LES FLEURINES*** €€

17, boulevard Haute-Guyenne
✆ 05 65 45 86 90
www.lesfleurines.com
Chambre double à partir de 59 € ; suite à partir de 149 €. Petit déjeuner : 12 €.

© DR

Romain, fils d'hôteliers-restaurateurs et passionné de déco, a imaginé un hôtel ultra contemporain, en dehors de standards, dont les murs en pierre et le jardin végétal s'intègrent admirablement au décor historique de la bastide. A l'intérieur, les lits king size, les salles d'eau décloisonnées, la salle de sport, le spa sur le toit et le vaste espace de travail permettent de vivre une véritable expérience. Romain, très attaché à sa ville, a souhaité créer un véritable lieu de vie et de rencontres, dans lequel on ne vient pas uniquement dormir.

LES TERRASSES DE VILLEFRANCHE €€

1 bis, côte du Calvaire
✆ 06 60 67 75 80
www.les-terrasses-villefranche.fr
2 chambres. Gite de 65 à 75€ la nuit et de 395 à 470€ la semaine.

Julia et Jean-Marie Martinez vous proposent un gîte de charme se trouve à deux pas de la Bastide royale de Villefranche-de-Rouergue, au carrefour des routes touristiques et des chemins de randonnée du Rouergue. Dans une annexe indépendante de leur maison, il peut accueillir 3 ou 4 personnes, et se compose de deux chambres, une salle-de-bains, une kitchenette et des terrasses privatives. La configuration du gite ne permet pas son accès aux personnes porteuses de handicaps moteurs.

LA MAISON DANS LA RUELLE €€

Ruelle de la Clède ✆ 06 16 82 36 81
www.la-maison-dans-la-ruelle.vpweb.fr
De 750 € à 1 000 € la semaine selon saison. Jacuzzi de juin à fin septembre.

Cette petite maison des années 30, entièrement rénovée en 2015, s'est donnée pour vocation de recevoir famille et copains. Une vie à plusieurs (de six à huit personnes) dans une atmosphère qui mixe esprit recup' et déco moderne. Les quatre chambres, déclinées du rez-de-chaussée aux combles et jusque dans les dépendances, s'ouvrent sur un joli jardin arboré où paressent barbecue, chaises longues et bain bouillonnant. Entièrement climatisée, cette Maison dans la ruelle est aussi idéalement située dans le cœur de la Bastide de Villefranche.

BAR LES COLONNES - RESTAURANT MARYCIA €

2, rue Durand de Montlauzer

✆ 05 65 45 65 22

Ouvert du mardi au dimanche. Formule du midi : 15 €.

A l'ombre de la collégiale, Maryline et sa fille Patricia dirigent cette institution villefranchoise depuis quelque temps déjà. Quel plaisir, lors du marché du jeudi, de prendre un café ou une limonade en terrasse. Maryline en cuisine propose des spécialités aveyronnaises, du poisson, une généreuse potée, de la choucroute, du pot-au-feu ou une tête de veau sauce gribiche. L'ambiance est accueillante, sinon familiale, et le rapport qualité-prix intéressant.

LE PIED DE POULE €

52, rue de la République

✆ 07 66 80 57 80

Plat du jour : 12,50 €. Entrée + plat ou plat + dessert : 15 €. Formule complète : 17 €.

Passionnée par la cuisine végétale – mais pas que ! – Oriane propose chaque midi des assiettes ficelées de bons sentiments : un croustillant de poulet confit au Garam massala, chutney cerises ; une cuisse de poulet désossée, marinée persil-origan-piment-oignon de Lézignan, vinaigre de vieux Banyuls, cuite sous vide 66 C°, et grillée à la plancha sur la peau... Le vendredi soir, l'établissement s'encanaille autour d'un bon vin verre de vin et de tapas, toujours faits maison : houmous, burrata et crème de courgette, pan con tomate... Un sans faute gustatif !

L'ÉPICURIEN GRILL €

8 bis, avenue Raymond Saint-Gilles

✆ 05 65 57 12 79

www.lepicurien-grill.fr

Plat du jour : 9 €. Entrée plat ou plat dessert : 11,50 €. Formule complète entrée plat dessert : 13€.

Arnaud Carrière est à la tête de cette sympathique adresse, où il propose avec sa jeune équipe, de la viande d'Aveyron cuisinée de la meilleure façon : au feu de bois. Du gril, il sort côtes de bœuf et côtes ou pavés de veau, magrets de canard et côtelettes d'agneau présentés sur ardoise et accompagnés de frites maison ou wok de légumes. La belle salle est vaste, faite de bois et de pierre, et la terrasse permet de manger à la fraîche en toute tranquillité. Mais il n'y a pas que de la viande ! Seiches grillées et poissons du jour viennent compléter la carte.

BRASSERIE LE FRANCE €€

4, place Jean-Jaurès

✆ 05 65 45 77 38

Menu enfant : 8,50 €. Plat du jour : 9,50 € (menu du jour : 14,50 €).

La générosité est le fil conducteur de la brasserie Le France, dont le chef de cuisine aime proposer des ardoises traditionnelles sur lesquelles les producteurs et le terroir trouvent tout naturellement leur place. Ainsi sélectionne-t-il avec passion les poissons frais, les charcuteries et viandes locales - côte de bœuf 400 grammes, magret entier et confit de canard - qui accompagneront aligot et farçous dans les assiettes. Un amour des bons produits qui s'illustre aussi dans la carte des desserts maison : tiramisu, nougat glacé, fraisier...

LE GLACIER €

3, place Jean-Jaurès

✆ 05 65 45 18 83

www.brasserie-glacier-villefranche.fr

Menus de 19,50 € à 27 €. Menu enfant : 7,50 €. Formule du midi : 13,50 €. Carte et suggestions.

A deux pas de la bastide, cette brasserie ne manque pas d'intérêt. Les plats, majoritairement composés de produits de la région, sont à la hauteur et il est facile de trouver son bonheur parmi toutes les suggestions : planche de charcuterie, foie gras mi-cuit de la ferme des Cazalous, pieds de porc vinaigrette. Pizzas et pâtes viennent compléter une offre déjà bien alléchante, d'autant que tout est fait maison, même les desserts. Le tout s'accompagne de gaillac, pic-saint-loup et graves. Un bon rapport qualité-prix, et un service efficace et professionnel.

L'ESTAMINET €€

8, place Bernard Lhez

www.lestaminet-villefranche.fr

Ouvert du jeudi au mardi le midi et le soir. Formule : 14,50 €.

Des menus variés, des ingrédients frais, une cuisine authentique, et des desserts gourmands ! C'est la profession de foi et la promesse de cette adresse villefranchoise faite à ses clients. Inauguré au début du mois de juillet 2020, ce restaurant est l'endroit idéal pour se faire plaisir dans une ambiance décontractée. On y déjeune et on y dîne de bons petits plats imaginés par un chef au goût sûr : tarte carotte-cumin, assiette de charcuterie, lasagnes aux légumes, filet mignon de porc, cuisse de pintade fermière rôtie, fondant au chocolat...

L'OLT €€

Bateau-restaurant
FLAGNAC
✆ 05 65 63 27 96
www.bateau-olt.com
Croisière, repas (vin et café compris) : 36 € dîner ; 38 € déjeuner. Menu enfant : 14 €.

Les passagers et les plaisanciers sont venus remplacer les gabarres et le transport du charbon, du fer, du bois, du vin ou des châtaignes sur le Lot ! Au départ du port de Lacombe, profitez d'une mini-croisière gourmande de 3h en bateau électrique. Vous embarquez sur un restaurant flottant. Au menu, les magnifiques paysages de la vallée du Lot, des passages d'écluses et l'excellente cuisine du chef qui vous propose des rillettes de canard au foie gras mi-cuit, un chou farci à la crème d'ail, un pounti auvergnat, un cookie noix-chocolat…

RELAIS DE FARROU €€

Route de Figeac
✆ 05 65 45 18 11
www.relaisdefarrou.com

Djessy, originaire du Nord de la France, est le chef qui dirige les cuisines de ce restaurant moderne. Ses préparations sont à la fois classiques et gourmandes, et mettent en lumière les produits du terroir régional. On pourra apprécier un filet de poulet fermier, une bavette d'aloyau de veau de l'Aveyron, un magret de canard aux éclats de dragées, une côte de bœuf Aubrac servie avec son aligot, une croustade feuilletée au pommes façon pastis… La cave du Relais de Farrou compte plus de 6 000 bouteilles de vin pour tous les budgets.

LE RELAIS DE LA PASTORALE €€

Les Rives
MALEVILLE
✆ 09 70 35 31 24
www.restaurant-traiteur-maleville.fr
Menus de 11,50 € à 23,50 €. Menu enfant : 7,50 €.

Ce restaurant, qui a fêté ses 25 ans, est le temple de l'estofinade. La spécialité, à base de pomme de terre et de morue séchée, y est servie aux côtés d'autres plats aux accents traditionnels. On se régale d'une cuisine de terroir parfaitement maîtrisée. Goûtez par exemple aux jambon de pays et fritons de canard de la ferme des Cazalous, au pavé de veau d'Alain Bou, aux fromages accompagnés de confiture maison et à tous les desserts confectionnés dans les cuisines de l'établissement.

CÔTÉ SAVEURS €€€

5, place Louis-Fontanges
✆ 05 65 65 83 64
www.cote-saveurs.fr
Menus de 34 € à 48 €. Menu du marché à midi (en semaine et hors jours fériés) : 23 €.

Le travail de Stéphane fait de cette adresse l'une des meilleures tables de la région, inventive et attachée aux produits de saison. La carte propose un ceviche de cabillaud sauvage, blinis de betterave, crème acidulée yaourt, agrumes ; un pavé de veau de l'Aveyron, jeunes courgettes à la cardamome, pommes de terres fondantes, condiments à la menthe sauvage ; un médaillon de lotte rôti au beurre demi-sel, moules jumbo au curry, fèves et blettes au jus… Les produits et les cuissons sont tout bonnement excellents, et le dressage est réussi.

SÉLECTION THÉ

25, rue Jacques-Borelly
✆ 05 65 45 53 11
www.selection-the.fr
Ouvert le lundi, le mardi et le vendredi de 9h à 12h et de 13h30 à 18h ; le jeudi de 9h à 18h ; le samedi de 9h à 12h.

Audrey déroule dans sa boutique une sélection de près de 150 variétés différentes, dont une majorité est labellisée bio. Vert, noir, blanc, jaune… Cultivé au Népal, au Japon, en Chine, en Thaïlande, au Sri Lanka ou encore en Inde… Nature ou parfumé… Le choix est vertigineux. Audrey propose aussi tous les accessoires indispensables à une dégustation dans les règles : théières, bouilloires, tasses… Un coin dans le magasin permet de s'attabler à toute heure de journée pour déguster un thé bien sûr, mais aussi un café ou des limonades artisanales.

BASTIDES SALAISONS

Avenue du 8-Mai
✆ 05 65 45 26 04
www.sacor.fr
Produits en vente dans les supermarché locaux.

Nées à Villefranche-de-Rouergue en 1962, ces salaisons proposent du saucisson haut de gamme (pas moins de 40 recettes, 100% pièces nobles). C'est une véritable entreprise familiale et cela se sent ! Les saucissons fabriqués dans la plus pure tradition se déclinent en saucisses sèches ou droites, saucissons bridés en jésus, chorizos prétranchés pour l'apéritif et en gamme label Rouge ! Vous découvrirez aussi de mini-saucissons grelots au roquefort ou aux noix, idéaux pour les moments conviviaux, tous reconnaissables au dessin de Bastides sur leurs étiquettes.

AU BEC FIN - MAISON GUY

2, allée Aristide-Briand
✆ 05 65 45 00 03
www.aubecfin.net
Lundi (8h à 12h30 et 16h à 19h), mardi-vendredi (8h à 12h30 et 14h à 19h), le samedi (8h à 12h30 et 15h à 19h).

Cette maison fondée en 1969 est reconnue pour la qualité de ces volailles issues de producteurs situés à 30km autour de Najac. Le Bec Fin s'est enrichi de nombreuses spécialités : foie gras de canard et d'oie, cou farci, pâté de lapin, la ballotine de volaille, rillettes d'oie, mais aussi pâté de chevreau, fritons de pintade, cuisse de dinde farcie, aligot maison, lasagnes de canard, paupiettes de poulet et, enfin, saucisse de canard ou lapin d'une très rare qualité. En somme, une très belle adresse qui ravira les amateurs de produits du terroir.

MAISON GÉRAUD

12, place de la République
✆ 05 65 45 24 32
Ouvert du mardi au vendredi de 8h à 19h30 ; le samedi de 8h à 16h ; le dimanche de 8h à 13h.

Charcutier, traiteur, rôtisseur et boucher, Thierry Géraud a fait ses armes en qualité de cuisinier, avant de revenir au pays pour travailler terrines, fricandeaux, tripes et tripous qu'il transforme en spécialités de premier choix. On trouve aussi les produits de la ferme Carles, le jambon noir de Bigorre, et un très joli choix de charcuterie aveyronnaise. Et côté boucherie : veau d'Aveyron et du Ségala, bœuf d'Aubrac, limousine et agneau du Quercy. En plats cuisinés : tête de veau ravigote (l'une des spécialités de Thierry), choux farcis et estofinade...

MARCHÉS TRADITIONNELS DE VILLEFRANCHE

C'est en haut de la rue de la République, sous le patronage de la collégiale, que s'installe, chaque jeudi matin, le marché de Villefranche. Typique, généreux et bourré de fraîcheur, avec ses bons produits de saison : fruits et légumes, volaille et charcuterie... Sans oublier les sourires à la pelle et les quelques mains tendues avec un morceau de fouace ou un bout de pain pour goûter à pleines dents à l'atmosphère conviviale de ce rendez-vous hebdomadaire.

SOPHIE CÉPIÈRE

ZA de Marcouly
MALEVILLE
✆ 05 65 65 66 92
www.sophiecepiere.com
Ouvert du mardi au samedi de 10h à 12h30 et de 14h30 à 19h.

Sophie Cépière est l'héritière d'une lignée de petites mains talentueuses -du tisserand au tailleur, du filateur au bonnetier- qui lui a légué son don pour la couture et son goût des belles matières. Sophie imagine depuis 2008 des pièces - pantalons, robes, vestes, tuniques, accessoires - en maille 100 % naturelle. Elle se fournit en lin brut dans le Nord de la France, et déniche une laine mérinos haut de gamme en Italie et des boutons en bois, corne ou métal chez un fabricant du Jura. Pour le reste, elle pratique le « Made in Aveyron » dans son atelier.

VILLENEUVE ★

Cette magnifique petite ville (2 000 habitants) comporte l'une des cinq bastides répertoriées dans le Rouergue. Une bastide fondée par Ozil de Morlhon, dont la pièce maîtresse, l'église – sa construction a débuté en 1230 – doit sa forme à la croix grecque afin de rappeler l'église du Saint-Sépulcre de Jérusalem. A l'intérieur de l'église, on peut voir des peintures murales en bon état de conservation. Au XIIe siècle, les remparts sont dressés. La visite de Villeneuve permet de bien appréhender l'architecture des bastides avec ses rues régulièrement tracées autour d'une place centrale. A voir sur la place des Conques, les maisons moyenâgeuses et Renaissance, la maison des Consuls – XVIe siècle. Ici, pas moins de cinquante-cinq maisons datent du XVe siècle. Il faut prendre le temps de s'enfoncer au cœur du village, par l'une des quatre portes dont deux subsistent. On découvrira l'harmonie et l'atmosphère que dégagent ces maisons aux fenêtres à meneaux, les petites rues étroites desquelles on pourrait facilement imaginer un chevalier en armure jaillissant pour délivrer sa belle. La place des Conques paisible, est bordée d'arcades en ogives sur un côté.

LE JARDIN DE LA MOTHE

La Mothe - **SALLES-COURBATIÈS**
✆ 05 65 81 51 46
www.jardindelamothe.com
Ouvert tous les jours d'avril à octobre : 10h-19h. Adulte : 3 €. Gratuit pour les enfants. Chiens admis en laisse.

Ce jardin a été créé en 1997, mais il demeure encore un peu confidentiel. Un peu comme une adresse d'initiés qui reste calme même en pleine saison. Labellisé « Jardin remarquable », il s'étire sur 3 500 mètres carrés, plantés de tilleuls, euphorbes, buis, yuccas, lavande et autres espèces de plantes et arbustes aux noms tarabiscotés, qui lui donnent un charme à l'anglaise, sinon magique. Sur cette ancienne ferme aveyronnaise, la grange a été rénovée. Elle abrite aujourd'hui un piano et accueille certains soirs des concerts au jardin.

L'ÉGLISE ★

Visite guidée (en juillet et août).

Son aspect extérieur surprend, avec un grand clocher octogonal et deux tours à l'avant, une carrée et une ronde, avec au sommet un clocheton. Lorsqu'on entre, juste à droite, il convient d'admirer les quelques pièces du trésor : un encensoir en bronze laiton du XVIe et quelques plats en étain. Dans l'une des chapelles, dite du Saint-Sépulcre, on remarquera d'admirables fresques, de 1306, représentant le Christ en majesté et des pèlerins peints entre les colonnes. Ces fresques ont été mises à jour en 1964, elles ont été préservées par un enduit qui les recouvrait.

LA MAISON DE LA PHOTO

Place des Conques
✆ 05 65 81 53 04
www.maisonphotovilleneuve.com
De juin à septembre : du mardi au dimanche et jours fériés, de 10h à 12h30 et de 14h à 18h. Entrée : 5 €

La Maison de la Photo présente l'exposition permanente de Jean-Marie Périer qui habite dans ce joli village depuis quelques années. Ici plus de 200 tirages originaux des années 60 et 70 sont affichés sur un espace de 7 salles entièrement dédié à la photo. Vous reconnaîtrez sans doute certaines de ces œuvres devenues classiques de l'âge d'or du Rock : Stones, Beatles, Hendrix et aussi bon nombre de vedettes des Yéyés telles que Johnny et Sylvie, Francoise Hardy, Sheila et Claude François et les photos ayant fait la gloire de « Salut les Copains « vraiment à voir !

LA SAUVETÉ

Saint-Pierre-et-Saint-Paul de Villeneuve-d'Aveyron, Sauveté (une zone de refuge créée autour d'une église et délimitée par plusieurs bornes) depuis le XIe siècle, a par la suite été établie en Bastide (ou ville neuve) au XIIIe siècle pour faire face à la croissance démographique qui sévit dans la région, au Moyen Age. La cité a conservé, de ce fait, l'authenticité d'un bourg médiéval. A noter que l'église Saint-Pierre-et-Saint-Paul abrite d'exceptionnelles peintures jacquaires du XIVe siècle, relatant la légende du « pendu dépendu ».

OFFICE DE TOURISME OUEST AVEYRON

Place des Conques
✆ 05 36 16 20 00
www.tourisme-villefranche-najac.com
Été : du lundi au samedi, de 9h30 à 12h30 et de 14h30 à 18h. Le dimanche et les jours fériés : de 10h à 12h30.

Situé entre deux grands sites (Villefranche-de-Rouergue et Figeac), Villeneuve possède ses propres attraits. La cité médiévale s'articule autour de la place de l'Eglise, selon un plan régulier en damier. Une configuration singulière que l'office de tourisme se propose de vous faire découvrir tout au long de l'été. Vous trouverez aussi auprès des conseillers tous les renseignements liés au gîte et au couvert dans ce bourg rural qui abrite quelques pépites.

LE DOMAINE DU BOUYGUES €

Anglars
SALVAGNAC-CAJARC
✆ 09 70 77 08 06
www.ledomaineduboulgues.com
Chambre double de 60 € à 70 €. Petit déjeuner inclus. Lit supplémentaire : 20 € (15 €/enfant).

Sylvie et Hervé reçoivent dans 4 belles chambres spacieuses et très joliment décorées qui bénéficient de tout le confort : TV, belle salle de bains, peignoirs... Vous profiterez de ce très joli hameau avec vue sur la vallée et une belle maison, où terrasse et barbecue donnent sur la piscine chauffée, de la cuisine à disposition à midi. Le soir, en terrasse ou dans la salle commune réchauffée par la belle cheminée, Sylvie et Hervé élaborent une cuisine du terroir issue des produits de leur ferme. Pour un séjour insolite, ils louent aussi une véritable roulotte !

GÎT'ANES RANDO €€

La Bartasse
SAINT-IGEST
✆ 05 65 81 72 85
www.gitanes-rando.com
Accueil paysan. Relais étape : 22 €/personne, petit déjeuner inclus. Chambres de 50 à 110 €.

Perchée au milieu de la vallée de la Diège, la ferme d'Elisabeth domine un paysage somptueux. Vous trouvez sur place un camping et 3 chambres d'hôte au décor épuré qui correspond à l'esprit zen des lieux. Egalement un gîte d'étape, pour randonneurs, cavaliers ou nostalgiques des colos. Elisabeth passe derrière les fourneaux pour ses hôtes : produits frais, locaux ou bio, transformés en tajine, houmous ou plats plus traditionnels. Et vous pouvez partir randonner avec les ânes de bât de la maison : Héra, Litchee, Polisson... dans la bonne humeur !

ARTS ET GALETS €€

12, place Odil-de-Morlhon
✆ 05 65 29 63 37
www.artetgalets.com
Fermé lundi et mardi. Réservation recommandée. Menus de 29 € à 55 €. Formule du midi : 16 €. Chèque Restaurant.

Dans une cité médiévale aux ruelles étroites, Arts et Galets contraste avec une décoration et un cadre modernes, agrémenté d'œuvres d'artistes. Côté assiette, c'est une explosion de couleurs et de saveurs étonnantes, par exemple : gaspacho de tomates cœur de bœuf et poivrons, tempura de céleri, mozzarella et pignon de pin ; magret de canard, crème de carottes au cumin, galette au quinoa, courgettes et parmesan.... Sans oublier les desserts : moelleux noisette, abricots rôtis, mousse vanille, éclat de pistache et sorbet abricot. 100% insolite et divin.

LA MAISON DE LOUNA €€

Le Bourg - **SALLES-COURBATIÈS** ✆ 06 08 26 60 43
www.lamaisondelouna.com
Chambre simple de 90 € à 110 € ; chambre double de 95 € à 150 € ; chambre triple 160 €. Petit déjeuner inclus.

Deux principaux espaces vous accueillent pour la nuit : l'Atelier 98, une maison en bois de 60 m², ancien séchoir à tabac ; et l'Atelier 59, ancienne étable reconvertie et chaleureuse maison de pierre de 40 m², avec deux chambres et deux salles de bains. L'Atelier 68 est quant à lui une vaste suite de 60 m², déclinée en chambre, salle d'eau privative et salon. Ici on profite de nombreux services comme le spa et l'espace détente avec vidéoprojecteur mais le plus surprenant est sans doute que toute la décoration est à vendre : craquez et emportez ce qui vous plait !

LE JARDIN DES CAUSSES €€

Place Cardalhac
✆ 05 65 65 84 95
www.lejardindescausses.com
Menus de 32 € à 51 €. Formule du midi : 21 €.

Laura est ambitieuse, mais surtout passionnée. Des qualités qui se ressentent dans l'assiette où les produits de saison sont préparés avec beaucoup d'application et de personnalité. Laura propose une courte carte, dans laquelle on pioche les propositions au gré de ses envies pour se concocter un menu en 3, 4 ou 5 temps : thon blanc de ligne-bouillon de poule-sarrasin, canard-carottes au mile-condiment cacahuètes, cabecou de chèvre-fraise basilic-fruits à coque,... Une poésie aussi étonnante que gourmande, renouvelée à l'envi par la chef.

RESTO CAMPAGNE €

Bois de Fumat
✆ 06 21 49 03 94
Formule du midi : 14 €.

Laura et Gaëtan dirigent les cuisines et la salle du Resto Campagne à Villeneuve. L'extérieur, un bâtiment de type industriel, n'invite pas d'emblée à opter pour cet établissement. Pourtant, la cuisine vaut franchement le détour. Traditionnelle, copieuse, elle offre un joli moment de gourmandise autour de produits du terroir. En semaine, le menu ouvrier – soupe, entrée, plat, fromage, dessert, café et vin compris – connaît aussi un beau succès grâce à un rapport qualité/prix exceptionnel. En été, c'est moules-frites tous les jeudis soir.

AU FIL DE LAINE

RD 40 - **SALLES-COURBATIÈS**
✆ 05 65 81 63 65
www.fildelaine.com
Visite de la salle d'exposition et des ateliers sur demande.

Depuis 1997, cette maison utilise de toutes les façons possibles la laine des brebis du causse. La petite entreprise élabore artisanalement des matelas comme chez nos grands-mères ou des futons à la mode japonaise – mélange laine et coton ou tout coton –, des couvertures matelassées et des couettes chaudes dans lesquelles on rêve de se pelotonner. Tous ces articles sont réalisés à partir d'une laine vierge de qualité, qui garantit un résultat parfait. Et pour que l'ensemble soit complet, Au Fil de Laine propose aussi du linge de lit.

MARCHÉS DE VILLENEUVE-D'AVEYRON

Marché de producteurs – charcuterie, volaille, poisson, fruits et légumes, fromage, confiture, vin, etc. – chaque dimanche, foire les 1er lundis du mois et marché aux bestiaux les 1er, 3e et 5e lundis du mois, la bastide ne manque ni de cachet ni de dynamisme. Le marché dominical d'abord cantonné place des Conques s'étire désormais place Cardaillac ; quand la foire continue de régulièrement colorer le tour de ville. A la plus grande satisfaction des résidents et des autres.

NAJAC ★★

Un des Plus Beaux Villages de France. Najac fait partie de ces bastides caractéristiques du Rouergue. L'histoire du village est intimement liée à la vie de la forteresse qui protégeait les habitants et de nombreux notables. Parallèlement, ce dynamisme engendra la tenue de nombreuses foires qui ont contribué au rayonnement de la cité. La ville se compose d'un bourg, partie la plus ancienne développée au pied de la forteresse et d'un faubourg qui a pris l'aspect d'une bastide. Ce quartier fut construit au XIIIe siècle, il en possède les caractéristiques, comme le plan quadrangulaire et les couverts. Au fil des rues, on croisera le château des gouverneurs et l'église Saint-Jean.

ÉGLISE SAINT-JEAN L'EVANGÉLISTE ★

Rue de l'Église
www.tourisme-villefranche-najac.com

Haute saison : du lundi au samedi de 10h à 12h et de 14h à 18h ; le dimanche et les jours fériés de 14h à 18h. Gratuit.

Cette église du XIIIe siècle est une construction d'une grande sobriété qui a adopté le style gothique languedocien alors à ses débuts, et dont les proportions sont monumentales. Elle a été construite, à la demande des inquisiteurs dominicains. Le perron date du XIXe siècle. La nef unique, large et haute, était adaptée au prêche, aux réunions publiques et à l'accueil des pèlerins. Ces derniers recevaient l'hospitalité dans l'auberge Saint-Jacques, située en face de l'église.

CHÂTEAU DE NAJAC ★★

Le Bourg
✆ 05 65 29 71 65

Fermé du 1er novembre au 31 mars. Ouvert de début avril à fin août. Visite guidée 6 € adulte, 4,5 € enfant.

Avant la forteresse, il existait un château fort, construit en 1100 par Bertrand de Saint-Gilles, fils de Raymond VII, comte de Rodez. Simple tour carrée du XIIe siècle, la forteresse qui domine le village fut agrandie au XIIIe et devint la clé de voûte du pays. Commanditée en 1253 par Alphonse de Poitiers, frère de Saint Louis, la Forteresse de Najac fut édifiée par les comtes de Toulouse pour défendre le Rouergue. Capitale du Bas Rouergue, celle-ci hébergea la sénéchaussée. En 1249, à la mort du Comte Raimond VII, son gendre Alphonse de Poitiers, lui succède et la région, avec Najac, se soulève pendant quelques mois. Le nouveau comte la remet au pas avant de décider, pour asseoir son pouvoir, de montrer sa puissance et de renforcer l'ouvrage militaire existant. La visite commence par une évocation de l'architecture et des techniques de construction employées par les compagnons bâtisseurs. On remarque la signature des différents corps de métiers. A l'intérieur, on trouve des salles bien conservées et la chapelle, avec ses voûtes et chapiteaux sculptés. La visite est ponctuée d'anecdotes. Ainsi, vous apprendrez que les troupes anglaises accueillies en 1362 furent chassées de la forteresse en usant d'une technique locale. Selon la règle de l'hospitalité, les propriétaires offrirent du vin à volonté à leurs hôtes, de sorte qu'ils n'eurent pas grande peine à les passer ensuite par-dessus les murs d'enceinte ! Revanche de l'histoire, aujourd'hui de nombreux sujets britanniques ont fait le choix de s'installer en Aveyron.

OFFICE DE TOURISME OUEST AVEYRON DESTINATION

25, place du Faubourg
✆ 05 65 29 72 05
www.tourisme-villefranche-najac.com

Juillet et août : tous les jours de 10h à 18h30 (le mercredi jusqu'à 19h, et le dimanche jusqu'à 17h30).

L'histoire de Najac est riche, et l'office de tourisme est là pour vous la raconter. Visites guidées dans les rues étroites de la ville, jusqu'au château qui se dresse à la pointe du piton ; ou ateliers du patrimoine à destination du jeune public, pour découvrir les techniques des bâtisseurs du Moyen Age... vous font revivre l'histoire et l'évolution du site. Vous trouverez aussi à l'office de tourisme de nombreux guides et dépliants pour partir, seul, à la conquête de Najac.

Le village de Najac.

LES COMBES DOUCES €€

Les Combes
✆ 05 65 75 55 60
www.lescombesdouces.fr
Gîtes de France (3 épis). L'Hirondelle (6 personnes) et La Huppe (9 personnes).

Rénové avec goût et authenticité par ses propriétaires, Les Combes Douces est un endroit calme et reposant. Deux gîtes : L'Hirondelle et La Huppe, partagent une charmante cour pavée. Et chacun possède les qualités requises pour passer un séjour des plus agréables et profiter de toutes les commodités disponibles (cuisine équipée, terrasse privative, poêle à bois ou cheminée, machine à laver, balançoires, tennis de table...). Les propriétaires ont à cœur de faire partager leur passion pour les villages et vallées de ce sud-ouest aveyronnais.

HÔTEL-RESTAURANT LE BELLE RIVE*** €€

Le Roc du Pont ✆ 05 65 29 73 90
www.le-belle-rive.fr
Chambre double à partir de 73 € ; chambre triple à partir de 84 €. Petit déjeuner buffet : 10,50 €. Menus de 23 à 27 €.

Cette grande bâtisse blanche compte une trentaine de chambres confortables, donnant vue sur la rivière ou la montagne. Le restaurant déploie des tables sur une jolie terrasse ombragée. Les menus proposés varient en fonction des saisons, le fil d'Ariane reste pourtant la tradition. Sur la carte, des spécialités locales telles que l'astet najacois (rôti de porc farci avec un filet mignon en persillade) ou la brandade de cabillaud à l'ancienne. Sans oublier le succès au caramel glacé en dessert.

LA MAISON D'EMILE €€

Lieu-dit Louradou - **LA FOUILLADE**
✆ 05 65 65 77 67
www.lamaisonemile.com
Chambre double 80 €. Plateau gourmand composé de produits locaux, charcuterie, foie gras et fromage : 25 €.

C'est tout près de Najac, et à quelques encablures seulement de Corde-sur-Ciel, que cette ancienne ferme familiale du XVIIIe-XIXe siècle a choisi de se réinventer en maison d'hôtes. Ici, Marie-Hélène et Jean-Paul ont inventé un véritable art de vivre entre farniente, plaisirs gastronomes et moments de convivialité, qui s'exerce dans le vaste espace Emile (une combinaison de deux grands chambres), dans la douceur de la chambre du Levant ou autour de la piscine. Au petit-déjeuner, comme à l'heure du dîner, les saveurs du terroir sont à l'honneur.

L'OUSTAL DEL BARRY** €€

2, place Sol-del-Barry
✆ 05 65 29 74 32
www.oustaldelbarry.com
Chambre double à partir de 70 €. Menus de 35 à 45 €.

Située à l'entrée de la bastide, dans le « barry », le faubourg qui lui a donné son nom, cette maison avec salon, terrasse et petit jardin est fort douillette. Les chambres agréablement décorées donnent sur le village ou sur la vallée de l'Aveyron et offrent tout le confort nécessaire. Outre son accueil, la bonne réputation de l'Oustal vient de sa table. Le chef Rémy Simon propose des plats emblématiques du pays (l'astet najacois accompagné d'aligot) et une cuisine de saison ainsi que des plats inventifs. Une très belle adresse de Najac !

LE RELAIS MONT LE VIAUR*** €€

La Croix Grande - **SAINT-ANDRÉ-DE-NAJAC**
✆ 05 65 65 08 68
www.montleviaur.fr
Chambre simple à partir de 60 € ; chambre double à partir de 70 €. Petit déjeuner buffet : 10 €. Menu du midi : 14,50 €.

Non loin de Najac, cet ancien corps de ferme en pierre est tout simplement magnifique. Cette adresse d'exception réunit un hôtel de charme et un restaurant de qualité équipé d'une belle terrasse. Du coucher au dîner, le Relais respire l'authenticité. Les sept chambres de l'établissement bénéficient de tout le confort possible et les salles de bains, soignées, ajoutent au standing. Côté restaurant, le chef saura vous séduire par sa cuisine raffinée.

SOMN'EN BULLE €€

Lieu-dit Mergieux
✆ 06 63 41 08 33
www.somnenbulle.fr
De 149 à 179 € pour 2 pers selon la saison, petit-déjeuner compris. Panier gourmand 50 € (pour 2), panier apéritif 30 €.

Amandine et Henri ont déniché un lieu de nature magnifique pour y installer 4 bulles d'hôtes. Au cœur de la forêt, tout près de l'un des Plus Beaux Villages de France, ces bulles tout confort - salle de bain, toilettes sèches et lit en 160 cm - vous promettent un effet « belle étoile » plus vrai que nature ! De votre nid douillet, vous pourrez admirer le coucher du soleil, vous endormir dans la Voie lactée et vous réveiller avec la nature ! Vos hôtes ont justement choisi ce mode d'hébergement parce qu'il n'a que peu d'impact sur l'environnement.

LA SOURCE €€

Lieu-dit Lauzeral - **SAINT-ANDRÉ-DE-NAJAC**
✆ 05 65 29 45 09
www.lasourceaveyron.fr
Chambre double 75 €. Restauration (repas : 23 €). Mini-golf 22 trous. Parcours de réflexologie plantaire.

La Source a conservé toute l'authenticité des campagnes aveyronnaises, une maison ancienne, une grange, un four à pain, le tout coiffé de lauzes traditionnelles. Véritable nid douillet pour 1 à 7 personnes, les deux chambres d'hôtes combinent la chaleur des matériaux naturels (isolation en chanvre et bois) à un confort moderne XXL. La table d'hôtes privilégie le fait maison à base de légumes du potager et de volaille achetée chez les producteurs locaux, pour la plupart bio. L'originalité du lieu, c'est le mini-golf et le parcours de réflexologie plantaire.

LA VIE AU GRAND VERT €€

La Capélanie - **SAINT-ANDRÉ-DE-NAJAC**
✆ 06 61 43 30 95
http://lavieaugrandvert.fr
Chambre double à partir de 80 €. Petit déjeuner inclus. Tables d'hôtes : 20 €.

La Capélanie est un hameau haut perché, planté comme une sentinelle au faîte des gorges du Viaur. C'est là, dans ce paysage épargné par les rumeurs de la ville que Frédérique et Nadia vous proposent de connaître La Vie au Grand Vert. Arrivées là au printemps 2017, elles ont retapé une étable pour y loger deux chambres sous les poutres. Séparée par une cloison coulissante, elles peuvent accueillir jusqu'à 6 personnes désireuses de faire un pas de côté le temps de quelques jours. En plus d'un hébergement, les deux femmes proposent une cuisine végétarienne.

VVF VILLAGE LES BASTIDES EN AVEYRON €€

Le Puech Moutonnier
✆ 05 65 29 74 31
www.vvf-villages.fr
Ouvert d'avril à mi-octobre.

Les pavillons de ce village de vacances sont allés se percher au-dessus de Najac dans un parc boisé. Ils sont parfaitement équipés pour le séjour de quatre à six personnes et, comme le village dispose d'un restaurant qui sert des produits du terroir, on peut les louer seuls ou opter pour la pension ou la demi-pension. Les installations communes comportent une piscine chauffée, des salles de loisirs, une salle de remise en forme avec hammam et bain bouillonnant.

CHÂTEAU DE LONGCOL €€€

1, Lieu dit Longcol - **LA FOUILLADE**
✆ 0565815604
www.chateaudelongcol.com
En saison, location à la semaine et en totalité uniquement.

C'est dans un hameau médiéval, caché sur une boucle de la rivière Aveyron et au cœur d'un parc arboré de 21 hectares, que se situe cet hôtel de luxe, entièrement réaménagé en 2011. L'établissement est parfaitement intégré à l'écrin de verdure qui l'entoure, tout près des berges de la rivière où ont été installées des aires de pique-niques, une aire de bronzage, et des jeux pour les enfants. Le château, situé sur le chemin de Saint-Jacques-de-Compostelle, offre 11 chambres de caractère réaménagées dans un style sobre et épuré, avec vues sur la vallée ou le parc.

LE ST ANDRÉ €

La Croix Grande
SAINT-ANDRÉ-DE-NAJAC
✆ 06 37 82 66 72
Ouvert du jeudi au dimanche. Restauration non-stop jusqu'à minuit. Bar.

On vient dans ce café culturel, bar et brocante pour grignoter fromage et charcuterie du pays, siroter un verre de vin bio ou une limonade artisanale, mais aussi assister aux nombreuses animations que ce St-André nouvelle génération propose régulièrement : concerts, contes, expositions, soirées jeux ou repas thèmes... Vous tomberez également sous le charme de la bâtisse dont la décoration est particulièrement soignée : mobilier de campagne et chaises vintage y côtoient les vieilles pierres des murs. L'endroit est superbe et l'accueil exceptionnel.

IL CAPPELLO €€

Route de la Gare
✆ 05 65 29 70 26
Ouvert tous les jours en juillet et août. Pizzas à partir de 7,50 €.

Tina vous accueille dans cette maison familiale depuis 1978. Ici, convivialité est le maître mot. L'œil se perd parmi tous les objets posés çà et là. Sur la carte, mets d'Aveyron traditionnels côtoient spécialités italiennes : salade gourmande, astet de Najac (longe de porc farcie au filet mignon), aligot, pizzas et pâtes fraîches, de belles grillades qui titillent l'odorat, sans oublier le bon potage campagnard. Un petit vin italien vient parfaitement accompagner ces dégustations qui se clôturent par un tiramisu maison ou une mousse au chocolat.

FERME-AUBERGE JACQUES CARLES €€

209, route du Gabas - **MONTEILS** ✆ 05 65 29 62 39
www.fermecarles.fr

Ouvert d'avril à Toussaint, visites gratuites sur rendez-vous. Repas possible. Réservation impérative.

Cette ferme se déguste d'un bout à l'autre : lors d'une visite, on découvre l'élevage de canards et les étapes de la fabrication des produits. Puis, on passe à l'étape « pratique » au cours de laquelle on goûte à divers confits, rillettes, foie gras, saucisse de canard… On reste volontiers le temps d'un repas pour déguster les spécialités de Jacques Carles. Cet amoureux de la gastronomie fait sa cuisine à l'ancienne dans des chaudrons de cuivre soumis à la flamme du feu de bois.

L'OFFICINE

35, Le Faubourg
✆ 06 58 47 77 09

Ouvert le lundi, le mardi et le jeudi de 16h à 20h ; le vendredi et le samedi de 10h à 13h et de 16h à 20h.

C'est dans cette ancienne pharmacie, à la Croix-Verte, que Cécile Parès a bricolé son Officine. Une apothicairerie aux flacons bien singuliers. La jeune femme a dressé un bel espace qui compile 200 références de vins, whiskies, cognacs, armagnacs et une volée de bières artisanales. L'Officine est aussi titulaire d'une licence IV, ce qui permet à la maîtresse des lieux de servir à boire et de bonnes planches de charcuterie pour accompagner votre verre. Un atout pour cette adresse, ouverte à l'année, dans ce petit village plutôt habitué à hiberner.

L'INSOLITE €

30, rue du Barridou
✆ 05 65 29 72 31

Plat du jour : 9,50 €. Menu du jour : 15 €.

© DR

L'Insolite vous invite au détour de vos flâneries dans les ruelles de Najac. L'établissement, une adresse chaleureuse à la façade en pierre, propose une belle cuisine traditionnelle. L'ardoise trahit en effet un sérieux penchant pour les produits du coin, et notamment l'incontournable aligot-saucisse. Des propositions sincères auxquelles s'ajoutent une carte de burgers maison incroyablement savoureux et généreux. Aux beaux jours, ce bonheur se savoure en terrasse, avec toujours en arrière-plan le sourire et la bonne humeur de l'équipe du restaurant.

BASE DE PLEINE NATURE DE NAJAC

✆ 05 65 29 73 94
www.aagac.com

Canoë : à partir de 7 €/h. Stand up paddle : à partir de 12 €/h. Escalade : à partir de 35 €.

Sur l'Aveyron et le Viaur, des moniteurs diplômés encadrent la pratique de différents sports nautiques : canoë, kayak, rafting, paddle et même VTT et vélos à assistance électrique, à pratiquer le long des rivières et sur les pentes environnantes. Ils pratiquent la location ou encadrent groupes et individuels dans des séances d'initiation ou de perfectionnement. Les plus mordus se laissent tenter par des randonnées ou des stages multi-activités sur le territoire.

PISCINE DE NAJAC

✆ 05 65 29 75 03

Entrée payante. 3 €/adulte. 1,60 €/enfant.

C'est au pied du château de Najac, en bordure de rivière Aveyron, que se trouve cette piscine municipale de plein air et chauffée -vous trouverez également à proximité un parcours de pêche aménagé. L'équipement est constitué de trois bassins, dont un une pataugeoire, un bassin d'entraînement et un autre avec plongeoir et fosse de plongée. La baignade est surveillée ; les maîtres nageurs, en plus d'assurer la sécurité, donnent des cours et proposent des animations pendant toute la saison. Vous apprécierez les moments passés ici en famille ou entre amis

BARAQUEVILLE ★

Surnommé « la Petite Sibérie », ce petit bourg animé porte son histoire dans son nom. Les baraques qui composèrent d'abord les hameaux se sont développées dans la seconde moitié du XVIIIe siècle, au carrefour des anciennes routes royales de Rodez à Toulouse et de Villefranche à Millau – aujourd'hui N88 et D911 –, d'où le nom de Baraqueville. Ces baraques, autrefois appelées Baraques de Frayssé, se sont multipliées après l'établissement de foires et la construction d'une gare. Au début du XXe siècle, tout ce que la région produisait transitait par là : outre les engrais et le blé, Baraqueville et ses environs étaient célèbres pour la pomme de terre.

HÔTEL LE PALOUS** €€

184, avenue du Centre
✆ 05 65 69 01 89
www.lepalous.com
Pension complète : 69 € (à partie de 3 nuitées). Demi-pension : 55 € (à partie de 3 nuitées). Formule du jour : 10,80 €.

Dans la grande salle du restaurant se dresse une vraie cheminée d'autrefois. Simplicité et caractère font ici bon ménage et la variété de la cuisine saura décider chaque visiteur. Situé au cœur du bourg, le long de la grande rue, Le Palous est d'ailleurs une halte privilégiée pour les VRP. Le service est rapide, discret et souriant. Et les menus des plus gourmands. A recommander : la soupe de campagne (en saison) qui saura vous mettre en appétit et les spécialités : pavé de bœuf d'Aubrac ou veau d'Aveyron et du Ségala, ainsi que les tripous rouergats.

LA MAISON €

Combrouze - **COLOMBIÈS** ✆ 05 32 41 12 10
www.chambredhote-aveyron.com
Chambre double à partir de 65 € ; chambre triple à partir de 80 €. Assiette-repas : 15 €. Menu complet : 25 €.

Cette ancienne école de sœurs a été bâtie au XIXe siècle. Aujourd'hui, ses solides murs en pierre et volets bleus abritent quatre chambres d'hôtes, en lieu et place de ce qui était autrefois les salles de classe. Jane, qui rêvait d'une maison animée et de tablées dignes d'un banquet, a mis beaucoup d'amour dans leur aménagement. Le résultat est touchant, charmant, réconfortant. On sait au premier coup d'œil qu'on va connaître de jolis moments de bonheur dans cette maison de campagne. Recevoir et faire plaisir, c'était une vocation pour Jane, et ça se ressent !

LA TABLE À RALLONGES €

Combrouze
COLOMBIÈS
✆ 05 32 41 12 10
latablearallonges.fr
Ouvert uniquement vendredi et samedi soir. Menu unique à 25 €.

Jane aime autant manger que cuisiner. C'est aussi une bonne vivante qui aime recevoir. Des traits de caractère qui ont présidé à la création de sa Table à rallonges : une petite cantine, où l'on se réunit autour d'une quinzaine de couverts seulement, au sein même de sa maison. Chaque fin de semaine, Jane prépare des soupes froides, de la volaille, de la brandade, des clafoutis et autres petits plats généreux, parfois plus épicés, originaux ou fous, en fonction de l'inspiration et des produits de saison. Le plaisir et la convivialité sont par contre une constante.

L'ESCALE DES PRADELS €€

Impasse des Pradels
BOUSSAC
Gîtes de France. Pour 4 personnes (33 m², 1 chambre). De 240 € à 460 € la semaine selon saison.

A quelques encablures de Baraqueville, l'Escale des Pradels est un repaire un peu confidentiel qui permet pourtant de satisfaire toutes les envies de campagne. Situé au rez-de-chaussée de la maison des propriétaires, ce gîte compte une entrée indépendante, une chambre et de nombreux autres atouts. La cuisine est équipée pour mitonner petit déjeuner et repas en toute autonomie. L'autre plus, c'est indiscutablement le bain à bulles et le sauna, et l'institut de beauté attenant qui permettent de se faire chouchouter tout au long du séjour.

BAR-RESTAURANT L'AGRICULTURE €€

449, avenue du Centre
✆ 05 65 69 09 79
www.l-agriculture.fr
Forumule du midi : 14 €.

L'Agriculture propose une cuisine d'une belle authenticité, grâce à un réseau de producteurs tissés localement. Sur cette terre de tradition culinaire, les menus font la part belle aux spécialités du terroir : planche de charcuterie traditionnelle, saucisse, bœuf grillé, aligot, ris de veau, sans oublier les tripoux maison. Le chef, auréolé du titre de Maître restaurateur, sert de généreuses assiettes dans un décor du même acabit que sa cuisine : chaleureux et convivial.

HALLE -ESPACE RAYMOND LACOMBE

Rue du Val de Lenne

Ces halles couvertes ne désemplissent pas : le marché au cadran, qui a lieu tous les lundis, attire une foule nombreuse, de même que le marché aux puces, chaque deuxième dimanche du mois. Ou encore les événements annuels : concours des bœufs de Pâques, exposition avicole, Arbre Expo... Depuis 2020, ces halles construites dans les années 1980, véritable symbole de la ville, sont recouvertes de panneaux photovoltaïques destinés à produire de l'électricité verte.

LE CHÂTEAU ★

✆ 05 65 64 42 16

www.chateaubelcastel.com

Haute saison : ouvert tous les jours de 10h à 19h. Adulte : 10 €. Enfant : 5 €.

Avant de parvenir au pied de ses murs et de sa première terrasse, on le voit massif et compact, ramassé autour de son donjon carré. Ses fortifications et leurs tours d'angle enserrent pourtant une cour centrale, dans laquelle on pénètre par un pont-levis étroit, remis en état de grâce. Les visites (environ 1 heure) conduisent dans les différents corps de logis restaurés sous l'impulsion de l'architecte Fernand Pouillon qui présida la reconstruction du vieux port à Marseille. Autres curiosités : la salle médiévale avec ses armes et ses armures, impressionnante.

BELCASTEL ★★

Dans l'un des plus beaux passages des gorges de l'Aveyron, Belcastel est une apparition soudaine dans un paysage qui semblait presque désert. La silhouette de son château escarpé domine un petit village sur lequel le temps ne semble pas avoir eu prise. Belcastel mérite amplement son appartenance aux plus beaux villages de France. Aujourd'hui, les propriétaires du village, influencés par les travaux du château, ont restauré au mieux les maisons anciennes, ce qui fait que l'ensemble du village a retrouvé son cachet ancien. De plus, l'office du tourisme a balisé un circuit dans les ruelles inclinées et organise des visites guidées toute l'année.

OFFICE DE TOURISME DU PAYS RIGNACOIS

Maison des Associations

✆ 05 65 64 46 11

www.tourisme-pays-rignacois.com

D'avril à septembre tous les jours sauf samedi de 10h30 à 12h30 et de 14h à 18h.

Belcastel est l'un des plus beaux villages de France et compte de nombreux lieux à découvrir : le château, la maison de la forge, l'église, le site du Roc d'Anglars... Le bureau d'information touristique du village propose des visites commentées ou à l'aide d'un audioguide. La structure a également mis au point un guide de petites randonnées de 1 à 10 km, toutes facilement accessibles, pour découvrir ce joli petit bourg et ses environs boisés où poussent châtaignes et champignons.

Village de Belcastel.

CAMPING MUNICIPAL €

✆ 05 65 63 95 61
www.mairie-belcastel.fr
Emplacement + véhicule + 2 personnes de 12 à 16 €.

Situé au bord de l'Aveyron, le camping de Belcastel se décline en trente emplacements et une aire de jeux ombragée. Ses arbres et le doux bruissement de la rivière qui coule tout près en font un lieu idéal pour des vacances reposantes. Et un cadre idyllique pour les parents, comme pour leurs enfants. Les services offerts restent minimes, mais le village compte assez de commerces et de restaurants pour y pallier. Une épicerie pour les repas de tous les jours, et un restaurant étoilé pour se faire plaisir pendant les vacances.

HÔTEL-RESTAURANT DU VIEUX-PONT €€€

✆ 05 65 64 52 29
www.hotelbelcastel.com
Chambre double de 95 à 118 €. Petit déjeuner : 15 €. Menus de 62 à 98 €.

C'est une ancienne grange transformée en résidence. Derrière sa façade de pierres brunes, sept chambres occupent trois niveaux. Au plancher de bois répondent des alliances de tissus blancs et fleuris, un éclairage tamisé. Elles sont dotées d'une salle de bains, avec des peignoirs douillets. Dans chacune, les rideaux de la fenêtre encadrent un point de vue bucolique sur la rivière et le château. Sur cette rive, le séjour se fait en paix même lors de l'affluence estivale dans le village.

LE 1909 €

Le Bourg
✆ 05 65 64 52 26
Assiette de charcuterie : 14 €.

Après avoir testé différentes formules, Le 1909 s'illustre maintenant dans la durée avec une petite gastronomie ficelée à partir de produits de terroir hyper-sourcés. Dans cet établissement aménagé avec goût et authenticité, sous les belles poutres de la salle de restaurant ou en terrasse, Evelyne propose des assiettes froides et des sandwichs, dans lesquels la charcuterie et les fromages aveyronnais ont la part belle et généreuse. Pour le dessert, gaufres ou crêpes. C'est simple, c'est bon et c'est servi avec le cœur. Une adresse pleine de sincérité.

HÔTEL-RESTAURANT DU VIEUX-PONT €€€

✆ 05 65 64 52 29
www.hotelbelcastel.com
Menus de 62 € à 98 €.

Aux fourneaux de l'Auberge du Vieux-Pont à Belcastel, Nicole Fagegaltier a inventé une bien jolie manière de raconter l'Aveyron, ses producteurs et leurs trésors. Une histoire qu'elle partage avec son mari Bruno Rouquier, également cuisinier, et sa sœur Michèle, qui s'occupe de la salle et de l'accueil. Ensemble, ils ont fait vœu d'hospitalité et défendent, depuis trente ans, l'art du bien-vivre et du bien-manger. Marché deux fois par semaine et producteurs locaux à la carte.

NAUCELLE

Naucelle dépendait des moines de l'abbaye cistercienne de Bonnecombe. Les moines construisirent une grange en briques à Bonnefon qu'ils fortifièrent ensuite. Mais la proximité de Sauveterre nuisait au développement de la cité. Finalement, l'essor arriva avec le développement du train, ce qui explique la présence de « Naucelle Gare ». Le bourg fut fortifié jusqu'au XVIIIe siècle et conserve encore cet aspect de cité massée autour de son église et de sa mairie. Le vaste édifice possède une crucifixion en bois polychrome et un retable du XVIIe siècle. Plus on s'éloigne du centre-bourg et plus la ville retrouve une physionomie contemporaine.

MAISON JEAN BOUDOU

Lo, Carrierat - **CRESPIN** ✆ 05 65 42 16 53
www.ostal-bodon.com
Eté : ouvert le mercredi, le vendredi, le dimanche et les jours fériés de 14h à 18h. Adulte : 6 €. Enfant : 4,50 €

Entre mémoire et modernité, découvrez l'univers singulier d'un grand écrivain. Nés de la plume de Jean Boudou (Joan Bodon en occitan), les manuscrits vous attendent à Crespin, au cœur du Ségala, dans la maison natale de l'écrivain transformée en lieu d'accueil, de découverte et de rencontre autour de l'auteur, de son œuvre et de la culture contemporaine. Vous serez accompagnés dans le parcours de cette œuvre singulière mise en scène de façon très originale, à la fois humoristique et fantastique. Une jolie visite à ne manquer sous aucun prétexte.

MUSÉE DE LA RÉSISTANCE AVEYRONNAISE

Chapelle de Villelongue
CABANÈS
✆ 05 65 47 00 41
Gratuit. Visite guidée (se renseigner auprés de la mairie).

Le musée de la résistance de Villelongue raconte entre autre la rencontre du Maquis Antoine, établi dans la vallée du lézert, et du célèbre colonel Berger. Le 22 juillet 1944, l'inspecteur du FFI déjeuna avec des maquis Veny. Ils tombèrent dans une embuscade. Le colonel fut arrêté et interrogé par la Gestapo, il fut incarcéré à Toulouse. Vous trouverez au fil de la visite de nombreux documents et objets retraçant cette époque marquante de l'histoire française.

OFFICE DE TOURISME PAYS SÉGALI-BUREAU DE NAUCELLE

Place Jean-Boudou
✆ 05 65 67 16 42
www.aveyron-segala-tourisme.com
Haute saison : ouvert du lundi au samedi de 10h à 12h30 et de 14h à 17h30. Hors saison : voir site Internet.

A l'orée du département de l'Aveyron, à mi-chemin entre Rodez et Albi, le Naucellois est un territoire propice aux vacances. Riche en villages, en couleurs, en patrimoine, en activités culturelles, sportives et de loisirs, le pays des cent vallées, comme on l'a baptisé, est un petit paradis pour les passionnés d'Histoire et d'histoires, les amoureux de la nature et les amateurs de bonne chère. L'office de tourisme du Pays Ségali est là pour vous le rappeler !

LA BOTTE DE PAILLE €

ZA de l'Issart
✆ 05 32 41 20 60
Ouvert du lundi au samedi le midi ; le vendredi soir. Formule du midi : 12 €.

Christophe s'est emparé de ce joli restaurant, situé à l'extrémité du bâtiment de Terre Ségala pour y exprimer sa passion pour la cuisine traditionnelle et les bons ingrédients locaux. Il n'a qu'à tendre le bras d'ailleurs pour se servir dans le magasin de producteurs qui jouxte son établissement et propose ce que le Ségala fait de meilleur. Christophe présente chaque jour un menu différent, fait maison, de l'entrée au dessert. Le restaurant bénéficie d'une lumière exceptionnelle et d'une vue très agréable sur la campagne environnante.

LES VOYAGEURS €

Place de l'Hôtel-de-Ville
✆ 05 65 47 01 34
Menu traditionnel ouvrier à midi : 13,50 €.

Cette institution centenaire est un établissement populaire. En plein centre de Naucelle, en salle ou en terrasse, sur la belle place du village, on y sert tripous et tête de veau : une cuisine traditionnelle aveyronnaise de très bon aloi. Ici les suggestions varient au fur et à mesure des envies et des saisons. Les desserts classiques mais tout aussi maison, tels que l'île flottante ou la tarte du moment, finissent le repas en beauté. Simplicité, qualité et ambiance sont semble-t-il les devises du lieu, qui compte ses habitués.

BOULANGERIE-PÂTISSERIE FOURNIER-MARTY

2, boulevard Justin Bessou
✆ 05 65 47 00 72
Ouvert du mardi au samedi de 7h30 à 13h et de 14h30 à 19h30 ; le dimanche de 7h à 12h15.

L'autre nom de cette boulangerie pâtisserie, c'est « la fleur d'oranger ». Située dans le centre du village, ici tout est fait maison par les mains d'un authentique artisan : les pains (campagne, rustique, meule, seigle...), les pizzas avec de vraies tomates, friand à la viande, et surtout les délicieuses pâtisseries (crousti royal, trois chocolats, caramel fleur de sel...). Nous recommandons aussi le Paris Brest avec le praliné à l'ancienne. Du vrai beau et bon travail de pâtissier.

LA NAUCELLOISE

RN 88
✆ 05 65 69 20 20
www.lanaucelloise.fr
Entreprise du Patrimoine Vivant.

Inaugurée en 1966, l'entreprise familiale perpétue le savoir-faire culinaire aveyronnais. De très fameux tripous bien sûr, c'est la spécialité ! Mais aussi pâtés, jambonneaux et toute une gamme de plats régionaux particulièrement bien réussis, comme le chou farci, la soupe au fromage ou le cassoulet au confit de canard. Si bien que La Naucelloise est devenue une destination touristique à part entière. La visite gratuite des ateliers, le long d'un couloir vitré, permet de suivre la fabrication des fameux tripous avant le passage par la boutique.

TERRE SEGALA

Zl de l'Issart
✆ 05 81 19 52 65
Ouvert du lundi au samedi de 9h15 à 12h15 et de 15h à 19h.

Dans ce bâtiment tout en longueur, qui rappelle l'architecture des fermes du coin, agriculteurs et créateurs locaux s'animent au quotidien, en assurant chacun leur tour, une permanence, afin que les consommateurs mettent un visage sur ce qu'ils achètent et consomment. Les Naucellois n'ont ainsi pas tardé à s'approprier ce magasin de producteurs pour leurs courses courantes : fruits et légumes, viandes, yaourts, fromages, pain, gâteau à la broche... Et les touristes y font volontiers une halte pour ramener des cadeaux gourmands dans leur valise.

FÉLIX GOURMAND

Félix
PRÉVINQUIÈRES
✆ 05 65 81 97 02
Visite le mercredi à 17 heures en été. Gratuit.

Cette ferme familiale est située dans un hameau dominant le village de Prévinquières et la vallée de l'Aveyron. L'activité principale de l'exploitation est l'élevage de vaches laitières et de canards gras. Les curieux pourront visiter l'élevage en question, avant de rejoindre une salle typique pour une dégustation gratuite – petits fritons, foie gras, pâté... Tous les produits sont en vente sur place, pour emporter avec soi un peu du bon goût de cette ferme décidément très accueillante. La découverte a aussi l'avantage de plaire aux adultes comme aux enfants.

RIGNAC

Rignac est un chef-lieu de canton situé à mi-chemin entre Rodez, et la sous-préfecture Villefranche-de-Rouergue. Ecartelé entre ces deux villes plus importantes, ce gros bourg de presque 2 000 habitants a cependant conservé toute sa personnalité au milieu d'un paysage bocager. Rignac est situé au centre de petits villages disséminés sur le plateau ou dans la vallée de l'Aveyron avec lesquels il constitue une communauté rurale fort dynamique. Rignac a longtemps été réputé pour ses marchés et ses foires où un bétail de races locales était acheté par des maquignons en blouses bleues avant d'être expédié vers Toulouse ou les abattoirs de la Villette.

JARDINS DU CHÂTEAU DE BOURNAZEL

Rue Noire - **BOURNAZEL**
✆ 05 65 80 81 99
www.chateau-bournazel.fr/jardin
De début avril à fin octobre. Intérieur du château uniquement en visite guidée, jardin libre.

Les jardins ont été créés à la Renaissance par les commanditaires du château, Charlotte Mancip et son époux Jean de Buisson. Leur tracé géométrique reprend les proportions de la grande façade à serliennes de l'aile est. Ils se composent de deux espaces distincts. D'une part le verger, d'autre part le jardin clos limité par un grand mur de pierre qui abrite des parterres fleuris et taillés, un labyrinthe, des fontaines, une grande pièce d'eau et un jardin de chambres.

CHATEAU DE BOURNAZEL ★

227, route de Rignac - **BOURNAZEL**
✆ 06 65 54 12 42
www.chateau-bournazel.fr
Ouvert du 1er avril au 13 novembre 2022. Adulte : 10 €. Jardin seul : 5 €.

Ce beau château Renaissance, construit entre 1545 et 1560, a fait l'objet d'une grande campagne de restauration avec notamment la restitution du grand escalier monumental. Sur la façade principale, fenêtres, pilastres, colonnes, frontons et frises s'équilibrent, tandis que sur l'autre aile les références à l'Antiquité apparaissent plus ouvertement. A l'intérieur, importante collection de peintures, meubles et sculptures des XVIe et XVIIe siècles. Le jardin, classé Jardin Remarquable, est l'un des rares exemples en France de composition paysagère de la Renaissance.

OFFICE DE TOURISME DU PAYS RIGNACOIS

Place du Portail haut ✆ 05 65 80 26 04
www.pays-rignacois.com
Eté : lundi, mardi, jeudi, vendredi, samedi : 9h-12h30 et 14h30-18h30. Mercredi : de 9h à 18h30 en continu.

A l'ouest du département, le pays rignacois séduira à coup sûr les amoureux de grands espaces. Riches de plateaux et vallées verdoyantes, le territoire saura s'attirer les faveurs des randonneurs de tous niveaux. Composé de sept communes, il possède aussi un généreux patrimoine, représentatif des différentes époques de l'histoire : Renaissance, Moyen Age... La gastronomie n'est pas en reste non plus avec de nombreux restaurants et auberges qui reçoivent tous les jours à leurs tables.

L'AUBERGE DU DONJON €

Place du Foirail - **BOURNAZEL**
✆ 05 65 64 45 80
www.laubergedudonjon.com
Chambre simple à partir de 49 € ; double à partir de 56 € ; triple à partir de 68 €. Petit déjeuner inclus.

L'Auberge du Donjon jouit d'une situation exceptionnelle à l'ombre des platanes et du château. A l'intérieur, cette jolie bâtisse, propriété d'Agnès, propose quatre belles chambres d'hôtes, parfaitement équipées à la décoration chaleureuse mais sans prétention. A l'heure du repas, la salle de restaurant de l'Auberge du Donjon propose foie gras de canard sur toast aux figues, assiette de charcuterie aveyronnaise, magret de canard au vieux berger, dos de cabillaud sauce citronnée... Agnès est aux petits soins et se fait un plaisir de répondre à toutes vos demandes.

LA FERME DE LA BORDE

La Borde - **BOURNAZEL**
✆ 05 65 64 41 09
fermelaborde12.fr
Chambres d'hôtes 4 personnes : 45 €. Emplacements à partir de 10,50 €. Camping-car : 8,50 €.

Pilar et Roland sont à la tête de cette exploitation agricole qui jouxte le majestueux château de Bournazel. Brebis, ânes, chèvres, cochons, lapins, volailles - et même un lama ! - accueillent les touristes, notamment le matin lorsque Roland leur dispense les soins et les nourrit. Outre cette découverte du travail agricole, la Ferme de la Borde propose quatre chambres d'hôtes aménagées dans l'ancienne bergerie, ainsi qu'une vingtaine d'emplacements de camping. Autour de l'exploitation, de nombreux sentiers de randonnée permettent de prolonger la vie au grand air.

GÎTE LA FORGE €€

Portail Haut
BOURNAZEL
✆ 06 86 64 50 42
www.gitelaforge.com
De 550 € à 650 € la semaine selon saison. Wifi. Lave-linge.

Ce gîte sait raconter les histoires. Dans ses murs, en effet, il porte la trame d'une histoire vieille de quatre générations. Celle de Didier et de ses ancêtres forgerons et maréchaux-ferrants. Notre hôte a grandi dans cette maison pleine de vie qui accueillait déjà les clients autour d'un café. Aujourd'hui rénovée, elle reste toujours aussi accessible et sympathique. Didier, qui l'a transformée en gîte, a créé trois chambres pouvant accueillir jusqu'à huit personnes. La déco oscille entre authentiques murs en pierre et équipement modernes.

AU SOLEIL COUCHANT €€

Ségala
ANGLARS-SAINT-FÉLIX
✆ 06 37 33 94 27
www.soleil-couchant.fr
Chambre double à partir de 59 € ; chambre triple à partir de 76 €. Repas du soir : 24 €.

Situé à mi-chemin de Villefranche et de Rodez, Au soleil couchant propose trois chambres d'hôtes aménagées dans un grange indépendante, dont une suite familiale pour 4 personnes. En journée, vous pourrez profiter de la terrasse et de la salle commune avant de partir explorer les richesses de l'Aveyron. Un repas à base de produits locaux (truffade, farçous, veau et volaille de l'Aveyron, pérail de brebis artisanal...) vous sera préparé sur demande, après un apéritif à base de boissons maison, dont un fameux ratafia de pommes.

RÉSIDENCE ODALYS LE HAMEAU DU LAC*** €€

Lieu-dit La Peyrade
✆ 05 65 63 34 42
www.odalys-vacances.com
2 pièces, 4 personnes : à partir de 280 €/ semaine.

Située en pleine nature entre Rodez et Villefranche-de-Rouergue, cette résidence propose des appartements de bon confort pour un séjour des plus agréables. Le Hameau du Lac et ses petits bâtiments offre de nombreux services pour rendre les vacances encore plus reposantes – linge de lit inclus, location de kit bébé, laverie, accès Internet (payant), parking gratuit… - et encore plus vivantes avec piscine extérieure chauffée. Nature et découverte au programme.

LE FLACONNEUR €

11, place du Portail Haut
✆ 05 65 43 10 88
Menu du jour : 16 €. Planche apéritive : à partir de 12 €. tapas individuelles : 4 €.

Le Flaconneur définit les personnes qui aiment le vin ou curieuses d'apprendre à le savourer. C'est aussi le nom d'une nouvelle adresse rignacoise dédiée aux bons crus et à la cuisine nature. Inauguré à la toute fin de l'année 2020, le restaurant met en avant les produits frais et locaux dans des menus à la fois simples et généreux : gaspacho de tomates, lasagne et veau, salade de concombre, tataki de bœuf... Le soir et le samedi midi, c'est tapas et planches de charcuterie et de fromage, à déguster autour des vins de la cave, sélectionnés avec passion.

LE RELAIS DE PRÉVINQUIÈRES €

Le Bourg
PRÉVINQUIÈRES
✆ 05 81 21 00 57
www.lerelaisdeprevinquieres.fr
Menus de 24 € à 29 €. Menu enfant : 12 €.

Le Relais de Prévinquières vous accueille à 400 mètres d'altitude, entre les fortifications du XVe siècle dont les vestiges surplombent l'Aveyron. On découvre dans ce cadre historique et reposant les spécialités culinaires de la région : salade aveyronnaise, faux-filet de l'Aubrac, tête de veau de l'Aveyron, foie gras de canard poêlé aux fruits de saison, aligot, tripous.... Patrick, Sylvie et le chef proposent des prestations de qualité pour satisfaire leurs clients.

BAR-RESTAURANT LA CROIX DE REVEL €€

ANGLARS-SAINT-FÉLIX
✆ 05 65 64 76 62
Formules de 10,50 à 13,50 €.

Cette belle bâtisse, dotée d'une grande salle moderne à la décoration simple et chaleureuse, propose une fois par mois une estofinade et tête de veau ou une poule farcie et sert tous les vendredis du poisson. Le midi marque le rendez-vous des routiers, des gourmands et autres VRP qui veulent manger vite et bien à bon compte. Les assiettes font la part belle aux spécialités du cru et les desserts sont tous faits maison. Le soir l'ambiance plus détendue permet d'approfondir la carte.

DOMAINE DE PASTOURE

Le Bouyssou
PRÉVINQUIÈRES
✆ 07 81 15 72 96

Dans le nord de l'Aveyron, découvrez une exploitation familiale à taille humaine qui a redonné ses lettres de noblesse au bœuf fermier de race Aubrac. Sur 30 hectares, les vaches sont élevées en pleine nature. La production en petite quantité, mais sans rogner sur la qualité est une volonté affirmée de la famille à la tête de l'exploitation. La vente directe lui permet les échanges avec les consommateurs sur sa philosophie d'élevage (et de vie), dans le respect de l'animal et de la nature. Sachez que Pastoure fait référence au taureau qui règne sur l'exploitation.

SALAISONS LINARD

La Vayssière - **LANUÉJOULS**
✆ 05 65 81 90 04
www.charcuterie-aveyron.com
Ouvert du lundi au vendredi de 8h à 12h et de 14h à 18h ; le samedi de 9h à 12h.

Récompensée par moult médailles aux concours agricoles de Paris ces dernières années, cette maison développe des spécialités vastes et variées : saucisse sèche fumée ou traditionnelle et saucisson sec artisanaux d'excellente qualité, rosette, saucisson de canard, coppa, filets de porc séchés et moult jambons, le tout issu des meilleurs éleveurs de cochons des environs. Petit Futé a eu un faible pour la saucisse au roquefort. D'autant que depuis plus de cinq générations, tous ces produits sont fabriqués dans la plus pure tradition. Ici on laisse le temps au temps...

RIEUPEYROUX

Ce chef-lieu de canton a prospéré au fil des ans, notamment grâce à la culture de la pomme de terre dont la qualité des plants l'a fait connaître. La création du village remonte au XIe siècle avec l'arrivée des moines bénédictins de Saint-Martial. La présence d'une fontaine gallo-romaine et les vestiges qui ont été découverts à proximité témoignent toutefois d'une activité encore plus ancienne... Déambulez dans les rues étroites qui sillonnent Rieupeyroux. On peut notamment y voir la maison des consuls, celles du juges et l'actuelle bibliothèque qui ont conservé des portes anciennes, et dont des colombages ont été remis en valeur. Trois fontaines alimentent le village, comme celle des Griffoul, alors que dans le bas de la cité, près de l'église, on peut observer un morceau du mur d'enceinte de la cité ancienne qui ont été judicieusement conservés. L'église Saint-Martial (XIe - XVIe siècles) permet d'admirer un clocher octogonal et un porche latéral avec un oratoire. Elle comporte trois nefs, avec deux piliers et a conservé de beaux vitraux. Le gros os exposé à côté de l'entrée est sans doute un os de baleine, mais la légende en fait l'omoplate de quelque géant, Samson ou Gargantua, qui aurait aidé des villageois à bâtir l'église... Proche du village, culminant à 804 m, la petite chapelle Saint-Jean-Baptiste domine le paysage. Elle est souvent fermée mais l'ascension vaut le détour : la vue est imprenable depuis le Cantal aux Pyrénées. Une table d'orientation permet de se repérer dans le vaste panorama, même si un réservoir installé à proximité de la chapelle masque une partie de la vue.

LABO DU HAUT SÉGALA

Route de Rodez
www.haut-segala.com

Depuis 1996, le Labo du Haut Ségala produit des eaux florales par distillation. Des huiles végétales, des huiles de massage, ainsi que toute une gamme de produits de soins du corps. Une douzaine de personnes y travaillent pour élaborer ces différents produits distribués en pharmacie et en parapharmacie dans l'ensemble de la France. La philosophie maison est avant tout l'élaboration de produits de qualité, et la direction attache une importance capitale à l'écoute des clients. A noter que la plupart des produits sont disponibles sur la boutique en ligne.

LES MARTINETS DU LEZERT ★

Mairien La Bastide-l'Evêque - **LE BAS SÉGALA**
✆ 06 20 09 94 98 - www.lesmartinetsdulezert.fr
Eté : mercredi, jeudi, dimanche et jours fériés de 15h à 18h. Adulte : 3 €. Enfant : 3,50 €.

L'association des Martinets du Lézert vous invite à découvrir ce martinet, forge hydraulique des XIVe et XVe siècles pour façonner le cuivre et les métaux destinés à fabriquer marmites et chaudrons. Jadis, 13 martinets jalonnaient le Lézert, ce cours d'eau qui comptait jadis de nombreux moulins (papier, farine...). Le martinet de la Ramonde fut abandonné vers 1850, avant d'être récemment rénové par des bénévoles au prix de milliers d'heures de travail. Il fonctionne à nouveau de nos jours et fait entendre son bruit dans toute la vallée.

LA FERME LES MAMOURS €

Lieu-dit La Crouzette
LE BAS SÉGALA
✆ 06 65 30 24 60
www.lafermelesmamours.fr
Chambre double de 59 à 65 €. Petit déjeuner inclus. Table d'hôtes : 22 €.

Corine et Pascal ouvrent leur maison aux hôtes, avec deux belles chambres, au plancher de bois typique. Ils partagent avec eux un peu de leur quotidien : le travail au potager, le soin aux animaux, la confection des confitures... Et propose à table tout ce qui s'y réfère. Monsieur prépare en effet les légumes du potager, les fruits du verger, les œufs et la viande produits sur place. Au petit déjeuner, même chose : le pain, la brioche, les yaourts sont faits maison. Un accueil paysan qui n'en porte pas le nom, mais en respecte tous les codes.

HÔTEL-RESTAURANT SOUYRI €

La Bastide-l'Eveque
LE BAS SÉGALA
✆ 05 65 29 93 00
Menus de 13 à 25 €. Chambre double : 45 €.

Souyri est le nom de la famille qui exploite cet établissement depuis plus de quatre générations. Le menu de midi fidélise bon nombre d'habitués, il faut dire que la cuisine y est comme l'ambiance, traditionnelle et généreuse. Les spécialités aveyronnaises sont préparées avec soin : estofinade en saison, feuilletés de ris d'agneau, et légumes du jardin. La grande salle du restaurant ne désemplit pas à l'heure du déjeuner. Quant aux chambres, elles sont grandes, simples et propres, bénéficiant de tout le confort, certaines étant climatisées.

LA MAISON ROUZIÈS €

Lieu-dit Lonnac
LE BAS SÉGALA
✆ 06 15 27 22 12
Chambre double à partir de 75 €. Chambre familiale à partir de 120 €.

La Maison Rouziès est installée dans un environnement incroyablement calme et reposant, et a bénéficié d'une réhabilitation dans les règles. L'ancienne ferme familiale du XIIIe siècle abrite aujourd'hui trois chambres d'hôtes de charme, dont une peut accueillir les familles. Piscine extérieure, salle de sport, sauna, billard, table de ping-pong... Sur place, tout a été pensé pour le confort et le plaisir des hôtes. Autour, c'est la campagne, ses jolis villages, ses marchés locaux, son parc animalier et ses nombreux loisirs de pleine nature.

LES CHAMBRES DU PRESBYTÈRE €€

Le Bourg - **LE BAS SÉGALA**
✆ 06 29 38 80 73
http://www.chambresdupresbytere.fr
Ouvert toute l'année. De 75 à 87 € la chambre double, petit-déjeuner inclus. Table d'hôtes : 23 €.

Une adresse de charme dans un ancien presbytère. Entre Villefranche-de-Rouergue et Najac, vous aurez le choix entre quatre chambres d'hôtes, dont Nid douillet à la déco *so romantic* : édredons, boutis piqué de satin, velours, lin... Le petit-déjeuner est gourmand et se prend dans la salle à manger ou sur la terrasse. La table offre des produits locaux ou bios et une cuisine du marché. Des en-cas diététiques et des pâtisseries maison sont également au menu. Vos hôtes savent recevoir.

HÔTEL-RESTAURANT DU COMMERCE** €€

60, rue de l'Hom
✆ 05 65 65 53 06
www.hotel-commerce-aveyron.com
Chambre double de 60 € à 85 €. Petit déjeuner : 9 €. Menu en semaine : 14 €.

L'hôtel-restaurant, patronné par deux charmants jeunes gens, Amélie et Simon, propose des chambres confortables, au décor simple mais chaleureux. Certaines d'entre elles s'ouvrent sur le jardin ou la piscine. Aux commandes du restaurant au décor raffiné avec terrasse d'été, le chef, concocte pour ses clients des produits du terroir. Dans les assiettes, les clients se régalent de spécialités régionales telles que le veau du Ségala, des magrets ou des confits de canard.

LE DOUZOULET €€

Le Bourg - **LA CAPELLE-BLEYS**
✆ 05 81 61 91 09
le-douzoulet.fr
Ouvert du jeudi au mardi le midi ; le vendredi et le samedi le soir. Formule : 13 € (entrée, plat et dessert).

Le Douzoulet est l'archétype du resto de campagne : une bâtisse en pierre, au pied de l'église, un jardin arboré en guise de terrasse, un bar pour maintenir le lien social dans le village, et une cuisine traditionnelle qui plaît à tous. Elaborée maison, et surtout comme à la maison, avec soin et beaucoup de sentiments, la carte est renouvelée quotidiennement. On y pioche entrée, plat et dessert au gré de ses envies pour composer un menu, qui peut compter fromage, vin et dessert. Les produits sont locaux, de saison et forcément bons.

PRADINAS ★

Pradinas est un village rural qui a décidé de ne pas se laisser mourir. Certes, il n'y a plus autant d'habitants qu'au siècle dernier, époque durant laquelle ses foires aux oignons et aux cochons étaient fort réputées. Le village est paisible, mais regorge d'intérêts touristiques : un musée et un parc animalier sont issus du dynamisme des habitants et élus du village. Trace du passé, l'église date du XVe siècle : elle possède une vaste nef et de très beaux vitraux. Son flanc droit comporte une tour, elle servait de grenier aux prêtres qui collectaient le grain. Au-dessus du portail se trouve le buste d'un abbé qui a marqué le village : Claude Peyrot, prêtre occitan, a contribué à l'épanouissement artistique des paysans de Pradinas. A la Révolution, il retourna à Millau d'où il était originaire et écrivit un poème en quatre chants sur la vie rurale de cette région.
Le château de Lacombe date du XIIIe siècle. Il s'agissait à l'époque d'une gentilhommière, ferme fortifiée appartenant à un petit seigneur local. Ce château, qui est resté dans la même famille depuis toujours, a subi de nombreuses modifications au cours des siècles, notamment au XIXe siècle avec l'ajout des tours. Dans le hameau de Castelnau, à l'est du village, on remarquera une tour en ruine, qui servait de guet. La commune de Lescure-Jaoul (à une quinzaine de km à l'ouest de Pradinas) présente un petit musée de la Forge et de l'ancienne vie rurale (ouvert juillet et août du mardi au samedi de 15h à 19h et sur rendez-vous toute l'année, entrée 2 €, 1 € en tarif réduit) (tél) ▯ 05 65 81 82 10.

FERME DE LA ROSELLE

La Roselle
LE BAS SÉGALA
✆ 05 65 65 55 11
www.ferme-de-la-roselle.com
Ouvert du lundi au samedi de 8h à 13h.

Depuis dix générations, cette exploitation agricole se transmet de père en fils (ou en fille !). Après avoir été une ferme vivrière, aujourd'hui, la Roselle est une petite entreprise, qui compte plusieurs salariés. Aux commandes, Brigitte et Didier Mazars, qui se sont lancés dans l'aventure de la transformation laitière. La ferme de la Roselle produit des fromages et des plats cuisinés à base de fromage, dont l'aligot. Les Mazars se rendent même à domicile pour tirer l'aligot en direct devant les convives. On retrouve ce couple sympathique sur de nombreux marchés.

MUSÉE DES TRADITIONS AGRICOLES DU SÉGALA

Le Bourg
✆ 05 65 69 92 84
www.pradinas.fr
Le musée est ouvert au public, il se situe sur le site du Parc Animalier.

Ce musée occupe trois bâtiments près de la mairie et raconte l'histoire du Ségala avant 1940, étroitement lié à trois cultures dominantes : seigle, pomme de terre et chataîgne. L'établissement présente ainsi, presque en situation, le matériel agricole d'autrefois. Dans une grange, la première salle présente les gros engins agricoles. Le second bâtiment est consacré au grain. La dernière salle présente les objets liés à la châtaigne, au chanvre et l'univers quotidien des fermiers.

PARC ANIMALIER DE PRADINAS ★

La Riale ✆ 09 52 62 01 52

www.parcanimalierdepradinas.com

Haute saison ouvert tous les jours de 10h à 19h. Basse week-end de 10h à 18h. Adulte : 14 €. Enfant de 3 à 11 ans : 7 €

Créé en 1989, ce parc s'étend sur 20 ha. Le parc compte aujourd'hui une trentaine de d'espèces de mammifères, plusieurs espèces de rapaces, des oiseaux exotiques, dont de nombreux perroquets. Une boucle de 3 km permet de découvrir toute cette faune sauvage. Le parc est conçu pour proposer une promenade familiale, et les enfants apprécieront l'escale à la ferme miniature qui regroupe des animaux nains. Une salle d'exposition est consacrée aux cervidés et aux autres locataires.

SAUVETERRE-DE-ROUERGUE ★

Sauveterre est l'une des bastides (ces fameuses « villes neuves » du Moyen Âge) parfaitement conservées que l'on retrouve dans le Rouergue. C'est le Roi de France Philippe III le Hardi qui, dès la fin de XIIIe siècle, décidé la construction de cette nouvelle cité qui connut la réussite grâce au développement du commerce et de l'artisanat. Témoin de cette époque dorée : la gigantesque place des Arcades, la place centrale bordée d'arcades de la ville, qui abritent toujours autant de boutiques. La ville atteignit une sorte d'apogée au XVIe siècle et, au faîte de sa prospérité, décidé de construire la collégiale Saint-Christophe, une église paroissiale parée d'ors et de dorures... Aujourd'hui on, retrouve en parcourant les rues de Sauveterre des maisons à pans de bois, des pierres sculptées ornementales, des portes ouvragées, des vestiges de fortifications, sans oublier les portes monumentales de la ville. Et parmi les vestiges a découvrir, le visiteur pourra admirer le « plan en damier » de Sauveterre, où les maisons sont regroupées par lots et où toutes les rues reviennent à la place centrale, traduisant une volonté ancestrale de mieux contrôler la cité et ses citoyens. On accède à la cité par quatre portes, qui étaient à l'époque protégées par des douves ellesmêmes défendues par des tours d'enceinte. une visite à Sauveterre de Rouergue, c'est un saut dans le temps assuré !

MAX CAPDEBARTHES SELLIER-MAROQUINIER

Route de Rodez

✆ 05 65 47 06 64

www.max-capdebarthes.fr

Ouvert à l'année du lundi au vendredi (visites sur demande) de 9h à 12h30 et de 14h à 18h.

Max Capdebarthes travaille le cuir - cuir vachette pleine fleur ou cuir d'Aubrac - une matière noble et élégante qu'il transforme à l'envi : accessoires de bureaux - sous-mains, corbeilles à courrier, pots à crayon, coffrets de stylos - et étuis à couteau. De fabrication 100 % aveyronnaise ! Sellier-maroquinier depuis 1987 Max Capdebarthes privilégie les très belles matières et un travail d'extrême qualité. On vous recommande son atelier à Sauveterre mais aussi sa boutique ruthénoise.

BUREAU D'INFORMATION TOURISTIQUE DE SAUVETERRE

Espace Lapérouse

✆ 05 65 72 02 52

www.aveyron-segala-tourisme.com

Haute saison : tous les jours de 10h à 12h30 et de 14h à 18h.

Antenne de l'office de tourisme du Pays Ségali, le bureau de Sauveterre-de-Rouergue est ouvert toute l'année. On vous y accueille avec le sourire. La structure abrite également un spectacle scénographique, qui retrace en moins de 30 minutes, l'histoire de la cité médiévale au XVIe siècle. Des brochures sont aussi disponibles, et notamment un dépliant qui vous permettra de flâner dans les ruelles de Sauveterre, de la place des Arcades jusqu'à l'espace Lapérouse.

HÔTEL-RESTAURANT LE SÉNÉCHAL*** €€€

Le Bourg

✆ 05 65 71 29 00

www.hotel-senechal.fr

Chambre double de 135 € à 200 € ; suite à partir de 240 €. Restauration (menus de 45 à 140 €).

Le Sénéchal, ce sont en fait deux établissements en un : l'hôtel de charme quatre étoiles, et un restaurant, sous la houlette de Michel Truchon. Le grand hôtel, mélange d'architecture traditionnelle et contemporaine, s'est installé hors des fossés de la bastide, et déroule des chambres et suites au doux noms de variétés de châtaignes. Sur le devant de l'établissement, une sorte de patio en hauteur permet de choisir sa table de petit-déjeuner entre ombre et soleil.

LE CAMION DE MADAME €

✆ 07 60 35 53 09
www.lecamiondemadame.fr
Burgers : 9 €. Desserts : 3,50 €.

Originaire d'Albi, Cécile a pris la clé des champs pendant le premier confinement. Au volant de ce camion, cette cuisinière de métier parcourt les campagnes du Ségala pour distribuer burgers, frites, légumes rôtis, coleslaw et desserts maison. Une formule qui renouvelle le paysage de la restauration rurale et qui cartonne ! Cécile, comme la grande majorité des chefs aveyronnais, cuisine avec des produits locaux, et surtout avec passion et convictions. Retrouvez-là à La Salvetat-Peyralès, Sauveterre, Naucelle ou Baraqueville du mardi au vendredi.

HÔTEL-RESTAURANT LE SÉNÉCHAL €€

Le Bourg
✆ 05 65 71 29 00
www.hotel-senechal.fr
Menus de 45 à 140 €. Chambre double de 135 € à 200 € ; suite à partir de 240 €.

Le marché, les circuits courts, les produits de saison sont les fondamentaux de la cuisine de Michel Truchon (une étoile). Très attaché au terroir, et à son village natal, Sauveterre-de-Rouergue, Michel Truchon dresse avec humilité des assiettes légères et savoureuses, où les légumes, les herbes, la viande locale, les poissons de petite pêche occupent une place de choix. Curieux de tous et de tout, le chef ne revendique aucune spécialité, sinon celle du respect des produits.

CASSAGNES-BÉGONHÈS

Accroché sur les berges du Céor, au sud de Rodez, le village s'est développé au Moyen Age et bénéficia des privilèges d'une bastide. Il se mit sous la protection d'un château, qui ne résista pas, quelques siècles plus tard, aux guerres de religion. On remarque pourtant son emplacement, aujourd'hui place du village autour de laquelle les maisons furent construites en arc de cercle. Les plus anciennes, avec leurs colombages, donnent au village un cachet médiéval, d'autres présentent quelques exemples d'architecture gothique. Donnant sur la place, l'église des XIVe et XVe siècles montre un clocher-donjon massif. Il lorgne vers les quartiers plus récents, vers le plateau de Caucart.

RÉQUISTA

Réquista est situé à 580 mètres d'altitude, intégré dans un paysage tout en verdure et en vallons. Autrefois, le village était l'une des places fortes du Ségala, où la nature des sols acides permettait exclusivement la culture du seigle, origine du nom Ségala. C'est avec le XXe siècle naissant que le village connaîtra la prospérité, grâce notamment à l'arrivée de… la voie ferrée ! C'est le train, en effet, qui permettra d''acheminement de la chaux pour travailler les sols, et le Ségala se couvrira alors de cultures variées. Très vite, le pays se révélera propice à l'élevage de brebis et de vaches, les troupeaux trouvant ici une nourriture riche, variée et abondante tout au long de l'année. L'élevage de la brebis est ainsi devenue la principale richesse du Ségala. Aujourd'hui encore, la production laitière et la brebis sont au centre de l'économie locale, alimentant notamment l'activité fromagère de Roquefort dont 25 % de la production est fabriquée à Réquista. Mais le village est aussi une vieille cité, fondée par Henri II, comte de Rodez, au XIIIe siècle. Peu d'édifices de cette époque ont hélas survécu aux Anglais puis aux guerres de religion… Mais les amateurs de vieilles pierres pourront pousser plus au sud, jusqu'à Lincou pour satisfaire leur envie de monuments et découvrir un charmant petit village situé sur les bords du Tarn, avec ses rues pavées et son escalier creusé dans la roche.

MUSEE DE LINCOU

Lincou
✆ 05 65 74 26 01
Sur réservation. Gratuit jusqu'à 16 ans. Adulte : 5 €. Visite guidée. Restauration. Boutique.

Etrange Guy Savy ? Non, seulement passionné d'histoire, de ces longs siècles qui ont fait de sa famille un peu la mémoire du pays. Passionné d'art aussi : ce touche à tout s'est également essayé à la peinture, à la sculpture, à la photographie. Passionné des autres, il décide un jour d'ouvrir une galerie d'art à… Lincou ! « Tout le monde pensait que ce projet n'était pas réalisable », explique-t-il. Pourtant, quelques années plus tard, son musée est ouvert à tous. Guy joue lui-même les guides ! Et ces jours-là, il devient conteur, car il sait aussi manier le verbe !

OFFICE DE TOURISME DU RÉQUISTANAIS

2A Place Prosper Boissonnade
✆ 05 65 46 11 79
www.ot-requistanais.com
Ouvert du lundi au vendredi de 9h à 13h et de 14h30 à 18h30, le samedi de 9h à 12h30 et de 13h30 à 18h.

Aux confins de la vallée du Tarn et du Lévézou, à mi-chemin de Rodez, Millau et Albi, le Réquistanais est un territoire verdoyant, idéal pour des vacances reposantes. Les différents guides réalisés par l'office de tourisme territorial font ainsi la part belles aux nombreuses activités patrimoniales, sportives, culturelles ou festives à découvrir sur place. Le Réquistanais, essentiellement tourné vers l'agriculture et terre du célèbre Roquefort, mérite vraiment le détour.

AUBERGE DE LA PLANQUETTE** €€

Chemin de la Planquette – Route de Rodez
✆ 05 65 46 60 00
www.laplanquette.com
Chambres à partir de 57 €. Menus de 19 à 30 €.

Sur la route de Rodez, cette maison d'aspect moderne a repris les locaux d'une ancienne laiterie de roquefort. Sous une belle salle de restaurant, en pierre et voûtée, s'alignent des tables dressées avec soin. A l'heure des repas, elle s'anime des conversations des habitués et des clients tombés sur cette adresse aussi accueillante que ses assiettes bien pleines. La cuisine évolue avec les saisons « pour vivre avec le produit ». L'hôtel se compose de 17 chambres confortables.

LES GALETTES DE LA GASTINE €

La Gastine
RULLAC-SAINT-CIRQ
✆ 06 77 94 97 82
www.lesgalettesdelagastine.fr
Menus de 17 € à 24 €.

Soutenu par son épouse Virginie, Philippe fabrique des farçous qu'il vend tous les samedis matin sur le marché de Naucelle. Cet épicurien propose aussi des repas et accueille les convives directement à sa table, à la ferme de La Gastine. Au menu, des farçous bien sûr mais aussi des soupes, des galettes aveyronnaises et bretonnes. Plutôt affable et généreux, Philippe partage également son amour du coin au cours de balades qu'il qualifie de digestives, contemplatives ou sportives.

BROUSSE-LE-CHÂTEAU ★★

Brousse-le-Château est un village médiéval classé parmi les Plus Beaux Villages de France. il est situé à 50 km de Rodez, à la jonction du Tarn et de l'Alrance. On accède au village par un vieux pont roman-gothique, inscrit aux monuments historiques. Ses ruelles étroites et pavées mènent à de nombreuses maisons de caractère, une charmante petite église peinte du mur au plafond, un château féodal datant du Moyen Age, construit au IXe siècle sur un piton rocheux et appartenant aux comtes de Rodez et à la famille d'Arpajon. De cette période, il ne reste plus que l'enceinte fortifiée, les chemins de ronde ainsi que ses cinq tours de défense.

CHÂTEAU DE BROUSSE ★★

✆ 05 65 99 45 40
www.brousselechateau.net
Avril, Sept-Oct ; mercredi-dimanche, 14-18h. Mai, tous les jours. Juil-Août, 10-19h. 1er-11 Nov, 14-17h. Tarifs 4/5/6€.

C'est à l'an 975 que remonte la première mention de ce château : il s'agissait alors simplement d'une motte castrale, utilisant la position naturelle d'un éperon rocheux. Lors de la guerre de Cent Ans, il prend sa forme de polygone. La partie romane date du XIIIe siècle. Modifiées au XVe puis au XVIIe siècle, de nombreuses parties ont pu être restaurées. Les courtines datent du XVe siècle de même que l'une des tours que l'on visite. Il y a de belles illustrations d'architecture militaire dont une tour de guet à gorge ouverte mais aussi les archères et canonnières.

LE RELAYS DU CHASTEAU €€

Le Bourg
✆ 05 65 99 40 15
www.le-relays-du-chasteau.com
Chambre double 50/55 €. Petit déjeuner 9,50€. Chambre 4 personnes à partir de 78 €. Restauration, menus 15/21,50/30,50€.

Au pied du château, la famille reçoit les voyageurs depuis quatre générations. L'accueil a eu le temps de se bonifier, la grande maison de laisser entrer le confort, les marmites de répéter les secrets de cuisine. Il fait bon se blottir dans des chambres lumineuses et confortables ou profiter de la terrasse. De l'autre côté de la rue, le maître restaurateur défenseur d'une cuisine du terroir qui laisse s'exprimer la charcuterie du pays, le foie gras, les tripous, les ris d'agneau, la truite menunière, le canard confit ou rôti, des salades et des desserts maison.

DESCENTE DES CARDELLES EN CANOË

La Salvanie
BROQUIÈS
✆ 05 65 99 44 76
Location de canoë. De mi-juin à mi-septembre. Canoe 2 places : 30 €.

Au cœur du Parc naturel régional des Grandes Causses, la base nautique Les Chemins de Traverse vous invite à défier les eaux tumultueuses du Tarn. Deux parcours sont proposés : la descente des Cardelles (7 km), et la descente de Connac (14 km). Le prix de location comprend un trajet en bus pour vous permettre de ne faire que la descente du cours d'eau. Ces itinéraires vous offrent les beaux paysages de la vallée du Tarn et une rencontre privilégiée avec la faune et la flore locale.

SAINT-IZAIRE ★

Ce sont les Bénédictins de l'abbaye de Vabres qui ont colonisé ce village et qui l'ont fortifié. Les moines y construisent un château au XVe siècle, ce qui permet aux habitations de se développer concentriquement autour de l'édifice. Les évêques y trouvent un solide refuge et décident de le prendre en tant que résidence d'été. De 1362 à 1370, cette partie du Rouergue est cédée aux Anglais, aussi le château doit-il abriter une garnison anglaise. Durant les guerres de Religion, monseigneur François de la Valette-Cornusson se réfugie dans le château et y reste. C'est à Saint-Izaire qu'est né l'abbé Mermet qui découvrit les fameuses statues menhir.

CHÂTEAU DE SAINT-IZAIRE ★

La Mairie ✆ 05 65 99 40 31
www.saint-izaire.com
Haute saison : tous les jours de 10h à 18h. Adulte : 6 €. Enfant : 4 €.

Vaste édifice rectangulaire, massif, bâti en grès rouge au XIVe siècle, le château au Moyen Age était nettement plus austère. Au XVIIe siècle, son allure et sa position géographique en font la résidence d'été des évêques de Vabres-l'Abbaye. La visite débute par la cour intérieure et la salle du pressoir qui sont toutes les deux aménagées pour les mariages et les réceptions. On découvre ensuite des salles aménagées : salle de classe, cuisine à l'ancienne, puis, dans ce qui constitue la chambre des Evêques, un superbe plafond à la française Louis XIII.

AUBERGE DE LA VALETTE €€

Place de la Bascule
✆ 05 65 97 57 78
Ouvert toute l'année. Chambre double de 65 € à 68 €. Petit déjeuner inclus. Menu : 20 €.

Face au pont, et au pied du château, cet établissement et sa façade imposante ne manquent pas de charme. Il a été entièrement refait et présente une décoration et une bonne table au restaurant. Les quatre chambres à l'étage ont aussi été entièrement relookées et redécorées et offrent le confort nécessaire à de bonnes vacances. Côté cuisine : du terroir avec de belles et traditionnelles propositions. Les assiettes sont joliment exécutées et vous laisseront le souvenir d'une chouette expérience culinaire dans ce village aux ruelles médiévales.

PAYS VILLEFRANCHOIS ET SÉGALA

Saint-Izaire.

RODEZ, VALLÉE DE L'AVEYRON ET LÉVÉZOU

Cité capitale depuis deux millénaires, Rodez occupe depuis lors une butte étroite sur laquelle les maisons se sont bâties et recroquevillées. Surnommé le Piton, la ville s'est étendue et modernisée au sortir des années 1950 en attirant à elle industries et administrations. Aujourd'hui, elle dépasse les 24 000 habitants intra-muros, et sa cathédrale, notamment son clocher haut perché à 87 mètres, continue de rayonner sur les territoires alentour. A l'est, la vallée de l'Aveyron court jusqu'à Sévérac-le-Château et alterne villages et châteaux le long de la rivière et de la RN88. Depuis Rodez, on peut aussi apercevoir le Lévézou, ses monts et ses lacs : de grands espaces dédiés aux vacances et plus largement aux loisirs. Pêche, baignade, activités nautiques, mais aussi randonnée et culture (avec Micropolis, la cité des insectes à Saint-Léons), le Lévézou est en effet un immense terrain de jeu.

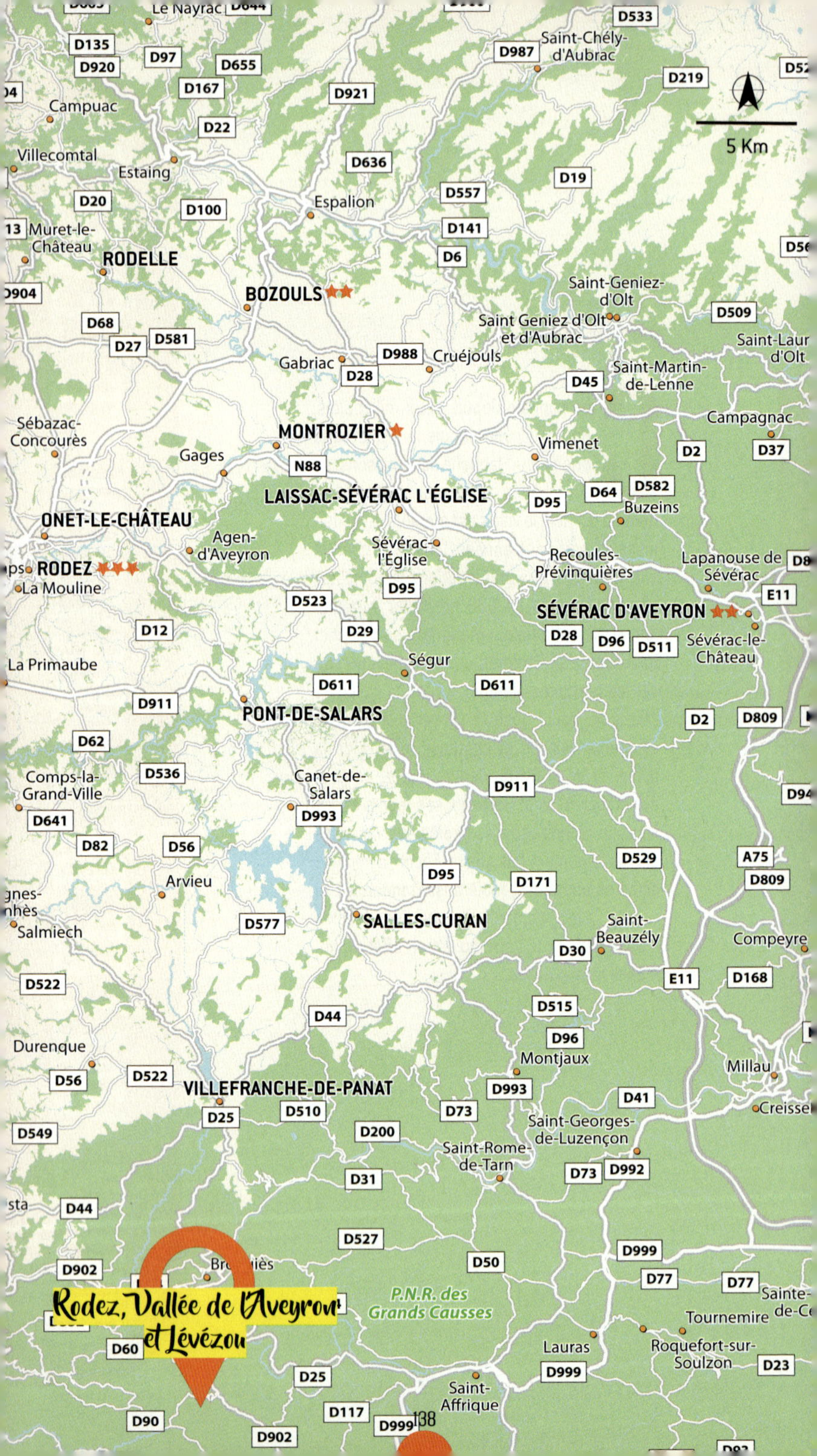

Rodez, Vallée de l'Aveyron et Lévézou
5 Km
Le Nayrac
Saint-Chély-d'Aubrac
Campuac
Villecomtal
Estaing
Espalion
Muret-le-Château
RODELLE
BOZOULS
Saint-Geniez-d'Olt
Saint Geniez d'Olt et d'Aubrac
Saint-Laurent-d'Olt
Gabriac
Cruéjouls
Saint-Martin-de-Lenne
Campagnac
Sébazac-Concourès
MONTROZIER
Gages
Vimenet
LAISSAC-SÉVÉRAC L'ÉGLISE
Buzeins
ONET-LE-CHÂTEAU
Agen-d'Aveyron
Sévérac-l'Église
Recoules-Prévinquières
Lapanouse de Sévérac
RODEZ
La Mouline
SÉVÉRAC D'AVEYRON
Sévérac-le-Château
La Primaube
Ségur
PONT-DE-SALARS
Comps-la-Grand-Ville
Canet-de-Salars
Arvieu
Salmiech
SALLES-CURAN
Saint-Beauzély
Compeyre
Durenque
Montjaux
Millau
VILLEFRANCHE-DE-PANAT
Creissels
Saint-Georges-de-Luzençon
Saint-Rome-de-Tarn
P.N.R. des Grands Causses
Tournemire
Roquefort-sur-Soulzon
Lauras
Saint-Affrique

PAGES

© PHOTO34 - FOTOLIA

Sevérac d'Aveyron et le paysage aveyronnais.

RODEZ ★★★

La ville de Rodez possède de nombreux bâtiments dont la valeur architecturale mérite l'intérêt qu'on lui porte. Citons ainsi le palais épiscopal, la maison canoniale, la tour Raynaldy, les vestiges du forum gallo-romain... Place d'Estaing, entrez sous le porche pour admirer la cour intérieure avec balcon à gargouilles et arches gothiques. Citons également l'imposante cathédrale Notre-Dame. Un circuit dans le vieux Rodez est facilement accessible par un fléchage en plusieurs points. Il permet de découvrir les richesses architecturales de la cité et de parcourir les petites rues piétonnes. Sans oublier le musée Soulages et sa collection unique au monde.

MUSÉE DENYS-PUECH ★

Place Georges-Clemenceau
✆ 05 65 77 89 60
Pass 3 musées : Soulages + Fenaille + Denys-Puech : 11 €/adulte. Gratuit jusqu'à 18 ans.

Dès 1903, le sculpteur Denys Puech forme le projet de réaliser à Rodez « un sanctuaire de l'art Aveyronnais ». Il offre ensuite à la Ville un fonds de sculptures et de dessins et convainc ses amis, le peintre orientaliste Maurice Bompard (1857-1935) et le graveur Eugène Viala (1858-1913), de faire également don de quelques-unes de leurs œuvres pour constituer les collections du musée, qui sont aujourd'hui présentées autour des sculptures de Denys Puech et constituent le cœur de la collection. Le musée accueille aussi d'autres expositions, notamment contemporaines.

MUSÉE FENAILLE ★★

14, place Raynaldy
✆ 05 65 73 84 30
www.musee-fenaille.rodezagglo.fr
Pass 3 musées : Soulages + Fenaille + Denys-Puech : 11 €/adulte. Gratuit jusqu'à 18 ans.

Ce musée est surnommé le musée aux mille donateurs. Fondé en 1836 par quelques érudits de la Société des Lettres, Sciences et Arts de l'Aveyron, il s'est patiemment construit au fil des différentes donations et abrite la plus importante et la plus ancienne collection de statues-menhirs en France ! Pour la plupart d'origine du pays, elles sont la première représentation de l'homme en « grandeur nature ». Parmi les trésors de la collection, la fameuse Dame de Saint-Sernin, la plus connue et si chère à Pierre Soulages, peintre originaire de Rodez.

MUSÉE SOULAGES ★★★★

Avenue Victor-Hugo ✆ 05 65 73 82 60
www.musee-soulages.rodezagglo.fr
Septembre-Juin, Mardi-vendredi, 10-13h / 14-18h, weekend, 10-18h. Juillet-Août, lundi-dimanche, 10-18h. Tarifs 11€, 7€.

Une construction basse pour mieux contempler les paysages et quelques volumes plus imposants ; un bardage en acier Corten rouge sombre, inconstant selon le temps ; et à l'intérieur, une succession d'espaces, tantôt lumineux, tantôt plus obscurs. Après des années de débats et de chantier titanesque, le musée Soulages a ouvert ses portes et propose un parcours fluide et cohérent créant une relation privilégiée avec les œuvres de Pierre Soulages. Le peintre, né à Rodez en 1919, a fait don a sa ville natale de 500 pièces éclectiques. Expositions temporaires en plus.

OFFICE DE TOURISME RODEZ AGGLOMÉRATION

10-12, place de la Cité ✆ 05 65 75 76 77
www.rodez-tourisme.fr
Été : du lundi au samedi : de 9h30 à 18h. Le dimanche et jours fériés : de 10h à 13h et de 14h à 16h30.

Ce bel espace de 200 m^2 est situé dans le cœur historique de Rodez, sur la place de la Cité, à quelques pas seulement de la cathédrale Notre-Dame. A l'intérieur, une équipe s'engage à vous faciliter la ville et les vacances, en délivrant les informations sur l'offre touristique locale. En plus d'un espace enfant et d'un point d'accès Wifi, l'office de tourisme Rodez Agglomération abrite une boutique et une sélection de souvenirs locaux : papeterie, produits artisanaux et aveyronnais...

GARE DE RODEZ

Avenue du Maréchal-Joffre
Lundi - Mardi - Mercredi - Jeudi - Vendredi de 5h à 1h. Samedi - Dimanche de 5h à minuit.

De nombreuses liaisons sont assurées avec les gares de Toulouse-Matabiau et de Brive-la-Gaillarde qui assurent des correspondances nationales. Malgré des menaces régulières, le train de nuit vers Paris-Austerlitz, très apprécié des travailleurs et des touristes, est aussi toujours en service. Pour accéder à la gare, un peu éloignée du centre-ville, vous pourrez emprunter le service de bus de Rodez ou bien utiliser le parking ou le service de taxis mis à votre disposition. La gare de Rodez a un point presse ainsi qu'un restaurant dans son aile gauche.

CATHÉDRALE NOTRE-DAME ★★★

Place d'Armes
✆ 05 65 75 76 77
www.rodez-tourisme.fr
Accès libre et gratuit. Visites guidées organisées par l'office de tourisme.

A l'emplacement de l'actuel édifice s'élevait une cathédrale romane du Xe siècle, dont il ne restera rien après 1276. L'évêque Raymond de Calmont d'Olt fit appel à un célèbre architecte, Jean Deschamps, qui conçu un bâtiment grandiose dans le style gothique alors en vogue dans le nord de la France. Ce projet ambitieux donna forme à une construction dont les dimensions surprennent : 107 m de long et 36 m de large. La voûte en croisée d'ogives domine à 30 m ! Mais aussi, trois siècles et 18 évêques passèrent avant de parachever l'ouvrage dont le clocher en bois et lames de plomb, véritable dentelle de pierre, fut ravagé par un incendie en 1510. Il fut reconstruit, entièrement en pierre cette fois, par le rouergat Antoine Salvanh en 13 ans, de 1513 à 1526. Haut de 87 m, le clocher se termine par un campanile surplombé d'une statue de la Vierge. Ses gigantesques proportions permettent à la cathédrale de se voir de très loin, à plus de 30 lieues disait-on par le passé ! Les tours situées de part et d'autre de l'austère façade ouest, faisant partie des remparts, n'ont pas été terminées : les travaux se sont arrêtés en 1562. L'intérieur surprend par sa grandeur et par le dépouillement de ses formes élancées qui contraste avec la riche décoration des 27 chapelles rayonnantes. Le soir venu, 500 projecteurs illuminent l'édifice, dévoilant les trésors architecturaux les plus cachés. Un spectacle grandiose ! Le clocher se visite tous les lundis, mercredis et vendredis de l'été en bonne compagnie, avec les guides de l'office de tourisme.

AGGLOBUS

3, place d'Armes
✆ 0800 00 79 50
www.agglobus.grand-rodez.com
Tarif unique : 0,20 €/trajet.

Ce réseau inter-urbain compte une douzaine de lignes de Sébazac à Baraqueville, de Druelle à Sainte-Radegonde, ainsi qu'une ligne spéciale pour les dimanches et jours fériés qui relie l'hôpital de Bourran aux Quatre-Saisons en passant par le centre-ville de Rodez et la gare. Un service de transport à la demande permet également de rejoindre les sites de loisirs de Vabre et Combelles et le golf du Grand Rodez. Mais il faut dans ce cas s'inscrire au service via le site Internet. Le réseau est aussi utile en vacances pour se repérer et se déplacer à moindre coût.

LE MAS RUAS €

Bouzinhac - **SAINTE-RADEGONDE**
✆ 09 88 18 73 56
www.lemasruas.fr
Chambre double 42 €. Avec ou sans petit-déjeuner ; avec ou sans drap. Tarif dégressif à partir de 3 nuits.

Le Mas Ruas, dissimulé au vert, à quelques encablures de Rodez, abrite quatre chambres d'hôtes (dont un studio) ainsi qu'une salle commune, dite « du papé », pouvant accueillir une cinquantaine de personnes pour des réunions ou des séminaires. La famille Robert, qui a eu l'idée de retaper cette ancienne grande caussenarde du XIXe siècle, a particulièrement soigné la déco et cultive le lien entre le passé, les racines et le monde contemporain. Les chambres sont vraiment confortables, avec différentes inspirations et ambiances pour la décoration.

RUTHÉNIUM HÔTEL €

4 bis, boulevard Denys-Puech
✆ 05 65 58 79 80
www.ruthenium-hotel.fr
Chambre double à partir de 55 € ; chambre triple à partir de 68 €. Petit déjeuner : 8 €.

Classé deux étoiles, cet hôtel et ses dix chambres insonorisées (pour une, deux ou trois personnes) ont ouvert au milieu de l'année 2014 et amené un peu de renouveau dans l'offre de l'hôtellerie ruthénoise. Une déco tout en sobriété (murs blancs et bois bruns) et un confort maîtrisé caractérisent cet établissement, situé à deux minutes de l'hyper-centre, de sa cathédrale et de ses musées, et de toutes les bonnes tables de la ville. Un excellent rapport qualité/prix et un accueil à la hauteur en font un point de chute idéal à Rodez.

LA CHAMBRE DE LA CHAPELLE ROYALE €€

5, rue des Martyrs-de-la-Résistance
✆ 06 73 13 08 72
Ouvert toute l'année. Chambre double de 80 € à 90 €.

On est tombés sous le charme de cette jolie chambre dissimulée dans un immeuble Art-déco du centre historique de Rodez. Vous profiterez ici d'une entrée indépendante, un grand lit confortable (plus un autre en 120) et une ambiance boudoir des plus agréable : parquet, couleurs douces et meubles anciens. Vous apprécierez aussi la maîtresse des lieux : Michèle, aussi discrète que disponible pour vous conseiller au mieux sur les visites et les immanquables du coin.

CŒUR DE BASTIE €€

50, route de l'Andorre - **TRÉMOUILLES**
✆ 06 74 54 39 33
www.coeurdebastie.com
Chambre simple 65 € ; double 75 €. Petit-déjeuner inclus. Tables d'hôtes : 25 €/ adulte et 12 €/ enfants (-de 10 ans).

L'accueil, la convivialité et la simplicité. Ce sont les maîtres-mots de cette maison d'hôtes qui prend place dans une ancienne ferme du XIVe siècle. Un leitmotiv qui s'applique aux chambres comme à la table. Vous serez charmés par la décoration, tendance chalet de montagne, aussi chaleureuse que la cuisine. Aurélie et Sébastien s'inspirent de la région : aligot, truffade, confit de canard, roquefort... Nouveautés au printemps 2021 : gîte-étape pour les chevaux, ainsi que balades et randonnées équestres avec la cavalerie des hôtes, proposées par Sébastien.

DOMAINE DE COMBELLES €€

LE MONASTÈRE
✆ 05 65 77 14 55
www.domainedecombelles.fr
Chalets, lodges et chambres hôtelières.

Yves Verdié, voyagiste, passionné d'équitation, a mis toute son expérience au service de ce domaine et continue d'accueillir les touristes pendant les vacances. Vous pourrez profiter de nombreuses activités sur place (piscine semi-olympique), et vous adonner à l'équitation ou aux randonnées grâce aux prestataires partenaires présents dans le village. Vous pourrez également en profiter pour visiter les villes de Millau, Laguiole ou Conques et profiter des animations ludiques pour tous les âges, dispensées avec bonne humeur par votre lieu de villégiature.

© DR

© DR

© DR

GITES DE FRANCE AVEYRON

2, rue de Dublin
✆ 05 65 75 55 66
www.gites-de-france-aveyron.com
9h à 20h tous les jours service de réservation.
10h à 12h - 14h à 17h relais GDF12.

Les Gîtes de France sont la plus grande chaîne française d'hébergement en milieu rural. Dans notre département, où la nature et les campagnes dominent, le label est particulièrement présent, à travers un réseau dense de gîtes, gîtes de groupes, chambres d'hôtes, chalets et campings. L'ensemble de ces hébergements forme une sorte de clan, dont l'engagement, le savoir-faire et les valeurs sont employés sans réserve à la satisfaction des clients. Le site Internet est une centrale de réservation, sur laquelle on navigue par catégories ou secteurs géographiques.

© DR

© DR

HÔTEL DE LA TOUR MAJE*** €€

1, boulevard Gally ✆ 05 65 68 34 68
www.hoteltourmaje.fr

Chambre double de 92 € à 130 €. Petit déjeuner : 13 €.

Entouré par la cathédrale et les pavés des rues piétonnes de la cité, l'hôtel de la Tour Maje marie héritage historique et confort moderne. Restaurées de fond en comble il y a quelques petites années, les chambres affichent une authenticité réservée, tout en étant dotées d'équipements actuels. La tour du XVe siècle abrite désormais trois belles suites, avec vue imprenable sur le patrimoine et les toits de la ville. Partout, les matériaux de qualité, chêne notamment, et les couleurs chaleureuses témoignent de l'art de recevoir de cet établissement historique.

HÔTEL-RESTAURANT LES PEYRIÈRES*** €€

Rue des Peyrières - **OLEMPS** ✆ 05 65 68 20 52
www.hotel-les-peyrieres.com

Chambre double de 50 € à 145 €. Petit déjeuner : 12 €. Soirée étape de 86 à 140 €. Formules et menus : de 16 à 29,50 €.

Cet établissement regroupe 3 salles de restaurant, une terrasse d'été couverte, une soixantaine de chambres ainsi qu'une piscine. Si vous recherchez une cuisine raffinée, vous êtes à la bonne adresse chez cet authentique et sincère hôtelier. Côté nuit, l'établissement dispose de chambres dites « familiales » et d'autres dites « prestige ». Cette affaire accueille délégations sportives et séminaires mais aussi des voyages organisés qui profitent tous du cadre confortable du site.

MERCURE RODEZ CATHEDRALE**** €€

1, avenue Victor Hugo
✆ 05 65 68 55 19
www.mercure.com

Chambre double de 95 € à 150 €. Petit-déjeuner buffet : 15 €.

En face de la Cathédrale se dresse cet hôtel au charme fou. Anciennement Grand Hôtel Broussy, à la façade mosaïque très art déco, cet établissement a été entièrement rénové pour le plus grand confort des clients. Les chambres, refaites en intégralité et à présent climatisées, insonorisées et équipées, sont reposantes et d'une incroyable sérénité. Et si vous voulez passer d'agréable moment en toute intimité, passez donc au salon-bar à l'ambiance feutrée et aux murs décorés dans les années 30.

LA FERME DE BOURRAN**** €€€

Quartier de Bourran ✆ 05 65 73 62 62
www.fermedebourran.com

Chambre double de 89 € à 200 €. Petit déjeuner : 13 € (et jusqu'à 20 €).

Perché sur la colline qui surplombe le quartier d'affaires de Rodez, cet hôtel accueille dans une maison de maître classique du XIXe siècle. L'intérieur très lumineux, d'un design sobre et moderne, aux touches colorées inspire le calme et la détente. Parfait pour vous ressourcer ! On pourra aussi se reposer ou prendre son petit-déjeuner sur une grande terrasse ensoleillée. Un room-service est proposé. Les plats et assiettes gourmandes sont élaborés par les chefs du restaurant du Vieux Pont à Belcastel, les vins et apéritifs sélectionnés par son sommelier..

LA SUITE SECRÈTE €€€

✆ 06 27 68 35 55
www.lasuitesecrete.com

179 €/nuit du lundi au jeudi ; 270 €/nuit le week-end.

Cette Suite Secrète est dissimulée dans les rues ruthénoises, tout près du centre-ville – l'adresse est révélée une fois la réservation validée. On y vient en amoureux, pour la journée ou pour une nuit, pour goûter au luxe d'une prestation haut de gamme. Piscine intérieure chauffée, bain bouillonnant, peignoirs moelleux, et à la demande, petit déjeuner, repas aux chandelles, bouteille de champagne, plateau de dégustation ou soins de bien-être, l'adresse met les petits plats dans les grands pour offrir des séjours de qualité, sinon de rêve.

MOUSTACHE HOT DOG €

22, place de la Cité
✆ 05 65 55 54 65
www.moustachehotdog.fr

Ouvert le mardi et le mercredi de 11h30 à 21h ; du jeudi au samedi de 11h30 à 22h. Hot Dog à partir de 5 €.

La finger-food américaine a désormais pignon sur rue sur le Piton, avec Moustache Hot-Dog. Arnaud Benoît de Coignac, cuisinier et pâtisser de formation, formé dans les établissements de France et de Navarre (à Tahiti notamment), empile les bons produits dans un pain boulanger façonné à Rodez : une saucisse artisanale, du cheddar, de la moutarde, du confit d'oignons, des tomates confites, de la fourme d'Ambert, du guacamole selon la recette choisie. Le hot-dog s'accompagne de nachos (servis avec une sauce maison) ou d'une salade coleslaw.

AU PASSAGE €

Place des Maçons

✆ 05 32 41 27 11

Ouvert du lundi au vendredi le midi ; le vendredi soir. Formules à partir de 11 €.

Emilie et David transforment les produits locaux ou artisanaux, trouvés au marché, en succulentes soupes, salades ou piadines – une spécialité culinaire italienne, sous la forme d'un feuillet de farine de blé garni et cuit directement sur la plancha. Les recettes changent tous les quinze jours, si bien qu'on revient régulièrement dans cet établissement où l'on se régale à coup sûr. On vous livre un exemple testé et approuvé : piadine mozza, bleu d'Auvergne, pancetta et noix torréfiées et en dessert, petit moelleux au chocolat, crème anglaise au thé Earl Grey.

LE AMAZIR €

8, passage de l'École

OLEMPS

✆ 05 65 68 37 17

Menus de 23 à 30 €. Menu enfant : 10 €.

C'est une adresse pleine de soleil et de chaleur qui illumine Olemps depuis quelques années. Le Amazir propose en effet, dans un cadre moderne et accueillant, une cuisine orientale pleine de saveurs. La carte conjugue ainsi couscous (royal, agneau, poulet, boulettes ou merguez), briwattes farcis, tajines (poulet, agneau et veau, relevé de citrons confits, raisin sec, amande effilée, pruneau), pastillas et pâtisseries orientales. Les produits sont frais et les plats faits maison. L'expérience est assurément dépaysante et l'accueil de Bertrand et Sarah, solaire.

AUBRAC BURGER €

93, rue Béteille

✆ 07 81 87 28 53

www.aubracburger.com

Menus de 11,50 € à 14 €.

Un fast-food en plus raffiné ! Produits frais, recettes variées, et une caution terroir qui fait toute la différence. Les pains sont fabriqués par un boulanger du coin. Les steaks sont aveyronnais – bœuf Aubrac, évidemment – les fromages aussi ! Roquefort baragnaude et laguiole fondent ainsi généreusement dans les sandwichs version Macarel ou Aubrac. Généralement accompagnés de frites ou salade, et d'une boisson. Les végétariens opteront pour le burger farçou, et les tradi pour l'assiette aligot-saucisse ou les salades, tout aussi goûtus.

HÔTEL BINEY*** €€

7, boulevard Gambetta

✆ 05 65 68 01 24

www.hotel-biney.com

Ouvert toute l'année. Accueil jusqu'à 22h. 28 chambres. Chambre double à partir de 60 €. Petit déjeuner : 12 €.

© DR

Situé au cœur de Rodez, à côté de la cathédrale Notre-Dame et à 150 m du musée Soulages, cet hôtel décline très à propos un esprit urbain. L'établissement propose des chambres (dont une suite) dans un style contemporain créant une agréable ambiance cocooning : les tons chauds sont à l'honneur et plaisants à l'œil dès l'accueil. Et si les chambres sont toutes différentes, le confort ne manque pas. Les chambres sont parfaitement équipées. Vous apprécierez aussi le calme qui caractérise le lieu et le patio fleuri, où est servi le petit-déjeuner buffet.

CAFÉ DU COMMERCE €

24, rue Neuve

✆ 05 65 42 53 47

www.le-cafe-du-commerce.fr

Formule du midi : 13,50 € (plat et dessert).

Dans l'un des cafés-bistrots les plus vieux du cœur de Rodez – près de 200 ans ! - toute l'équipe s'active telles des petites fourmis. Ici, tout est fait maison : le tartare haché à la minute, le pain des burgers, les frites, l'aligot, le flan à la louche, la tarte au citron (et quelle tarte au citron !)... Résultat : à midi, l'établissement ne désemplit pas. Et l'accueil, l'excellent rapport qualité-prix, ainsi que l'efficacité du service, n'y sont certainement pas pour rien. N'oubliez pas de réserver si vous voulez goûter à cette bistronomie de qualité.

CAFÉTÉRIA LE BINEY €

7, boulevard Gambetta
✆ 05 65 68 16 48
www.hotel-biney.com
Ouvert tous les midis sauf le dimanche. Plat du jour de 8,50 à 10,50 €.

En plein centre-ville à deux pas de la cathédrale, dans les jardins de l'hôtel du même nom, qualité et simplicité sont les maîtres mots de cette cafeteria. Les spécialités sont de la région et sont renouvelées chaque semaine. Croissant au jambon, moussaka au bœuf, filet de sole normande, wings de poulet, poitrine de porc farcie, beignets de calamar… La pâtisserie est simple et maison. L'ambiance est familiale et l'équipe très accueillante. On vous conseille de profiter des beaux jours pour déguster votre déjeuner à l'ombre de la terrasse.

LA COMPAGNIE €

1, bd d'Estournel
✆ 05 65 68 02 33
www.lacompagnie-rodez.fr
Formule du midi à 14,50 €.

Cet établissement face à la cathédrale a fait du bien au centre-ville de Rodez, avec un service continu qui s'étend du petit-déjeuner jusqu'à tard dans la nuit, ce qui est plutôt rare sur le Piton. La carte, qui est souvent renouvelée, est suffisamment variée, mais sans trop pour n'être composée que de bons produits frais, et permet de trouver une suggestion à son goût : planches de charcuterie et fromage, tartare de bœuf au couteau, saucisse-aligot - le vrai ! -, risotto de coquillettes à la crème de truffe, pizzas, Paris-Brest.

LES DÉLICES DE LOUISE €

14, rue Combarel
✆ 05 65 68 47 99
www.les-delices-de-louise.com
Plat du jour : 8,90 €. Formule (entrée-plat ou plat-dessert) à 10,60 €. Formule (entrée, plat et dessert) à 12,50 €.

A deux pas du musée Soulages et de la cathédrale, Babeth et Flo ont monté leur petite boutique tout de vert habillée, ici c'est du traditionnel et du bon.Tout y est fait maison (sauf quelques confitures). Chaque jour des plats différents sont proposés, du chou farci à la blanquette à l'ancienne en passant par les ris d'agneau ou les farçous. Cette petite équipe se met en quatre pour satisfaire tout repas, événements festifs et autres occasions. Il n'y qu'à voir la file d'attente à l'heure du déjeuner pour comprendre leur engagement.

LE GRAND CAFÉ €

19, place de la Cité
✆ 05 65 68 00 95
Plats du jour à partir de 10,50 €.

C'est le rendez-vous incontournable de la place de la Cité, celui où l'on côtoie le monde du sport, de la politique, des arts, des maraîchers et les voyageurs de passage. Aux mains de Paul, l'adresse vous accueille tous les midis dans un décor modernisé pour déguster une salade Caesar, un poulet sauté aux oignons, de la viande d'Aubrac (steak, pavé, tournedos, tartare), un émincé de canard, un dos de lieu, un moelleux au chocolat… Le soir à l'heure de l'apéro, c'est Spritz et tapas sur la place de la Cité tout juste rénovée.

LA LOGIA €

10, boulevard Gally
✆ 05 65 68 63 64
Formule du midi : 14 € (plat et dessert).

Espace XXL, déco chic et service impeccable, bien qu'un peu long certains jours… Tout ici a été pensé pour le plaisir des sens : yeux et bouche confondus. Sans oublier la cuisine, française et authentique : pintade aux olives et écrasé de pomme de terre ; filet mignon de porc sauce aux maroilles ; lasagnes au lieu noir et légumes ; filet d'églefin et sa sauce aux crevettes… Les Ruthénois apprécient, c'est un fait. Il n'y a plus qu'à faire comme eux : réserver pour être sûr de pouvoir s'asseoir à cette table très courtisée le midi.

LA MAISON €

8, rue Louis Austruy
✆ 05 32 41 23 27
Pas de menu. Une carte renouvelée chaque semaine. Ticket moyen : 26 €.

Chloé Tatin et Luc Pourrat, qui ont investi cette charmante maison du centre-ville ruthénois, sont des créateurs d'émotions gustatives. Leur petite carte, renouvelée chaque semaine, est un enchantement, de l'entrée jusqu'au dessert : jus de légumes, mozzarella et abricots rôtis, gâteau tomate-courgette, boeuf au couteau snacké, lasagnes veggie, sashimi de bar bio ; sans oublier les excellentes pavlovas qui se déclinent à l'orange ou aux fruits rouges selon les saisons et les tartelettes au citron qui concluent l'expérience avec panache…

LA MAISON DE CÉCILE ET AIMÉ €

2, boulevard Flaugergues
✆ 05 65 69 57 97
Formule du midi : 15 €.

Isabelle Sabin est à la tête de cette belle maison atypique, au charme et au caractère indéniables. Pour le déjeuner, le goûter ou le dîner, la carte propose des tartes salées, des assiettes variées ou des salades, simples mais bonnes. Les desserts sont de délicieux gâteaux maison - le moelleux au chocolat indétrônable est une pure merveille - et la carte présente de nombreux thés ainsi que d'originales tasses de chocolat chaud, fait maison à l'ancienne.

LA MAISON THAÏ €

42, rue Saint-Cyrice
✆ 06 23 14 26 80
Formules de 12,90 à 14,90 €.

La cuisine de ce restaurant est soignée, avec de subtils parfums et épices, de bons assaisonnements et pas mal de savoir-faire. On vous conseille le royal set : nems et brochettes au poulet, pad thaï canapés et salades de crevettes, pour une entrée en matière savoureuse, ainsi que les autres spécialités de la maison : soupe de crevette, bœuf au basilic, riz gluant noir ou blanc à la mangue et flanc au lait de coco et fleur de jasmin. Notez que si en salle un service attentif est assuré, le restaurant propose aussi des plats à emporter.

LA MAISON DES THÉS €

1, bis, rue des Nattes
✆ 05 65 71 58 92
www.lamaisondesthes.fr
Ouvert du lundi au samedi de 9h30 à 18h. Plat du jour : 10,50 €.

© DR

Donne sur la place de la mairie. Que ce soit pour boire le thé ou prendre un repas, on s'y sent très bien. En entrée, petits farcis à la niçoise, salade chèvre-magret-crudités ou une très savoureuse lasagne courgette-chèvre. Tout est copieux. Les prix sont abordables ; inutile de vous dire que tout y est fait maison. En accompagnement d'une boisson chaude (une vingtaine de thés du Palais des Thés, à consommer sur place ou à emporter). En dessert on y sert une délicieuse tarte au citron ou framboise meringuée. Une réelle atmosphère se dégage du lieu.

ABYSS €€

65, rue saint-Cyrice
✆ 05 65 71 40 66
www.abysscoquillages.fr
Plateau de 40 à 80 €. Possibilité de personnaliser son plateau. Menu du midi de 10,50 à 20 €.

Installé autour des mange-debout de cette adresse ruthénoise, on déguste huîtres, bulots, homards, crevettes, langoustines et autres palourdes. Les maîtres des lieux sélectionnent avec attention coquillages et crustacés qui composent des alliances iodées de première qualité. A découvrir également, les excellents menus autour des nigiris, makis, spring rolls, colorblocks... pour un océan de sensations marines. L'accueil est au top, toujours souriant, et l'ambiance très conviviale. L'adresse est aussi à la barre de la poissonnerie ruthénoise du passage du Mazel.

LE BISTROQUET €€

17, rue du Bal
✆ 05 65 68 74 75
Menus de 18 € à 22 €. Menu enfant : 8 €. Formule du midi : 14,50 €.

Ici, la chaleur de l'accueil est aussi ardente que les braises de la cheminée dans laquelle cuisent les viandes. La salle entière s'organise autour de ce feu de bois qui donne aux grillades cette saveur si particulière. Servies avec des pommes de terre rissolées, côtelettes d'agneau fermier, aiguillettes de canard et autres pièces de bœuf font généralement l'unanimité auprès de tous. Le Bistroquet, idéalement situé en centre-ville, à deux pas des commerces, propose aussi des tartes salées et des desserts, le tout fait maison.

PIZZERIA LE CALCIO €€

2, carrefour Saint-Etienne
✆ 05 65 68 77 29
www.pizzeria-lecalcio.com
Pizzas à partir de 8,50 €.

© DR

Cette toute petite adresse fait partie du paysage ruthénois depuis 1995. On s'y arrête volontiers pour commander une pizza, et plus facilement dès les beaux jours, lorsque la terrasse prend ses quartiers d'été sur les pavés de cette esplanade ombragée du centre historique. Pizzas, pâte, paninis, salades, crêpes, churros... On y trouve tout ce qu'il faut pour un déjeuner sur le pouce ou pour une pause gourmande, salée ou sucrée, à tout moment de la journée. Le Calcio offre en effet une grande disponibilité pour servir ses clients, sur place ou directement chez eux.

CAFÉ BRAS €€

Avenue Victor-Hugo
✆ 05 65 68 06 70
www.cafebras.fr
Menu unique à 37 €. MiWam à partir de 8 €.

Ce restaurant de musée propose une cuisine mi-bourgeoise mi-terroir, et pas mal de clins d'œil créatifs déclinés en trois temps. Fouace, pascades et tripous pour un en-cas servi à partir de 10 heures chaque matin. Le désormais célèbre Miwam, un drôle de sandwich à base de céréales bio imaginée par Sébastien, pour une déjeuner sur le pouce. Et enfin, une jolie sélection de gourmandises sucrées pour le quatre-heures, à découvrir confortablement installés dans les lourdes chaises en cuir et métal du restaurant. La carte est renouvelée tous les jours ou presque.

LE CÈDRE €€

15, rue Denys-Puech
✆ 05 65 42 19 03
www.restaurantlecedre.fr
Menus de 23,50 € à 32 €.

L'aventure du restaurant a débuté en 2008 et mérite une attention toute particulière tant pour la qualité de l'accueil que pour son authentique cuisine libanaise. Les produits travaillés sont aveyronnais, des légumes à la viande, et travaillés à la libanaise. Les recettes traditionnelles et familiales se déclinent ainsi en très fins mezzés, grillades, brochettes de bœuf ou de poulet marinés ou des aubergines farcies, le tout accompagné par des vins régionaux ou des vins libanais comme le Château Kefraya ou d'une légère bière blonde Almaza (libanaise aussi).

ET €€

24, place du Bourg
✆ 05 65 68 95 00
www.restaurant-et.fr
Ouvert du mardi au samedi le soir ; le mardi et du jeudi au samedi le midi. Menus de 33 € à 90 €.

De leur passage chez les piliers de la gastronomie française, Emilie et Thomas semblent avoir retenu la recette du succès : un cadre convivial et chaleureux qui se déploie en terrasse jusque sur la place du Bourg et une ardoise réjouissante. Leur répertoire est résolument libre et gastronomique, et leurs menus se déclinent en 4, 6, 7 ou 9 services. On ne vous donne pas d'exemples : vous n'aurez certainement pas l'occasion d'y goûter, car la carte change constamment, selon l'inspiration des deux chefs et les ressources des petits producteurs du coin.

L'INFLUENT €€

38, rue de Bonald
✆ 05 65 42 75 10
www.restaurantlinfluent.com
Menus de 20 à 32 €. Menu enfant : 11 €. Formule du midi : 16 € (entrée/plat ou plat/dessert ou entrée/dessert).

Guillaume, passé par les bonnes tables aveyronnaises - Le Belvédère à Bozouls, Fontange ou Les Jardins de l'Acropolis à Rodez -, propose une cuisine semi-gastronomique : noix de Saint-Jacques rôties, ris d'agneau persillés, grenadin de veau jus corsé aux morilles, médaillon de lotte à l'armoricaine, cône aux fruits frais, par exemple pour le menu Influent. Théodora, diplômée en communication et publicité, et rodée aux relations humaines, est une hôtesse exquise pour ce restaurant décoré de photos de personnalités qui ont compté dans l'histoire.

MAMMA MIA €€

8, rue Aristide Briand
✆ 05 81 37 67 93
Menu unique à 20 €. Menu enfant : 8,50 €. Formule du midi : 13,50 €.

Embarquement immédiat pour l'Italie ! Crostini, pasta, risotto, antipasti et tiramisu.... Ne manque que l'accent qui chante pour que le tableau soit parfait. Devenue une référence sur le Piton, Mamma Mia vous propose un voyage gustatif dans les terres transalpines. Pâtes fraîches, légumes du marchés, et sauces aussi variées que savoureuses, la carte évolue avec les semaines. Mais quelques classiques sont régulièrement renouvelés, comme les *trippas alla fiorentina*, le tiramisu, ou le sgroppino : un gros digestif à base de vodka et citron.

LA TABLE FROMENT €€

1, rue Corbières
✆ 05 65 68 60 16
latablefroment.fr
Menu du jour : 20 € (16 € entrée-plat ou plat-dessert). Menu du samedi : 35 €.

Claire et Bastien ont inauguré cette adresse singulière à l'automne 2020. Si quelques tables se déploient en terrasse aux beaux jours, l'établissement propose essentiellement des menus à emporter. Préparés à base de produits frais, bios ou issus de l'agriculture raisonnée, entrées, plats et desserts sont de haute facture. Claire et Bastien se sont en effet orientés vers une cuisine gastronomique, dressée avec passion dans de petites assiettes à faire réchauffer à la maison, avec les précieux conseils du chef, pour une dégustation comme au restaurant.

LES JARDINS D'ACROPOLIS €€€

1, rue d'Athènes
✆ 05 65 68 40 07
www.restaurant-acropolis.fr
Menus de 27 € à 60 €. Formule du midi : 20 € (entrée-plat ou plat-dessert. 27 € pour le menu entier).

Voilà un des meilleurs restaurants ruthénois et qui offre un cadre particulièrement soigné, très chic. Le moindre détail est pensé et abouti, de l'organisation de la table à la présentation des plats. La cuisine est raffinée, inventive et présente des plats très élaborés. De nombreuses spécialités sont à découvrir ou redécouvrir suivant les envies, qui mêlent produits aveyronnais, viandes d'Aubrac et foie gras. L'adresse propose aussi une assiette végétarienne le midi, préparée avec les légumes du marché et accompagnée d'un café gourmand.

LE KIOSQUE €€

Avenue Victor-Hugo
✆ 05 65 68 56 21
www.lekiosque-rodez.fr
Ouvert toute l'année. Réservation recommandée. Menu unique à 33 €. Menu enfant : 8,50 €. Formule midi : 16,50 €. Terrasse.

© DR

Sur le Piton, ce restaurant est une institution. Grâce à sa position centrale dans la ville, à mi-chemin entre la cathédrale Notre-Dame et le musée Soulages. Et grâce à son fort tempérament iodé, Aurélie et Guillaume ont développé un savoir-faire rare en Aveyron et cuisinent avec justesse tous les produits de la mer, tels que la parillada de poissons. Les plateaux de fruits de mer et assiettes d'huîtres sont le point fort et se dégustent, dans une élégante salle de restaurant, ou à l'ombre, sur la terrasse, dès les beaux jours venus.

16.45

31, rue du Bal
✆ 06 42 14 82 34
www.le16-45.com
Ouvert du mardi au jeudi de 16h45 à 1h ; le vendredi et le samedi de 16h45 à 2h.

Chaque jour, du mardi au samedi, à 16h45 précises, cet établissement unique dans le paysage ruthénois ouvre ses portes à une clientèle assoiffée de mixtures bien agitées. Aricia, barman, et Rémi, sommelier, ont en effet mêlé leur expérience franco-australienne dans de belles maisons, au service d'une carte liquide de qualité. Outre les vins, du plus abordable au plus pointu, le 16.45 sert d'excellents cocktails. De la célèbre Pina colada aux créations préparées à la demande, l'équipe met un point d'honneur à utiliser de bons produits et une verrerie adaptée.

AICI PAR MATTHIEU CLOT

3, rue Penavayre
✆ 05 65 62 13 99
www.aici-chocolatier.fr
Ouvert du mardi au samedi de 10h à 19h.

Fort de plusieurs CAP (pâtissier, glacier, chocolatier, boulanger), Matthieu Clot a créé son atelier de chocolatier en 2009. On retrouve aujourd'hui l'ensemble de ses créations dans sa petite boutique de la rue Penavayre et dans son atelier/magasin des Moutiers à Rodez. Le résultat d'années de travail, de passion et de beaucoup de patience. Matthieu Clot imagine ses propres bouchées en apportant un soin tout particulier à l'aspect visuel. On s'arrête aussi dans la boutique de ce jeune maître artisan pour les macarons, les pâtisseries et les glaces artisanales.

LIVING ROOM

3, rue du Bal
✆ 05 81 19 05 43
Menu : 12 €.

Ce salon de thé et tarterie est idéalement situé dans la rue du Bal, sur les pavés qui mènent vers le grand marché du samedi place du Bourg. Aux mains d'une écologiste convaincue, il propose une cuisine simple, mais toujours de qualité, à base de produits locaux, bio ou équitables. Les limonades et la bière par exemple sont aveyronnaises. Et le banoffee (mascarpone et crème fouettés, banane, confiture de lait et spéculoos), même s'il ne sonne pas très régional, n'en est pas moins excellent. Les enfants apprécieront aussi le joli bar à bonbons...

LE BARISTA

1, rue Corbière
✆ 06 76 91 35 29
Lundi de 9h à 18h ; mardi, mercredi, vendredi et samedi de 8h à 19h ; jeudi de 8h à 14h ; dimanche de 9h à 12h.

Kévin, la trentaine au compteur, dont une décennie dans l'univers du café, partage dans ce coffee-shop son goût et sa passion pour la boisson. Le jeune homme s'est équipé d'une machine à expressos aussi jolie que singulière : pas d'électronique, juste un levier pour maîtriser, à main levée, le temps d'écoulement du café. Un savoir-faire qui permet d'extraire les notes aromatiques de cafés de spécialité – comprenez le top des grains – commandés chez les meilleurs torréfacteurs. La carte de ce barista compte aussi des thés bio, des jus de fruits et sodas régionaux.

O P'TIT BONHEUR

4, carrefour Saint-Etienne
✆ 05 65 73 14 23
Cocktail : 6 € (4,50 € sans alcool). Plateau de fromages ou charcuteries : 4,50 €/personne, 8 €/2 personnes.

Les maîtres des lieux ont mis ici tout ce qu'ils aiment et habillé ce mi-bar mi-brocante de centaines de livres, vinyles, meubles et divers objets à chiner... La déco, cosy à souhait, évolue donc au gré des ventes, quand l'accueil reste invariablement chaleureux. Entre deux cafés, l'établissement propose des soirées-concerts, agrémentées d'un jolie carte de cocktails... Et de plateaux de fromages ou charcuteries. On est en Aveyron quand même ! Le lieu est particulièrement prisé le samedi matin à l'heure du marché, pour un café ou un apéro en bonne compagnie.

CHOCOLATERIE AGNÈS ET PIERRE

5, place de la Cité
✆ 05 65 78 34 15
www.agnesetpierre.fr
Ouvert du mardi au samedi de 9h30 à 12h30 et de 14h30 à 19h.

Baptisée du nom de ses créateurs, Agnès et Pierre, cet atelier-boutique est avant tout une aventure à quatre mains. Tous deux formés à la pâtisserie et à la chocolaterie, Agnès et Pierre sélectionnent des ingrédients de premier choix et confectionnent chocolats et macarons de manière artisanale pour arriver à un résultat d'une gourmandise et d'une qualité rares. Agnès et Pierre élaborent aussi des sucettes, des guimauves, des caramels, et des tablettes à croquer.

SANHES-GLACIER À LA FERME

Ferme de La Planque
SAINTE-RADEGONDE
✆ 06 80 23 12 17
https://glacesanhes.fr
Vente directe à la ferme.

A Sainte-Radegonde, les Sanhes, éleveurs de montbéliardes, transforment le lait de leurs vaches en glace, directement sur l'exploitation. La famille Sanhes s'est fixé un cahier des charges exigeant : fruits frais en provenance des meilleures fermes aveyronnaises – quand c'est possible évidemment –, parfums naturels et bien sûr ni colorant ni conservateur. Résultat ? En un tour de main, une trentaine de parfums de glace et sorbet, parfaitement équilibrés.

V AND B

5, espace commercial Saint-Marc
✆ 05 65 58 74 79
www.VandB.fr
Ouvert du lundi au samedi, jusqu'à 21h le jeudi et le vendredi.

Le partage, l'échange, la convivialité sont les maîtres mots de cet espace atypique, installé en périphérie du centre-ville de Rodez. Un peu cave à vin (le V), un peu brasserie (le B de bière), un peu pub anglais... Le V and B du parc de Saint-Marc à Onet-le-Château est surtout une caverne aux trésors pour les amateurs d'alcools. Plus de 350 références de bières ; autant de vins des grandes régions françaises, de champagnes, de whiskies, et autres spiritueux... L'endroit est idéal pour faire ses emplettes en journée, mais aussi pour boire un verre.

ABEYRON

3, rue Monteil
✆ 06 08 05 62 79
www.abeyron.fr
Ouvert du mardi au samedi de 10h à 12h et de 14h à 19h.

Alexis, Daniel et Dominique ont scellé leur amitié dans cette marque de prêt-à-porter casual chic made in Aveyron. Aussi complices que complémentaires, les trois amis ont choisi d'interpréter les symboles et les valeurs du département dans une collection de vêtements et accessoires pour hommes et femmes. Pantalons, bermudas, t-shirts, chemises, polos sont taillés dans des matières nobles, qui confèrent à l'ensemble, rehaussé d'un blason « abeille », un look tendance et de qualité. En vente dans les boutique de Rodez et Laguiole, ainsi que sur le site Internet.

ARTISAN DU FRUIT

3, rue de Corbière
✆ 05 65 75 21 07
www.artisandufruit.com
Ouvert du mardi au samedi de 10h à 19h.

Ancien restaurateur, Bernard Salinier s'est spécialisée dans les recettes végétales. Fruits, légumes, champignons -et alcools de temps en temps- sont une source d'inspiration permanente pour ce magicien des saveurs, qui interprète les recettes traditionnelles et en inventent de nouvelles. Sa boutique compte aujourd'hui autour de 200 références : confitures, compotes, cocktails de fruits frais, sirops, chutneys, condiments, liqueurs, tartinables... Parmi les best-sellers, le confit de vin de Marcillac. Le cornichon à tartiner est un autre mets très apprécié.

AVEYRON FOIE GRAS

80, avenue de Rodez - **LUC-LA-PRIMAUBE**
✆ 05 65 69 56 56
www.afg-foiegras.com
Ouvert du lundi au vendredi de 9h à 12h et de 14h à 18h.

Il y a plein de raisons de pousser les portes de ce magasin. Acheter un délicieux foie gras bien sûr. Goûter aux autres spécialités « à base de canard ». Ou tout simplement composer un coffret de produits « maison » pour faire un beau cadeau. La boutique, propriété de la famille Douls, est un véritable festival de saveurs irrésistibles et perpétue depuis trente ans, une tradition qui remonte à six générations de professionnels des métiers de bouche. L'entreprise, baptisée AFG – AF comme Auguste Fontanié, le grand -père– a en effet fait du canard sa spécialité.

LES FERMES DES ARTISOUS

3, rue du Bosc ✆ 05 65 55 64 34
www.fromagerie-lesartisous.com
Du mardi au vendredi, 8h30 -14h / 15h -19h. Samedi, 7h30 -13h30 / 14h -19h. Fermé Dimanche et lundi

© DR

Regroupée depuis de nombreuses années en collectif, sous l'impulsion de Jeannine Massebiau, une cinquantaine de producteurs de lait de brebis, installée sur le Larzac et le Lévézou, gère sa propre fromagerie à La Cavalerie. Sur place, il transforme une partie de leur lait – l'autre est destinée à l'industrie du roquefort – en fromages aux noms plutôt évocateurs : le pérail des Artisous, le médaillon, la galette du Larzac, le Ch'ti aveyronnais, la tomme fleurie, yaourts et la pitchotte. Les Artisous proposent aussi une flaune, qui porte le patronyme de Jeannine.

L'AVEYRON GOURMET

20, rue Louis-Oustry
✆ 05 65 78 67 38
www.aveyron-gourmet.fr
Ouvert du mardi au samedi de 9h à 12h et de 14h à 19h.

Il n'y a qu'à pousser la porte pour s'offrir tout l'Aveyron à portée de main. Cette boutique, qui fait maintenant partie du paysage, tient les promesses de son nom et présente toutes les gourmandises du département : charcuterie campagnarde, foie gras, confits, fromages, vins aveyronnais... Le rayon boissons se porte d'ailleurs fort bien et regorge aussi d'apéritifs et liqueurs parfumés. On trouve également un gâteau typique – à la broche – et l'outil indispensable : un couteau de Laguiole. La boutique propose même des paniers composés.

CAVE RUTHÈNE

11, avenue de l'Entreprise
✆ 05 65 42 19 28
www.cave-ruthene.fr
Du mardi au samedi : 9h15-12h15 et 14h15-19h15.

Depuis plus de 50 ans, la Cave Ruthène, l'une des plus anciennes du piton, alimente l'Aveyron et les départements limitrophes en bons flacons et bouteilles. Dans le vaste magasin des Moutiers, le vin est à l'honneur, avec une sélection de producteurs en constante évolution. Des bordeaux d'exception aux grands crus de Bourgogne en passant par les millésimes aveyronnais, plus de 3 000 références abreuvent les étals de la boutique. La même générosité anime l'adresse du centre-ville, rue Combarel. Elle fait la part belle aux bières mais aussi aux whiskies.

CRÈMERIE DU MAZEL

Passage du Mazel
✆ 05 65 68 07 99
Ouvert du mardi au samedi de 7h30 à 12h30 et de 14h30 à 19h.

La famille Douls produit depuis plus de six générations de nombreux produits tels que la charcuterie, le fois gras ou encore le jambon de canard. Reprise par Mathieu Douls, vous trouverez au sein de cette boutique pas moins de 300 références de fromages. Certains de ces trésors sont affinés par le maître des lieux qui se fera un plaisir de vous conseiller sur le roquefort, le rodez, la tomme des Raspes, le laguiole, le saint-nectaire, le salers ou le cantal. Le lieu propose aussi un rayon charcuterie où vous trouverez tripoux et autres spécialités aveyronnaises.

DES LIVRES ET DES ARTS

13, place du Bourg
✆ 05 65 74 79 73
www.deslivresetdesarts.com
Ouvert du mardi au samedi de 10h à 19h.

Roger Charpentier, féru d'art et de littérature, a ouvert cette inclassable « librairie-boutique-galerie » dans le cœur historique du Piton. Cette petite institution culturelle se décline en effet en trois activités. Elle propose une sélection d'ouvrages d'art, d'histoire, ainsi qu'un bel échantillon de romans de littérature classique et contemporaine. La librairie abrite aussi une magnifique galerie voûtée, où s'exposent des créatifs, locaux ou non, peintres, photographes ou dessinateurs… Un coin boutique, enfin, permet de se composer un joli panier culturel.

MAISON GAMEL ET FILS

8, rue du Touat
✆ 06 80 16 09 28
www.gameletfils.fr
Ouvert du mardi au samedi de 8h à 12h30 et de 14h30 à 19h.

Chez les Gamel, on est boucher depuis 1960. Bouchers, charcutiers, mais aussi éleveurs, à la tête d'une cinquantaine de limousines qui paissent sur le Lévézou... Un « pedigree » qui confère à la « dynastie » une certaine réputation en termes de rigueur et de qualité. Une partie de la viande provient de le ferme familiale. Et le reste est acheté chez les agriculteurs du coin : agneau de l'Aveyron, cochon du Rouergue. Du local, du traditionnel et du bon, à retrouver dans les spécialités maison : saucisse sèche à base de boyaux naturels, fricandeaux, melsat...

MAISON GINISTY

14, avenue Tabardel - **SÉBAZAC-CONCOURÈS**
✆ 05 65 46 91 57
www.boucherie-maison-ginisty.fr
Du mardi au vendredi de 8h15 à 12h30 et de 15h à 19h15, le samedi de 8h à 12h30 et de 15h à 19h, dimanche de 8h15 à 12h.

Cette entreprise de renom propose des viandes de bœuf et de veau issues d'élevages locaux, de l'agneau élevé en Aveyron et départements limitrophes, des porcs de l'Aveyron, mais aussi une gamme variée de charcuteries sèches et cuites maison, (saucisse sèche, saucisson, pastre, saucisse au roquefort, filet mignon séché, pâté de tête...), mais aussi une gamme de conserves maison. Les plus grands classiques aveyronnais comme le pâté de campagne ou le jambonneau, et des recettes plus élaborées, comme du civet de biche d'Aubrac ou des tripoux de l'Aveyron.

RACINE

3, rue du Touat
✆ 05 65 68 08 66
www.laguiole-rodez.com
Ouvert du mardi au samedi de 9h30 à 12h et de 14h à 19h. Lundi 14h-18h en été.

Dans cette boutique, les objets ont tous une âme et une belle histoire. Racine propose en effet d'authentiques couteaux Laguiole, fabriqués à Espalion dans l'atelier de Laguiole en Aubrac. L'entreprise, labellisée Patrimoine Vivant, travaille les matières naturelles, les matériaux rares ainsi que les bois précieux, pour façonner, de manière artisanale, des couteaux pliants ou de cuisine, de tables et des couverts. Le magasin est également une référence en matière de décoration et d'art de la table, grâce à une sélection pertinente et une savante mise en scène.

VINS FALGUIÈRES

200, rue du Docteur Théodor-Mathieu
✆ 05 65 67 02 69
vinsfalguieres.fr
Ouvert du lundi au samedi de 9h à 12h et de 14h à 19h.

Les vins Falguières est une cave familiale fondée en 1954. La spécialité de la maison : les vins de l'Aveyron (Marcillac, Entraygues, le Fel, Estaing, Côtes de Millau...). Ce qui n'empêche pas Maëlle Falguières de sortir quelques très bonnes bouteilles de Bourgogne ou de Beaujolais et même de grands crus ! La plupart des bouteilles sont issues de petits producteurs que la maîtresse des lieux n'hésite pas à rencontrer régulièrement sur les lieux de production. On rencontre également dans la boutique d'autres boissons alcoolisées locales, comme le Pastis de Homs.

CAFÉ RUTHÉNA

6, place Charles-De-Gaulle
✆ 05 65 68 01 15
https://cafes-ruthena.fr
Ouvert du mardi au samedi de 9h à 12h et de 14h à 19h.

© DR

De grosses boîtes sur l'étalage accueillent celui qui pousse la porte du torréfacteur ruthénois. Elles sont remplies de saveurs multiples : thé vert, aux fruits rouges, earl grey, darjeeling... Les variétés sont nombreuses pour satisfaire tous les goûts en café, thé et tisane. Derrière le comptoir, le traditionnel café Ruthéna, torréfié sur la zone artisanale de Rodez, offre plusieurs subtilités, du doux à l'expresso. Sur les rayons, il y a également un grand choix de théières, cafetières, tasses et boîtes, ainsi que des chocolats, sucres et sels aromatisés.

AIR GLOBE

OLEMPS
✆ 06 20 76 95 28
www.air-globe.com
Formule découverte 1 heure : 35 €/personne.

Les fun-ebike de Julien Barthélémy sont de drôles de machines qui ressemblent à un vélo, mais se pilotent comme un scooter. Fabriqués en France, ces « scooters électriques des montagnes » sont des montures parfaites pour des randonnées à travers l'Aveyron. Air Globe c'est tout à la fois une école de pilotage de motocross, des rando accompagnées en moto électrique sur plusieurs parcours plus ou moins périlleux. Julien Barthélémy, professionnel impliqué dans le Paris-Dakar, partage volontiers sa connaissance du département et son attachement à l'Aveyron.

VERT TEA JEU

SAINTE-RADEGONDE
✆ 06 81 30 79 22
www.vert-tea-jeu.com
Espace aventure de 8 à 22 € selon l'âge et le parcours.

Au menu randonnée aquatique, accrobranche, escalade, ou 6 pieds sous terre, autour d'un bon saucisson et d'un aligot-magret, glisser tout schuss le long d'un canyon… Vert Tea Jeu propose un florilège de loisirs de plein air, hyper fun et accessibles à toutes les générations. L'équipe a débusqué les meilleurs spots aveyronnais pour le kayak, la spéléologie ou la via ferrata. Le long du Lot à Espalion, au fond des canyons de Salles-la-Source ou sur les arbres de Combelles, dans l'eau ou en hauteur, Vert Tea Jeu vous invite à engranger un max de sensations.

ONET-LE-CHÂTEAU

La commune d'Onet-le-Château est, après Rodez, la plus importante de la communauté d'agglomérations. Depuis le début des années 1970 elle n'a de cesse de s'accroître et atteint aujourd'hui une population dépassant les 12 000 habitants ce qui en fait – presque ! – la troisième ville du département, jouant cette place au coude à coude avec Villefranche-de-Rouergue. L'étendue de la commune est telle qu'elle enserre pratiquement les deux tiers de celle de Rodez. Sa superficie a permis la création de nombreuses zones commerciales et artisanales, et a longtemps rivalisé avec la préfecture. Onet-le-Château est en fait constitué de plusieurs entités distinctes. Il y a par exemple, Les Quatre-Saisons, où l'on trouve la mairie, les centres sociaux, le gros de l'activité commerciale et artisanale ou le quartier des Costes-Rouges perché sur une colline et plusieurs bourgs satellites historiquement plus anciens comme Onet-Village. Une façon simple pour se repérer lorsque l'on cherche une adresse sans connaître la ville, consiste à se déplacer avec le nom des rues. Les Quatre-Saisons ont dédié leurs artères aux fleurs et aux végétaux, les Costes-Rouges aux oiseaux et au règne animal.

AUBERGE DE JEUNESSE RÉSIDENCE LES CAPUCINES €

26, boulevard des Capucines
✆ 05 65 77 51 05
www.residence-les-capucines.fr

Nuit et petit déjeuner : à partir de 26,50 €.

Attention, il est indispensable d'avoir la carte Fuaj. Regroupant 60 lits, cette auberge fournit non seulement le gîte mais aussi le couvert et quelques divertissements. Le premier se fait en chambres de 2 à 5 lits, avec douche et W-C. Le second prend la forme d'un self-service – qui propose aussi des plats régionaux – ou d'une cafétéria – qui ne sert pas d'alcool. Les troisièmes s'organisent en des soirées animées, des parties de billard ou de ping-pong.

AUX BERGES DE L'AVEYRON*** €

La Roquette ✆ 05 65 67 17 12
www.auxbergesdelaveyron.fr

Chambre double de 65 € à 110 €. Petit déjeuner buffet : 11 €. Restauration pour les clients de l'hôtel.

Cet établissement est une réussite, où se mêlent simplicité et confort. L'ambiance y est familiale et conviviale avec un parc en bordure de l'Aveyron à l'entrée de Rodez. Les chambres sont équipées de climatisation réversible, d'une salle de bains privative et de grand écran. Un studio pour deux personnes est aussi disponible pour ceux qui souhaitent davantage de liberté, tout en gardant le confort des services hôteliers. Un service de restauration est proposé.

HOSTELLERIE DE FONTANGES*** €€

Route de Conques et Marcillac
✆ 05 65 77 76 00
www.hostellerie-fontanges.com

Chambre double de 75 € à 92 € ; suite de 155 € à 175 €. Petit déjeuner : 14 €. Menus de 28 à 38 €.

Tout près de Rodez, Fontanges est un château du XVIIe siècle admirablement reconverti en hôtel moderne. De notre époque il concède le confort aux 48 chambres bien équipées, du passé il emprunte les salles à la charpente de bois, les plafonds à la française, les grandes cheminées. Les menus du chef sont généreux, tant dans le répertoire viande que poisson : escalope de foie gras poêlée ou brochette de gambas, parillada de poissons ou faux-filet de boeuf aubrac...

MAISON D'HÔTES LES LISBÉALES €€

176, route du Château ✆ 06 33 62 59 25
www.les-lisbeales.com

Chambre simple de 89 € à 135 € ; chambre double de 99 € à 145 €. Petit déjeuner inclus. Lit supplémentaire : 30 €.

Restaurée de fond en comble, cette ancienne grange en pierres calcaires a conservé un côté champêtre, mais a indéniablement gagné une touche de contemporain avec une déco très design. Transformée en chaleureuse maison d'hôtes, elle s'ouvre sur un jardin avec sa jolie terrasse. Béatrice et Serge ont déployé une belle dose de talent et d'inventivité pour créer un ensemble harmonieux et accueillant. Les différentes chambres offrent chacune une ambiance particulière.

CHÂTEAU DE CANAC €€€

Impasse de Canac
✆ 05 65 46 42 03
www.moulindecambelong.com
Ouvert toute l'année. Chambre double 180 €. Petit déjeuner inclus. Wifi. Restauration.

Aux portes de Rodez, la famille Busset a ouvert une magnifique chambre et table d'hôtes, dans ce château médiéval du XVIe siècle. Les 3 belles chambres hors du temps bénéficient de tout le confort : TV, wifi et espace... Et sont décorées et meublées avec goût. Le beau jardin et les espaces communs qui ont un cachet fou permettent de passer de bons moments de détente. La table d'hôtes est très bien pensée et fait appel aux produits et recettes de la région. Copieuse, elle promet de passer de délicieuses soirées où l'on se laisse aller à la gourmandise.

CHÂTEAU DE LABRO €€€

Labro
✆ 05 65 67 90 62
www.chateaulabro.fr
Chambre double à partir de 139 € ; cabane à partir de 250 €. Menu du marché : 34 € et menu plaisir : 52 €.

Accoudée à un vaste domaine, cette remarquable bâtisse du XVIe siècle abrite aujourd'hui une quinzaine de chambres et une cabane perchée sur un chêne centenaire. L'ensemble, de la salle du petit déjeuner jusqu'à celle du restaurant, est une véritable galerie pour toutes les curiosités, toutes les antiquités, tous les vieux objets que le propriétaire s'est plu à dénicher au fil des années. Côté table, le chef propose une cuisine revisitée à base de produits frais choisis sur le marché. L'ambiance chaleureuse des lieux se prête volontiers à des dîners en amoureux.

CHEZ ÉLYSÉE €

52, route d'Espalion
✆ 05 65 72 23 68
Formule du midi : 14,50 €.

Cette bâtisse, qui a longtemps abrité un magasin de fleurs, a en effet gardé ses atouts traditionnels - pierres, charpentes et vieilles poutres apparentes - et une empreinte aussi sereine que chaleureuse. Deux adjectifs qui qualifient aussi la cuisine de l'établissement. « L'apéro de Papi, la cuisine de Mamie », c'est d'ailleurs le credo de cette charmante adresse castonétoise, dont les assiettes sentent bon les recettes familiales : sauté de canard, cuisse de lapin à la moutarde, noix de jambon, joues de porc, grillade de bœuf...

HÔTEL-RESTAURANT LE CRYSTAL* €

Route d'Espalion
✆ 05 65 74 91 49
Chambre double de 40 € à 55 €. Restauration (menu du jour : 14,50 €).

© DR

Cette bâtisse abrite des chambres avec tout le confort. Le restaurant propose une cuisine traditionnelle : charcuterie, bœuf de l'Aubrac, et aussi de bonnes pâtisseries maison. A midi, c'est ici le rendez-vous des routiers, ouvriers et autres VRP, mais aussi de bon nombre d'habitués locaux qui veulent manger bien et à bon prix. A noter que l'établissement, d'une capacité de 250 couverts, peut accueillir les groupes et cars tout au long de l'année, ainsi que des réunions en tout genre.

ADERHOLD-LE RESTAURANT €€

Route d'Espalion
✆ 05 65 72 90 06
www.poissonnerie-aderhold.fr
Plats du jour de 8 à 15 €.

Véritable institution ruthénoise, la poissonnerie Aderhold tient le haut du filet depuis quatre générations. A la barre de ce navire, échoué route d'Espalion à Onet-le-Château, Matthieu et sa mère, Valérie, continuent de proposer le meilleur de la mer. La maison fait ainsi chaque jour son marché auprès de deux fournisseurs de qualité. Aderhold propose aussi un petit espace restauration. Entre les étals et les tables, il n'y a en effet plus qu'un seul pas et une large plancha pour faire sauter la pêche du jour, déclinée en plat du jour ou plateau de fruits de mer.

LA BRAISE €

3, espace commercial Saint Marc
✆ 05 65 42 80 83
www.labraisepizza.com
Restaurant fermé le dimanche. Pizza à partir de 7,80 €. Dessert : 3 €.

© DR

A Onet-le-Château, La Braise est une authentique pizzeria où se côtoient pizzas, tiramisu, panna cotta et autres bons produits de la gastronomie italienne. On s'initie ainsi à la dolce vita dans la salle de ce restaurant dont l'ambiance est réchauffée par un grand four à bois et l'énergie bienveillante d'Isabelle et Mario. Leurs pizzas à pâte fine, pétrie sur place à la main, ont le goût des nourritures vraies, de même que les bruschettas et burgers. A l'heure de l'apéro, on s'installe au bar pour déguster du vin d'Aoste ou de Toscane avec quelques antipasti.

LE BOWLING DU ROUERGUE €€

Route d'Espalion
✆ 05 65 67 08 15
www.bowlingdurouergue.com
Menu du jour : 21 €. Formule express : 14 €.

Après l'incendie qui a entièrement détruit l'établissement en 2018, la famille Bastide a rebâti le bâtiment en gardant ses fondamentaux : un restaurant traditionnel et plusieurs pistes de bowling. Le nouveau Bowling du Rouergue, inauguré au début de l'été 2021, offre ainsi un cadre moderne et une carte qui fait la part belle au terroir et à l'Aubrac, l'ADN de la famille Bastide : truffade, aligot, plateau de charcuterie gargantuesque, pièce de bœuf -dont certaines sont maturées plusieurs jours… Le service est garanti jusque tard dans la nuit.

CHAI ALEX & CO €€

75, route d'Espalion
✆ 05 65 42 21 36
www.chaialexandco.fr
Menus de 16 à 20 € (le soir à la carte).

Corinne et Alex ont abandonné leur brasserie (meilleur bistrot à vin en 95) dans le VIIe arrondissement à Paris, pour ouvrir un resto-chic et bourguignon dans les extérieurs de Rodez. Dans une déco contemporaine vous dégusterez une cuisine du marché, œuf meurette, tablier de sapeur, andouillette en chemise, pieds jamet. Tous les desserts sont maison, vous hésiterez, donc, entre un millefeuille et des poires au vin de Marcillac, ou encore un nougat glacé. Mention spéciale pour l'accueil et le service d'une générosité et d'une bienveillance rares.

LES HALLES DE L'AVEYRON €€

Boulevard des Balquières
✆ 05 65 67 88 50
www.leshallesdelaveyron.com
Menus de 25,50 € à 26,90 €. Plat du jour : 11,50 € (entrée-plat : 15,90. Plat-dessert : 14,50. Menu complet : 18,90 €).

Attenant aux halles de l'Aveyron, on trouve dans ce restaurant, tout le meilleur du pays. L'équipe y prépare et sert une cuisine 100 % maison : terrine de foie gras, cassolette de ris d'agneau, confit de canard, bavette de veau d'Aveyron et du Ségala. Les vins viennent de Gaillac et du Languedoc et tous les produits travaillés sont frais et de très bonne qualité comme la viande que nous avons goûtée qui était tendre comme du beurre, ou les frites maison, sûrement les meilleures du département. Assurément l'une des bonnes tables du ruthénois !

LES HALLES DE L'AVEYRON

Boulevard des Balquières
✆ 05 65 67 88 50
www.leshallesdelaveyron.com
Ouvert du lundi au samedi de 9h à 12h30 et de 14h à 19h.

800 m² de condensé de producteurs de l'Aveyron : boucherie-charcuterie, boulangerie, foie gras et volaille, fruits et légumes, épicerie, fromages, vins de Marcillac. Outre la valorisation des labels tels que le veau d'Aveyron et du Ségala ou le bœuf des fermes des hauts terroirs, le porc de l'Aveyron, les AOC et autres IGP, le choix est vaste ! Traçabilité, conseils et sourires sont au rendez-vous. Les locaux s'y fournissent. Excellents produits, un choix immense, des circuits raccourcis, des coûts maîtrisés, et un rapport qualité-prix compétitif.

MARIUS BONAL

18, route d'Espalion
✆ 05 65 67 08 58
Ouvert du mardi au vendredi de 8h30 à 12h et de 14h à 17h30. Livraison possible.

C'est avec un apéritif du même nom, à base de vin et de gentiane, que Marius Bonal s'est fait connaître dès 1938. Le même qui continue d'entretenir la réputation de cette maison installée à Onet-le-Château. Etiquette rétro, recettes régionales, ingrédients du terroir... Les liqueurs, crèmes ou sirops Marius Bonal portent tous aujourd'hui cette marque d'une authenticité bien aveyronnaise. On doit aussi à Marius Bonal le célèbre pastis aveyronnais. Cette version-là marie, sur une base d'anis, plusieurs essences végétales cultivées ou récoltées à l'état sauvage.

GOLF DU GRAND RODEZ

Route de Conques – Avenue de Vabre
✆ 05 65 78 38 00
www.bluegreen.com
Ouvert toute l'année.

Taillé sur un vaste terrain de 45 hectares, à proximité du château de Fontanges à Onet-le-Château, le golf du Grand Rodez déroule une zone d'entraînement, un club house et deux parcours très agréables de 6 et 18 trous. Outre sa technicité, qui ravira les amateurs, le site offre un panorama exceptionnel sur la ville de Rodez et les campagnes autour. Des courts de tennis couverts ainsi qu'à 8 terrains de badminton complète les équipements. Sachez qu'il est aussi possible de déjeuner sur place grâce au restaurant du Golf et à sa vaste terrasse.

LES SECRETS D'ELO

566, rue de Cantaranne ✆ 06 20 88 36 63
www.lessecretsdelo.fr
Lundi 13h-16h45 ; mardi et jeudi 9h-12h15 et 13h30-18h ; vendredi 9h-12h15 et 13h30-19h ; samedi 9h-12h15.

Les secrets d'Elo sont une marque de savons et cosmétiques bio, naturels et made in Aveyron. Les produits sont fabriqués de manière artisanale dans un laboratoire à taille humaine, situé à Onet-le-Château. Elodie, qui a bâti une véritable success-story avec sa marque, a conçu une ligne de soins pour le visage et pour le corps, qui convient aux peaux les plus délicates. Lotions, crèmes, baumes, sérums, shampoings, déodorants, poudre et savons sont en vente dans la boutique d'Onet-le-Château, dans les officines du département et sur l'e-boutique de la marque.

BOZOULS ★★

C'est pour se protéger des attaques que les premiers hommes se sont installés sur le site de Bozouls. Les plus anciennes habitations et le château furent construits au IXe siècle sur un éperon rocheux, accessible par un chemin unique au sud. Cette place-forte, édifiée au bord d'un impressionnant canyon, figure parmi les possessions que le comte de Rodez, Hugues IV, mort en 1275, énumère dans son testament. Il ne reste pratiquement rien du château, en dehors de quelques blocs cyclopéens, vestiges de son système de défense. Le canyon de Bozouls, nommé « trou de Bozoul » est un impressionnant site géologique, habité par une remarquable faune et flore.

SYNDICAT DU BLEU DES CAUSSES

Rue de la Prade
✆ 05 65 76 53 53
www.bleu-des-causses.com

Le Bleu des Causses est un fromage emblématique du Massif Central et, un élément incontournable du terroir aveyronnais. Le Syndicat du Bleu des Causses a la lourde responsabilité de faire respecter les conditions de production de l'Appellation d'Origine Protégée (AOP) que ce fromage a reçu en 1979 et notamment son affinage en cave naturelle. Son goût si prononcé et si reconnaissable est le fruit d'un travail minutieux et d'un savoir-faire fromager unique.

CIRQUE DE BOZOULS

Rue du Trou
www.tourisme-aveyron.com
Gratuit. Visite commentée en petit train en été.

Grand canyon en forme de fer à cheval, particularité géologique à laquelle Bozouls doit sa réputation, ce cirque naturel de 400 m de diamètre et de 100 m de profondeur a été creusé par le Dourdou dans le calcaire. Descendez dans le cirque par la rue de l'Hospitalet qui conduit jusqu'au vieux pont, les maisons nichées au pied de la paroi sont pour certaines d'anciens moulins à eau. Dans ce canyon, on croise une cascade, la source Gourg d'Enfer, et la grotte des Anglais. Un sentier botanique dévoile, à la belle saison, plus d'une centaine d'espèces végétales.

La ville haute de Bozouls.

ÉGLISE SAINTE-FAUSTE ✝ ★

www.bozouls.com

Accès libre.

Cramponnée à son éperon rocheux, qui domine de toute sa hauteur le cours du Dourdou, cet église romane en gré rose a su maintenir sa place au sommet. Construite au XIIe siècle sur le modèle de la célèbre abbatiale de Conques, elle comprend une nef à cinq travées, flanquée de collatéraux très étroits mais dépourvus de transept. Le chœur est entouré d'un déambulatoire à cinq petites chapelles. En levant les yeux, vous serez surpris de constater que les murs s'écartent vers le haut sans que la voûte ne porte de traces de lézardes.

TERRA MEMORIA ★

12, allée Paul-Causse ✆ 05 65 44 69 27

www.terramemoria.fr

Eté : lundi au samedi, 9h30-12h30 et 14h00-18h30 et dimanche, 14h30-17h30. Adulte : 6 €. Enfant (de 5 à 17 ans) : 3 €.

En utilisant le site naturel du canyon de Bozouls comme prétexte, Terra Memoria présente de manière complète et ludique les différents éléments qui ont participé à la naissance de notre planète, de ses continents et de ses paysages. On y découvre les différentes variétés de roches, comment se sont formées les grottes, les principaux mécanismes comme les séismes ou les éruptions volcaniques… Au fil de la visite, l'exposition fait le lien avec les paysages de l'Aveyron, leur géologie et la place prépondérante de l'activité humaine dans leur forme actuelle.

OFFICE DE TOURISME TERRE D'AVEYRON

2, place de la Mairie

✆ 05 65 48 50 52

www.terresdaveyron.fr

Haute saison : ouvert du lundi au samedi de 9h30 à 12h30 et de 14h à 18h30 ; le dimanche de 10h à 12h30.

Ouvert toute l'année, le bureau d'information touristique de Bozouls, situé à quelques pas du canyon, met en avant les nombreux atouts du village et de ses environs. En plus de son incroyable « trou », Bozouls, idéalement situé entre la vallée du Lot et les lacs du Lévézou, offre une multitude de possibilités pour prendre l'air : centre équestre, plateforme ULM, balade à dos d'âne... Le coin est aussi bien achalandé en tables et commerces de qualité.

L'AUTRE MAISON €€

Place du Portalet

✆ 06 84 13 39 38

www.lautremaison-aveyron.fr

De 590 à 1 400 € la semaine selon saison. Prestations hôtelières.

L'Autre Maison fait partie des gîtes labellisés 5 étoiles en Aveyron. Ancienne forge et serrurerie du XIXe siècle, elle abrite aujourd'hui deux hébergements indépendants haut de gamme. Situés au bord du canyon, les deux bâtiments ont été rénovés dans un esprit mêlant un confort moderne et des meubles authentiques pour l'un, le charme de l'époque et un style industriel pour l'autre. Organisés sur deux niveaux, chacun peut accueillir jusqu'à 3 ou 4 personnes. Les hôtes peuvent aussi profiter de la magnifique piscine dont l'intimité est garantie par une belle haie.

HÔTEL LE BELVÉDÈRE - RESTAURANT GUILLAUME VIALA*** €€

11, route du Maquis-Jean-Pierre

✆ 05 65 44 92 66 - www.belvedere-bozouls.com

Chambre double de 83 € à 102 € ; chambre triple 132 €. Petit déjeuner : 21 € (16 €/enfant). Menus de 45 € à 112 €.

Les Aveyronnais Christine et Guillaume Viala ont souhaité conserver une forme de simplicité propre aux maisons de familles dans lesquelles on se croise, on discute et on partage sourires et souvenirs, dans leur établissement de Bozouls. Les chambres, joliment rénovées, invitent au repos, tandis que la cuisine « haute couture » du chef assoit la réputation des lieux. Salué d'une étoile au Guide Michelin 2019, cet établissement n'a pas fini de faire des adeptes.

HÔTEL-RESTAURANT LA ROUTE D'ARGENT** €€

1, route de Gabriac

✆ 05 65 44 92 27

www.laroutedargent.com

Chambre double à partir de 62 €. Petit déjeuner : 10 €. Menus et formules de 18 à 49 €.

Installé dans un vaste bâtiment ancien et rénové, situé en retrait de l'axe Rodez-Espalion, cet établissement offre tout ce que l'amateur de bonne chère peut rêver : des tables bien mises, des produits de qualité, des assiettes appétissantes et un service diligent. La cuisine est fine, les recettes recherchées et les résultats à la hauteur des espérances. La Route d'Argent propose des chambres agréables, dont certaines possèdent une terrasse avec vue sur la piscine.

LA MAISON DE CHANOUK €€

21, rue de l'Hospitalet
✆ 05 65 48 51 08

Pour 4 personnes (60 m², 1 chambre). De 390 € à 690 € la semaine selon saison.

Guehermine et Jean-Marc Lissorgues ont aménagé un magnifique gîte dans le vieux village face au site naturel de Bozouls. Ici, on se laisse porter par la beauté du lieu et de l'accueil. L'espace est tout confort : jardin privatif, lave-vaisselle, panier d'accueil offert en début de séjour (fouace, pain, charcuterie, jus de fruit...), plancha sur la terrasse, piscine chauffée. Le calme y est absolu, on entend le Dourdou et les oiseaux. Les maîtres des lieux vantent d'ailleurs un lieu idéal « pour se retrouver, se ressourcer ou trouver l'inspiration »...

LES TERRASSES DE MAJORAC €€

Lieu-dit Majorac Bas – Gillorgues ✆ 06 62 68 97 79
https://lesterrassesdemajorac.fr

Minimum de 2 nuitées hors haute saison. Pendant la saison haute, au minimum une semaine du 1 juillet au 30 septembre.

Ce vaste domaine, dont les vieilles pierres racontent le XVIIIe siècle, a été transformé en salle de réception et gîtes. La qualité du bâti et des prestations offertes, sa situation exceptionnelle à deux kilomètres de toute habitation, en font l'une des plus belles adresses du département de l'Aveyron. Les Terrasses de Majorac abritent quatre appartements, deux suites et un dortoir de 50 m², pour une capacité totale de 28 personnes. Grâce au spectacle permanent des paysages des monts d'Aubrac et de la forêt des Palanges, les lieux ont quelque chose de magique.

HAMEAU DES BRUNES €€€

✆ 05 65 48 50 11
www.lesbrunes.com

Chambre double de 100 € à 159 €. Petit déjeuner inclus. Tarifs dégressifs à partir de 2 nuits.

Monique Philipponat-David nous ouvre les portes de sa maison de maître située en pleine nature au cœur de l'Aveyron. Cinq chambres de grand standing sont proposées aux 1er et 2e étage de la maison pour une capacité de 10 ou 11 personnes. Le nom de ces alcôves correspondent aux patronymes des prairies environnantes et on y accède par un magnifique escalier de pierre situé dans la tour principale. Le décor est rustique, régional, avec un confort exemplaire -lit en 180 x 200 ou 220 pour des nuits de rêve- et garantie un séjour des plus agréable.

LA MAISON BOUTEILLE €

8, rue du Trou
✆ 05 65 48 42 60

Plat du jour : 13 €. Entrée + plat ou plat + dessert : 16 €. Formule complète : 19 € (24 € le dimanche).

Il a ravitaillé les habitants de Bozouls en bons pains au levain pendant de nombreuses années. Depuis l'été 2018, Philippe Girbelle, qui avait fondé la boulangerie Sainte-Fauste, leur sert à manger dans son établissement, baptisé La Maison Bouteille. Situé rue du Trou, à proximité immédiate du canyon, le restaurant accueille les clients autour d'une vaste cheminée où sont cuites les viandes. L'âtre donne aux lieux une atmosphère chaleureuse dans laquelle on prend plaisir à déguster les grillades, mais aussi des plats mijotés maison chaque jour.

LA GRANGE DE SEVEYRAC €€

Séveyrac ✆ 07 86 68 94 94
www.la-grange-de-seveyrac.fr

Menus de 23 € à 40 €.

Au cœur de l'Aveyron, cette ancienne propriété de l'abbaye de Bonneval bénéficie d'un environnement naturel et préservé. Les murs en pierre de la grange, admirablement conservés, abritent aujourd'hui le restaurant de Anne et Jean-Yves, éleveurs de bovins. On s'assoit à la table de leur ferme comme à celle d'un banquet familial, pour savourer une cuisine de terroir et de saison. Certains produits viennent directement de l'exploitation conduite en bio ; d'autres sont achetés en circuits courts. Dans l'assiette, le résultat est à la hauteur de ce cadre exceptionnel.

BOULANGERIE SAINTE-FAUSTE - PAUL GINISTY

Rue du Trou
✆ 05 65 48 76 43

Ouvert le lundi et du mercredi au samedi de 7h à 12h30 et de 16h à 19h ; le dimanche de 7h à 12h30.

Cette boulangerie porte le même nom qu'une église toute proche, bâtie à l'extrémité d'un éperon rocheux. Si l'édifice religieux témoigne de siècles d'histoire, cette boulangerie reprise par Paul Ginisty continue, de son côté, à incarner l'ancestrale recette du bon pain au levain cuit au four à bois : une poignée d'ingrédients naturels, un tour de main unique et beaucoup de savoir-faire. Résultat : un pain noble, au goût et à la consistance incomparables.

BOUCHERIE-CHARCUTERIE RUS ET FILS

28, avenue Arsène-Ratier
✆ 05 65 44 86 80
Ouvert du mardi au samedi de 7h30 à 12h30 et de 14h30 à 19h ; le dimanche de 7h30 à 12h.

Claude Rus est dans le métier depuis plus de 40 ans ! Cet entrepreneur dans l'âme est aussi le propriétaire de la Droséra Gourmande : boutique réputée de produits issus de la gastronomie régionale. Implanté à Laguiole, Espalion et Bozouls, c'est entouré d'employés qualifiés et de son fils qu'il exerce son savoir-faire et partage sa passion pour les viandes de qualité et autres foies gras (plusieurs fois médaillé d'or au Concours Général Agricole).

LA BOUTIQUE DU JOUEUR DE QUILLES

Avenue Arsène-Ratier
✆ 05 65 48 84 53
www.quilles-mouysset.fr
Ouvert le vendredi de 14h à 19h ; le samedi de 9h à 19h. Autres jours, sur rendez-vous.

Philippe Mouysset, ex-champion de France de quilles en individuel, est menuiser à Bozouls. Il perpétue dans son atelier six générations de savoir-faire dans le bois et façonne quilles et boules nécessaires à la pratique du sport. Chaque fin de semaine, il reçoit les passionnés de la discipline. Ses boules, « sculptées » dans un cube de noyer et qui ne comportent ni vis ni pièce métallique sont auréolées du label « Fabriqué en Aveyron ».

L'ÉPICERIE DU TROU

13, place de la Mairie
✆ 05 65 44 84 46
Les horaires et jours d'ouverture sont variables selon la saison.

Voilà un bien joli cadre (en bois brut essentiellement) pour une épicerie qui vaut indiscutablement le détour. En plus des produits classiques du quotidien (entretien et hygiène, fruits et légumes), et d'une belle sélection de livres, cette boutique décline un rayon de produits régionaux, sinon locaux, repérés chez les producteurs tout proches : viande, charcuterie, fromages, mais aussi pain, glaces, bières, savons, bijoux… Une démarche responsable et durable qui contribue indéniablement à animer le centre du village tout au long de l'année.

RODELLE

Ce village pittoresque surnommé « Le petit Rodez » s'étend sur une arête rocheuse. Les Gaulois ruthènes transformèrent ce site stratégique en place forte et plus tard, les comtes de Rodez en firent l'assise d'un de leurs châteaux. Aujourd'hui, un parking vous accueille à l'entrée du village. Au bout de celui-ci, on peut monter sur le rocher, au pied de la croix. De là, une vue magnifique embrasse la vallée. Tout autour de Rodelle, de nombreuses grottes sont présentes. L'histoire raconte que sainte Tarcisse, une princesse mérovingienne ayant fait vœu de chasteté, se serait abritée dans l'une de ces grottes pour échapper à un prétendant.

COUVENT DE CHANTEMERLE €€

Bezonnes
✆ 05 65 44 92 17
www.rodelle.fr
Gîte de groupe : capacité jusqu'à 32 couchages.

Construit au début du XIXe siècle, cet ancien couvent, propriété de la commune et en gestion communale depuis 2016, possède le charme des demeures anciennes et la chaleur des vieilles pierres. Son architecture, et son agencement – 14 chambres d'hôtes équipées de deux à trois lits, un parc magnifique de 6 000 m² et des salles voûtées de toute beauté – en font un repaire idéal pour tous les candidats au mariage. Mais le site accueille aussi les groupes et étudient toutes les demandes de séjour, notamment ceux axés sur la randonnée ou le sport.

LA PETITE AUBERGE €

Bezonnes
✆ 09 88 33 26 07
Menu ouvrier : 13,50 €.

A même pas 30 ans et après des années d'expérience à Paris et ailleurs dans le monde, Antoine, Alexandre et Erwan ont fait le pari de la ruralité, et imaginé pour leur Petite Auberge à Bezonnes une ardoise de petits plats qui permet de se composer un menu à son goût : gaspacho de pastèque, œuf mayo, tartine tapenade-jambon, pied de porc pané, poulet frit aux épices, cœur de canard en persillade, ceviche de cabillaud, frites… Le tout à base de produits du terroir et à petits prix. Une sélection de vins bio et nature, sourcés dans le coin, complète la carte.

LAISSAC-SÉVÉRAC L'EGLISE

A Laissac, l'événement se renouvelle chaque semaine : c'est en effet dans ce bourg que se tient tous les mardis matin l'imposante foire au bétail – ovins et bovins –, deuxième au rang national. Tous les grands groupes français du négoce de la viande sont alors présents à Laissac. Et si cette foire hebdomadaire attire de nombreux agriculteurs venus de tout le département, sa notoriété dépasse largement ce cadre et des Italiens, des Portugais, des Espagnols, des Belges se déplacent jusqu'à Laissac pour arpenter les 60 000 m² d'installations. L'immense halle couverte est d'ailleurs bien visible de la N88.

Pour bien comprendre l'envergure de cette foire, le mieux est d'y venir y faire un tour : une ambiance particulière règne le mardi matin dans la ville avec les déchargements de bestiaux à l'aube et les embarquements vers midi.

Ici, toutes les langues sont propices à la vente et se mélangent sans cesse. Les transactions se font de gré à gré entre vendeurs et acheteurs. Si les mardis sont synonymes de transactions, l'axe routier qui relie Rodez à l'autoroute A75 est ici bien fréquenté, et contribue, lui aussi, à une certaine activité : la vie culturelle, artisanale et sportive n'est pas négligée.

OFFICE DE TOURISME DES CAUSSES À L'AUBRAC

1, avenue de Rodez
✆ 05 65 70 71 30
www.causses-aubrac-tourisme.com

Haute saison : du lundi au samedi de 9h30 à 12h30 et de 14h à 18h30 ; le dimanche et les jours fériés de 9h à 12h.

A pied d'œuvre tout au long de l'année, les équipes de l'office de tourisme du Laissagais-Des Causses à l'Aubrac propose un programme alléchant pour les amoureux de nature et de patrimoine. Son guide d'accueil en donne un bon aperçu, à travers un aperçu des hébergements de caractère, des bonnes tables et des activités de loisirs de plein-air proposés sur le territoire. Laissez-vous guider et partez à la découverte des châteaux, des églises, des fours à pain...

AVEYRON TOURISME AUTREMENT

BERTHOLÈNE
www.aveyron-tourisme-autrement.fr

1 personne : 100 €. 2 à 3 personnes : 65 €/personne. 4 à 5 : 50 €/personne. 6 à 8 : 40 €/personne.

Guide certifié, Stéphane a imaginé des circuits thématiques pour découvrir le département autrement. Au volant de son van, il vous conduit, à travers des routes, sentiers et chemins aveyronnais qu'il a patiemment éprouvés, vers des destinations toutes proches, mais magiques. Au programme de ces excursions sur mesure : des paysages somptueux, des visites de sites et villages, des dégustations de produits du terroir et des rencontres... La promesse d'une journée exceptionnelle.

BERTHOLÈNE HÉBERGEMENT €

32 bis, avenue du Rouergue
BERTHOLÈNE
✆ 05 65 74 77 32

Chambre double à partir de 40 €. Pension complète. Demi-pension : 74 €. Petit déjeuner : 6 €. Menu : 16 €.

En bordure de la RN 88, à mi-chemin entre Rodez et Laissac, cet ancien hôtel, transformé en chambres d'hôtes au printemps 2011, vous accueille toute l'année. Les trois chambres possèdent un lavabo, une douche et des toilettes et chacune d'entre elles permet d'ajouter un lit bébé. Ici, simplicité et convivialité sont les maîtres mots, y compris autour de la table, où les propriétaires proposent une cuisine familiale et traditionnelle et de nombreuses spécialités régionales : aligot, tête de veau, fouace, gâteau aux châtaignes...

LES HAUTS DE MAYMAC €

PALMAS D'AVEYRON
✆ 05 65 48 81 62
www.gites-chambres-hotes-aveyron.com

Chambre double à partir de 60 €. Gîtes de Maymac et des Coquelicots de 375 à 750 €/semaine.

Vous trouverez ici trois gîtes, deux à la campagne et un dans le centre-ville de Rodez ainsi que des chambres et tables d'hôtes. Libre à vous de choisir le type de vos vacances : en famille ou entre amis dans un gite bien équipé ou en contact avec les habitants dans les chambre et tables d'hôtes. En chambre d'hôtes, les propriétaires savent allier intimité et convivialité. La terrasse vous permettra d'apprécier le paysage, à la douceur des matinées ou des soirées.. Les petits-déjeuners et la table d'hôtes font la part belle aux produits de la région.

LE CLOS DU BARRY €€

5, rue du Barry
✆ 06 70 12 22 60
www.leclosdubarry.fr
Chambre double de 70 € à 110 €. Table d'hôte : 24 €/adulte et 12 €/enfant. Formule gourmande : 16 €.

Noyée dans un océan de pierre, cette maison est un lieu accueillant dont les cinq grandes chambres (dont une suite familiale) ont déjà séduit de nombreux hôtes de passage. L'ancienne étable, par exemple, décorée de pierre et de boiserie, avec sa baignoire balnéo, est prête à recevoir un couple d'amoureux. Quant la suite, avec ses deux chambres et son espace jour à l'ambiance loft, se prête davantage à un séjour en famille. A table, c'est du fait maison : fouace et autres charcuteries aveyronnaises le matin ; produits bio ou locaux pour les repas.

GÎTE LA GARDE €€

Gagnac
GAILLAC-D'AVEYRON
✆ 06 86 63 69 57
www.gite-location-aveyron-la-garde.fr
De 280 € à 650 € la semaine selon saison.

Coup de cœur assuré pour cette belle maison en pierre, rénovée et équipée à neuf. Cinq belles pièces, dont un séjour avec cheminée qui s'ouvre sur une grande terrasse terrasse en bois, close et sans aucun vis-à-vis. La campagne, rien que la campagne. Y compris à l'intérieur, où la décoration très contemporaine se mêle à quelques authentiques meubles paysans (dont un lit fabriqué à partir de belles planches patinées). Vous apprécierez également le charme du village de Gagnac, et l'accueil de ses habitants, ouverts aux plaisirs simples de la vie et aux relations humaines.

LA GRANGE DU LADOU €€

151, rue du Ladou
✆ 05 65 70 72 70
www.lagrangeduladou.fr
De 560 € à 780 € la semaine selon saison.

Jean et Maryse vous proposent deux gîtes tout confort d'une capacité d'accueil totale de neuf à dix personnes pour chacun. Une adresse de charme, toute en pierre, pour partir à la découverte de nombreux sites aveyronnais tels la vallée du Lot, la vallée de l'Aveyron, les monts et lacs du Lévézou, l'Aubrac... A noter également : le pigeonnier, dans la cour, mitoyen de la maison des propriétaires, peut accueillir de deux à huit hôtes supplémentaires. La décoration est dans la même veine et reprend les codes d'autrefois : cour pavée, boiseries et parquet.

HÔTEL ARMONY** €€

Place Abbé-Bessou
✆ 05 65 70 61 11
www.armonyhotel.com
Chambre double de 55 à 63 €. Petit déjeuner-buffet : 7,50 €. Gîtes de 580 à 780 €/semaine.

A la fois hôtel, gîtes et résidence de séjour, cet établissement à caractère familial, situé au centre du village vous accueille dans des chambres tout confort ou en location dans des meublés (T1 ou T2). L'hôtel dispose de chambres familiales pouvant accueillir 5 personnes, d'une piscine, d'un parking et d'un garage privé. Les meublés se louent à la semaine, au week-end et au mois. Les gîtes classés 3 étoiles, dans deux villages tout proches, peuvent accueillir jusqu'à 10 personnes. Les restaurants du village sont tout proches pour les repas.

HÔTEL-RESTAURANT CAZES-ARAZAT** €€

15, avenue de la Roque ✆ 05 65 69 60 25
www.hotel-cazes.fr
Chambre double à partir de 52 €. Formule entrée/plat ou plat/dessert le midi à 15,40 €. Menus de 14 € à 25 €.

Cette maison familiale, où l'on reçoit depuis sept générations, s'affirme comme une adresse du terroir incontournable du secteur. Anne, maître restaurateur accueille les visiteurs avec une attention particulière pour chacun. Et propose chaque jour des spécialités : tripous ou bœuf d'Aubrac et veau Label Rouge du Ségala, omelette norvégienne. Tous les menus sont copieux et les assiettes riches et opulentes. A l'étage, l'établissement abrite douze chambres confortables.

AUBERGE DU VIEUX PONT €

Pont-de-Palmas
PALMAS D'AVEYRON
✆ 05 65 69 62 50
Menu unique à 46 €. Repas à la carte de 26 à 80 €.

Ce restaurant est très apprécié par la clientèle en déplacement professionnel, gage de convivialité et de propositions savoureuses (foie gras maison, volaille, agneau, escargots, civet...) à prix raisonnable. C'est aussi l'une des rares adresses aveyronnaises à proposer -et maîtriser ! -les plats de poissons : homard vivant, huîtres, langoustes... qui arrivent quotidiennement ou tous les deux jours. On vous conseille aussi de faire le déplacement pour les desserts : crème brûlée, tiramisu, véritable île flottante et profiteroles maison !

BAR-RESTAURANT DU CENTRE €

29, place du 11-Novembre
✆ 05 65 78 19 64
Menu enfant : 8,70 €. Formule du midi : 14 €. Plat du jour : 9,50 €.

L'ambiance de ce restaurant au cœur de Laissac est conviviale : les habitués s'y attablent en dépliant leur laguiole et les touristes sont accueillis chaleureusement. L'établissement est doté de deux salles : côté restaurant style auberge, et côté bar dans un style plus informel. Un coup d'œil au menu et l'eau vous monte à la bouche : duo de rillettes maison, salade de foies de volaille, parmentier de canard, pièce de bœuf, aligot, mousse au chocolat… Il ne vous reste plus qu'à savourer et à profiter de la belle terrasse dès les beaux jours venus !

LA PATCHE €

✆ 05 65 60 40 63
Formule du jour : 14 €.

Situé en face du marché aux bestiaux, cet établissement travaille quotidiennement des produits frais. La formule cuisine locale et convivialité fait toujours recette : salade de saumon fumé ou tartare de bœuf, magret de canard sauce à l'orange, mousse au chocolat blanc ou chou chantilly (le tout maison !)… Et ris d'agneau qui ont inspiré au musicien amateur Stéphane Zarlenga, dit LOOPstic, une reprise du tube de Kendji Girac : *Color Gitano*. On vous laisse découvrir sur Internet le clip tourné dans les murs de La Patche. Il en dit long sur l'esprit des lieux !

MARCHÉ AUX BESTIAUX

Place du Foirail
✆ 05 65 70 71 30
Visites guidées le mardi matin de mi-juin à fin septembre et pendant les vacances de printemps. 4 €/adulte.

En bottes et blouse noires, les maquignons s'activent sous un foirail de 8 000 m² qui peut accueillir jusqu'à 2 000 bêtes, veaux, vaches, taureaux et broutards. Les mains se tapent, le marché est conclu, c'est la patcha ! Le marché aux bestiaux de Laissac accueille les négociants de tout le Grand Sud. La visite guidée démarre par la découverte du folklore du foirail depuis la cabine de surveillance suspendue quelques mètres au-dessus du sol, se poursuit par un film et une dégustation de fouace. Poursuivez au bourg avec tripous, charcuterie et verre de rouge !

AVENGA

Ruelle du Cadis
VIMENET
✆ 06 28 04 86 14
www.avenga.fr
En activité toute l'année. Battle archery : 10h/heure.

Fabien Martin est moniteur-accompagnateur de plein air. Il organise dans l'Aveyron et ailleurs des sorties sur l'eau, sur les rochers et dans les arbres : escalade, viacorda, kayak, hydrospeed, paddle géant… Depuis le mois de juin 2020, il propose une activité complètement insolite : la battle archery. Un arc, des flèches avec un embout en mousse, et des « combattant » qui s'affrontent. L'objectif : viser et éliminer ses adversaires, attraper des flèches au vol, et gagner la bataille, selon des règles du jeu assez ludiques et faciles à appréhender.

MONTROZIER ★

Cette commune regroupe deux villages, Montrozier et Gages, chargées d'histoire. Le château de Montrozier (bien visible de la RN 88) avec sa chapelle romane date du XIIIe siècle. Bâti par les comtes de Rodez sur une butte commandant fièrement la vallée de l'Aveyron, il domine un village resté pittoresque, avec ses ruelles étroites, ses maisons en pierre blanche et son pont classé du XVe siècle. Près de Gages, des fouilles ont mis à jour des villas gallo-romaines. Le maréchal de Sévérac fut assassiné en 1427 dans son château du XVe siècle qui n'est plus que ruine. A Gages-le-Haut, l'église à nef romane possède un beau portail et 3 statues anciennes dorées.

ESPACE ARCHÉOLOGIQUE DÉPARTEMENTAL DE MONTROZIER ★

Place Pierre-Frontin ✆ 05 65 70 71 45
www.musees.aveyron.fr
Eté : du mardi au vendredi de 10h à 12h30 et de 14h à 18h ; week-end de 14h à 18h. Gratuit jusqu'à 26 ans. Adulte : 3 €.

Ce sont les fouilles effectuées sur l'ensemble du département qui ont approvisionné les collections de cette antenne du musée du Rouergue. Dans les vitrines successives, on peut admirer les outils et objets du quotidien des derniers chasseurs-cueilleurs et des pionniers de l'agriculture préhistorique. L'époque gauloise est illustrée par des documents et des fragments de mosaïques et de statues gallo-romaines provenant des villas gallo-romaines de Rodelle et d'Agentelle.

LE JARDIN DES BÊTES

340, route des Barthes
✆ 05 65 42 66 40
www.jardindesbetes.fr
D'avril à novembre tous les jours. Adulte : 14,50 €. Enfant (de 4 à 12 ans) : 12 € (enfant (de 2 à 3 ans) : 11 €).

Tout à la fois parc animalier et parc d'attractions, ce vaste jardin enchanteur offre une balade pleine de surprises : les cobayes, les lapins, les chèvres et les cochons se laissent caresser, les fennecs, les lamas et les perroquets se font admirer. 250 animaux vivent ici. Les familles apprécient le coin pique-nique proche des bacs à sable et l'aire de jeux. Un parc de loisirs unique en Aveyron complète le parc animalier avec structures gonflables, train chenille, bateau pirate, kart à pédales et la Tornade, qui met la tête à l'envers !

LE SAINT-HUBERT

Route d'Agen
✆ 05 65 42 67 73
www.parc-animalier-auberge.fr
Ouvert tous les jours en été. Départ des visites à 15h et à 16h. Adulte : 9,50 €. Enfant de 5 à 12 ans : 6 €.

Plus de 200 animaux de la faune sauvage, cerfs, faons, daims, mouflons, sangliers évoluent en totale liberté dans un parc de 20 hectares de forêt et de prairie pour une visite originale en roulotte. Jean-Paul vous accompagne pour vous expliquer le comportement de chacun des animaux. Participez à la distribution de la nourriture si vous le souhaitez. Et selon la saison, venez découvrir petits faons, marcassins, agneaux. Soirée brame du cerf sur réservation, de mi-septembre à mi-octobre. Ferme-auberge et hébergements sur place. Aires de pique-nique.

SÉVÉRAC D'AVEYRON ★★

La butte de Sévérac est occupée depuis la préhistoire. Culminant à 817 m d'altitude, elle offre un incroyable panorama sur la plaine où l'Aveyron prend sa source et a permis de tous temps à ses occupants de voir arriver l'ennemi de loin ! C'est sans doute pour cette raison que les Romains y érigèrent une place forte, comme la terminaison en « ac » de Séverac le laisse supposer (époque gallo-romaine). Témoin de cette présence : la fontaine romaine, qui prouve la maîtrise des Romains en matière de canalisation de l'eau. Séverac a conforté sa double vocation de place forte et de centre commercial dès l'antiquité, à l'ombre de son fameux château fortifié dont la construction a probablement commencé dès le Xe siècle. Les premières traces de l'existence de Sévérac remontent en effet à l'an 1030 : Gui Ier de Sévérac fit alors édifier un château féodal sur la motte. Le village s'est logiquement développé en contre-bas du château, protégé par un haut rempart et une douve et auquel on accédait par quatre portes, avec herses et ponts-levis. Cela n'a pas changé : on accède encore aujourd'hui au village par deux de ces portes perçant le rempart, la porte du Latazou et la porte du Peyrou, et on découvre alors un véritable bijou du patrimoine architectural, avec l'une des plus anciennes maisons du Rouergue, datant du XIIe siècle, la maison de Jeanne, des maisons à colombages, ou à encorbellement, sans oublier la maison des Consuls, qui est l'une des mieux conservées de la cité : à l'intérieur, on découvre une maquette du château tel qu'il était au XVIIe siècle, des textes anciens, des diaporamas, une vidéo virtuelle sur sa construction. Au fil des rues, on découvre encore des ouvertures en arc gothique témoignant de l'activité commerciale du lieu, on passe sous une maison traversière permettant de joindre une rue à l'autre par un passage voûté... De nombreuses rues sont pavées, et l'absence de voitures permet de mieux apprécier l'atmosphère médiévale qui se dégage de ce lieu.

CHÂTEAU

En juillet et août : ouvert tous les jours. Visite guidée : 5 €.

La fameuse butte de Séverac, qui domine le village, culmine à 817 m. C'est sur cette butte que fut construit le château de Séverac qui a appartenu, au cours de l'histoire, à plusieurs familles. Les vestiges que l'on peut voir aujourd'hui, un bâtiment de trois étages mesurant plus de 85 m de long, sont surtout l'héritage de l'édifice que le duc Louis d'Arpajon fit construire en 1633 : un grand portail fermé par un pont-levis mais aussi des remparts, courtines, tours de guets. La cuisine et la chapelle sont les seules parties du château encore en état.

CIRCUIT DES DOLMENS

www.causses-aubrac-tourisme.com

Circuit voiture de 40 km : 4h en voiture, 6h à vélo.

Un circuit de 40 km permet de faire un tour d'horizon de ces vestiges en partant de Sévérac-le-Château. Pour faciliter la balade, tous les dolmens sont signalés d'un panneau. Ils sont de taille moyenne et au moins une centaine sur tout le plateau. Les sites où ils furent établis sont les points panoramiques d'où l'on surplombe, au sud, la vallée de l'Aveyron, et, au nord, la vallée du Lot, avec l'Aubrac en surplomb. A l'ouest de Séverac, les dolmens existent dans un périmètre allant jusqu'au hameau de Surgières en passant par Buzeins.

LA CITÉ MÉDIÉVALE ★★

Juillet et août : visites guidées et animations.

Quatre portes fortifiées, dont deux affichent encore aujourd'hui l'aplomb d'une sentinelle, un rempart et de superbes demeures soulignées de tours-escaliers, de passages voûtés, d'encorbellements ou de fenêtres à meneau... Avec ce décor tout en pierre, hérité du Moyen Âge, qui court de la Maison des Consuls et sa très belle cheminée du XVIIIe siècle à la Maison de Jeanne, du marché couvert ou « Sestayral » à l'église Saint-Sauveur, du musée archéologique jusqu'à la place de la Fontaine, la cité médiévale de Sévérac-le-Château continue à attirer les foules.

MUSÉE ARCHÉOLOGIQUE

5, rue des Douves

✆ 05 65 47 67 31

www.causses-aubrac-tourisme.com

Visite gratuite, inclus dans le prix du ticket pour la visite du château (6 € visite guidée ou 3 € visite libre).

Ce musée se décline en trois salles installées dans les sous-sols de la Maison du tourisme et de la culture, dont le décor -voûtes et cours pavée- est très agréable. On y trouve des armes, des parures, des céramiques, des pierres polies et des outils... Tout un inventaire, représentatif de la vie quotidienne des habitants de la région du XVIe siècle jusqu'à 300 000 ans avant notre ère ! De quoi voyager dans le temps et s'offrir un belle plongée à l'époque des derniers chasseurs et premiers paysans, et des constructeurs de dolmens.

OFFICE DE TOURISME DES CAUSSES À L'AUBRAC

5, rue des Douves

✆ 05 65 47 67 31

www.causses-aubrac-tourisme.com

Haute saison : ouvert du lundi au samedi de 9h à 12h30 et de 13h30 à 18h30 ; le dimanche de 9h à 12h30 et de 14h à 17h.

Situé au cœur de la cité médiévale, le bureau d'informations touristiques de Séverac-d'Aveyron, vous accueille tous les jours de l'année. Visites libres ou guidées du château ; animations médiévales ; expositions ; spectacles ; brochures... La structure se met en quatre pour raviver l'imaginaire et vous faire revivre les grandes heures de Sévérac-le-Château. N'oubliez pas cependant de regarder autour : le territoire compte aussi de nombreux villages de caractère.

LE CLOS DES LAVANDES €€

Villeplaine

✆ 05 65 58 85 70

www.leclosdeslavandes.com

Studio / appartement de 80 € à 100 € la nuit, de 160 € à 260 € le week-end, de 500 € à 700 € la semaine.

Le Clos des Lavandes est le repaire idéal pour une parenthèse au vert. Cette demeure au charme unique – une authentique bâtisse en pierre du XVIIe siècle – offre un cadre idyllique, à l'ombre de la cité médiévale. Sans oublier la piscine qui fera sans aucun doute la joie des petits et des grands. Deux gîtes de charme, en pierres apparentes avec voûtes, de 50 m² chacun, sont proposés à la location. La Bergerie en rez-de-jardin, et Le Loft au dessus, avec sa terrasse suspendue. Les deux gîtes sont équipés et décorés avec soins.

DOMAINE DE SOUSSUÉJOULS €€

Blayac ✆ 05 65 47 62 91

www.domaine-de-soussuejouls.com

Se renseigner auprès des propriétaires. Lave-linge.

Aux portes de l'Aveyron et à proximité de Sévérac-le-Château, le domaine de Soussuéjouls vous accueille dans une ferme ancienne typique des Grands Causses et de sa tradition agro-pastorale. Entièrement rénové et décoré avec talent, le site offre une bouffée de campagne dans un cadre naturel aussi paisible que magnifique. Les propriétaires, ont en effet tout mis en œuvre pour que le site conserve son authenticité. Entre une visite de la bergerie et un repas à la table de ces paysans, vous coucherez dans des chambres immaculées très au goût du jour.

GÎTE LE COUDERQUET €€

Le Couderquet

✆ 05 65 71 67 51

www.gitelecouderquet.fr

La Grange : de 490 à 740 €/semaine selon les saisons. Le Grenier : de 470 à 710 €/semaine.

Les vacances, c'est aussi profiter d'un repos bien mérité, et du confort de son hébergement ! Le Couderquet, au-dessus du village de Buzeins, est l'une de ces adresses où il fait bon se détendre. Deux gîtes, mitoyens mais indépendants – baptisés la Grange et le Grenier – offrent un cadre idéal pour des réunions amicales ou familiales. Trois chambres chacun ; et tout le charme des vieilles pierres allié à une décoration plus contemporaine. Le vrai plus ? Le panorama alentour et la vue XXL sur la vallée de l'Aveyron, ses campagnes et ses sentiers de randonnées.

HÔTEL RESTAURANT LA BERGERIE €€

24, rue du Barry

✆ 05 65 60 22 42

www.hotellabergerie.fr

Chambre double de 59 € à 85 €. Petit déjeuner : 9 €. Formule du jour : 14 €.

L'hôtel-restaurant La Bergerie est l'une des adresses sûres de Sévérac-le-Château. Dans un esprit maison de famille, l'établissement propose une trentaine de chambres confortables, à la déco simple mais actuelle. Les plus grands chambres peuvent accueillir jusqu'à quatre personnes. Les petits plus ? La piscine et le restaurant de l'hôtel qui sert une cuisine très bien exécutée : salade roquefort, terrine du chef, escalope de de La Bergerie, filet de bœuf à la plancha...

LE MAS DE CLÉMANY €€

Lieu-dit Boussac

VÉZINS-DE-LÉVÉZOU

✆ 09 70 91 80 68

www.mas-clemany.fr

Chambre double à partir de 70 €. Petit déjeuner inclus.

A quelques pas du village de Vézins-de-Lévézou, ce mas conjugue une atmosphère naturelle à une décoration authentique, avec pierres apparentes, portes et mobilier en bois et confort cosy. On y trouve trois chambres au nom de baptême séduisant – Amarante, Camomille, Gentiane – qui fait écho à l'environnement préservé des lieux. Ainsi qu'une table d'hôtes sur laquelle les produits de terroir, les plats régionaux et les recettes traditionnelles sont à l'honneur. Le petit déjeuner est aussi couleur locale avec la fouace et les confitures maison.

LE RELAIS DU BOIS DU FOUR** €€

Route de Cahors - **VÉZINS-DE-LÉVÉZOU**

✆ 05 65 61 86 17

www.boisdufour.com

Chambre double de 52 € à 68 €. Petit déjeuner : 8,20 €. Menus de 13 à 30 €.

Depuis trois générations, cet établissement ne cesse d'évoluer. Les chambres, dont certaines peuvent accueillir quatre personnes, sont confortables et bien équipées et avec vue sur la campagne. Ici, on goûte au calme de ce lieu familial, et on se régale d'une bonne cuisine traditionnelle aveyronnaise. Le magret de canard, la tête de veau ou l'assiette du Lévézou (jambon, saucisse sèche, petits condiments) sont parmi les grands classiques et les assiettes sont copieuses.

LA SINGULIÈRE €€€

7, rue Emile Zola

✆ 05 65 62 61 30

www.lasinguliere.com

Chambre double de 120 € à 200 €. Petit déjeuner inclus. Dîner : 25 €. Pique-nique sur commande : 18 €/personne.

Transformée en maison d'hôtes, cette belle demeure avec jardin, au pied de la cité médiévale, a conservé tout son charme d'antan. Un petit labyrinthe de couloirs et de paliers distribuent cinq chambres et suites, toutes différentes, et toutes imprégnées de la passion décoratrice de Sophie, propriétaire avec son mari, Hervé. Chacune dispose de sa propre salle de bains et de sanitaires privatifs. Dans le salon on prend le petit déjeuner ou un apéritif en compagnie des hôtes, qui proposent aussi des soirées classiques du cinéma !

L'ATELIER DU GOÛT €

6, rue du Le Four-à-Chaux
✆ 07 81 05 72 04
https://atelierdugout12.fr
Formule du midi : 14 €. Menus à emporter et drive.

Dans un cadre moderne et flashy, aux tons vert pomme et gris, une cuisine inventive et traditionnelle à base de produits frais et sélectionnés par les propriétaires. La carte est changée plusieurs fois dans l'année. Les produits sont frais, cuisinés maison et ça se ressent dans des assiettes aussi surprenantes que savoureuses. Le service est efficace et souriant et le rapport qualité/prix on ne peut plus intéressant. Suite à la crise sanitaire, le restaurant a pérennisé la vente à emporter et propose un service de livraison ainsi qu'un drive.

LA PARENTHÈSE BIO

19 bis, avenue Jean Jaurès
✆ 06 47 15 43 48
Mardi, jeudi et vendredi : 9h30-12h30 et 15h30-19h30 ; mercredi matin ; samedi 9h30-12h30 et 15h30-18h30.

Ce chouette commerce est installé au rez-de-chaussée d'un ancien hôtel. La Parenthèse bio d'Isabelle est avant tout un concept authentique, où la maîtresse des lieux prône le bonheur et le bien-être. Deux concepts qu'elle affine à travers une sélection de produits bio ou locaux : fruits, légumes, viandes ou produits laitiers. Cette Parenthèse est aussi un bar meublé de bric et de broc recyclé, où les boissons bio ou artisanales sont mises à l'honneur. Des concerts, des ateliers, des expositions viennent ponctuellement amener un supplément d'âme et d'animation.

LOU PAOUZADOU €

Rue du Paouzadou
✆ 05 65 47 64 09
www.loupaouzadou.fr
Menu de 16 à 20 € le dimanche. Menu enfant : 8 €. Formule du midi : 13 €.

A une dizaine de kilomètres à l'ouest de Sévérac, voici un petit resto familial formidable ! La « petite pause » fait partie de ces bons plans dont on transmet les adresses aux vrais amis. Josiane, fidèle au poste depuis 1980, partage sa cuisine savoureuse dans une petite salle de bon ton où le jour entre de tous côtés : ris d'agneau croustillants, souris d'agneau et pommes de terre sautées, aligot-saucisse, truffade, et dessert maison ! C'est ainsi qu'en toute saison, le restaurant, en dehors des grands axes, est apprécié par une clientèle locale fort bien avisée.

PONT-DE-SALARS

Site calme, reposant où un prieuré domine les gorges encaissées du Viaur. Sur le portail de l'église qui date du XIVe siècle, on note la présence d'un fragment de tympan roman qui proviendrait de la cathédrale de Rodez. Le Christ qui y trône serait une copie de celui de Conques. A proximité de l'église, il existe un rocher où une empreinte évoque un sabot de cheval. La légende veut que ce soit la trace du cheval de saint-Georges, lorsque ce dernier poursuivi par des bandits, franchit d'un saut la vallée. On remarquera les sarcophages creusés dans la roche en contrebas, un oratoire a été édifié. De là, un chemin descend au bord de la rivière.

BOULANGERIE LÉQUEPEYS

11, avenue Jean-Jaurès
✆ 05 65 47 66 40
www.lequepeys.com
Ouvert tous les jours de 7h à 12h30 et de 14h30 à 19h. Fermé le jeudi.

Pierre Lequepeys continue de jouer la carte de la tradition avec ses célèbres sablés ! Déclinés en maintes versions, ces savoureux petits gâteaux évoquent les souvenirs et parfums d'enfance d'un artisan fidèle à ses racines aveyronnaises : les cerises des Gorges du Tarn ; les framboises du Lévézou et les myrtilles de l'Aubrac ; les châtaignes de la Vallée du Lot ; les tartines au beurre et au chocolat d'après l'école... Autres spécialités de la maison : le miroir aux amandes et les pavés de Bournhol, à base d'amande et de confiture d'orange amère.

LA FERME DU VIALARET

Le Vialaret
SÉGUR
✆ 05 65 70 70 82
Du lundi au vendredi de 9h à 12h et de 14h à 18h.

La Ferme du Vialaret propose des produits de qualité conçus dans des conditions respectueuses de l'environnement et du bien-être animal. La principale activité de l'exploitation concerne l'élevage de volailles (poulets, pintades, dindes, chapons et poulardes) vendues prêtes à cuire, à la ferme ou sur les marchés locaux. Une partie est transformée en terrines, confits, plats cuisinés. La Ferme du Vialaret vous propose aussi des articles en angora (pelotes de laine, mitaines, bonnets, snoods, écharpes....) fabriqués à partir du poil récolté sur les lapins angora.

OFFICE DE TOURISME DE PARELOUP-LEVEZOU

Place de la Rivière
✆ 05 65 46 89 90
www.levezou-aveyron.com
Haute saison : du lundi au samedi de 9h à 12h30 et de 13h30 à 18h.

Baignade et sports nautiques -planche à voile, canoë, ski nautique, jet-ski, bateau à pédales...- font partie des plaisirs à découvrir sur le Lévézou. La rando est aussi une activité idéale à pratiquer dans ce coin d'Aveyron, qui alterne entre lacs et montagnes. On trouve informations et conseils à l'office de tourisme Pareloup-Lévézou qui se trouve désormais au bas du village de Pont-de-Salars, sur la place de la Rivière. Plusieurs brochures sont disponibles.

HOTEL RESTAURANT L'AGAPANTE €

35, avenue de Rodez
✆ 05 65 46 82 02
www.hotelrestaurantlagapanthe.fr
Chambre double de 43 à 57 €. Petit déjeuner : 7,50 €. Menus et formules de 10,50 à 27,50 €.

Brasserie, restaurant, hôtel, séjours rando et nature : cet établissement développe une offre complète d'accueil. Les chambres sont simples et chaleureuses, de même que la cuisine essentiellement tournée vers les spécialités de terroir : assiette de charcuterie, cuisse de canard confite, gros tripoux, tête de veau, entrecôte de bœuf français, fromages de pays... La maison prépare aussi des plats créoles sur commande : une proposition rare sur le secteur.

LE CAUSSANEL*****

Lac de Pareloup - **CANET-DE-SALARS**
✆ 05 65 46 85 19
www.lecaussanel.com
Emplacement + véhicule + 2 personnes : à partir de 14,60 €/ nuit. Mobil-home/chalet : à partir de 378 €/semaine.

Posé sur une sorte de presqu'île en rivage de mer intérieure, le camping Le Caussanel vous accueille au cœur de l'Aveyron et vous offre un accès direct au lac de Pareloup, pour nager, pêcher, faire de la voile, du canoë ou du paddle... Véritable paradis pour les vacances en famille, vous apprécierez l'espace aquatique, les toboggans et les jeux d'eau ou encore les animations sportives et ludiques. Les soirées se passeront dans une ambiance festive qui ravira tous les vacanciers. Vraiment l'un des meilleurs campings aveyronnais.

HÔTEL-RESTAURANT LES VOYAGEURS €€

1, avenue de Rodez
✆ 05 65 46 82 08
www.hotel-d-voyageurs.com
Chambre double de 43 € à 68 €. Petit déjeuner : 8 € (et 9 €).Menus de 11,50 à 27,90 €.

Les chambres élégantes, qui ne sont pas sans rappeler le standing des années 1970, sont bien équipées et d'un bon confort. La vaste salle de restaurant, semi rustique, semi bistrot est plutôt chaleureuse, on s'y sent à l'aise. La cuisine s'avère de qualité ; elle fait preuve d'inventivité tout en côtoyant les produits traditionnels : charcuterie aveyronnaise, tripoux, ris d'agneau, viande d'Aubrac, flaune... Le service est à l'écoute et contribue à nous faire passer un bon moment.

PARC CAMPING DU LAC*** €€

Route du Vibal
✆ 05 65 46 84 86
www.campingdulacaveyron.com
Emplacement + véhicule + 2 personnes de 14,50 € à 25,50 €. Chalets jusqu´à 5 personnes de 285 € à 670 € la semaine.

Ce camping de 200 places est installé les pieds dans l'eau avec des emplacements en grande partie ombragés. Des chalets sont aussi disponibles, une petite épicerie, un restaurant, une aire de jeux couverte pour les enfants et deux piscines sont à la disposition des campeurs. À la pleine saison, il est possible de découvrir et pratiquer diverses activités sportives comme le canoë, le rafting, l'escalade...et de nombreuses animations sont organisées. Bref, tout est mis en œuvre pour vous faire savourer de petits moments de détente ou vous faire bouger.

LES TERRASSES DU LAC**** €€

Route du vibal
✆ 05 65 46 88 18
www.campinglesterrasses.com
Emplacements et locations. Restauration.

C'est dans une ambiance familiale et décontractée que les Terrasses du Lac vous proposent des espaces ombragés de presque 100 m² sans vis-à-vis sur un terrain vallonné. Un terrain de pêche idéal pour les amateurs en saison, un espace aqualudique chauffé, un club disponible pour les enfants tous les matins et de nombreuses animations organisées tout au long de la saison. Notez que la camping abrite aussi des bengalis et des mobil-homes, et des *coco sweet*, un hébergement insolite, fonctionnel et confortable, entre la tente et le mobil-home.

HÔTEL DU VIAUR €

SÉGUR

✆ 05 65 74 77 85

www.hotelduviaur.fr

A la carte, de 20 à 30 € en moyenne. Formule du midi : 14 €.

Carine et Sébastien ont su donner une âme à ce restaurant de campagne. Celle du 100 % fait maison. Celle aussi, d'une adresse où l'on se retrouve au nom de l'amitié. Convaincu que la vraie vie est ici, dans ce bout de Lévézou, le couple compile bonne humeur et recettes authentiques au service d'une table « simple mais pas ordinaire ». Tous les jours, c'est ris d'agneau ; et tous les vendredis, tête de veau et soupe au fromage. Le week-end, les burgers et pizzas, aux bons fromages des producteurs voisins, attirent les gastronomes toutes générations confondues.

LA TOMATE BY L'Ô12 €

Plage des Rousselleries

✆ 07 85 61 19 31

Ouvert l'été uniquement.

On se sent comme chez soi dans ce restaurant qui sent bon le soleil, les vacances et les bons moments. Située sur la plage des Rousselleries, l'une des plus fréquentées du Lévézou, cette brasserie sur pilotis, version paillote au bord de l'eau, décline salades, pizzas, plats du jour et rafraîchissements dès les beaux jours. On y a va pour boire un coup ou pour déjeuner sur le sable : confit de canard, entrecôte, salade aveyronnaise, salade César, tiramisu, crumble ou mousse au chocolat... L'accueil y est naturellement privilégié et la simplicité de mise.

MARCHÉS DE PONT-DE-SALARS

Été : tous les mercredis à partir de 18h.

En été, le marché des producteurs de pays s'installe dans le village tous les mercredis à partir de 18h et propose de nombreuses animations jusqu'au coucher du soleil. Les habitants, rejoints par la horde de vacanciers venus profiter de la pêche et des plaisirs nautiques sur les lacs du Lévézou, aiment y flâner et déguster fruits et légumes, charcuteries, viande ovine, aligot, farçous, huile de noix, fromages, miel, vin... Bref, tout ce qui fait l'Aveyron !

SALLES-CURAN

Bien qu'il n'en reste pas de vestiges, la commune existait cependant déjà à l'époque celtique. L'ère médiévale laissera de nombreuses traces, sûrement à cause du rayonnement de la cité à cette époque. Elle était, en effet, propriété épiscopale et il était fréquent que les évêques de Rodez y séjournent. Guillaume de la Tour édifia un château au XVe siècle, le château de Larguiès (à moins de 2 km de Salles-Curan), duquel subsiste une très belle porte sculptée (en été une visite guidée extérieure est possible). L'église date également du XVe siècle, mais a été embellie au XVIe. De style gothique, son portail et un bénitier sont de style roman.

OFFICE DE TOURISME PARELOUP-LÉVÉZOU

Place de la Mairie

✆ 05 65 46 31 73

www.levezou-aveyron.com

Été, tous les jours de 9h30 à 13h puis de 15h à 19h, sauf le dimanche après midi. Jusqu'à 13h les jours fériés.

Situé au cœur du bourg, l'office de tourisme s'est fixé pour mission d'accueillir, de renseigner et d'orienter les personnes qui souhaitent séjourner à Salles-Curan, qui de par sa position centrale en Aveyron, reste une destination de choix pour découvrir l'ensemble du département. La structure, ouverte toute l'année, vous propose une documentation généreuse : plaquettes de présentation, circuits de découverte, circuits de randonnées, listes d'hébergements...

LES GENETS**** €€

Lac de Pareloup

✆ 05 65 46 35 34

www.camping-les-genets.fr

Ouvert de mi-mai à mi-septembre. Emplacements et locatifs : tarifs détaillés sur le site Internet. Wifi gratuit.

Le camping par excellence ! Une gamme complète d'emplacements et de locations, des activités pour tous, des équipements au top... La vie au camping des Genêts s'organise autour des baignades au lac, évidemment, mais aussi, autour de la piscine – rénovée au printemps 2016 – et des nombreuses soirées organisées l'été – karaoké, spectacle... Les tout-petits ne sont pas en reste avec un mini-club qui les accueille tous les jours pour des jeux, tournois sportifs et autres animations en tout genre. Une ambiance rêvée pour les vacances !

HÔTEL-RESTAURANT LES TILLEULS DU PARELOUP** €€

14, Place de la Mairie
✆ 05 65 46 33 08
Chambres de 59 à 79 €. Petit-déjeuner : 8,90 €. Restaurant.

Des nouveaux propriétaires, depuis juin 2021, vous ouvrent les portes de ce bel hôtel deux étoiles situé en plein centre du village. Des chambres doubles, triples ou familiales bénéficient de tout le confort. Côté restaurant, la pierre et le bois du plafond rendent le lieu chaleureux et les spécialités du terroir sont à la fête. Les produits sont frais et locaux, et les plats ont une touche d'originalité. On en redemande, surtout accompagné par des vins régionaux.

L'OSTAL DE LOÏSA €€

La Loubière
CURAN
✆ 06 87 12 86 85
www.lostaldeloisa.com
De 700 € à 1 600 € la semaine selon saison.

Cette maison de ferme, typiquement aveyronnaise, reflète la mémoire et l'esprit des campagnes d'autrefois. Récemment réhabilitée en gîte, cette belle bâtisse de 1816 propose en effet de vivre et apprécier des vacances aussi saines que simples. Les propriétaires y ont planté avec goût une décoration aux détails soignés. Les quatre chambres et les deux espaces de vie ont en effet adopté un look moderne qui se marie plutôt bien aux vieilles pierres et aux poutres. A l'extérieur, l'espace été accueille les hôtes autour de la piscine et d'un salon de jardin.

L'EXCEPCION €

Rue de la Confrérie
✆ 05 65 46 02 51
Menus de 22 € à 29 €. Menu enfant : 8,50 €.

Sous cette très belle voûte en pierre ou sur la terrasse en plein cœur du village, on déguste une cuisine traditionnelle, comme le confit de canard, l'aligot et sa saucisse, la truffade, mais aussi des pizzas artisanales et des hamburgers qualifiés de rustiques. C'est simple, copieux, frais et bien exécuté. Ces agapes accompagnées du marcillac des vignerons de Valady valent le coup. L'après-midi, on peut prolonger le plaisir en dégustant glaces, pâtisseries et limonades. De temps en temps, des soirées à thème animent le bourg.

CAMPING DU CHAROUZECH**** €€

Lac de Pareloup
✆ 05 65 46 01 11
www.parcducharouzech.fr
Emplacement + véhicule + 2 personnes de 20 € à 32 €. Mobil-homes pour 4 à 6 personnes de 340 € à 800 € la semaine.

© DR

Le parc du Charouzech, idéalement situé sur une presqu'île du lac de Pareloup, allie confort, nature et respect de l'environnement. En plus d'un accès direct à la plage, l'établissement déroule une belle liste d'équipements et de services : piscine chauffée et base nautique ; ateliers et sports à toute heure et soirées thématiques pour toutes les générations. Le Charouzech est en effet un établissement familial, adossé à une ferme qui fournit de bons produits bio.

HÔTEL-RESTAURANT AUX BERGES DE PARELOUP €€

Saint-Martin-des-Faux
✆ 05 65 46 35 09
www.aux-berges-pareloup.com
Chambres de 49 € à 53 €. Petit-déjeuner : 7 €. Menus de 15 à 19 €.

A 500 mètres du lac de Pareloup, les amateurs de nature apprécient grandement l'accueil et la cuisine familiale. Les spécialités régionales sont toutes au rendez-vous et les menus du jour font alterner des plats simples mais frais, copieux et bien préparés : charcuterie, tête de veau, foie gras maison, et en dessert, moelleux à la châtaigne. On lézarde sur la terrasse ensoleillée, on prend pension dans des chambres simples et on pique une tête dans la piscine couverte.

LES REFLETS DU LAC €€

Plage des Vernhes
✆ 05 65 71 75 53
https://lesrefletsdulacaveyron.com
Menus de 22 à 29 €. Menu enfant : 12 €.

Marlène et Mathieu tiennent ce restaurant qui a les pieds dans l'eau, sur l'une des plages aveyronnaises les plus fréquentées. Les yeux tournés vers les lacs de Pareloup, les deux jeunes gens, formés chez les grandes tables du département, se sont donné pour mission de travailler avec des produits frais et locaux, et de proposer uniquement du fait maison. Résultat : Aveyronnais et touristes de tous bords se pressent midi et soir pour goûter le poulpe et sa burrata, la parillada et son aïoli maison, les côtelettes et cromesquis d'effiloché d'agneau aux épices...

LE VIOULOU €€

Place du Vioulou
CURAN
✆ 05 65 78 06 17
Formule du midi : 14,50 € (entrée, plat, dessert vin et café). Menu à 21 €. Menu enfant : 7,50 €.

Cette belle maison, qui fait à la fois restaurant, bar, épicerie, presse, accueil de groupe, tient un peu de l'auberge idéale. Adresse fétiche des gens du coin qui la plébiscitent pour leurs repas dominicaux, elle réserve aussi de belles surprises aux touristes de passage. Dans ce restaurant ouvert sur la campagne environnante et ses magnifiques paysages, Le Vioulou pratique un répertoire locavore, à la fois simple, traditionnel et généreux. Le restaurant casse aussi la baraque avec des burgers et pizzas, dont les pains et la pâte sont faits maison.

CENTRE YACHTING ÉCOLE DE VOILE PARELOUP

Camping le Touring
✆ 05 65 46 36 74
www.cyvp.com
Planche à voile (18 €/h), catamaran (48 € les 2h), optimist (25 €/2 heures), canoë-pédalos-paddle (15 €/h).

La plupart des petits Aveyronnais ont fait leurs premiers pas sur l'eau dans dans ce centre qui possède une école de voile. On y découvre dans des conditions optimum ces activités nautiques qui vous feront pleinement apprécier le lac. Grâce à sa superficie, et au vent qui y souffle, le lac se prêtent, en effet, à l'apprentissage et la pratique du catamaran, de la planche à voile, du canoë... Le CYVP, c'est aussi un terrain de camping pour se loger tout près et à moindres frais.

VILLEFRANCHE-DE-PANAT

L'ancienne bastide appartenait aux comtes de Rodez qui en firent don aux barons de Peyrebrune, qui lui donnèrent rapidement ses franchises. Le château de ces nobles, datant du XVe siècle est toujours debout. Il n'en est pas de même pour le château des comtes de Rodez, qui se situait à La Besse et qui fut pris par les protestants. La commune possède également de nombreux dolmens, parmi lesquels celui situé près du ruisseau de Béteille considéré comme l'un des plus grands du Languedoc. Au bord d'un lac de 200 hectares, le village de 750 âmes séduit les vacanciers grâce à une plage aménagée, une base nautique et de nombreux spots de pêche...

LA FERME AUX CHÊNES ROUGES

Alexandra Bousquet
✆ 06 74 84 91 40
Visite de la ferme en juillet et août sur réservation.

A 4 km au nord-est de Villefranche-de-Panat, on pourra visiter sur cette exploitation agricole, des élevages et poussinières, échanger sur les pratiques de l'agriculture biologique. Une matinée à la ferme qui offre un bon bol d'air et plaira autant aux enfants qu'à leurs parents. Possibilité d'acheter sur place sur les produits de la ferme : de bonnes volailles élevées en plein air sur 2,5 hectares de terre, par Alexandra, selon les préceptes bio.

LA TOUR DE PEYREBRUNE

ALRANCE
✆ 05 65 46 56 46
Visites guidées de 14h à 19h en juillet et août.

Symbole de la présence des seigneurs de Panat du XIe au XVe siècle, cette tour rectangulaire, posée au sommet d'une colline granitique, s'étire aujourd'hui encore sur cinq étages. Victime du temps et de l'Histoire, et maintes fois endommagées, elle continue en effet, envers et contre tout, de dominer les alentours et notamment, la vallée de l'Alrance et son lac. Les bénévoles de l'association les « Amis de Peyrebrune » œuvrent à en faire un témoin vivant, à travers une projection vidéo ainsi que deux tables d'orientation permettent de revivre les grands moments.

LES CONSERVES TRADITIONNELLES €

Route de la Creyssie
ARVIEU
© 05 65 67 19 57
Visites guidées en juillet août avec goûter gastronomique. Tarifs goûter : 10 €/adulte et 6 €/enfant.

A quelques kilomètres de Salles-Curan, Céline Jeanjean propose de découvrir son activité de transformation de canards gras élevés en plein air. Une visite ludique, autour de sa mini-ferme et de son laboratoire. On peut assister à des naissances en couveuse ou à des démonstrations de gavage. Et un goûter peut être servi à la demande : foie gras, pâté, magret séché et saucisse sèche de canard sur la table (et gâteau à la broche pour les becs sucrés) !

LE MOULIN D'ANGLES €

Moulin d'Angles
ARVIEU
© 05 65 71 50 41
www.moulin-d-angles.net
De 365 € à 550 € la semaine selon saison.

Pierre, bois et chaux donnent à ce gîte, d'une capacité de 4 à 6 personnes, un climat chaleureux et accueillant. L'unique niveau abrite la pièce de vie, avec séjour et cuisine, ainsi que deux chambres aussi sobres que confortables. Le Moulin d'Angles, autonome pour l'approvisionnement en eau et l'assainissement -il dispose de sa propre microstation- est labellisé Clef Verte : une étiquette qui légitime les valeurs fondamentales d'Anita et Graham, maîtres des lieux, et leurs efforts quotidiens pour respecter leur environnement (produits écologiques...).

CAMPING SAINT-ETIENNE*** €€

avenue de Rodez © 05 65 46 45 18
www.camping-st-etienne.com
Emplacement camping 2 personnes de 17,50 à 25 €/nuitée. Mobil-home de 250 à 650 €/semaine selon saison.

Au bord du lac de Villefranche-de-Panat, le camping Saint-Etienne est un établissement familial qui offre de nombreuses options : mobil-homes, bungalows, tithomes, bengatoiles, bivouac, tipis ! En termes d'activités, vous aurez le choix entre baignade, pêche, vélo, randonnées, équitation... De quoi varier les plaisirs ! Pour la découverte de la région, vous pouvez facilement rouler vers les Gorges du Tarn, le Larzac et Roquefort ou visiter Rodez et son musée Soulages. De nombreux restaurants autour du camping vous permettront de découvrir la gastronomie locale.

LES CANTARELLES €€

La Baraque de Malet - **ALRANCE**
© 06 27 47 43 56
www.campinglescantarelles.com
Emplacement + véhicule + 2 personnes de 19 € à 30 €. Mobil-homes pour 4 à 6 personnes de 280 € à 680 € la semaine.

Au sein d'une nature préservée, dans un cadre exceptionnel, ce camping calme et chaleureux est idéalement situé en bordure du lac de Villefranche-de-Panat. Vous pourrez vous baigner, profiter de la plage pour bronzer, faire une petite sieste ou encore pêcher. La vie dans ce camping, dotée d'une guinguette pour des temps conviviaux, d'une piscine et d'un espace jeux pour les enfants (trampoline...) est fort agréable. Et de là, il est possible de s'offrir une balade à pied ou en barque à pédales. Les plus sportifs ont également accès à des canoës-kayaks.

LA BELLE ÉPOQUE €

Le Bourg
LESTRADE-ET-THOUELS
© 05 65 47 03 02
www.labelleepoque-aveyron.fr
Formule du midi : 13,50 €.

Dans le village de Lestrade-et-Thouels, à 3 kilomètres à peine de Villefranche-de-Panat, le restaurant La Belle Époque propose restaurant gastronomique et service traiteur. En terrasse ou à côté de la cheminée, on y déguste une cuisine de terroir d'une extrême qualité. Les menus nous ont comblés : salade aux trois foies gras ; filet de lotte et Saint-Jacques ; salade de saumon poêlé et pascade ; magret grillé et profiteroles au chocolat. Le service traiteur n'est pas en reste et se plie à toutes vos demandes tant en petit comité que pour votre mariage.

LE BON ACCUEIL €

Place du Marché - **ARVIEU**
© 05 65 46 72 13
www.aubon-accueil.com
Formule du midi : 13,80 €. Menus de 19,80 € à 35 €. Chambre double de 50 à 55 €/personne en demi-pension.

Cette belle maison aux ocres jaunes et rouges et volets vert amande porte bien son nom. La demeure, située sur la place du marché qui accueille les producteurs chaque mercredi matin, est agréable et le service fort attentionné. Le chef, Jean-Pierre Pachins, Maître Restaurateur, propose une cuisine régionale de qualité : salade tiède de ris d'agneau du pays et cèpes du Lévézou, tourte aux cèpes, aiguillettes de canard au miel d'acacia, cassolette de pieds de porc marinés au vin de Broquiès, ou crème renversée au caramel maison...

AU CABANOU €

Lac de Villefranche de Panat
ALRANCE
✆ 06 86 66 03 09
Menu à partir de 16 €.

Véronique et Michel sont imprégnés de la culture balinaise, à la fois ensoleillée et flegmatique, et en font profiter leurs clients à travers l'ambiance qui règne dans leur Cabanou et à travers une cuisine épicée et savoureuse. Situé au bord du lac de Villefranche-de-Panat, le restaurant est abrité sous une terrasse d'une quarantaine de couverts. Il sert chaque jour de l'été du 15 juin au 15 septembre des plats qui sentent bon les vacances : des gambas à la plancha, du riz indonésien, de la seiche à la rouille... Et quelques autres petites propositions locales.

AU P'TIT BOUT D'OÙ €

Avenue de la Poste
ARVIEU
✆ 05 65 60 00 19
Formule : 13 € (formule entrée + plat ou plat + dessert à 9.80 €).

Ce tabac-presse créé dans les années 1960, et un temps resté fermé, a recouvré sa vocation initiale. Celle d'un commerce de proximité, ancré dans le village et au service des habitants : journaux, articles de pêche, bazar... Au P'tit Bout d'Où est aussi un restaurant qui pratique le fait maison. Les vendredis soir sont thématiques : soupe au fromage en basse saison, et poulet sauté pendant les beaux jours. Vous l'aurez compris, la cuisine est traditionnelle et généreuse dans ce lieu de vie qui s'anime tous les jours de la semaine.

LAC DE PARELOUP

ARVIEU

Avec son nom – garde-toi du loup ! – ce lac est l'un des plus grands lacs du Sud du pays avec plus de 1 200 ha de superficie. Des plages surveillées en été, ainsi que de nombreux jeux et aménagements sportifs permettent de passer des journées bien remplies. Les activités nautiques tiennent la vedette (voile, planche, catamaran, canoë, aviron, bouée tractée, jet-ski...), mais les amateurs de VTT ou de balades à pied, sans oublier les pêcheurs, apprécieront ce décor paisible de lacs, de pâturages et de forêts entre les vallées du Tarn et de l'Aveyron.

PARCOURS PERMANENT D'ORIENTATION À ALRANCE

Le Comité départemental de la Course d'Orientation a mis en place plusieurs circuits dans les environs de la tour de Peyrebrune, conçus comme une initiation à la course d'orientation. Il suffit de se munir de cartes spéciales et de rejoindre les balises qui jalonnent les parcours accessibles à tous. Cartes sur demande au Comité départemental de la Course d'Orientation, à la mairie de Villefranche et d'Alrance et à l'office de tourisme Pareloup-Lévézou de Pont-de-Salars.

Le lac de Pareloup.

MILLAU, TARN ET LE SAINT-AFFRICAIN

Au confluent du Tarn et de la Dourbie, Millau est une ville méditerranéenne où il fait bon vivre. Située au cœur du Parc naturel régional des Grands Causses et sous-préfecture du département, Millau draine une population importante venue des alentours pour travailler dans la ville. En été, elle augmente de façon très sensible sa population vu sa situation ouvrant sur les gorges du Tarn et de la Dourbie. De même le Larzac et ses cités templières (La Couvertoirade, La Cavalerie, La Viala-du-Pas-de-Jaux, Saint-Jean d'Alcas, Sainte-Eulalie-de-Cernon), avec remparts, châteaux et ruelles médiévales, attirent de nombreux visiteurs. Au sud de Millau, le village de Roquefort-sur-Soulzon est tout entier dévolu à la production fromagère, et quelques kilomètres plus loin, Saint-Affrique connaît aussi une belle dynamique. Entre ville et campagne, la bourgade est entourée de sept collines, comme Rome !

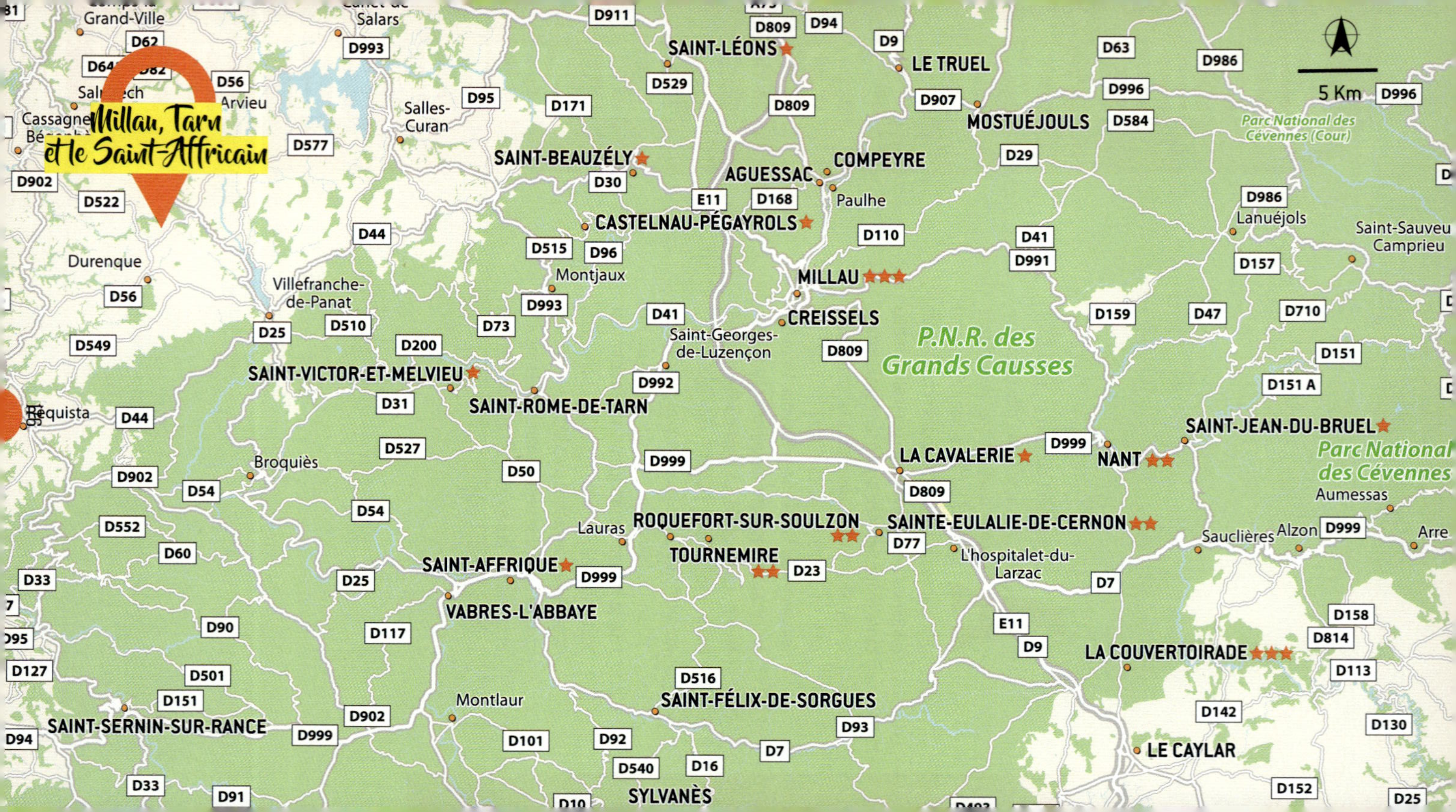
Millau, Tarn et le Saint-Affricain
5 Km
Parc National des Cévennes (Cour)
SAINT-LÉONS
LE TRUEL
MOSTUÉJOULS
SAINT-BEAUZÉLY
AGUESSAC
COMPEYRE
Paulhe
CASTELNAU-PÉGAYROLS
Lanuéjols
Saint-Sauveur-Camprieu
MILLAU
CREISSELS
Montjaux
Villefranche-de-Panat
Saint-Georges-de-Luzençon
P.N.R. des Grands Causses
SAINT-VICTOR-ET-MELVIEU
SAINT-ROME-DE-TARN
SAINT-JEAN-DU-BRUEL
Parc National des Cévennes
LA CAVALERIE
NANT
Aumessas
Broquiès
ROQUEFORT-SUR-SOULZON
SAINTE-EULALIE-DE-CERNON
Lauras
TOURNEMIRE
L'hospitalet-du-Larzac
Sauclières
Alzon
Arre
SAINT-AFFRIQUE
VABRES-L'ABBAYE
LA COUVERTOIRADE
Montlaur
SAINT-FÉLIX-DE-SORGUES
SAINT-SERNIN-SUR-RANCE
LE CAYLAR
SYLVANÈS
Durenque
Salles-Curan
Arvieu
Grand-Ville
Salars
Réquista

PAGES

●● MILLAU GRANDS CAUSSES ET GORGES DU TARN

●● LE LARZAC ET MONTS, RANCE ET ROUGIER

●● ROQUEFORT ET LE SAINT-AFFRICAIN

MILLAU ★★★

La ville est devenue célèbre grâce au plus beau « tire-bouchon » du monde, le viaduc. Pour connaître l'histoire de la ville, une visite pédestre s'impose. La place du Maréchal-Foch, très pittoresque, a gardé ses belles arcades construites du XIIe au XVIe siècle, et une belle fontaine. Sur cette place s'ouvre l'église Notre-Dame, ancien édifice roman reconstruit au XVIIe siècle, dont le chœur est décoré de magnifiques fresques. En plein cœur de la ville, le beffroi est une ancienne tour carrée du XIIe siècle, surmontée d'une tour octogonale au XVIIIe siècle. Il surplombe le vieux Millau de ses 42 mètres et offre une vue sans pareille sur la ville.

LE BEFFROI ★

Rue Droite

✆ 05 65 59 01 08

Ouvert du mercredi au dimanche de 10h à 12h30 et de 14h30 à 18h. Adulte : 4,50 €.

Ancienne tour carrée construite au XIIe siècle sur l'emplacement du château primitif pour assurer la sécurité de la ville, elle fut surmontée d'une tour octogonale au XVIIe siècle et servit de prison. Situé en plein cœur de la ville, et surplombant le vieux Millau de ses 42 mètres, le beffroi offre une vue sans pareille sur la ville. Ne craignez pas les quelque 210 marches à grimper. C'est certes sportif, mais nul besoin d'effectuer cette ascension au pas de course. Et le spectacle au sommet -un panorama incroyable sur les environs- vaut franchement le coup.

LA CITÉ DE PIERRES (CHAOS DE MONTPELLIER-LE-VIEUX)

✆ 05 65 60 66 30

www.lacitedepierres.com

D'avril à novembre. Adulte 8,40 €, enfant 5,90 €. Game 20 € la tablette. Via ferrata 30€/pers. Petit Train : 4,50 €.

Ce causse de 22 400 ha est le plus petit de ceux qui forment l'ensemble des Grands Causses mais aussi le plus sauvage. La partie spectaculaire est le chaos de Montpellier-le-Vieux, qui couvre 120 ha sur la commune de La Roque-Sainte-Marguerite. Là, les formes des rochers font penser aux ruines de constructions. Les attractions sont variées ; Six itinéraires pédestres, un train pour parcourir et découvrir le site sans effort, la via ferrata agrémentée de 5 tyroliennes et l'Explor'Games.

L'AIRE DU VIADUC ★★★★

A75 - D11

✆ 05 65 62 19 16

www.tourisme-aveyron.com

Ouvert toute l'année. Espace Tourisme ouvert 7j/7. Espace Gourmand Goûter l'Aveyron fermé de novembre à avril.

Cette aire unique aménagée dans l'ancienne ferme caussenarde de Brocuéjouls, vous invite à découvrir le viaduc de Millau, l'Aveyron, son patrimoine naturel, culturel et la gastronomie locale. A la fois aire de vision et de découverte, point d'information touristique, elle est aussi un « Espace Gourmand ». L'endroit dispose d'un espace Accueil et Informations Touristiques où les hôtes auront plaisir à vous renseigner sur les sites touristiques et activités ; et d'un belvédère depuis lequel vous pourrez profiter de la sublime vue panoramique sur le viaduc.

MUSÉE DE MILLAU ★

Place Foch

✆ 05 65 59 01 08

www.museedemillau.fr

Ouvert toute l'année. Haute saison : du mardi au dimanche. Audio-guide : 2,50 €. Visite créative : 6,50 €.

Installé dans un ancien hôtel particulier, le musée comprend plusieurs parties. Un premier espace est consacré à la mégisserie et à la ganterie. L'exposition commence par une découverte tactile et visuelle des différentes qualités de cuir, puis vient une rétrospective – gants de couturiers, gants « historiques »... Une autre partie est axée sur la paléontologie. Les vitrines expliquent l'origine géologique de la région grâce à de grandes collections de fossiles. Le plus impressionnant est sans doute le squelette du premier plésiosaure !

LES POINTS DE VUE DU VIADUC ★★★★

Cap de Coste-Brunas depuis Creissels ; le village classé de Peyre ; panoramique de la D809 (en venant de Montpellier) ; la terrasse du Beffroi de la cité du Gant ; le pont Lerouge dans Millau ; belvédère de Luzençon (par la D992 et D13), l'aire du viaduc de Millau... Par-dessus ou par-dessous, peu importe : l'immensité du travail accompli apparaît à chaque fois dans toute sa splendeur depuis ses sept points de vue soigneusement répertoriés pour profiter du spectacle.

PARC NATUREL RÉGIONAL DES GRANDS CAUSSES ★★★

71, boulevard de l'Ayrolle
✆ 05 65 61 35 50
www.parc-grands-causses.fr

Depuis 1995, le Parc naturel régional des Grands Causses s'efforce de protéger et valoriser un patrimoine naturel et culturel unique, tout en permettant aux habitants et actifs du territoire de maintenir leurs activités. Véritable code de bonne conduite révisé tous les 15 ans, la Charte du Parc inscrit l'ensemble de ces missions dans le respect du développement durable. Le territoire se déclinent en causses et gorges, monts et forêts. Des paysages très spécifiques et de grande valeur ; tout comme la faune et la flore (plus de 2 000 espèces dont la cardabelle, symbole des Grands Causses) particulièrement riches. Le parc, qui s'étend sur 93 communes du département, est aussi un important bassin de vie, avec près de 64 000 habitants. Plus de 3 000 exploitations agricoles et entreprises artisanales jalonnent ainsi le terrain et témoignent d'une dynamique en terme d'emploi et de maintien des traditions. Parmi les plus emblématiques, l'agropastoralisme, une forme de pastoralisme qui conjugue élevage des troupeaux sur des parcours riches en herbe et production sur l'exploitation de foins et céréales pour compléter l'alimentation des brebis. Le Parc naturel régional des grands causses s'attache aussi à préserver et valoriser les patrimoines, accompagner le progrès social, et encourager l'innovation économique sur son vaste territoire. On peut explorer le parc par le biais de simples balades mais aussi d'une foule d'activités (parties de pêche, rafting, vol libre, canoë...).

SITE ARCHÉOLOGIQUE DE LA GRAUFESENQUE

Avenue Louis-Balsan
✆ 05 65 60 11 37
www.graufesenque.com

De 10h à 12h30 et de 14h à 18h, en juillet et août du mardi au dimanche.

La Graufesenque est le nom de ce lieu, jouxtant la ville où durant deux siècles au début de notre ère étaient fabriquées les célèbres poteries de terre sigillée. Sa situation au confluent du Tarn et de la Dourbie a permis à Condatomagus – future Millau – d'exploiter l'argile de cette plaine alluviale au premier siècle de notre ère. Les fouilles, entreprises dès 1860, ont mis à jour une partie du site d'exploitation dont on voit aujourd'hui une partie du plan, tracé par des murets qui déterminent l'emplacement des ateliers, des zones d'habitation, des temples. Une grande fosse, dans laquelle étaient jetées les pièces ratées, a permis aux archéologues de dresser un catalogue de la production de la Graufesenque, venu compléter celui qui avait été établi grâce aux céramiques retrouvées du nord de l'Europe au Moyen-Orient et reconnaissables par leurs formes, leurs décors et la signature des potiers. D'abord répliques de la céramique italienne, les vases des potiers de la Graufesenque furent célèbres pour leur terre cuite rouge et brillante, sigillée – marquée au poinçon –, ornée de feuillages, de personnages ou lisse. La production devint standardisée grâce à l'utilisation de moules. En pleine activité, plus de 600 ateliers donnèrent des millions de pièces qui étaient acheminées, via la voie romaine qui passait par Millau, vers l'ensemble du bassin méditerranéen. Environ 2 500 m² ont été dégagés et donnent une idée précise de l'activité de ce site estimé à une quinzaine d'hectares.

LA VIEILLE VILLE ★

Dans les rues du vieux Millau, il ne faut surtout pas hésiter à pousser les portes qui ferment souvent des cours intérieures ou révèlent des escaliers magnifiques. Une visite pédestre du cœur de ville permet de comprendre les principales étapes de son passé, grâce à un patrimoine particulièrement préservé. Pour mieux l'apprécier, la mairie a mis en place un itinéraire historique que l'on suit grâce à un petit topoguide gratuit qui explique le rôle des divers bâtiments de la ville à travers leur histoire ou celle des personnages qui y vivaient.

LE VIEUX-PONT

Au sud du cœur de ville, il ne reste plus que deux arches sur les dix-sept qui permettaient autrefois de traverser le Tarn. Le vieux-pont, 218 mètres de long, 4 mètres de large dans sa conception originelle, est mentionné dès 1156. Aujourd'hui, il reste encore le moulin et sa chaussée. En face du vieux pont, un immense espace vert dispose d'un parcours aménagé de kayak (le stade d'eaux vives), de terrains de sport et d'un parc (le parc municipal de la Maladrerie). Le lieu de promenade est particulièrement apprécié des Millavois.

COMITÉ DÉPARTEMENTAL DE CYCLOTOURISME DE L'AVEYRON

www.cyclotourismeaveyron.org

Ce comité, qui regroupe des passionnés de cyclotourisme, propose un choix infini d'itinéraires pour découvrir l'Aveyron. Dont un cycloguide facile à emporter sur son vélo. Au programme : un descriptif détaillé des circuits idéalement tracés sur des petites routes de campagne, une liste d'étapes (gastro ou pratique), une carte ainsi que les principaux sites touristiques à voir en chemin (les plus beaux villages de France, les bastides, les villages templiers...).

36 RUE DES LILAS €

✆ 05 65 61 66 43

www.36ruedeslilas.com

Chambre double de 65 € à 80 €. Petit déjeuner inclus. Lit supplémentaire : 20 €. Gîte de 300 € à 900 €/semaine.

Outre sa situation idéale, cette charmante bâtisse très colorée de 1936, un ancien commerce de négoce de vin, abrite trois chambres indépendantes et une belle terrasse avec un panorama exceptionnel sur les paysages alentour. Ces chambres se louent seules, ou toutes ensemble, en formule gîte pouvant accueillir jusqu'à huit personnes. L'accueil est réellement optimal. Le petit déjeuner est copieux et fait appel à des produits biologiques de la région. Vous pourrez profiter de la cuisine équipée qui vous est prêtée pour vos repas.

BOWLING HÔTEL** €

33, chemin de Sallèles

✆ 05 65 60 05 55

www.hotelbowlingdemillau.fr

Chambres de 49 € à 80 €. Petit déjeuner : 7 €.

Situé à l'entrée de Millau près de la sortie 45 de l'A75, cet hôtel 2 étoiles est très respectueux de l'environnement et des normes écologiques (économiseur d'énergie, récupération d'eau de pluie, production d'eau chaude par panneaux solaires). Il présente, de plus, des prestations de belle qualité (notamment des lits king size). L'ensemble s'avère confortable et très fonctionnel. Le restaurant quant à lui développe de nombreuses salades-repas et des menus avec différentes spécialités régionales : salade au roquefort, tripous, charcuterie, aligot...

HÔTEL DES CAUSSES €

2, rue Mathieu-Prévot ✆ 05 65 60 03 19

www.hoteldescausses.com

Ouvert toute l'année. Accueil jusqu'à 21h. Chambre double à partir de 54€. Petit-déjeuner 12,80€. Parking 7€. Moto 5€.

A trois minutes du centre historique, vous pourrez séjourner dans l'une des 17 chambres aux tons contemporains, avec literie neuve et télé écran plat. Tout y rappelle le savoir-faire de la cité dans la ganterie. Dans le restaurant, baptisé La Chaleur Nordique, on déguste une cuisine d'inspiration nordique et aveyronnaise : assiette de charcuterie locale, salade de chèvre chaud, sauté de renne selon une recette traditionnelle de Laponie, pavé de saumon fumé à chaud au bois d'aulne, boulette de bœuf sauce cognac... Une découverte aussi savoureuse qu'originale !

HÔTEL DU COMMERCE** €

8, place Mandarous

✆ 05 65 60 00 56

www.hotelmillau.com

Chambre double de 43 € à 58 € ; chambre triple de 54 € à 72 €. Petit déjeuner : 7 €.

Situé au troisième étage, cet hôtel du centre-ville de Millau, à la façade historique, donne en partie sur la place du Mandarous mais aussi sur le beffroi de la ville. Les chambres sont rénovées régulièrement pour un confort optimal, et possède notamment une climatisation réversible. La décoration sobre mais très lumineuse est agrémentée par les touches de couleurs des parures de lit. Une atmosphère familiale caractérise cette adresse, grâce au sens de l'hospitalité particulièrement aiguisé de ses propriétaires. Le rapport qualité/prix est avantageux.

MONASTERE NOTRE-DAME DES DOULEURS €

3, rue Sainte-Claire

✆ 05 65 60 16 03

www.clarissesdemillau.fr/millau

Possibilité et conditions d'accueil à convenir avec la mère supérieure.

Fondé en 1875, ce monastère de clarisses a essaimé avec la création des monastères de Mazamet en 1887 et de Toulouse en 1928. La communauté compte aujourd'hui une quinzaine de religieuses venues de différentes régions de France, des Philippines et de la République démocratique du Congo. Inspirées par sainte Claire, elles mènent une vie de travail, de partage et de relations avec leur famille spirituelle, amis, parents, voisins et visiteurs. Vous pouvez y faire une retraite...

LE VAL SAINT-GEORGES €

Route du Larzac - **SAINT-GEORGES-DE-LUZENÇON**
✆ 05 65 62 42 12
valstgeorges.fr

Chambre double : 75 €/nuit. Petit déjeuner sucré : 9 € / personne, sucré-salé : 11,50 € / personne

Situé à quelques encablures du village de Saint-Georges-de-Luzençon et à seulement une dizaine de kilomètres au sud-ouest de Millau, ce village est l'endroit idéal pour des vacances en famille. Dès l'arrivée, on est reçu par les sympathiques propriétaires des lieux. On s'installe ensuite dans l'un des chalets ou mobil-homes. Chacun se compose d'une cuisine équipée, de deux chambres (avec un lit double ou deux lits simples), de W-C privatifs, une salle d'eau avec douche et lavabo. Orientée vers la vallée, une piscine-balnéo promet de bons moments de détente.

CAUSSES ET VALLÉES VACANCES €€

Saint-Geniez-de-Bertrand
SAINT-GEORGES-DE-LUZENÇON ✆ 05 65 58 11 06
www.causse-vacances.com

Bungalow de 235 € à 538 € la semaine. Chalets de 258 à 710 €/semaine selon saisons. Emplacement de 15 à 22 €/nuitée.

A 15 km au sud-ouest de Millau, des chalets, des bungalows toilés et des emplacements de camping vous sont proposés dans ce joli lieu, au pied du village. De part sa situation, l'endroit est un très bon point de départ pour les randonnées à pied ou à VTT, balades en canoë ou parcours de cyclo-tourisme dans le cirque de Saint-Geniez et sur le Larzac. Au retour, on apprécie le calme et la beauté des lieux, au bord de la piscine ou à la terrasse de son chalet.

CÉVENOL HÔTEL*** €€

115, rue Rajol
✆ 05 65 60 74 44
www.cevenol-hotel.fr

Chambre double de 60 € à 96 € ; chambre triple de 77 € à 115 €. Petit déjeuner buffet : 9,90 €.

Les hôtes de passage n'oublieront pas de sitôt le charme et le confort de cet hôtel qui abrite une quarantaine de chambres raffinées, confortables, et au goût du jour. Régulièrement, elles sont rénovées. Même application du côté du restaurant baptisé « Le Pot d'étain » où l'on pratique une cuisine traditionnelle à base de produits du terroir : œufs pochés à la fondue de roquefort, ris d'agneau à la millavoise, médaillon de lotte façon blanquette... A l'extérieur de l'établissement, une piscine permet de se rafraîchir ou de se délasser après une journée de visite.

DOMAINE DE SAINT-ESTÈVE €€

Avenue de Millau Plage
✆ 05 65 69 12 12
www.dsemillau.com

Chalets à partir de 525 € semaine. Restauration (menus à partir de 27 €).

Proche du centre-ville, cette résidence de tourisme incarne tout ce qu'on aime en vacances ! Sur un domaine qui fait face au célèbre viaduc de Millau, l'établissement propose deux types de prestation : des chalets en location et des chalets hôteliers. Les intérieurs sont cosy et se prolongent en terrasse pour une vie dedans-dehors. L'espace est joliment végétalisé et vous pourrez profiter du soleil autour de la piscine à débordement. Le restaurant propose une carte terroir à déguster en salle ou au grand air. Ici, les soirées sous les étoiles ont un côté magique.

© DR

© DR

MILLAU, TARN ET LE SAINT-AFFRICAIN

ÉCO-CAMPING DU LARZAC €€

Route de Saint-Martin-du-Larzac
✆ 05 65 61 38 57
www.ecocampingdularzac.org
Huttes à partir de 35 €/nuit. Tentes nomades à partir de 50 €/nuit. Petit-déjeuner bio : de 5 à 7 €.

Non violence, solidarité internationale et écologie sont les 3 piliers fondamentaux qui ont fédéré les « gens du Cun ». Respectueux du bien-être des hommes, de l'environnement et des savoir-faire locaux, ils proposent un écotourisme responsable et solidaire. Le bloc sanitaire, par exemple, s'intègre à son environnement et ses équipements limitent notre impact sur la planète. Des préoccupations qui n'altèrent en rien le confort et la qualité des prestations. Tentez donc une nuitée sous une hutte en bois rappelant l'architecture voûtée des bergeries du Larzac !

LA MAISON BLEUE €€

Ségézy
LAVAL-ROQUECEZIÈRE
✆ 06 40 12 65 72
Fermé du 1er au 31 janvier. 70 €. Petit déjeuner inclus. Lit supplémentaire : 20 €. Gîtes : de 690 à 760 €/semaine.

La Maison bleue est située en Aveyron, aux abords d'un hameau très calme où vous pourrez vous ressourcer et trouver la paix, loin des bruits de la ville. C'est un ancien corps de ferme restauré dans les règles de l'art. La vue domine le paysage grandiose, et vous pourrez profiter de sa piscine à la belle saison depuis les quatre chambres avec un grand lit et salle de bain privée. Ici tout est fait pour que vous vous sentiez à l'aise et les artistes en herbe pourront bénéficier de nombreux ateliers organisés par la propriétaire pour exprimer leur créativité.

FERME D'ALCAS €€

Saint-Jean-d'Alcas - **SAINT-JEAN-ET-SAINT-PAUL**
✆ 06 83 02 82 64
www.ferme-alcas.com
De 80 à 90 € la nuit en roulotte. Petit-déjeuner 7 €. Tarif dégressif au-delà de 2 nuits. Visite découverte de la ferme.

Dans une ferme qui élève trois cent brebis pour le lait de roquefort, une roulotte a été installée pour accueillir des visiteurs. Elle est située à l'écart du village médiéval, orientée plein sud, avec vue sur la montagne. La démarche se veut participative, écoresponsable et sociale. Un barbecue et des cartes de randonnées sont mis à disposition ; des visites de la ferme et des découverte de l'environnement Causses Cévennes sont proposées. Emilie et Alexandre, ainsi que Julie et Julien, leurs associés, partagent volontiers leur mode de vie et leurs convictions.

LA MELIÈRE €€

La Meliere
SAINT-LAURENT-DE-LÉVÉZOU
✆ 05 65 58 89 58
www.lameliere.com
Chambre double de 75 € à 92 €. Petit déjeuner inclus. Gîte de 410 à 560 €/semaine.

Fabienne aime la nature et les chevaux. Résultat : un ancien moulin-gîte-chambres et tables d'hôtes qui accueillent les cavaliers et tous les autres. Les lieux, situés dans un bel écrin de verdure en bordure du ruisseau, ont été admirablement rénovés : le gîte et les chambres ont conservé leurs murs en pierre et leurs lourdes poutres, et s'ouvrent sur un jardin d'agrément ou une cour pavée. A l'heure des repas, avec sa cuisinière à bois et son ancien four à pain, Fabienne privilégie les préparations maison, les produits du jardin et des producteurs locaux.

GÎTE DES GRANDS CAUSSES €€

425, rue Jean-Jacques-Rousseau
✆ 05 65 61 43 00
www.gitedesgrandscausses.com
Nuitée en gîte, avec petit-déjeuner, de 17 à 28 €/personne. Chambres 2 personnes, de 50 à 75 €. Repas du soir : 16 €.

Sur les hauteurs de Millau, un gîte, un dortoir et une douzaine de chambres vous accueillent dans un cadre familial et convivial. L'endroit est une base idéale pour rayonner sur les Grands Causses. Il est aussi le repaire de tous les sportifs et amateurs de sensations fortes qui séjournent dans la cité des gants à l'occasion des nombreuses manifestations : 100 km de Millau, festival des Templiers, rallye Terre des Cardabelles... La capacité d'accueil - 50 personnes - et les possibilités de dormir seul, à deux ou à plusieurs sont en effet très appréciées.

LA POMARÈDE €€

60, impasse de la Gaité
✆ 06 77 04 72 84
www.villalapomarede.com
Chambre double de 70 € à 80 €. Petit déjeuner inclus. Gîte de 300 à 720 €/semaine selon les saisons.

A la sortie de Millau en direction gorges de la Dourbie, les quatre chambres d'hôtes de Thérèse vous tendent les bras. Une superbe batisse en pierre avec un jardin de charme. Un accueil chaleureux qui vous fait sentir bien dès l'arrivée. Les chambres (aux noms de plantes du Larzac Cardabelle, Chardon, Anthyllis...) sont spacieuses, ajourées et décorées avec les petites fleurs fraîches. Le gîte est du même acabit. Bref la bonne adresse. Pour le petit-déjeuner : orange pressée, pain grillé, confitures maison, miel de pays. Que du bonheur !

LA TERRASSE DE PEYRE €€

Rue de la Garde
✆ 06 21 79 61 82
www.laterrassedepeyre.fr
Chambre double de 80 € à 95 €. Petit déjeuner inclus.

Frédérique a repris ces charmantes chambres d'hôtes, décorées avec goût, dans cette jolie bâtisse adossée à la falaise et au bord du Tarn. Toutes refaites de bois et de carreaux (verre ou faïence), leur disposition permet aux visiteurs d'être chacun chez soi. Chacune des chambres et la terrasse disposent d'une magnifique vue sur le village, Millau et son viaduc, à 5 km. Les hôtes sont aux petits soins et ne manqueront pas de vous conseiller en matière de balades aux alentours : Peyre notamment est l'un des plus beaux villages de France.

LE COUVENT DE LA SALETTE €€€

387, avenue de l'Aigoual
✆ 06 82 73 38 87
www.la-salette.fr
4 chambres à partir de 200 €, 2 suites 300€. Spa.

Construit à la toute fin du XIXe siècle, au pied de La Pouncho, Le Couvent de la Salette, a quelque chose de magique. Stéphanie, journaliste culturelle passionnée d'art, héritière de cette magnifique bâtisse millavoise, y a ouvert quatre chambres et deux suites, qui revendiquent « l'élégance d'un hôtel, le charme d'une maison ». Le Couvent de la Salette est en effet un hébergement de luxe aux prestations haut de gamme. On s'y rend notamment en amoureux pour le calme et la beauté de l'endroit, ou pour se ressourcer dans l'espace bien-être.

DOMAINE DE LA CADENÈDE €€€

Les Hauts de la Croix-Vieille ✆ 05 61 23 98 00
www.new.cadenede.com
Location à la semaine de 3850 à 6 650 € selon la saison.

La Cadenède est une ancienne ferme fortifiée de l'époque templière à 4 kilomètres du centre-ville sur le versant sud-ouest. Aujourd'hui restaurée, La Cadenède allie charme d'antan et confort actuel et déroule douze chambres, huit salles d'eau et un grand salon qui permet de réunir tout le monde dans un cadre agréable, réhaussé d'une immense cheminée. De cette demeure chargée d'histoire, vous apprécierez le large panorama sur le Larzac, sur Millau et sur le fabuleux viaduc de Millau, le plus haut viaduc haubané au monde, merveilleusement éclairé la nuit.

HÔTEL LA CAPELLE** €€

7, place de la Capelle
✆ 05 65 60 14 72
www.hotel-millau-capelle.com
Ouvert toute l'année. Chambre à partir de 47 €. Petit déjeuner : 10,90 €.

C'est une bonne adresse très centrale en cœur de ville (avec parking à proximité) pour qui veut séjourner à Millau dans un établissement confortable et rénové avec goût en 2019 et 2021. La décoration se veut contemporaine et colorée, le résultat est au rendez-vous. Les représentations murales de certaines chambres illustrent *Le Baiser* de Klimt ou *La Naissance de Vénus* de Botticelli. L'hôtel est situé dans un environnement tranquille, et les chambres sont accueillantes ; certaines ouvrent leurs fenêtres vers le Causse noir d'autres vers le Causse du Larzac.

© DR

© DR

LE VAL SAINT-GEORGES €

Route du Larzac - **SAINT-GEORGES-DE-LUZENÇON**
✆ 05 65 62 42 12
valstgeorges.fr
Chambre double : 75 €/nuit. Petit déjeuner sucré : 9 € / personne, sucré-salé : 11,50 € / personne

Situé à quelques encablures du village de Saint-Georges-de-Luzençon et à seulement une dizaine de kilomètres au sud-ouest de Millau, ce village est l'endroit idéal pour des vacances en famille. Dès l'arrivée, on est reçu par les sympathiques propriétaires des lieux. On s'installe ensuite dans l'un des chalets ou mobil-homes. Chacun se compose d'une cuisine équipée, de deux chambres (avec un lit double ou deux lits simples), de W-C privatifs, une salle d'eau avec douche et lavabo. Orientée vers la vallée, une piscine-balnéo promet de bons moments de détente.

ESPACE GOURMAND - GOÛTER L'AVEYRON €

✆ 05 65 61 65 28
www.capucinbras.fr
Ouvert à partir du mois d'avril. Pour s'y rendre, prendre direction A75, puis aire du viaduc. Autour de 15 € par repas.

Nul n'était plus qualifié que Michel Bras pour imaginer un nouveau concept de restauration d'autoroute qui porte haut les couleurs de la gastronomie aveyronnaise, et valorise tous les petits producteurs locaux. Amoureux de son terroir, passionné de ses produits, Michel Bras a travaillé autour de l'emblématique « flambadou » ou « capucin », outil en forme de cône qui permet d'obtenir un petit pain conique, garni des meilleurs produits de l'Aveyron.

LA COCOTTE MINUTE €

137, avenue Jean-Jaures
✆ 09 67 55 85 81
www.cocotte-minute-millau.fr
Formule du midi : 15 €. Pièce du boucher et café gourmand : 25 €. Vegan friendly.

Sur l'axe principal de Millau, à l'entrée nord, cet établissement élabore une cuisine du marché servie dans de petites cocottes bariolées. Le plat du jour, alterne brochettes de poulet et frites maison, paupiettes et riz aux petits légumes, filet mignon à la moutarde et haricots verts et autres propositions végétariennes ou carnivores. Et des plats sans gluten sont effectués sur demande. C'est dire s'il y en a pour tous les goûts. Tout est fait maison des chips à l'apéritif jusqu'au dessert à l'ardoise. L'été, on profite de la terrasse à l'arrière du restaurant.

L'ESTAMINET €

Les Halles
✆ 06 07 88 87 07
Formule à partir de 13,50 €.

Le succès de ce bar-brasserie, dont l'adresse se communique par le bouche-à-oreille, ne se dément pas. Les produits dans l'assiette viennent des étals de la halle, à moins de cinq mètres des fourneaux. Une carte plutôt originale : d'abord des tapas – manchego, serrano, poivrons, couteaux, gambas – suivant arrivages. Puis, des propositions plus classiques : steak à la plancha, sauté de porc à la provençale, seiche à la plancha au chorizo... On ne peut plus frais et bon ! Pensez-donc à réserver : l'établissement est souvent très convoité pour sa qualité.

AU 16 €€

16, boulevard de la Capelle
✆ 05 65 61 20 44
www.au16.fr
Formule entrée, plat et dessert à 30 €. Entrée et plat 27 €. Plat et dessert 24 €.

Cet établissement, situé à deux pas du centre commercial de La Capelle, séduit les clients tant par la qualité de sa carte que par son atmosphère chaleureuse. Une belle terrasse ombragée qui s'ouvre sur le boulevard, et deux magnifiques salles de restaurant voûtées, nichées sous les anciens remparts de la ville, donnent en effet à cette adresse un supplément d'âme. Nicolas, qui a repris les manettes en juin 2021, s'attache à conserver la qualité en cuisine : chaque plat est élaboré exclusivement avec des produits frais et de saison.

LE BOUCHE À OREILLE €€

26, rue Droite
✆ 05 65 72 18 03
Formule du midi : 16 €.

Dans les ruelles du centre de Millau, à deux pas de l'office de tourisme, une adresse qui en ravira plus d'un. Une décoration résolument chaleureuse et contemporaine... L'ambiance est bon enfant, la cuisine traditionnelle, réinventée très justement (tarte roquefort-poire, canard confit, saucisse-aligot...). Pour ceux qui veulent déjeuner rapidement, les assiettes de midi feront l'affaire, avec entrée-plat-dessert, c'est pratique, copieux et rapide. A découvrir en terrasse aux beaux jours, et au coin de la cheminée dès les premiers frimas venus.

AU BUREAU €€

Centre commercial de la Capelle
✆ 05 65 69 27 48
www.aubureau-millau.fr
Burgers et salades à partir de 12,90 €.

La déco est connue : pub anglais, objets anciens et banquettes Chesterfield. On s'y sent vite bien, tant à l'intérieur que sur la grande terrasse ouverte sur le centre commercial Capelle. L'adresse est bien sûr vite courue aux heures de repas, mais on y trouve aussi son intérêt à n'importe quelle heure de la journée, du café-croissant du matin au déjeuner. On y découvre notamment de copieuses salades ou de savoureux hamburgers, et le soir venu une bonne dizaine de pressions, à l'heure de l'apéro, accompagnées de finger food ou de charcuterie à partager.

FERME-AUBERGE JASSENOVE-DU-LARZAC €€

Jassenove-du-Larzac ✆ 05 65 60 71 80
www.domaine-de-jassenove.fr
Fermeture janvier et février. Ouvert à midi sur réservation, sauf le mercredi. Menus 26 €. Chambre à partir de 80 €.

La ferme de Jassenove est une bâtisse en pierres calcaires, isolée dans un bois de pins, sur le causse du Larzac. Ici, on consomme des produits locaux, dont certains sont issus de la ferme : agneaux bio, potager... Une bonne table gourmande dont les spécialités sont la terrine d'agneau, le soufflé au roquefort, les pièces de bœuf et d'agneau. La salle campagnarde, avec sa grande cheminée, se prête ensuite à la dégustation des tartes aux fruits ou d'un gâteau au chocolat.

LE PIC VERT €€

155, avenue de l'Aigoual
✆ 05 65 59 14 21
www.le-picvert.fr
Carte de 9 à 21 €. Tapas de 3,50 à 10 €.

© DR

A l'ombre de la Puncho d'Agast, l'équipe du restaurant accueille les convives dans un bâtiment ouvert sur le parking où les prestataires sportifs de Millau sont là pour vous faire découvrir les gorges du Tarn et de la Dourbie. L'espace intérieur est vaste, on peut y servir jusqu'à 200 couverts et il y a un espace bar pour les amateurs de cocktails. Les pizzas au feu de bois y sont délicieuses. Et la carte change régulièrement pour décliner salades, assiettes complètes végé ou carnées, burgers et desserts selon les saisons et l'envie du chef.

LE GOLF CAFÉ €€

Avenue de Millau-Plage
✆ 05 65 61 35 57
www.golf-cafe.com
Menus de 21 € à 28 €. Menu enfant : 8 €. Formule du midi : 15 €.

En saison le Golf Café est l'un des lieux qui bougent sur Millau. A la fois restaurant, bar, café-concert, on apprécie le dynamisme des propriétaires qui s'investissent autant que possible pour animer les nuits millavoises. La vaste terrasse du Golf Café accueille des concerts en live. La carte du restaurant mêle des spécialités simples mais traditionnelles et des pizzas cuites au feu de bois (uniquement le soir). La salle est vaste et, on profite d'une très belle esplanade avec vue sur le Tarn pendant la belle saison. L'accueil est chaleureux et spontané.

LA MANGEOIRE €€

8, boulevard de la Capelle
✆ 05 65 60 13 16
www.restaurantmillau.com
Menu unique à 31 €. Menu enfant : 14 €. Suggestion du jour : 18 € (et 26 €).

Carole et Gilles vous accueillent dans l'une des trois salles, réaménagées dans des caves voûtées des anciens remparts pour déguster, notamment, des grillades de viandes de l'Aubrac ou de poisson frais au feu de bois. Le décor : pierres apparentes - feu de cheminée (fonctionnant tous les jours midi et soir), et le mobilier de bois sont chaleureux. La mise de table élégante et la cuisine, au niveau, mélange parfait de modernité et de recettes traditionnelles. La formule saucisse-aligot, grillée devant vous, est notamment un incontournable.

QUAI 23 €€

23, rue du Pont-de-Fer
✆ 05 65 77 01 63
Ouvert toute l'année. Menus de 21 € à 40 €. Formule du midi : 16,50 €.

Au 23 quai du Tarn, en étage, face à la bretelle de contournement de Millau, David Lassauvetat a repris ce restaurant qui avait fait le bonheur des Millavois, il y a quelques années. Il vient de Creissels où il officiait depuis 1994 et concocte une cuisine soignée et maîtrisée. Pour le menu du jour, nous avons dégusté un brick de chèvre au miel, une saucisse de l'Aveyron polenta au parmesan et un chaud-froid de fruits frais. La carte décline aussi d'alléchantes propositions, dont un dos de bar en croûte de pistaches et un parfait glacé aux fraises des bois.

RESTAURANT GRILL DE LA TOUR €€

Boulevard Cardinal-François-Marty
✆ 05 65 46 46 46
www.grilldelatour-millau.fr
Menus de 19,90 € à 29,90 €. Menu enfant : 8 €. Formule du midi : 15,90 € (entrée, plat, dessert).

Aux portes de Millau, comme le nom de cet établissement l'indique, ce restaurant est un expert en bonnes viandes grillées (entrecôtes, saucisses…). Les spécialités aveyronnaises sont aussi largement représentée avec des plats traditionnels tels que l'assiette de charcuterie ou l'incontournable saucisse-aligot. Aux beaux jours, on se restaure en terrasse. A la fin du repas, on a le choix entre plusieurs desserts traditionnels : île flottante, tarte Tatin...

LES TROIS CAUSSES €€

7, place Maréchal-Foch
✆ 05 65 47 53 09
www.millau-viaduc-tourisme.fr
Menus de 15 € à 31 €. Menu enfant : 12 €. Vin au verre.

Ce restaurant, niché dans une salle tout en pierres et voûtes, explore avec délectation les trésors de la cuisine traditionnelle. Cheminée, éclairage chaud, tables accueillantes et terrasse fraîche cultivent l'esprit rustique du lieu. À la lecture de la carte, on relève la Tatin de boudin chutney, oignons et figues, et parmi les spécialités, la pièce de viande du jour au flambadou ou au tournebroche. Quand sourire et gourmandise riment à ce point, il ne faut surtout pas s'en priver ! Une adresse de référence à Millau, une valeur sûre pour tous.

AFFINI'THÉ

6, rue Peyrollerie
✆ 05 65 62 38 60
Ouvert toute l'année. Du lundi au vendredi de 10h30 à 18h. Terrasse.

Ce petit salon de thé situé dans une rue en pente du centre de Millau est patronné avec sourire et bonne humeur. Les produits frais et de saison, et des spécialités régionales servent ici de base à une formule renouvelée chaque semaine : rillette de chorizo et velouté de petits pois avec chantilly au chèvre frais ; agneau confit aux épices douces et semoule, petit cake tomate confite et feta glaçage à la tapenade noire… Sur la carte également, des tartes hautes en saveur. Les desserts suivent la même philosophie, avec du fait maison et beaucoup de gourmandise.

CAFÉ DE LA PERLE

18, boulevard de l'Ayrolle
✆ 05 65 61 09 70
Ouvert toute l'année. Haute saison : tous les jours de 6h à 20h30. Wifi gratuit. Salades à partir de 9 €.

Sa devanture a des allures 1930 et sa clientèle fidèle laisse passer les modes sans s'émouvoir de quoi que ce soit. Si José Bové apprécie particulièrement cette adresse, c'est qu'elle est un lieu de débat où chacun a le droit de s'exprimer. Des livres en consultation sont proposés, pour passer le temps en avalant une salade, un croque-monsieur, une part de quiche aux poireaux ou un sandwich. Une pause idéale quand on visite la ville, pour ne pas dire un passage obligé pour se tenir informé des dernières nouvelles de la cité du Gant.

CAKE'THE

1, rue de la Capelle
✆ 05 65 60 13 82
www.cak-t.com
Ouvert du lundi au samedi de 10h30 à 19h. Formule déjeuner : 13,80 €.

On se sent tout de suite comme chez soi dans ce petit salon de thé. Evelyne Fournier nous régale de ses gâteaux maison, accompagnés de délicieux thés, dont le choix est vaste. Pour déjeuner, elle nous propose une formule d'agaceries salées, pour la plupart bio ou végétariennes dans une seule assiette, avec entre autres un gâteau à la carotte et au cumin, une terrine de viande sans matière grasse ou encore une crème de légumes du marché, un clafoutis brocolis châtaigne. Mais tout dépend de la saison et tout est si bon que le salon, est vite complet.

DORYANN SUPER COFFEE SHOP

4, avenue Jean Jaurès
✆ 07 77 07 87 46
Ouvert du lundi au samedi de 9h à 19h.

Doriane et Yann ont mixé leurs deux prénoms pour baptiser leur établissement millavois. Inauguré en juin 2020, Le Doryann est un super coffee shop, qui ressemble à ce couple de globe-trotters passionnés par l'univers des Marvel. Dans un décor digne des USA, le deux jeunes gens manient le manche de la machine à café, pour servir petits noirs, et autres boissons gourmandes à leurs clients, parmi lesquelles le bubble tea et autres hot drinks savoureuses.

LES GOURMANDISES DE JULES

22, rue Droite
✆ 06 18 37 18 16
Ouvert du mardi au samedi de 9h à 19h. Plats du jour : de 9 à 9,50 €.

Prescilla a repris ses études et passé son CAP pâtisserie en candidat libre pour ouvrir ce salon de thé cosy et élégant dans le centre-ville de Millau. À la carte des Gourmandises de Jules, le prénom de son fils : des gâteaux, des tartes, des biscuits, faits maison, accompagnés d'un bon café, de thés bio, de limonades ou de jus de fruits artisanaux...Le midi, la formule est simple, mais aussi savoureuse qu'abordable : salades, buddha bowl et plats (saucisse-frites, œuf au plat...).

TAURIAC WORKSHOP

21, rue droite
✆ 06 44 27 74 91
www.tauriacworkshop.com
Boutique ouverte de lundi à vendredi, 08h30-12h / 13h45-18h.

© DR

Aurore est une cirière, elle vient de s'installer dans le centre de Millau. On trouve dans sa boutique quantité de bougies parfumées, parfums élaborés à Grasse, fondants artisanaux... Les bougies et fondants sont confectionnés uniquement à base de cire de soja ou colza. Cela a l'avantage d'être entièrement naturel et biodégradable. N'hésitez pas à visiter le site Internet pour avoir un aperçu des dernières créations d'Aurore. Les noms de ses créations sont à elles seules une invitation au voyage : « Douceur de Moorea », « Escale à Honshu », « Allons au verger »...

MAISON FAVEY

3, boulevard Sadi-Carnot
✆ 05 65 60 14 51
Ouvert du mardi au samedi de 7h à 13h et de 14h à 19h ; le dimanche de 7h à 13h.

Arnaud Favey a repris l'ancienne boulangerie-pâtisserie Séverac au printemps 2018. Le jeune homme, qui a travaillé chez un champion du monde de pâtisserie en Normandie, ne travaille plus que des pains de tradition, avec des farines sans additif et sans conservateur. Chocolatier, pâtissier, confiseur et glacier de formation, il propose des gâteaux fins et élaborés. Ce printemps, avec Sophie, sa compagne, ils ont inauguré une deuxième adresse, boulevard de Bonald, dédiée aux chocolats et aux biscuits. Crêpes, gaufres et glaces complètent les propositions.

NELLY'S COFFEE

11, boulevard de Bonald
✆ 05 65 72 47 12
www.nellys-coffee.fr
Du mardi au samedi de 9h à 19h.

Millau sort des sentiers battus avec ce sympathique coffee-shop. Dans une ambiance anglo-saxonne, on vient pour un café, thé, le goûter ou une bonne dînette. A 16h, cookies, cupcakes, cheesecakes, apple pies et autres pâtisseries anglaises. A midi, bagels, tartines et wraps. Côté boissons, c'est un festival de gourmandises. Tout ce qu'on peut vous dire, c'est que Nelly ne plaint pas la crème fouettée ! On vous conseille d'ailleurs le lattella et sirop de noisette grillée, ristretto, chantilly, noix de pécan caramélisées au beurre salé...

PÂTISSERIE SAINT-JACQUES

4, place du Mandarous
✆ 05 65 60 04 03

Ouvert du lundi au samedi de 7h à 12h30 et de 14h à 19h30 ; le dimanche de 7h à 13h.

Mirvette et Sami ont repris au printemps 2021 cette emblématique boulangerie, restée 38 ans aux mains de Stpéhane Balke et de sa femme Sylvie. Le frère et la sœur ont conservé l'ADN de cette maison centenaire, avec des pains et des viennoiseries à base de farine locale label rouge. La qualité, mais aussi la proximité et la passion continuent de guider leur travail en ces lieux historiques. Les deux jeunes gens ont d'ailleurs rapidement pris leurs marques, d'autant qu'ils soignent particulièrement l'accueil réservé à leurs clients.

BOUCHERIE DELPONT

35, rue Droite
✆ 05 65 60 05 28

Ouvert du lundi au samedi de 7h à 12h30 et de 14h30 à 19h30.

Histoire de s'en tailler une belle tranche, on s'arrêtera dans cette boucherie-charcuterie traditionnelle proposant de la charcuterie artisanale et des spécialités caussenardes. Ses étals offrent de la viande sélectionnée chez l'éleveur, suivie et choisie soigneusement, mais aussi saucisse au genièvre, saucisse à l'agneau, volaille, terrines, jambon fermier et les fameux trénels (panse agneaux et talon jambon sec) que ce charcutier propose aussi en conserve. Le garde-manger prend des allures gargantuesques et ce qu'on apprécie tout particulièrement en vacances.

ZESTE

9, boulevard de l'Ayrole
✆ 05 65 58 16 88

Ouvert toute l'année. Du mardi au dimanche de 7h à 20h. Wifi gratuit. Terrasse.

Zeste est une chouette adresse millavoise, un repaire dans la ville, où l'on peut savourer d'exquises gourmandises à toute heure de la journée ou avaler un lunch au déjeuner. Dans ce salon de thé-pâtisserie-petit restaurant, Arielle, qui a fait ses classes chez le célèbre Lenôtre, prépare tout elle-même : des tartines, pâtes ou assiettes complètes proposées à midi jusqu'aux pâtisseries, que d'aucuns jugent comme les meilleures à Millau ! Le millefeuille ou la tarte au caramel valent bien en effet un service que d'aucuns jugent parfois un peu long.

CAFÉ RUTHENA

18, bd de la République
✆ 05 65 60 15 46

Ouvert du mardi au samedi de 9h à 12h et de 14h à 18h30.

Envie de café ? Cette envie se soigne efficacement dans cette petite boutique qui fleure bon les grains fraîchement torréfiés – Ruthéna est maître torréfacteur à Rodez depuis soixante ans. On y entre aussi pour se faire plaisir avec la sélection de thés et infusions originales, et le choix de bons produits gourmands : les chocolats de l'abbaye de Bonneval, les petites douceurs pour accompagner les boissons chaudes, les sucrés parfumés… Ce comptoir se décline aussi à travers une collection de machines à café, théières et vaisselles.

L'ATELIER DU GANTIER

21, rue Droite
✆ 05 65 60 81 50
www.atelierdugantier.fr

Entreprise du Patrimoine Vivant. Ouvert du lundi au samedi de 9h à 12h et de 14h à 19h.

Lydie et Julien travaillent les peaux à la manière ancienne. De l'agneau principalement, mais aussi du pécari, de la vachette, du lapin en fonction de l'inspiration. Les deux jeunes gens suivent à la lettre les procédés traditionnels depuis la coupe jusqu'au dressage des gants, en passant par la broderie, la couture, la doublure, les finitions. N'hésitez pas à pousser les portes de leur atelier d'une rue piétonne de Millau pour découvrir, essayer et craquer pour une paire de gants classique, fantaisie, prestige ou vintage. Lydie et Julien sont très accueillants.

LES HALLES

Place des Halles

Basse saison : ouvert du mercredi au samedi de 7h à 13h. Haute saison : du mercredi au dimanche de 7h à 13h.

Construction du XIXe siècle, sur le modèle dessiné par Baltard, les halles de Millau sont toutes de fer et de verre ; ce qui en fait un espace clair et lumineux. Les marchands y font déballage, et tentent les gourmands avec leurs produits bien frais. En complément, un marché extérieur s'installe, le mercredi et le vendredi, sur la place Foch avec ses étals garnis de pains de campagne, fromages, charcutailles, aligot, volailles fermières, confitures artisanales, flaune, fleurs de saison, primeurs… Un vrai marché à l'aveyronnaise !

LARZAC BOUL'VARD

8, place du Mandarous
✆ 05 65 60 66 50
www.couteaux-du-larzac.com

Haute saison : du lundi au samedi de 9h30 à 19h. Hors saison, fermé le samedi.

Joël Canitrot, le créateur du Couteau du Larzac a investi ce bel espace de 180 m² sur la place du Mandarous. Dans ce écrin, dédié à l'artisanat local, cet amoureux du territoire met en lumière le célèbre Sac du Berger, mais aussi sa propre production. Depuis le milieu des années 90, Joël Canitrot, collectionneur de lames et gantier de formation, fabrique en effet des couteaux reconnaissables entre mille, grâce à la tête de brebis sculptée qui décore leur manche. L'artisan utilise des essences de bois locales, présentes sur le Larzac, ou de la corne.

MAISON FABRE

18-20, boulevard Gambetta
✆ 05 65 60 58 24
www.maisonfabre.com

Du lundi au vendredi de 9h à 12h et de 14h à 19h ; le samedi de 10h à 12h et de 14h à 19h. Visite individuelle libre.

Étienne Fabre crée l'atelier de fabrication de gants de luxe en 1924. Dans les années 1950, son fils s'installe dans les lieux actuels et sa belle-fille part à Paris présenter ses collections. Succès immédiat, l'entreprise comptera jusqu'à 300 salariés. Deux générations plus tard, la famille Fabre est toujours là, avec plusieurs centaines de clients dans le monde : maroquiniers, grands magasins, boutiques de luxe… Le vaste espace de vente présente ses articles : gants mais aussi ceintures, porte-cartes et, depuis plus récemment, des masques en cuir d'agneau.

MANUFACTURE CAUSSE GANTIER

5, boulevard des Gantières ✆ 05 65 60 03 05
www.causse-gantier.fr

Du lundi au vendredi de 9h à 12h et de 14h à 18h. Accès libre à la boutique et visite gratuite de l'espace muséographique.

Fondée en 1892, la manufacture des Gants Causse est installée dans le quartier des industries du cuir. Là, depuis plus d'un siècle, la famille Causse exerce avec passion ce métier ancestral. Aujourd'hui l'entreprise fabrique du haut de gamme pour des maisons de couture française – Chanel, Hermès… – et développe sa propre marque. Le nouvel atelier construit en 2005 sur l'ancienne friche industrielle Guibert permet l'accueil du public qui peut suivre toutes les étapes de la fabrication.

ROC ET CANYON

155, Avenue de l'Aigoual
✆ 05 65 61 17 77
www.roc-et-canyon.com

Plusieurs forfaits sont proposés selon l'activité choisie. Fortement recommandé de faire son choix et réserver en ligne.

Location de matériel, activités à la carte, organisation de séjours...Une équipe de professionnels du loisir sportif a testé et mis au point une impressionnante palette d'activités entre roc et canyon. Dans l'eau, ces moniteurs diplômés entraînent leurs élèves en canoë, en raft, en canyoning… Sur ou sous terre, les équipes s'adonnent aux joies de l'escalade, de la spéléologie, de la via ferrata, du VTT électrique ou du paintball, histoire de se défouler. Et comme si cela ne suffisait pas, ils s'envoient dans l'air en public en saut à l'élastique.

© DR

© DR

MILLAU, TARN ET LE SAINT-AFFRICAIN

MAROQUINERIE CALVI-MILLAU

14, impasse de la Paulèle
✆ 05 65 60 07 56
www.calvimillau.fr

Ouvert du lundi au samedi de 9h à 12h et de 14h à 18h30. Ouvert toute l'année.

Hors saison, on frappe au carreau de ce magasin, mais en été il est toujours grand ouvert sur la cour qui rejoint aussi l'atelier. Pour le plaisir des yeux, toute la maroquinerie est sagement alignée : serviettes, portefeuilles, sacs de voyage et sacs à main de toutes formes. Le noir et les bruns se déclinent dans toute la gamme, les couleurs changent selon les collections, ce qui permet de se procurer quelques articles à prix promotionnel. La qualité est impeccable.

VIGNOBLE DES CÔTES-DE-MILLAU

Comme le rappellent les villages des caves de la vallée du Tarn, les environs de Millau ont toujours été propices à la culture viticole. Les sols de grès et de schistes sont soumis à l'influence méditerranéenne et à de fortes amplitudes thermiques. Les nouveaux vignerons ont su restaurer ce vignoble de 65 hectares pour y planter des cépages adaptés : le gamay noir est présent dans les vins rouges, et dans les blancs, associé au syrah, au cabernet sauvignon et au fer servadou.

ACROBI PARAPENTE

1369, avenue (Camping) de Millau plage
✆ 06 73 46 05 73
www.acrobi-parapente.com

Vol acrobatique : 130 €. Longue durée : 160 €. Longue distance : 220 €. Option photo/vidéo : 30 €.

Envie de respirer le grand air, de planer en altitude ou de découvrir un univers imperceptible à hauteur d'hommes ? Pourquoi ne pas essayer le parapente avec Acrobi Parapente et ses moniteurs professionnels ? Que vous ayez 4 ou 99 ans, que vous pesiez 20 ou 120 kg, l'équipe possède tout le matériel nécessaire pour vous faire décoller... En plus, en parapente, pas de vertige. Juste cette incroyable sentiment de liberté ; ou parfois quelques sensations plus fortes, lorsqu'à votre initiative, le moniteur tente quelques mouvement plus périlleux.

COMITÉ DÉPARTEMENTAL DE CYCLOTOURISME DE MILLAU

210, chemin de Grisolles
✆ 06 95 80 41 12
www.cyclotourismeaveyron.org

Le but de cette association est de faire découvrir l'Aveyron à vélo. Une riche idée qui permet de s'organiser des balades agréables et de parcourir des paysages uniques. Toutes les dates, tous les événements sont annoncés sur le site Internet, qui est très régulièrement mis à jour et entretenu par les membres de ce comité dynamique. Une vraie mine d'infos pour les amateurs de vélos ou pour ceux qui souhaiteraient s'initier à la petite reine dans un environnement adapté.

CRAZY E-BIKE

155, Avenue de l'Aigoual
✆ 06 26 21 44 17
www.crazy-ebike.com

VTT électrique : de 27 à 46 € les 3 heures selon modèles.

S'il vous en dit de rouler sur la corniche des causses de Millau ou de faire une balade entre viaduc et causses du Larzac, ou enfin de découvrir la forêt du Cade... Crazy e-bike propose des vélos tout-terrain (balade ou enduro) et des vélos tout-chemin électriques à la location, y compris pour les enfants. Confortables et performants, et faciles à apprivoiser, ces deux-roues vous permettront d'expérimenter plusieurs circuits, dont certains plus techniques. Vous trouverez un point d'accueil juste après le pont sur le Tarn dans le secteur des campings.

ÉVOLUTION 2

Place du 19-Mars
✆ 05 65 59 12 41
www.evolution2-millau.com

Parcours canoë à partir de 19 €/personne.

Cette base de loisirs multi-activités – créée par l'équipe des bateliers du viaduc – est installée à l'entrée de Millau. Elle propose des descentes du Tarn en canoë. Pour les amoureux de sport, on vous propose également une via ferrata dans les gorges du Tarn, du stand up paddle sur un plan d'eau ou en rivière, mais aussi du matériel de location pour s'aventurer sur les parcours de via ferrata. Tout ce que l'on peut rêver de faire dans le coin pour découvrir les richesses de cette nature sauvage, avec une équipe attentive aux besoins et aux difficultés de chacun.

HORIZON

6, place Lucien-Grégoire
✆ 05 65 59 78 60
www.horizon-millau.com
Vol découverte à partir de 60 €.

Depuis 1996, cette structure propose d'explorer plusieurs horizons - d'où son nom ! - à travers des activités de parapente (école labellisée), spéléologie, canyoning, via ferrata, escalade, accroparc... Plusieurs moniteurs vous accompagnent toute l'année pour vivre ces moments exceptionnels en toute sécurité. Une boutique dans le centre-ville de Millau vend du matériel spécialisé, du matériel de parapente et d'activités de sport aventure, et dispense des conseils avisés pour prendre du plaisir dans les loisirs de pleine nature. Une adresse à retenir.

MILLAU ÉVASION VOL LIBRE

Chemin des Terrasses
✆ 06 09 14 46 94
www.millau-evasion.com
Ouvert toute l'année. Tous les jours. Vol biplace à partir de 60 €.

Millau étant le paradis du vol libre, il n'y a pas de raison de s'en priver ! On pratique en toute sécurité avec l'équipe de la structure qui dispose du matériel et des compétences nécessaires. Au sein de cette école affiliée à la fédération française de vol libre, on s'amuse avec le vent et l'air. Vol de découverte en parapente, initiation en deltaplane – après simulation de vol –, et perfectionnement, voilà pour l'essentiel de l'offre. La technique peut s'affiner ensuite au moyen de stages axés sur les conditions thermiques, le pilotage en cross…

BOWLING DE MILLAU

33, chemin de Salèlles
✆ 05 65 60 05 55
www.hotelbowlingdemillau.fr
Ouvert tous les jours. A partir de 6 € la partie. Restauration, menu à partir de 11,90 €.

A la sortie de l'A75, dans le centre commercial du Cap du Crès, l'établissement propose non seulement un bowling de huit pistes entièrement rénové avec de nouveaux éclairages, mais aussi un espace de jeux – vidéo, baby-foot, flippers et billards. Ce centre est un complexe de loisirs qui propose aussi un restaurant : plat du jour, menu express, menu bowling, plats à la carte, croques, pizzas, cocktails et glaces. La carte est complète pour satisfaire toutes les générations. A la tête de l'établissement, Serge Gaillard est un patron attentif à tous.

CREISSELS

Creissels est un village construit au pied des falaises du causse du Larzac, dominant le Tarn, à 3km de Millau et à moins de 30 km de Saint-Affrique. Il est intéressant à plus d'un titre. En premier lieu pour son aqueduc sur la place du village, ses anciens moulins et, surtout son château des Comtes de Rodez, mais aussi pour ses cascades. Lieu de balade agréable dans un renfoncement du causse du Larzac, le site des cascades permet un dépaysement à quelques kilomètres seulement de la ville. Il est aussi le village le plus près du viaduc, passage incontournable pour ceux qui veulent contempler l'ouvrage des pieds des piles gigantesques.

L'AIRE DU VIADUC-VIADUC EXPO

✆ 05 65 59 42 86
www.leviaducdemillau.com
Adulte : 6 €. Enfant : 4 €. Famille : 14 €. Pour le Sentier des Explorateurs : un sentier aménagé à l'extérieur.

L'aire du viaduc de Millau fait partie de ces espaces où l'on apprécie de faire une halte. Accessible depuis l'autoroute ou depuis la cité du Gant, elle offre de nombreux services : un coin pour se ravitailler en produits et casse-croûtes gourmands, une boutique de souvenirs et une exposition sur les savoir-faire aveyronnais. La compagnie Eiffage du Viaduc de Millau propose également des visites guidées, via les anciennes pistes de chantier jusqu'au belvédère sous le tablier de pont.

LES BATELIERS DU VIADUC

Place du 19-Mars
✆ 05 65 59 12 41
www.bateliersduviaduc.com
Ouvert de début avril à fin septembre, tous les jours. Adulte 24 €, enfant - 16 ans 16,50 €, enfant - 9 ans 9,50 €.

Ce sont avant tout des navigateurs. Mais aussi de brillants conteurs ! Au gré d'un cheminement de 3 km en barque sur le Tarn, les Bateliers du viaduc vous raconteront la rivière et l'histoire de Millau, les tanneries et les mégisseries, les vignes et les amandiers, les martins-pêcheurs et les hérons cendrés... Et surtout le viaduc de Millau, son chantier titanesque, son imposante architecture vue d'en-bas, et puis Peyre enfin, et son église semi-troglodytique, qui constituent le point final d'une balade agréable au fil de l'eau.

CHÂTEAU DE CREISSELS*** €€

Place du Prieur ✆ 05 65 60 16 59

www.chateau-de-creissels.com

Chambre double de 86 € à 168 € ; suite à partir de 143 €. Restauration (menus de 28 à 50 €).

Cette demeure, dont la fondation remonte au XIIe siècle, se distingue par une tour crénelée dominant les corps de bâtiments qui entourent une cour intérieure fleurie. Les pièces, le salon, la salle de billard, présentent un décor de meubles élégants, de tapis et de lustres en cristal. Une quinzaine de chambres, privilégiées, reflètent ainsi une époque, celle, peut-être, où Emma Calvé séjourna dans ces murs. En harmonie avec ce cadre, le restaurant du château s'installe en hiver dans une salle voûtée, en été en terrasse, avec vue sur la ville.

LE DIAPASON €€

18, rue du Portalou

✆ 05 65 62 19 66

www.restaurantdiapason.com

Menu unique à 23,50 €. Menu enfant : 13 €. Formule du midi : 17,50 €.

Ici, les ardoises font chanter notre appétit ; rythmées à souhait, elles sont travaillées comme des partitions pour créer une harmonie de mets fins : tarte au roquefort, poires et noix, sauce roquefort ; faux-filet de veau sauce à l'ail et son aligot de l'Aubrac, et pour terminer, le dessert signature du chef : le bolet du Diapason (crème de marrons, meringue, glace vanille, génoise et chocolat). Les assiettes révèlent la fraîcheur des produits et le savoir-faire du chef d'orchestre, Pierre Loupiac, auréolé du titre de « Maître Restaurateur ».

TERRES CUITES DE RAUJOLLES

4, rue de la Tuilerie

✆ 05 65 60 14 03

www.terres-cuites-raujolles.fr

Ouvert du lundi au vendredi de 9h15 à 12h et de 14h15 à 18h. Le samedi matin sur rendez-vous.

Depuis 1830, la famille Rivière, artisans céramistes qui perpétuent la tradition des potiers gallo-romains de la Gaufresenque, utilise, comme eux d'ailleurs, cette argile schisteuse grise qui surgit des flancs du Larzac. Grâce à elle et à leur savoir-faire ancestral, ils façonnent briques, tuiles, dalles, carreaux, puis après émaillage et cuisson, obtiennent de véritables joyaux resplendissants. Naturellement, sur demande, ils réaliseront formes et motifs de votre choix.

SAINT-BEAUZÉLY ★

Le bourg de Saint-Beauzély est agencé autour de l'église, il se compose de belles maisons en pierre de grès. Situé sur la voie romaine reliant Lodève à Rodez, la cité s'est construite au fil des âges. De nombreux édifices illustrent ces différentes époques. Pas moins de 8 dolmens et un menhir témoignent de l'occupation des lieux durant la préhistoire. Un ensemble de vestiges de temples gallo-romains rappellent le passage des voyageurs dans la cité. Le gué, le pont et le château médiéval attestent de la reconnaissance de la région à cette époque pour ses carrières de grès. Saint Beauzély fut surnommé le pays des tailleurs de pierre.

MUSÉE DES MÉTIERS DE LA PIERRE ET DE LA VIE RURALE ★

✆ 05 65 62 03 90

www.saint-beauzely.fr

En juillet et août, tous les jours de 10h30 à 12h30 et de 14h30 à 18h30.

Au cœur du parc régional des Grands Causses et de la vallée de la Muse, Saint-Beauzély demeure le fief des tailleurs de pierre et des grands bâtisseurs. Témoins de cette activité, les maisons en pierre de grès, les toits de lauze et l'imposant château. A l'intérieur, un bel escalier à double arcature s'ouvre sur une collection de plus de 3 000 objets anciens. Le monde rural traditionnel, les vieux métiers et les objets de la vie quotidienne retrouvent ici un peu de raison d'être.

SAINT-LÉONS ★

Le village s'est refait une beauté pour accueillir un peuple miniature et ses visiteurs à Micropolis. Du coup, le nom de l'entomologiste du XIXe siècle Jean-Henri Fabre revient dans les mémoires et le personnage apparaît comme l'inspirateur de ce qui fait maintenant la renommée du village. Une statue en bronze, échappée de justesse de la fonte pendant la Seconde Guerre mondiale, le représente. Au fond de leur vallon, les ruelles ont été restaurées et conduisent jusqu'à la maison du grand homme, transformée en musée, et au château, étroit et haut, qui domine l'ensemble. Saint-Léons fut d'abord une abbaye, fondée semble-t-il par saint Léonce, évêque de Bordeaux, à la fin du Ve siècle, puis un village fortifié s'est développé autour d'elle. Sa situation est privilégiée, en amphithéâtre exposé au sud. Comme en témoignent les nombreux sarcophages et dolmens, l'occupation de ce site est ancienne, à une époque où il s'appelait Nobilacum. Le château date du XVe siècle, il fut érigé par la fondation des prieurs disciples de Léonce. Les guerres de Religion troublèrent le village lorsqu'un prieur décida de devenir protestant. Il transforma le couvent en forteresse. Ce geste conduisit les catholiques à assiéger le village et les combats firent de nombreux dégâts. Le village ayant retrouvé une vie paisible, l'activité des meuniers se développa le long de la Muse. À travers ruelles et escaliers, on peut rencontrer de belles fontaines et de nombreuses enseignes d'auberges sur les vieilles façades. Mais écoutons les souvenirs de Jean-Henri Fabre, ils font naître en deux mots une image enchantée : « Au couchant, mon village croule en cascade de jardinets où mûrissent la prune et la pomme. De petits murs ventrus, noircis par la lèpre, des lichens et des mousses, soutiennent les terres étagées. Au bas de la pente est le ruisseau. Presque partout, d'un élan, on peut le franchir. Aux endroits étalés en nappe, des pierres plates à demi exondées servent de passerelle [...]. Cher ruisselet, si frais, si limpide, si tranquille, j'ai vu depuis des fleuves majestueux, j'ai vu la mer immense. Rien dans mes souvenirs ne vaut tes humbles cascatelles. Ton mérite est la sainte poésie des premières impressions. »

MAISON NATALE DE JEAN-HENRI FABRE

✆ 05 65 58 50 50

www.micropolis-aveyron.com

Visite comprise dans le tarif d'entrée de Micropolis : 14,90 €/adulte, 10 €/enfant, gratuit pour les moins de 5 ans.

L'unique pièce principale de la maison natale de Jean-Henri Fabre a été reconstituée autour de la haute cheminée et de la grande table, avec les ustensiles de la vie quotidienne. Ce premier petit musée est doublé d'un bâtiment récent, intégré à l'environnement, où sont abordés plus largement les thèmes de la vie de Fabre. Les équipes de Micropolis invitent les visiteurs à rencontrer la demeure Jean-Henri Fabre lui-même racontant son goût pour l'observation naturaliste.

MICROPOLIS CITÉ DES INSECTES ★★★

Le bourg

✆ 05 65 58 50 50

www.micropolis-aveyron.com

Haute saison ouvert tous les jours de 10h à 19h. Adulte : 14,90 €. Enfant jusqu'à 12 ans : 10 €.

Micropolis est un lieu unique ludique et pédagogique, consacré aux insectes. Ici, tout est organisé pour qu'enfants et adultes découvrent cet univers extraordinaire grâce à une scénographie, à mi-chemin entre musée et parc à thème, fort de 15 espaces thématiques et interactifs. Micropolis c'est aussi une promenade en plein air, le Carnaval des Insectes, qui propose un parcours balisé de sculptures d'insectes géantes. A chaque saison, de nouvelles animations sont mises en place.

LE MAS DE LA BOHÊME €

L'Hermet

✆ 05 65 58 88 97

www.masdelaboheme.com

Chambre double : 60 € (tarif dégressif à partir de deux nuits). Chevaux ou ânes : 10 € la nuit au pré par animal.

Situé sur les monts du Lévézou, dans le parc naturel régional des grands causses, le mas de la Bohême porte le nom d'un cheval, clin d'œil à cette jument qui a vécu 28 ans aux côtés de ses propriétaires. Petit paradis de la nature et des animaux, la vie suit son cours. Une cabane dans un grand chêne, un sentier d'interprétation, une mare, un ruisseau, prairies, forêt et des tables de pique-nique ça et là ! Des conseils personnalisés en médecines naturelles, sophrologie et méditation accompagnent l'offre de logements. Deux belles chambres d'hôtes sont proposées.

LE FOUSSAT €€

Altecassagne

✆ 05 81 00 74 74

www.lefoussat.fr

2 nuits pour 1 à 3 personnes : 132 €. Pour 6 personnes : 252 €.

Cette maison en pierre, cernée par les paysages des monts et lacs du Lévézou, a été rénovée dans les règles de l'art : chaux, chanvre et bois lui donnent une certaine authenticité. Un coin épicerie permet aux six hôtes que peut accueillir ce gîte, décliné en deux dortoirs et un espace de vie, de se ravitailler en produits locaux et issus d'une agriculture raisonnée. Adhérent de SOS Busard, du Centre de Sauvegarde de la Faune Sauvage et de la LPO, le site a aménagé des nichoirs et gîtes pour les chiroptères et autres représentants de la biodiversité.

LES BATELIERS DES GORGES DU TARN ★

LA MALÈNE

✆ 04 66 48 51 10

www.gorgesdutarn.com

Ouvert tous les jours de Pâques à Toussaint. Réservation recommandée. Adulte : 23 €. Retour en minibus.

A l'endroit le plus spectaculaire des gorges du Tarn, les falaises se resserrent et montent jusqu'à 500 m de haut. Durant des siècles, les barques furent seules à desservir la vallée. Puis la création du chemin de fer Paris-Béziers et de la route, les barques furent délaissées. En 1940, les bateliers de la Malène se regroupent en coopérative pour se lancer dans le tourisme. Ces enfants du pays connaissent chaque méandre du Tarn et toute la biodiversité des berges.

AGUESSAC

Le 16 décembre 2004, l'inauguration du viaduc de Millau a délivré le village du célèbre bouchon de voitures de la N9, qui faisait jusqu'alors sa triste réputation sur la route des vacances. Désormais, c'est de son plein gré qu'on vient à Aguessac, pour savourer les plaisirs de la rivière, déguster un verre de vin, ou goûter à une poignée de cerises. Le bourg peut en effet se targuer de donner naissance à 2 bonnes productions. Les vins côtes-de-millau, classés AOP, proviennent de vignes qui poussent en terrasse sur les coteaux et se déclinent dans toutes les couleurs. Quant aux cerises, elles virent au rouge autour de la 1e semaine de juin entre Aguessac, Peyreleau et Rivière-sur-Tarn.

CHÂTEAU DE PEYRELADE

RIVIÈRE-SUR-TARN ✆ 05 65 59 74 28

www.chateaudepeyrelade.com

Haute saison : ouvert tous les jours et les jours fériés de 10h à 18h30. Adulte : 5 €. Enfant (de 8 à 12 ans) : 2,50 €.

Posé sur la pointe du Puech de Fontaneilles, plus de 300 mètres au-dessus du Tarn, le château de Peyrelade embrasse d'un seul regard la vallée du Tarn jusqu'aux limites du Séveragais, du Languedoc et du Gévaudan. La visite guidée vous fera découvrir les vestiges des remparts et du pont-levis et le riche passé historique du site, qui était l'une des plus importantes forteresses moyenâgeuses du Rouergue. Notez qu'une application de visite pour smartphones et tablettes permet de visiter le château autrement, à travers la réalité virtuelle et de petits jeux notamment.

ACROPARC DU MAS

Le Mas

✆ 06 70 70 95 94

www.acroparc.fr

Haute saison : ouvert tous les jours et les jours fériés de 10h à 19h. Tarifs selon l'âge et les parcours.

Cette base de loisirs en plein air compte un parcours aventure dans les arbres -filets, échelles, ponts de singe et tyroliennes- accessibles à tous les âges. L'Acroparc du Mas propose aussi de nombreuses autres activités, toujours dehors, sur terre et sur l'eau, parmi lesquelles le canoë, le paddle, ou encore le tubing : une embarcation proche du rafting mais individuelle, qui permet de se laisser glisser sur l'eau, de manière ludique et sportive ou plutôt cool. Le parc abrite aussi une plage privée, un snack et une terrasse pour se restaurer sur place.

LA MAISON DE LA CERISE

Place de l'Escaras - **PAULHE**

✆ 05 65 59 00 98

www.maison-de-la-cerise.asso.fr

Du 2e dimanche de juin au 3e dimanche de septembre, tous les jours de 10h à 12h30 et de 14h30 à 18h30.

C'est dans le village de Paulhe, à quelques kilomètres de Millau que le fruit qui a fait la réputation de vallée, la cerise, a son musée. En effet, le premier fruit rouge du printemps est cultivé en grande quantité dans la vallée du Tarn. Pour tout savoir sur les secrets de la cerise, une salle voûtée abrite des panneaux descriptifs. Un musée riche en informations permet aussi de connaître la vie dans la vallée tout en mettant en valeur la qualité du travail des hommes. Une petite boutique de produits régionaux permet de conclure la découverte avec gourmandise.

LE VIADUC DE VERRIÈRES

VERRIÈRES

En amont de Millau, sur l'autoroute A75 qui mène vers la mer, le viaduc de Verrières est une avancée sur l'axe Paris-Méditerranée. Cet ouvrage de 720 m de long enjambe la vallée du Lumensonesque à 140 m de haut. Avec 22 000 m^3 de béton, 6 200 tonnes d'aciers pour la charpente métallique, cet ouvrage a demandé 360 000 heures de travail. Faisant partie intégrante du contournement de Millau, il n'est qu'à 800 mètres du village de Verrières. Sa notoriété souffre, aujourd'hui, de celle de son prestigieux voisin le viaduc de Millau.

ASSOCIATION OBJECTIF TOURISME

RIVIÈRE-SUR-TARN

www.ot-gorgesdutarn.com

Accueil, proximité et services ; c'est le leitmotiv de ces professionnels du secteur du tourisme, réunis sous la bannière « Objectif tourisme ». Fins connaisseurs du territoire, ils se sont donnés pour mission de partager leur passion, en délivrant conseils et informations aux visiteurs. Avec une promesse : faire en sorte que vous réussissiez vos vacances dans ce coin d'Aveyron qui entre dans le périmètre du Parc naturel régional des Grands Causses.

CAMPING LA BELLE ÉTOILE*** €

Chemin des Prades ✆ 05 65 72 91 07

www.camping-labelleetoile.fr

Emplacement + véhicule + 2 personnes de 12 € à 18,50 €. Mobil homes pour 4 personnes de 250 € à 550 € la semaine.

Cet établissement se distingue surtout par son cadre. Les deux hectares du parc côtoient en effet de très près le Tarn. et la rivière offre de nombreuses activités, tandis que les paysages alentours proposent de multiples possibilités d'escapade, vers Millau ou Roquefort. Sur place, les emplacements nus ou les locations, garantissent confort et prestations. Une aire de jeux pour les enfants, un mini-golf et un terrain de pétanque promettent de beaux moments à toutes les générations.

LA CERISE QUI RIT €

La Cressette

LA CRESSE

✆ 06 08 57 88 03

www.gite-la-cerise-qui-rit.com

De 600 € à 900 € la semaine selon saison.

Pour concevoir l'aménagement et la décoration de ses gîtes, Jessica a opté pour un joli mélange de style contemporain et de design écologique. Situé à La Cresse, non loin de Millau, les maisons offrent ainsi tout le confort d'un hôtel et la chaleur d'une maison de famille. Elle est composée de deux chambres disposant de tous les équipements nécessaires à des vacances reposantes. La terrasse en bois domine le village de La Cresse et promet de belles agapes à la tombée de la nuit, ou de bons moments avec croissants au saut du lit.

AUBERGE CHAMBRES LE PAILLER €€

Vezouillac - VERRIÈRES

✆ 05 65 47 67 55

www.lepailler.com

Chambre double de 75 € à 80 €. Petit-déj inclus. Chambres familiales de 115 à 120 €. Gîtes de 950 à 1 280 €/semaine.

Avec pour seuls voisins les paysages grandioses du Parc naturel régional des Grands Causses, l'auberge Le Pailler est à l'abri des regards indiscrets, dans un écrin authentique, tout de vieilles pierres vêtue. Cinq chambres d'hôtes et un gîte offrent un cadre idéal de vacances. Denise et sa famille proposent aussi le couvert. Dans les assiettes, une cuisine locale, à base de produits du terroir... Le tout servi sous une magnifique voûte de bois et de pierre.

LA CACHETTE €€

Le Lébous

RIVIÈRE-SUR-TARN

✆ 05 65 62 61 06

www.gites-cabanes-spa-aveyron.com

Ouvert toute l'année. Cabanes : de 605 à 995 €/semaine. Roulotte de 300 € à 850 €/semaine.

Idéalement située dans le sud de la France, aux portes des Gorges du Tarn et de la Jonte, La Cachette propose une roulotte et deux cabanes perchées dans les pins et les chênes, en harmonie avec la nature avec vue sur la forêt. Vous pourrez y déguster un petit déjeuner hissé à la poulie ou un souper romantique à la lueur des chandelles. Cerise sur le gâteau : un bain à bulles avec cabine infra-rouge au pied des arbres. Massage réalisé sur demande. Egalement une maison sous les pins et un chalet de bois où règne la même sérénité.

CAMPING CANOË GORGES DU TARN €€

11, rue de la Combe
RIVIÈRE-SUR-TARN
✆ 05 65 59 85 17
www.camping-canoe.fr
Emplacement à partir de 20 €/nuit.

Ce camping tout en longueur suit le cours de la rivière d'un côté, et regarde vers les falaises de la Vallée du Tarn de l'autre. En plus d'un accès direct aux plages, pour bronzer ou pêcher, le site possède aussi une piscine, avec un toboggan aquatique de 37 mètres de long ! Des animations sont proposées tout au long de l'été : cours d'aquagym, chasse au trésor, tournoi de pétanque... Une base de canoë est aussi implantée sur le site. L'assurance de ne jamais s'ennuyer.

ERMITAGE DE PEYRELEAU - TROU D'ART €€

21, rue de l'Eglise - **PEYRELEAU**
✆ 05 65 62 61 91
www.ermitagedepeyreleau.com
Petit déjeuner inclus. Chambre double à partir de 90 € la nuit avec petits déjeuners.

L'Ermitage est à part dans l'univers des chambres d'hôtes aveyronnais. Philippe et Doris ont rénové cet ancien couvent de façon très personnelle. Sculpteur, Philippe a installé ses créations ici et là transformant la maison en galerie d'art. Situées au premier étage, les chambres d'hôtes offrent une vue sublime sur les alentours : Peyreleau, petite cité de caractère, causse Noir, causse Méjean, corniches de la Jonte. A noter la qualité des petits déjeuners bio du terroir.

FERME-AUBERGE DE LA TINDELLE €€

Puech Margue
LA CRESSE
✆ 05 65 59 18 39
Chambre double à partir de 60 € ; chambre triple à partir de 75 €. Ferme-auberge : menu unique à 25 €.

Cette ferme-auberge aménagée dans une des anciennes maisons du hameau possède beaucoup de charme. Dans deux salles dont une avec cheminée sont réalisées les grillades. L'adresse offre des chambres d'hôtes ainsi qu'un gîte et une bonne table alimentée par les produits de la ferme. Spécialités : asperges, agneau du causse, volailles, fruits du pays. Loïc Alméras et sa famille, qui élèvent des brebis lacaune, sauront vous accueillir avec convivialité.

GÎTE EVOLUTIONS €€

Rue Aire-Grande - **PEYRELEAU**
✆ 05 65 62 60 93
www.giterandosgorgestarnjonte.com
Demi-pension : 45 €/pers en chambre dortoir. Egalement chambre 2 personnes : demi-pension à 52,50 €/pers.

Dans le village classé de Peyreleau, ne ratez pas ce gîte blotti dans une grande maison accrochée au rocher. Marine et Guillaume, épris de la région et de ses grands espaces, vous y accueillent lors de séjours en pension ou demi-pension dans de vastes chambres esprit colo ou pensionnat. Vous y trouverez une bibliothèque fort bien achalandée en ouvrages naturalistes, ainsi que de bons conseils pour aller conquérir à pied les Gorges et les Causses alentour. A table, le couple pratique une cuisine de terroir à base de recettes locales.

MAISON DES ÉTOILES €€

Lieu-dit Vézouillac
VERRIÈRES
✆ 07 82 76 70 60
www.masdesetoiles.com
De 2 400 € à 2 900 € la semaine selon saison.

Ce Mas dont le nom met des étoiles plein les yeux, est un gîte d'une capacité totale de 14 personnes. Avec ses cinq chambres, chacune dotée d'une salle de bain privative, cet hébergement au charme authentique, est tout trouvé pour des vacances entre amis ou en famille élargie, de celles qui exigent de grandes tablées à l'heure des repas. Située à 5 minutes d'Aguessac et de tous ses commerces et commodités, la maison des Etoiles s'ouvre sur la vallée du Tarn et ses atouts indéniables pour de chouettes vacances, combinant rivière et nature.

LES ÉTOILES DU BERGER €€€

Hameau de Conclus
VERRIÈRES
✆ 06 31 61 60 15
www.lesetoilesduberger.com
Deux gîtes de 2 à 8 personnes : de 770 à 1 900€/semaine. Petit-déjeuner : 23 €/2 personnes.

Aménagés autour d'une piscine chauffée, ces deux hébergements indépendants de 95 à 140 ^{2} offrent un confort rare pour un repaire très prisé des amoureux, des copains ou des familles en quête de sérénité. L'occasion de partir à la découverte des orchidées sauvages, du patrimoine bâti ou des villages templiers. Mais aussi de goûter aux activités sportives reines sur le territoire : baignade, escalade, randonnées... L'environnement alentour est vraiment exceptionnel et les prestations offertes sur place ultra personnalisées. On n'est pas bien loin du luxe !

HÔTEL DE LA MUSE ET DU ROZIER**** €€€

La Muse - **PEYRELEAU**
✆ 05 65 62 60 01
www.hotel-delamuse.fr
Hôtels au Naturel. Restauration (menus de 32 à 49 €).

Cet hôtel est une perle. La décoration y est très tendance, sobre et élégante, et mêle ambiance zen et esprit lounge. Labellisé Hôtels au naturel, l'établissement a mis en place une multitude de petits gestes environnementaux, dont un jardin d'herbes aromatique pour le restaurant… Côté cuisine justement, on retrouve des produits locaux, et bio autant que possible, ainsi que des assiettes élégantes. La qualité des ingrédients est toujours mise en avant et évolue au fil des saisons.

LA CERISE QUI RIT MIAM €

La Cressette
LA CRESSE
✆ 06 31 38 17 93
www.gite-la-cerise-qui-rit.com
Ouverture aux beaux jours, horaires raisonnables et selon météo. Salade-repas : 14 €. Desserts : 5 €.

La Cerise qui rit est un concept de gîtes éco-design à l'entrée des Gorges du Tarn. Version Miam, c'est aussi une cantinette, dont la terrasse offre une vue spectaculaire sur les paysages alentour. Dans la même veine environnementale que les hébergements, le restaurant propose une cuisine saine, à base de produits locaux et de plantes aromatiques. On y mange une salade thaïe aux céréales, chou rouge et cacahuètes, un gâteau de légumes aux lardons et abricots, une charlotte à la pêche, menthe et groseilles… Bref, des propositions rafraîchissantes.

LA GRANGE TEMPLIERE 2018 €€

PEYRELEAU ✆ 05 65 62 87 38
www.www-lagrangetempliere2018.com
Chambre à partir de 60 €, suite à partir de 80 €. Menus de 23 € à 42 €.

A l'entrée des gorges du Tarn, cette grange templière a été restaurée avec beaucoup de goût mais respire toujours l'atmosphère des siècles passés. L'intérieur est cosy et reflète un accueil chaleureux, qui en fait un lieu idéal pour un séjour détente dans des chambres confortables. La cuisine est préparée à partir de produits du marché et tout est fait maison depuis la mise en bouche jusqu'au dessert. Outre les charcuteries aveyronnaises et les plats végétariens ou sans gluten à la demande, l'adresse propose un divin risotto de gambas.

LE SAHUC €€

RIVIÈRE-SUR-TARN ✆ 05 65 69 13 47
www.lesahuc-restaurant.fr
Ouvert toute l'année. Menus de 35 € à 85 €. 2 chambres, 95€ en saison, 85 l'hiver, petit-déjeuner à partir de 7 €.

Attention, phénomène ! Avec Le Sahuc, Rivière-sur-Tarn s'éveille en effet à la gastronomie. Animés par de solides convictions, Victoria et Simon ont fait renaître avec panache l'hôtel-restautant de Peyrelade fermé depuis 2003. Outre les deux chambres dont les fenêtres s'ouvrent sur le Tarn, les deux jeunes gens ont misé sur une cuisine élégante et original -mais sans trop ! - à base de produits frais régionaux. Leur carte est une poésie qui se savoure sur une vaste terrasse en aplomb de la rivière en été, ou au coin du feu quand viennent les jours plus froids.

DOMAINE DU VIEUX NOYER

Boyne - **RIVIÈRE-SUR-TARN**
✆ 06 82 58 73 48
www.domaineduvieuxnoyer.fr
Ouvert du lundi au samedi de 8h à 12h et de 14h à 19h.

Ce vignoble autour du château de Peyrelade s'étend sur 9 hectares, 100 % bio. Ici, on utilise uniquement des fumures organiques et on désherbe mécaniquement afin de garantir les meilleurs produits possibles. Parmi ceux-ci, on trouve des vins des Côtes de Millau rouge, rosés et blancs, élaborés à partir des cépages gamay, chenin et syrah. Le Domaine du Vieux Noyer produit également des apéritifs, le calistou notamment, vin rosé au macération de mirabelles et de noix, et des vinaigres de cerises (variété burlat) et de vieux vin (cépage cabernet-sauvignon).

CANOË 2000

Route du Point-Sublime
LA MALÈNE
✆ 04 66 48 57 71
www.canoe2000.fr
Horaires variables selon l'activité. De 19 € à 54 €/personne selon le parcours.

Cette structure familiale s'est appropriée les gorges du Tarn et leurs eaux vives pour développer une offre d'activités sportives et rafraîchissantes. Plusieurs descentes, de 8 à 47 kilomètres, de quelques heures à plusieurs jours, permettent de découvrir, à la force des bras, le territoire et ses panoramas époustouflants. Outre les canoës et les kayaks, les paddles offrent une perspective différente sur la rivière. Canoë 2000 propose à ses clients de télécharger une application, où sont répertoriés les parcours et les informations sur la rivière.

CANOE AU MOULIN DE LA MALÈNE

Le Moulin - **LA MALÈNE**
✆ 04 66 48 51 14
www.canoeblanc.com
Fermé de novembre à mars. Canoë 2 places de 36 € à 54 €. Kayak une place de 19 € à 28 €. Paddle à partir de 45 €.

Pionnière du canoë dans les Gorges du Tarn, l'entreprise s'est appropriée la plus belle partie du cours d'eau, autrement dit celle qui file de La Malène au Cirque des Baumes ou au Pas de Soucy, à travers une petite dizaine de parcours adaptés à tous les profils. Et ce d'autant plus qu'il est possible d'interrompre la descente en différents endroits pour reprendre son souffle, se rafraîchir dans les eaux de la rivière, casser la croûte ou lézarder sur les plages.

ESPRIT NATURE

Route des Gorges-du-Tarn
✆ 05 65 59 72 03
www.escapade-espritnature.com
Via ferrata à partir de 41 €. Spéléologie à partir de 33 €. Également escalade, canyoning, rando verticale...

Esprit Nature vous propose des sorties sportives, soit en activités libres (comme la location de canoë et de kayak de la demi-journée à la journée ou pour plusieurs jours), soit en activités encadrées (un moniteur diplômé vous accompagne sur un parcours sportif de pleine nature tel que : spéléologie, via ferrata, escalade, canyoning, canoë-kayak). Esprit Nature, avec des années d'expérience, sont des pros des activités de plein air. Des sites de pratique adaptés, des moniteurs diplômés et un matériel récent sont pour vous un gage de qualité.

COMPEYRE

A la sortie d'Aguessac, traverser le Lumensonnesque, un affluent du Tarn, et entreprendre la montée vers le vieux village. Bien qu'ayant subi des destructions pendant les guerres de Religion, Compeyre a conservé son caractère médiéval et son charme. Le plaisir de la promenade passe par des déambulations dans des venelles pentues et des escaliers, bordés d'herbes folles ou de plantes. On remarquera que toutes les maisons, ou presque, possèdent une cave. Le village était, en effet, une place importante pour le négoce des vins, mais aussi pour les céréales puisqu'on peut encore y admirer un « sesteyral », cinq mesures à grains creusées dans la pierre.

CHÂTEAU DE CABRIÈRES

RN9

Masse imposante au-dessus de la nationale, sa situation et sa configuration en font presque un château de contes de fées. A défaut d'être féerique, il a abrité au XIXe siècle la cantatrice Emma Calvé, qui y avait installé une école de chant. Situé sur la rive gauche du Lumensonesque à quatre kilomètres de Compeyre, la bâtisse domine l'ancienne route Millau-Séverac. Le château est composé d'un corps de logis rectangulaire datant du XXe siècle encadré de deux tours carrées et d'un donjon qui sont principalement du XVe siècle. Il est aujourd'hui une propriété privée.

FERME AUBERGE DE QUIERS €€

✆ 05 65 59 85 10
www.quiers.net
Menu unique à 28 €. Gîte rural de 10 personnes : de 1 200 € à 1 500 €/semaine selon les saisons.

La cuisine de terroir est la spécialité de cette ferme familiale, qui pioche tous ses ingrédients nécessaires dans un rayon géographique on ne peut plus proche. Les fruits et légumes poussent en effet dans le potager de l'exploitation ; les agneaux et volailles grandissent aussi sur place. De l'entrée au dessert, c'est ainsi un festival de saveurs régionales : feuilleté au roquefort, farçou, gigot d'agneau, poulet fermier, fromages, clafoutis au cerise ou gâteau noir de Maminet. La ferme-auberge abrite aussi un gîte composé de cinq chambres.

LE COMPTOIR PAYSAN

Mas Compeyre
✆ 05 65 59 84 11
comptoir-paysan.com
Haute saison : ouvert du lundi au samedi de 9h à 12h30 et de 15h30 à 19h.

Rien ne sert de courir, il faut consommer « du coin » pourrait être la punchline de ce Comptoir paysan : une adresse gourmande et vitaminée qui se décline en lieu de vente. L'établissement fédère les producteurs des Gorges du Tarn : des agriculteurs attachés « aux pratiques respectueuses de la nature et à des modes de transformation traditionnels ». Outre les vins des Côtes de Millau, ce petit clan étale toutes les richesses gastronomiques des Causses : charcuterie, fruits - dont la fameuse cerise -, fromages... On remplit ainsi son cabas de produits authentiques.

MOSTUÉJOULS

Bâti à flanc de colline sous le Causse de Sévérac, le village domine la rivière Tarn. Mostuejouls doit son nom à la famille du même nom qui est considérée comme l'une des plus anciennes de France. Le village possède des rues pavées tortueuses et étroites. Un château, dont certaines parties remontent au XIIIe siècle, domine le village. Dans la plaine, au bord de la rivière, on remarquera la magnifique église romane dite de Notre-Dame des Champs. Près de l'ancienne école existe une superbe stèle gallo-romaine. Le village vit essentiellement de la vigne, de la production de cerises et, en été, du tourisme. Mostuejouls peut être considéré comme la porte des gorges du Tarn.

VILLA GORGES DU TARN €€€

Lieu dit « La Crouzette »
✆ 05 65 62 60 01
www.hotel-delamuse.fr
Entre 2500 et 3 800 € la semaine, selon la saison. Prestations hôtelières et personnel sur demande.

Cette somptueuse villa de 200 m² affiche un style contemporain, totalement inédit dans le secteur. Située aux portes du Gorges du Tarn, elle bénéficie d'une vue spectaculaire sur la rivière et les vallons verdoyants environnants, et peut accueillir jusqu'à 8 personnes. Entièrement climatisée, elle est composée de 4 chambres grand standing dont une suite parentale, de 3 salles de bains, d'un grand séjour avec cuisine américaine. Et s'ouvre sur une piscine avec pool house et sur une terrasse en bois de 150 m² dominant la vallée.

LE SOLEILO €€

Chemin du Valat
✆ 06 22 84 61 00
www.lesoleilo.com/fr
Chambres : de 100 à 250 €/nuit. Tarifs dégressifs à partir de 2 nuits.

Total dépaysement dans cette ancienne bâtisse familiale du XVIIIe siècle, typique du Sud-Aveyron. Cette maison de vacances plutôt haut de gamme, entièrement restaurée, combine piscine, spa et hammam, tout en mariant patrimoine et modernité. Plusieurs chambres, suites et gîtes, s'ouvrent sur les immenses paysages alentours et donnent des envies d'escapade vers les gorges du Tarn et de la Jonte. Après des jours de randonnée, on peut se remettre en profitant des équipements mais aussi de massages qui sont proposés par des professionnels sur place.

AUBERGE LA CALQUIÈRE €€

La Calquière
✆ 05 65 62 64 17
www.restaurant-la-calquiere.fr
Juillet-aout : tous les jours midi et soir. Menus de 19 € à 29 €. Menu enfant : 10 €.

C'est une ferme du XVIIIe siècle qui abrite l'auberge de la Calquière. Le site se trouve à proximité des gorges du Tarn et de la Jonte (idéal pour les baignades), du Belvédère des vautours, des grottes et sites ruiniformes des Causses, de Millau, de son viaduc et de son marché hebdomadaire. Dans ce cadre rural, la cuisine est forcément traditionnelle et faite maison. Cartes et menus proposent foie gras, croustillant de chèvre, charcuterie, ris d'agneau, magret de canard ou encore aligot. L'accueil est agréable ; l'équipe souriante et sympathique.

VILLA LA MUSE €€

Lieu-dit la Muse
✆ 06 33 41 77 48
Chambre double de 83 € à 146 €. Chambre pour 4 personnes de 164 à 245. Petit déjeuner inclus. Lit supplémentaire : 40 €.

Cette maison bourgeoise du début du XXe siècle a conservé toute l'authenticité des campagnes aveyronnaises. Dans un écrin de pierre remis au goût du jour, cinq chambres d'hôtes - dont une suite - offrent aujourd'hui un cadre magnifique pour se ressourcer. Une literie de haut vol, un coin bureau pour rédiger des missives ou télé-travailler, des fauteuils confortables pour discuter... Et une piscine extérieure chauffée pour se dorer la pilule : les équipements sont vraiment de qualité et tout a été pensé pour vous combler. Le petit déjeuner est lui aussi très bien.

CANOE AIGUE VIVE

Saint-Pal
✆ 05 65 62 63 13
www.canoekayakgorgesdutarn.com
Été : ouvert tous les jours de 9h à 19h. Parcours kayak à partir de 13 €/personne.

Situé idéalement à l'entrée des gorges du Tarn, ce club propose des locations de canoë-kayak selon 3 parcours différents à choisir en fonction de votre niveau. Celui de 7 kms est idéal pour les familles avec des enfants en bas âge ou pour des personnes craignant de tomber à l'eau. Les initiés choisiront celui de 11 km au départ des Vignes. Vous pourrez découvrir, tour à tour, la faune et la flore, les villages perchés et troglodytes, sans oublier de négocier les nombreux « rapides ». En combinant les deux parcours, celui d'endurance vous fera parcourir 18 km.

SAINT-ROME-DE-TARN ...

Bâti sur les coteaux de Carmes et des Espeyrières, le village bénéficie d'un micro-climat méditerranéen permettant la culture de la vigne, qui fut longtemps sa principale ressource, et celle des arbres fruitiers. Une promenade dans les rues du village permet de découvrir un patrimoine architectural remarquable : façades sculptées de la rue de la Renaissance, lavoir alimenté par un petit cours d'eau qui tombe en cascade dans le Tarn, la tour de l'horloge, logis à tourelles, fenêtres à meneaux. Jusqu'à l'église qui recèle, au fond d'une vaste nef, un superbe maître-autel avec de belles colonnes en marbre. Le chemin de croix est présenté par des toiles, doublé par un symbolisme moderne, réalisé suivant les techniques de l'art contemporain. N'oublions pas de mentionner le lac qui s'étend au pied du village, et qui s'enfonce entre les flancs de la montagne, où une base de loisirs propose ses nombreuses activités. A ne pas manquer : Les panoramas sur le Tarn et sur les Hortes (les jardins) et sur la cascade des Baumes. En suivant la rive droite, on atteint le Mas de la Nauq pour embarquer à bord d'un bateau promenade, « le héron des Raspes », et découvrir dans le moindre détail ce paysage grandiose. C'est par voie d'eau, en effet, qu'il faut découvrir le paysage.

L'ESTIVAL €€

Peyre
COMPRÉGNAC
✆ 05 65 62 39 37
D'avril à octobre. Réservation recommandée. CB non acceptée.

Sûrement l'un des restaurants les plus pittoresques du département. Dans le charmant village de Peyre, vous déjeunerez, en saison, sur une terrasse avec une vue sur le Tarn et le viaduc de Millau. Ici, le chef vous concocte une cuisine du marché et du potager pleine de fraicheur et d'honnêteté. Tout est fait maison même le pain. Vous pourrez déguster une salade gourmande, un faux-filet d'Aubrac et ris d'agneau, une entrecôte avec sa garniture de légumes sautés et de frites avant de terminer par une délicieuse tarte aux figues.

MAISON DE LA TRUFFE ★

COMPRÉGNAC
✆ 06 71 88
Haute saison : ouvert tous les jours de 15h à 19h. Entrée gratuite.

Salariés et bénévoles du syndicat des trufficulteurs de l'Aveyron se relaient tous les jours de l'été pour vous accueillir en leur demeure de Comprégnac. A travers des bornes interactives, des panneaux explicatifs et une vidéo, ils racontent leur métier -sinon leur passion ! - et leur trésor : la truffe noire du Périgord, la fameuse tuber melanosporum, qui s'épanouit aussi dans notre beau département. La visite est gratuite et se clôture par un moment rafraichissant : la dégustation d'une boule glace à la truffe aveyronnaise.

LA GUINGUETTE €€

✆ 07 66 49 48 98
www.saintromeplage.fr
Ouvert tous les jours et les jours fériés. Tapas : 9 €. Salades de 10,50 € à 13,50 €. Assiettes-repas de 10 à 17,50 €.

La Guinguette est le restaurant de la base nautique de Saint-Rome-de-Tarn. Des canoës, des bateaux à pédales, des paddles, un plage pour le farniente et surtout un cadre exceptionnel. On y mange les pieds dans le sable, à quelques mètres du Tarn, une cuisine simple à base de produits du terroir : planche de charcuterie et fromage ; salades ; assiettes-repas, burgers... Il existe même une option vegan. Les plats estampillés « aveyronnais » ont toutefois notre préférence : les burgers au roquefort ou au pérail, ou le traditionnel saucisse-aligot.

CANOESCAPADE

Route de la Pierre Blanche
COMPRÉGNAC
✆ 06 72 26 09 65
www.canoescapade.com
Canoë biplace à partir de 18 €/personne.

Sportifs aguerris, Pierre, Gaëtan et Greg ont établi leur fief à Comprégnac, sur les terres du camping Le Katalpa. Un spot privilégié pour proposer à leurs clients de véritables aventures en nature. Entre les eaux vives de la rivière et le vert ardent des Raspes du Tarn, les possibilités sont en effet infinies -ou presque : canoës -et pas n'importe lesquels ! L'ensemble des activités, en autonomie ou accompagnées, est l'occasion de découvrir une faune et une flore exceptionnelles et des paysages époustouflants, des villages ou des ouvrages remarquables.

CASTELNAU-PÉGAYROLS ★

Le château s'est accroché sur un promontoire qui domine la vallée de la Muze. Ce poste d'observation facilement défendable avait été choisi par le comte de Toulouse qui y construisit une maison forte au Xe siècle. Son nom de Castelnau de Lévezou se transforma en Castelnau Pégayrols, comme le nom de la famille qui l'acheta au XVIIIe siècle. Il est aujourd'hui encore une propriété privée. L'ensemble du village vaut le coup d'œil ; il s'est construit serré autour du château, ne ménageant que d'étroites ruelles entre les maisons de pierre brune ou grise. Sur la place centrale, vous trouverez l'église Saint-Martin qui a été édifiée au XIe siècle, pour abriter un prieuré massif, dominé par un tour-clocher. Elle est ornée d'un retable de style flamboyant. La visite descend jusqu'à la crique, puis on ressort et on se dirige vers l'église Notre-Dame, construction romane, qui a conservé des fresques du XVIIe siècle. Le village brille aussi par son système hydraulique médiéval unique au monde, qui remplissait quatre types de fonctions : militaire, civile, agricole et industrielle. Ainsi, il servait à alimenter le village en eau, à arroser les terres autour et à faire tourner les moulins à huile et grains.

LE TRUEL

L'empreinte médiévale de ce village est encore nettement présente comme en en témoignent les maisons à colombages. Près du village subsiste une maison forte bâtie au XVe siècle sur une petite éminence : La Montellerie. Voir également, à proximité, la chapelle de Saint-Cyrice de l'Infernet – XVe siècle – et celle de Saint-Etienne-de-Roufignac – édifice roman. Le Truel s'était développé comme point de passage sur les rives du Tarn. Une activité commerciale s'était établie en plus des cultures fruitières et viticoles très répandues dans cette partie de la vallée. La construction d'une usine hydroélectrique a évité au village de s'étioler.

LES TOQUÉS DU TRUEL €

Le Bourg
✆ 05 65 46 42 98
Pizzas à partir de 8,50 €. Menu : 25 €.

A mi-chemin entre Albi et Millau, cette auberge est du genre à tout faire : plat du jour, pizzas à emporter, soirées animées et service épicerie de dépannage... Et à le faire bien ! Aux fourneaux, Franck prépare des menus simples mais variés : chapon farci, filet mignon de porc, pot-au-feu, filet de colin, raviolis frais... Les habitués vous recommanderont sa duchesse aux châtaignes, servie avec une boule de glace à l'amande... En salle, c'est Magali qui s'active, toujours avec bienveillance, pour servir les clients dans les règles de l'art commerçant.

SAINT-VICTOR-ET-MELVIEU ★

Il s'agit en fait de deux villages paisibles qui se sont unis dans une même commune, tout en gardant chacun leur nom. Le lieu a vécu les troubles de la révolution de manière significative, à cause du seigneur vivant au cœur du village. De son château, il ne reste plus que la tour de guet (XVIe siècle), du haut de laquelle on domine le village. L'ancienne chapelle du château sauvegardée est devenue l'église de Saint-Victor. On peut y admirer de remarquables fresques peintes par un artiste estonien, Nicolas Greschny et dont Picasso aurait dit que « ça tenait la route ». Notons enfin l'ambiance légèrement confinée des rues et places du village.

AUBERGE DU BROC €€

Le Bourg
AYSSÈNES
✆ 05 65 42 39 55
Carte et menus.

Jessica, Bruno et leurs trois enfants se sont installés dans cet ancien presbytère dans le courant de l'été 2021 pour y concrétiser leur rêve. Et notamment celui de créer une adresse qui serait un véritable lieu de vie et de rencontres dans ce petit bourg rural. Leur Auberge du Broc sert ainsi à manger, uniquement de bons produits frais travaillés sur place avec beaucoup de cœur. L'établissement est aussi une brocante – la décoration en témoigne ! – dans laquelle on peut chiner. La famille Farin propose également un gîte et une chambre d'hôte pour dormir.

MILLAU, TARN ET LE SAINT-AFFRICAIN

LA CAVALERIE ★

Avant d'arriver à La Cavalerie, il faut profiter du paysage typique du Larzac, dans lequel on vient de mettre les pieds. Certes, aujourd'hui les militaires sont aussi connus que les moutons, mais le camp du Larzac a cessé d'agiter les passions et vit en bonne intelligence avec le village. Celui-ci fut le siège d'une commanderie importante. Sur cet axe nord-sud, elle a ajouté un rôle d'accueil et des fonctions commerciales à la culture et la mise en valeur de la plaine alentour. Depuis toujours, La Cavalerie permet aux voyageurs qui traversent le plateau de faire une halte. C'est ici que les Templiers ont développé le village avant que les Hospitaliers ne le fortifient d'une enceinte. Aujourd'hui encore, des traces de cette enceinte sont visibles. Il faut entrer dans le village pour se trouver au pied d'un long mur de fortifications, haut, percé tardivement de quelques rares fenêtres. Une tour et une porte imposante ont longtemps protégé les maisons du XVe siècle – baies et portes sculptées – et les bâtiments plus riches du XVIIe siècle. Sur la place centrale, l'église a été reconstruite au XVIIIe siècle sur les vestiges d'un édifice roman. Son intérieur doit la pureté de ses lignes à une voûte qui semble avoir été construite sur le modèle des bergeries du Larzac. On peut y admirer les reliquaires de saint Roch et de saint Fulcran, évêque de Lodève.

LE GÎTE DE LA CAVALERIE €

8, rue Côte-Bossue
✆ 05 65 62 78 62
www.legite-fr.com

Nuitée à partir de 16 €. Gîte à partir de 600 €/2 nuits. Petit déjeuner : 6 €. Repas du soir : 18 €.

Ce gîte d'étape, d'une capacité de sept chambres et vingt hôtes, est abrité dans une ferme restaurée du village. On s'y arrête généralement au terme d'une journée à vélo ou à pied, passée à découvrir le Larzac alentour, ou après une partie de pêche. Le confort y est sobre ; la cuisine, fonctionnelle. Et le calme, très reposant. Valérie et Dominique, qui dirigent les lieux, proposent aussi des formules pour se restaurer : petit-déjeuner, panier pique-nique et repas du soir. A l'extérieur, terrasse, barbecue et table de ping-pong permettent de vivre au grand air.

HÔTEL DE LA POSTE** €

54, rue du Grand-Chemin
✆ 05 65 62 70 66
www.hotel-larzac.com

Chambre double de 47 € à 66 € ; triple de 61 € à 79 €. Petit déjeuner buffet : 8,90 €. Formule du jour : 15,90 €.

Dans cet établissement de La Cavalerie, la grande salle de restaurant, spacieuse et contemporaine, tranche un peu avec le décor des chambres, qui mériterait un petit rafraîchissement. Mais l'essentiel est là : une literie de qualité, des salles d'eau privatives, du Wifi gratuit. Bref, un confort sans chichi. A table, c'est le terroir qui est à l'honneur, avec d'excellents fromages et charcuteries aveyronnais, des plats traditionnels – tête de veau, saucisse-aligot... – et quelques propositions plus étonnantes, à l'image de la Tatin de patate douce au roquefort.

LÉONIE BISTRO & GRILLADES €

Aire du Larzac - A75
✆ 05 65 62 76 22
www.aire-du-larzac.com

Menus de 18,90 € à 26,90 €. Menu enfant : 8,90 €. Formule du midi : 13,90 €.

Comme l'aïeule à laquelle son nom fait référence, ce restaurant de bord de route raconte, à travers une carte généreuse, son goût pour le terroir départemental et ses bons produits. Boîte chaude d'encalat (camembert au lait de brebis) et charcuterie de l'Aveyron ; ardoise de bœuf d'Aubrac ; agneau bio de 4 heures (élevé sur le plateau), mais aussi lasagnes de bœuf aubrac, petit salé aux lentilles bio du Larzac... Il y a indiscutablement des sentiments dans les marmites de Léonie !

LE BONHEUR EST DANS LE SUD €€

1, route de Millau
✆ 05 65 60 94 63
www.lebonheurestdanslesud.com

Menu unique à 27 €. Assiette-repas à partir de 14 €.

Cette ancienne cave coopérative fromagère a été transformée en restaurant il y a une quinzaine d'années. De sa vocation nourricière, le lieu a conservé le goût du bon et de la qualité. Nathalie propose une cuisine traditionnelle à base de produits de saison. Les assiettes-repas sont renouvelées chaque jour, mais certaines spécialités sont immuables : ris d'agneau, entrecôte, tête de veau... Ici, vous avez l'assurance de bien manger et de passer un moment de convivialité.

LES BERGERS DU LARZAC

D 999 ✆ 05 65 62 71 45
www.bergersdularzac.fr
Ouvert du lundi au vendredi de 9h à 18h ; le samedi de 9h à 17h. Livraison possible.

Créée en 1996, cette coopérative réunit aujourd'hui 34 producteurs du Larzac et du Lévézou. Avec 49 salariés, ils transforment chaque année 4,5 millions de litres de lait de brebis. Leurs fromages, à la typicité territoriale, se déclinent en plusieurs gammes. Tommes, pérails et bûchettes fondantes sont vendus directement à la boutique de la fromagerie. On y trouve aussi de la brousse et de l'encalat : une sorte de camembert au lait de brebis tirant son nom du caillé. On vous conseille le dernier-né : le fromage blanc battu au lait entier de brebis.

MAISON PAPILLON

D 999 ✆ 05 65 62 26 26
www.maison-papillon.fr
Ouvert du lundi au jeudi de 8h30 à 12h30 et de 13h30 à 17h ; le vendredi de 8h30 à 12h30. Label fabriqué en Aveyron.

La Maison Papillon fait partie des valeurs sûres en Aveyron. Fondée en 1955, cette conserverie, entre les mains de la même famille depuis trois générations, produit essentiellement des terrines de porc, volaille, lapin, gibier... La viande est travaillée, au couteau, de manière artisanale, pour préserver les saveurs et la qualité. Sans colorant, ni conservateur, les recettes intègrent aussi d'autres ingrédients soigneusement sélectionnés, comme le roquefort, les noix, les cèpes, la truffe d'été, entre autres, qui donnent aux préparations un goût incomparable.

MANGER BIO CHEZ MOI

Route de Saint-Affrique
✆ 05 65 62 07 30
www.mangerbiochezmoi.com

Spécialisée dans la distribution de produits biologiques, l'entreprise Manger bio chez moi est installé à La Cavalerie, en plein cœur du Larzac. L'entreprise, portée par une équipe familiale et des convictions sincères, a sélectionné plus d'un millier de produits bio sur son site. On y trouve, pêle-mêle : des terrines de la Maison Papillon voisine en qualité bio, les sels et vinaigres fabriqués tout près par les Aromatiques du Larzac, des fromages aveyronnais, de la viande, mais aussi des produits cosmétiques et d'épicerie. De quoi se constituer un caddy complet.

SAINT-JEAN-DU-BRUEL ★

Ce petit village s'est bâti dans la vallée de la Dourbie qu'enjambent les 2 ponts anciens. Le plus vieux s'est dressé sur une seule arche jetée haut au-dessus de la rivière au XIIIe siècle, le plus récent a accompagné le développement de la communauté au XVIIIe. Saint-Jean-du-Bruel s'est trouvé au cœur des guerres de Religion mais les 2 églises ont fini par cohabiter en bonne entente et chacune a gardé son édifice cultuel. Le centre du bourg, restauré, montre de belles façades. Les halles, bâtiment du XVIIIe siècle, ont dû retentir des cris des marchands de châtaignes ramassées alentour et des fabricants de tonneaux, dont la ville s'était fait une spécialité.

HÔTEL DU MIDI PAPILLON €€

Place du Manège
✆ 05 65 62 26 04
www.hoteldumidipapillon.fr
Chambre double de 60 € à 85 €. Petit déjeuner : 8,50 €. Menus aux choix de 16 à 42 €.

© DR

A l'aplomb de la rivière Dourbie, cette grande maison est dévolue à l'hospitalité depuis six générations. L'hôtel du Midi Papillon conjugue en effet le sens de l'accueil à un confort aussi chaleureux que dans une pension de famille. On y savoure des chambres au charme authentique, une piscine avec bain bouillonnant, un coquet jardin et une délicieuse cuisine de tradition. Les légumes du jardin et des producteurs locaux, les viandes de qualité, les desserts inventifs et les vins régionaux consacrent ainsi cette table gastronomique.

FERME DE CASTELNAU €

✆ 05 65 58 84 70

www.campingcastelnau.free.fr

Emplacement + véhicule + 2 personnes à partir de 10 €. Caravane + 3 personnes : 20 €/nuit. Visite de la ferme : 3 €.

Dans cette ferme (accès par la D999), les Gély élèvent bien évidemment des brebis Lacaune dont le lait est acheminé vers Roquefort. Heureusement, ces charmantes bébêtes laissent à la disposition des campeurs un grand terrain mi-ombragé et bordé par la Dourbie. Les équipements sont bien adaptés aux 25 emplacements disponibles – sanitaires, branchements électriques, lave-linge, barbecue... Possibilité de location de caravanes et de visites de la ferme : une heure pour découvrir la traite des brebis, discuter avec les agriculteurs et goûter au fameux roquefort.

LE GRAND CAFÉ MODERNE €

11, Grand-Rue

✆ 05 65 62 67 02

Ouvert toute l'année. Tous les jours le midi et le soir. Carte. Formule du midi : 13,50 €.

Ce café-restaurant en toute simplicité a un grand comptoir en bois et dispose d'une terrasse discrète. Il est spécialisé dans les omelettes dont celle aux cèpes lardons, délicieuse. La cuisine et la carte sont locales et traditionnelles, avec salade de roquefort, assiettes de fromages et charcuteries, cuisse de canard confite, et pour terminer un tiramisu maison. La formule moules-frites, certes moins couleur locale, est aussi une valeur sûre. On loue l'excellent rapport qualité-prix et l'accueil réservé aux clients à toute heure de la journée.

L'OUSTAL €€

18, Grand-Rue

✆ 05 65 46 25 80

Réservation recommandée. Formule : 15 € (+ menus).

L'Oustal, c'est l'autre restaurant de Saint-Jean-du-Bruel, une adresse qui donne envie de prendre son temps et de savourer. L'été sur une terrasse colorée, hors saison dans une salle bistrot, on déguste une cuisine simple mais raffinée, terroir et locale : salade fraîcheur, tête de veau, fricassée de ris d'agneau aux cèpes sont les valeurs sûres de la carte. Brigitte au service vous proposera aussi la « mer en nage » : un succulent mélange de Saint-Jacques, de crevettes et de tourteaux qui comblera aussi votre appétit estival.

LA BULLE

21, Grand Rue

✆ 06 41 89 20 96

Planches et tartine : 13 €. Salade del païs : 14 €. Bol de 4 à 6 €.

Après des études à Montpellier et un bout de vie à Ajaccio, Magalie est revenue au pays, décidée à ouvrir son coffee-shop à Saint-Jean-du-Bruel. Depuis le mois de juin 2020, la jeune femme, qui suivi une formation de barista, sert des cocktails sans alcool et des boissons au café à base d'expresso aux gens du village et aux touristes. Le midi, elle sert à manger dans ce petit commerce qu'elle a voulu à son image : optimiste et pétillant. Quelques tables colorées, installées sur le perron, permettent de déguster salades, tartines ou planches joliment élaborées.

CONSERVERIE QUATREFAGES

Rue du Moulin

✆ 05 65 62 26 15

www.conserveriequatrefages.com

Créée en 1981, la Conserverie Quatrefages fête en 2021 quarante années de savoir-faire et de bon goût. Spécialisée dans la fabrication de pâtés et terrines aux saveurs bien aveyronnaises, l'entreprise n'a de cesse d'imaginer de nouvelles recettes, à base de canard, gibier ou volaille. Le pâté au roquefort ou celui au laguiole - un fromage de l'Aubrac - qui figurent parmi les best-sellers de la maison en sont de parfaits exemples. Les plats cuisinés, dont les fameux trénels millavois, complètent la gamme de produits à la vente.

ROGER VIDAL

4, rue du Moulin

✆ 05 65 58 47 00

www.roger-vidal.fr

Depuis trois générations, cette entreprise du Sud-Aveyron produit des pâtés et des spécialités aveyronnaises : melsat, farçous, cous de canard farcis..... Elle propose aussi des produits bio et des mousses végétariennes (chèvre, tomate séchée, basilic ou feta, poivron et vinaigre balsamique...) pour satisfaire tous les appétits. Le pâté au roquefort, la terrine au chorizo et celle à la tome des Causses restent cependant les préférés des épicuriens, qui viennent se ravitailler directement à la boutique de Saint-Jean-du-Bruel.

L'ÉTAPE

2, rue du Pont Neuf
✆ 06 24 34 65 11
letapelocvtt.jimdo.com
Ouvert tous les jours sauf lundi. Location vélo : 30 €/journée. Tarif dégressif à partir de 2 vélos.

L'Étape occitane est une adresse 3 en 1 ! Jean-Jacques, le maître des lieux, ne semble pas avoir été capable de choisir entre sa passion pour le sport et les grands espaces, et son amour pour le terroir régional et ses bons produits. Son échoppe abrite ainsi plusieurs services et concepts. On y vient d'abord pour louer des VTT électriques et partir à la conquête des merveilleux paysages alentour. Et on en profite souvent pour faire le plein de bonnes choses dans la partie boutique : fouace, cassoulet, rouille sétoise, vins, jus de fruits, bières, pain...

LA COUVERTOIRADE ★★★

Située au cœur du plateau du Larzac, la cité de La Couvertoirade est le genre de village qui mêle l'histoire à la légende. Depuis le XIIe siècle, les templiers se sont implantés dans les terres du Larzac suite à une donation. Ils bâtissent un château défensif où l'activité agricole et d'élevage s'est construite autour. En 1312 l'ordre des Templiers est dissous, et les Hospitaliers deviennent les nouveaux maîtres de la cité. Ils feront construire l'enceinte des remparts en cinq années, pour se protéger contre les « Les Routiers ». L'hôtel de la Scipione retrace parfaitement cette période. La cité est reconnue comme l'un des plus beaux villages de France.

CHÂTEAU TEMPLIER DE LA COUVERTOIRADE ★★

✆ 05 65 58 74 02
www.lechateaudelacouvertoirade.com
Visite guidée, Juin-Septembre. Hors-saison, sur rendez-vous (8 pers. min). Ouvert 11h30-12h30 / 14h-17h. Tarifs, 5/10€.

Édifié sur un rocher, ce château est le seul construit par les Templiers à la fin du XIIe siècle. Il est constitué d'un donjon roman, d'une cour basse et d'un corps de logis. Propriété privée, classé monument historique depuis 1994, l'édifice ouvre ses portes en été pour des visites guidées, permettant ainsi aux amateurs d'histoire de se replonger dans la vie de ces moines-soldats qui défendaient les pèlerins en chemin vers la Terre sainte. La salle voûtée vous livrerait ses secrets.

ÉGLISE SAINT-CHRISTOPHE ★

Construite à la fin du XIVe siècle, cette église a remplacé celle de Saint-Christol, devenue trop petite. En partie creusée dans le rocher, ce n'est que tard que son clocher est reconstruit tel qu'il apparaît aujourd'hui. A l'intérieur, on peut voir des stèles discoïdales médiévales. Ces pierres gravées sont nombreuses sur le Larzac et font l'objet études, notamment par celui qui était le spécialiste en la matière et qui leur a consacré plusieurs ouvrages, Robert Aussibal. Récemment embellie, l'église recèle d'œuvres artistiques dorées et de beaux vitraux posés.

HÔTEL DE LA SCIPIONE ★

Ce bâtiment adossé au rempart est enjolivé par une tour d'escalier à vis, symbole de la noblesse de ses propriétaires. Bâti au XVe siècle, il abrite aujourd'hui le point d'accueil au rez-de-chaussée ainsi qu'une salle de présentation du patrimoine. La pièce du premier étage possède un beau cantou – grande cheminée – et une fenêtre à croisée à meneaux, munie de coussièges, ce qui permettait de s'installer confortablement pour regarder par la fenêtre. Dans la pièce au-dessus, divers objets découverts à La Couvertoirade ont été rassemblés.

AU 20 €

Cité médiévale
✆ 05 65 62 19 64
Droit de bouchon.

Olivier, qui tient ce restaurant et bar à vin aux côtés de sa compagne Aurélia, est un enfant du village et il tenait à créer un lieu de vie où accueillir tous ses voisins du plateau du Larzac. L'été, l'adresse est très fréquentée des touristes. Le couple propose une formule simple, à base de produits locaux et bio, qui se déguste dans la petite salle de restaurant ou en terrasse, de l'autre côté de l'étroite rue pavée. Comme son nom l'indique, Au 20 sert aussi de jolis canons de crus régionaux : entre 30 et 40 références différentes qu'Olivier a sélectionnées.

La Couvertoirade.

LE DOMAINE DE GAILLAC €€

D 55
✆ 05 65 62 26 85
www.arnalgaillac.com
Tarif gîte : 42 € demi-pension. Menu groupe à 22 €.

C'est en 1972 que Monique et Louis Arnal s'installe sur le terres du Larzac pour y élever des chevaux lusitaniens. La famille Arnal propose aussi le gîte et un service de restauration. Goûtez donc au « Flambadou », jambon tourné à la broche sous vos yeux et flambé au capucin, ainsi qu'aux bons petits plats de la cuisine traditionnelle aveyronnaise : croquants de tête de veau, crêpe au roquefort, coufidou de joue de bœuf, bœuf en croûte, aligot... Une équipe sympathique vous accueille dans une ambiance familiale et détendue. Simple et délicieux !

RESTAURANT LA TOUR VALETTE €€

Le Bourg
✆ 05 65 62 09 69
Haute saison : ouvert tous les jours le midi et le soir. Réservation recommandée.

Depuis plus de 10 ans, on vous accueille avec gentillesse, sourire et attention dans cette tour templière un peu à l'écart du passage des touristes. Le restaurant est logé dans une ancienne bergerie aux murs blancs. Une cuisine « faite maison » à base de produits du terroir est proposée : coufidou d'Aveyron, terrine au roquefort avec son coulis tomate, saucisses de brebis, ris d'agneau aux morilles, un régal. Mention spéciale pour les desserts et en particulier la tarte aux pommes.

ACROROC

Les Infruts
✆ 06 83 19 22 39
www.acrorocdesinfruts.com
Ouvert toute l'année sur réservation. Parcours adulte : 24 €. Enfant : de 14 à 17€.

L'Acroroc des Infruts, basé sur le Larzac, au cœur du territoire du parc naturel des Grand Causses, offre un terrain de jeu d'une grande envergure. Parcours dans les arbres et les rochers ruiniformes, spéléologie, paléontologie, journées multi-activités... Les activités proposées par cette équipe de passionnés d'aventure et de nature ont été conçues pour connaître le vertige ou l'émerveillement, mais aussi pour vous faire découvrir les trésors du secteur. Si la sécurité est de rigueur, les parcours sont accessibles à tous les âges et tous les niveaux.

LE CAYLAR

Assis au pied du Roc Castel, une curieuse colline hérissée de rochers dolomitiques, Le Caylar est un lieu magique. Au sommet du relief, on peut encore observer les ruines de l'ancien village. Ses sentiers historiques et botaniques sont jalonnés de panneaux racontant l'histoire du site où Romains et Wisigoths, seigneurs et évêques, s'y sont succédé, fortifiant le sommet. À ne pas manquer : la Chapelle Notre Dame, l'église Saint-Martin et l'arbre sculpté. Une fois arrivé au sommet du Roc castel, la vue est incomparable, le plateau du Larzac s'offre aux yeux du promeneur, et par temps clair, on peut apercevoir les Pyrénées.

ARBRE SCULPTÉ

Avenue de Millau

Sur la place du village trône le célèbre arbre sculpté réalisé par Michel Chevray, héraultais d'origine bretonne. Comme dans la plupart des villages des Hauts-Cantons, la place centrale était ornée d'un orme champêtre. Avec le temps, l'arbre, plus que centenaire s'est dégradé, atteint de graphiose. Sa mort n'a toutefois pas signé sa disparition... La municipalité décide, en 1987, de faire appel à un artiste. Après plus de 2 000 heures de travail, celui-ci lui a redonné vie en y sculptant animaux, bergers, paysans et plantes typiques du Larzac. Surprenant !

PARC ANIMALIER LE THEIL ★

Rue de la Lavogne
✆ 06 25 10 91 94
parcletheil.com
Haute saison ouvert tous les jours de 11h à 19h. Adulte : 7,50 €. Enfant de 2 à 12 ans : 6 €.

C'est un espace de 11 hectares dédié aux animaux domestiques du monde entier et deux volières. En suivant des sentiers ombragés, observez le mouton peint du Texas, le mouton nez noir du Valais, la vache Highland, le taureau des steppes de Hongrie ou encore le lama d'Amérique du Sud. Outre les animaux, vous pourrez découvrir une partie de la flore du Larzac méridional grâce à des fiches placées à proximité des plantes. Côté loisirs, vous attendent un labyrinthe, la maison de la sorcière, la forêt magique, un parcours aventurier. Aires de jeux et de pique-nique.

PROMONTOIRE DU ROC CASTEL

www.tourisme-lodevois-larzac.fr

Le Roc Castel culmine à 760 mètres. De loin, les énormes blocs qui hérissent le sommet de la colline peuvent apparaître comme les ruines d'une forteresse. Une vision du Caylar que les anciens ont su mettre à profit. L'originalité du Roc Castel tient à l'utilisation des rochers déjà en place comme éléments de fortification. Parapets, marches, banquettes, niches et même tourelle y ont été taillés, faisant véritablement du sommet de la colline un Roc Castel.

SENTIER BOTANIQUE

Roc Castel

Accès libre. Circuits pédestres aménagés.

Le Roc Castel est une curieuse colline de 760 m, hérissée de rochers dolomitiques, dont le sommet conserve avec les ruines de l'ancien village les traces d'un passé riche. Là-haut, la vue est incomparable sur le plateau du Larzac et, par temps clair, sur les Pyrénées. Le sentier botanique du Roc Castel, c'est une balade pour prendre son temps et observer la flore. En effet, sur les 1 400 espèces végétales que compte le Larzac, plusieurs centaines sont présentes sur le site. Tout au long du chemin, ce sera un plaisir de découvrir la multitude d'essences végétales.

LES 4 TEMPLIERS*** €

Avenue de Millau D609

✆ 04 67 44 90 90

www.camping-resto-le-caylar.com

Ouvert d'avril à novembre. Mobil-homes à partir de 280 €/semaine, chalets à partir de 200 €/semaine. Restaurant. Sauna.

C'est sur la route qui mène à Millau que ce camping vous invite à poser vos bagages. Son nom - hommage aux célèbres chevaliers fondateurs de La Couvertoirade toute proche - agit sur les esprits et fait voyager les vacanciers vers des temps anciens. Aménagé avec goût, il dispose d'un jardin particulièrement agréable. Côté hébergements, le camping offre la possibilité de louer des emplacements, de faire venir des camping-cars, de s'installer dans des mobil-homes ou des chalets et de poser sa tente. C'est un établissement complet et agréable, un réel plaisir.

CO'GITE €

Les Rocailles

✆ 04 67 44 58 35

www.randolarzac.com

Nuit en dortoir : 15 €/personne. Chambre : 35 € pour 2 personnes.

Ce petit gîte sans prétention est parfait pour ceux qui veulent surtout découvrir la région et ne pas se ruiner pour le gîte. Une chambre double, un dortoir quatre places et un dortoir 6 places sont disponibles. Pour les randonneurs et VTTistes, sachez que le GR 71 est à moins de 150 mètres et qu'il vous ouvre les portes du Réseau vert, duquel on peut partir pour la grande traversée de l'Hérault. Il constitue également une étape idéale dans la GTMC : la Grande Traversée du Massif Central, ou dans le Tour du Larzac Méridional.

Promontoire du Roc Castel.

HÔTEL-RESTAURANT DU ROCHER** €

Aire du Village ✆ 04 67 44 99 10

www.millau-larzac.com

Chambre double à partir de 49 € ; chambre triple à partir de 62 € ; suite à partir de 85 €. Petit déjeuner buffet 7 €.

L'hôtel du Rocher est composé d'une trentaine de chambres confortables. Au rez-de-chaussée de l'établissement, deux chambres ont été spécialement aménagées pour accueillir les personnes en situation de handicap. La salle du petit-déjeuner (servi sous forme de buffet) et le restaurant sont également accessibles. C'est un hôtel plein de charme, calme, au cœur d'un village typiquement méridional, proche de l'axe A75. Parfait pour faire étape sur le long chemin des vacances.

LES CAPITELLES DU CAYLAR €€

41, rue du Quai ✆ 04 67 44 55 70

www.lescapitellesducaylar.cabanova.com

Chambre simple 70,50 € ; chambre double 75 € ; chambre triple à partir de 95 €. Petit déjeuner : 7 €.

Transformée en chambres d'hôtes, cette belle demeure du XIVe siècle a conservé son charme caussenard. Pierres apparentes, déco campagnarde, elle ne cherche pas à faire d'artifice, mais se soucie quand même d'offrir confort et bien-être à ses visiteurs. Les trois chambres sont grandes (25 m²) et dotées d'une salle de bain et d'équipements appréciables (bouilloire, sèche-cheveux...). Rajoutez à cela un esprit maison de famille, et un petit-déjeuner à base de produits maison (confitures, yaourts, pain...) et vous obtiendrez un accueil irréprochable.

AUBERGE DE LA CASCADE €€

SAINT-MAURICE-NAVACELLES

✆ 04 67 81 50 95

www.auberge-de-la-cascade.fr

Fermé du 1er novembre au 1er avril. Chambre double à partir de 60 €. Restaurant. Carte 24 € environ.

Située sur les hauteurs de la Vis, l'Auberge de la Cascade est la seule adresse du village de Navacelles. On apprécie de s'installer sur sa terrasse, sous sa belle glycine. On y retrouve généralement les bons marcheurs qui ont tenté les ascensions voisines. Lorsque le temps se rafraîchit, c'est dans la salle avec cheminée qu'on trouve tout le réconfort souhaité. Enfin, c'est à la cuisine généreuse du chef de compléter l'opération séduction. Elle fait dans le traditionnel et le terroir. Il n'y a pas de surprise, ni bonne, ni mauvaise.

SHERPÂNES

Le village

LA VACQUERIE-SAINT-MARTIN-DE-CASTRIES

✆ 06 22 23 97 99

https://sherpanes.com

Rachel et Bruno proposent de découvrir, à dos d'âne, une nature grandiose, authentique et sauvage sur le plateau du Larzac, depuis le petit village typiquement caussenard de La Vacquerie. Cirques, canyon et paysages ruiniformes, cascades, menhirs et dolmens sont au rendez-vous, hors des sentiers battus. Vous pouvez opter pour une randonnée itinérante en liberté ou accompagné, avec à vos côtés des ânes, dont le pied sûr vous permet de passer dans les endroits les plus escarpés et qui portent de surcroît enfants et bagages sans aucune difficulté !

NANT ★★

Le village de Nant se situe entre les Causses et les Cévennes, bordé par deux rivières : la Dourbie et le Durzon. Au Xe siècle, les moines bénédictins créent un réseau de canaux afin d'assécher les terres marécageuses. Ces canaux sillonnent encore Nant, ce qui lui a valu d'être appelée « le jardin de l'Aveyron ». Le village a connu une croissance de l'agriculture grâce à cette technique d'irrigation, la vie de Nant tournait autour de la vie monastique jusqu'à la suppression de l'abbaye en 1777. De cette faste période, on pourrait voir l'abbatiale Saint-Pierre, l'église Saint-Jacques, la chapelle des Pénitents et le pont de la Prade datant du XIVe siècle.

AROMATIQUES DU LARZAC

Les Homs du Larzac

✆ 05 65 62 22 56

www.aromatiquesdularzac.com

Haute saison : du lundi au samedi de 10h à 12h30 et de 15h à 19h.

Marion et Romain cultivent lavande, romarin, sauge, sarriette, origan, menthe, mélisse, estragon, qu'ils transforment ensuite eux-mêmes en eaux-de-vie, sels et vinaigres aromatisés, plantes aromatiques séchées, apéritifs... Leur Pastis des Homs, mis au goût des Causses, est d'une finesse et d'une douceur qui n'a rien à voir avec le parfum de ses homologues industriels. On vous conseille également les Larzamiques, ces vinaigres façon balsamique parfumés à la fleur de sureau, à la rose, à l'églantine ou au genièvre, pour des sauces hautes en saveurs.

MUSÉE DES TRADITIONS DU SUD-AVEYRON

Domaine de Gaillac - **SAUCLIÈRES**
✆ 05 65 62 26 85 - www.arnalgaillac.com
En juillet et août, visite guidée tous les jours à 10h30 et 14h30. Adulte : 6 €. Enfant (jusqu'à 11 ans) : 3 €.

De nombreux personnages grandeur nature invitent petits et grands à découvrir le charme des commerces d'antan, l'ambiance nostalgique de l'école communale et le savoir-faire des arts et des traditions populaires. Un voyage magique dans le quotidien de nos aïeux à travers une rue d'un village du sud Aveyron reconstituée. Sur place, possibilité d'achat de produits du terroir. Sur le domaine de Gaillac, la famille Arnal propose également centre équestre, restaurant et hébergement.

OFFICE DE TOURISME LARZAC ET VALLÉES

Place du Claux ✆ 05 65 62 23 64
www.tourisme-larzac.com
Haute saison : ouvert tous les jours de 10h à 12h30 et de 14h30 à 18h. Hors-saison, voir horaires sur le site Internet.

L'office de tourisme Larzac et Vallées est une mine d'informations pour les vacanciers ou les locaux en quête de dépaysement. Le site Internet de la structure présente notamment des idées de sorties thématiques : grands évènements, activités nature, plans B en cas de mauvais temps, en famille, en couple ou entre amis. Saut à l'élastique, parcours aventure, marché paysan, escape game, vélorail, reptilarium... Chaque proposition correspond à un coup de cœur de l'équipe de la structure.

LE GÎTE DE LOULETTE €

Les Liquisses
✆ 05 65 62 13 14
www.gitedeloulette.fr
De 600 € à 900 € la semaine selon saison. Panier pique-nique : 9 €.

Éleveurs de bovins aux Liquisses, à quelques encablures de Nant, Fabienne et Christian Julian ont transformé une ancienne jasse du XIXe siècle en gîte d'une capacité de 11/12 personnes. Posée en plein Larzac, cette bergerie abrite trois chambres et deux salles de bains, et s'ouvre sur un environnement incroyablement reposant. Le lieu surtout peut se vanter d'une démarche écologique globale : les murs sont isolés en laine de bois ; et la toiture en laine de mouton. Des panneaux solaires assurent l'alimentation en électricité et eau chaude.

LES CHAMBRES DE LA DOURBIE €€

Bombes-les-Verdiers ✆ 05 65 72 45 02
leschambresdeladourbie.fr
Chambre double 85 €. Petit-déjeuner inclus. Chambre « familiale », « air » 120 €/nuit. Table d'hôtes 20 €/personne.

Cette maison d'hôtes contemple la vallée de la Dourbie. Témoin de la lutte des paysans du Larzac, et plus largement de l'histoire du territoire, elle abrite aujourd'hui trois belles chambres avec accès indépendant, dans lesquelles on s'endort bercé par le bruit de la rivière. La déco, sans chichi, est plutôt réussie. Côté table, les assiettes sont soignées et généreusement composées de produits locaux. Une attention particulière est portée aux conseils en matière d'activités.

GÎTE DES CASTORS €€

Le Poujol
LA ROQUE-SAINTE-MARGUERITE
✆ 05 65 62 81 70
www.gitedescastors.fr
De 370 € à 650 € la semaine selon saison.

Guy vous accueille dans son gîte, abrité dans un cadre calme et romantique, entre Larzac et Causse Noir. Au bord de la rivière, tout équipé et confortable, c'est un endroit idéal pour se ressourcer. Bien situé, vous pourrez visiter les nombreux et diverses sites pittoresques du coin tels que les gorges de la Dourbie ou bien celles du Tarn. Grand passionné d'apiculture et professionnel reconnu, Guy se fera également un plaisir de partager avec vous son savoir-faire avec les abeilles. Son miel est présent sur tous les marchés de pays de la région.

LE ROC QUI PARLE*** €€

✆ 05 65 62 22 05
www.camping-roc-qui-parle-aveyron.fr
Emplacement + véhicule + 2 personnes à partir de 15,50 €. Mobil-homes pour 2 à 6 personnes de 410 € à 450 € la semaine.

A quelques kilomètres de Nant en direction de Millau, dix terrasses qui tombent en bordure de rivière, là ou le Roc Parle, c'est à dire là où l'écho fait face à la falaise ! Un camping familial et sportif depuis plus de trente ans, tous les emplacements sont délimités par des haies. Hors saison, une clientèle de pêcheurs profite de l'espace à la mouche « no kill ». Outre les emplacements et les mobil-homes, le Roc qui Parle abrite aussi un gîte de 110 m^2 : une authentique maison en pierre qui allie le confort moderne au charme de l'ancien.

BRASSERIE BAR DU CLAUX €

15, place du Claux
✆ 05 65 58 16 41

Haute saison : ouvert tous les jours et les jours fériés. Menus de 14,90 € à 36 €.

Cet établissement fait l'unanimité avec une cuisine de terroir authentique, qui se déguste en salle, sur la terrasse ou à l'ombre du patio. Dans ce restaurant qui accueillie volontiers les motards, Bubu et Gégé, comme on les surnomme affectueusement dans le village, servent un excellent aligot-saucisse et de bonnes viandes aveyronnaises : bœuf, veau, canard, cochon, agneau... Le succès de l'adresse tient aussi à leur personnalité. Ces deux-là, en effet, n'ont pas leur pareil pour accueillir les clients en amis et en toute simplicité.

LE PETIT NANTAIS €€

15, place du Claux
✆ 05 65 62 25 11

Formule du midi : 14,50 €. Menu suggestion à 27 €.

Christelle et Mickaël œuvrent ici depuis 2003 et ont fait de cet établissement l'une des belles adresses du Sud Aveyron. Quel plaisir en effet de déguster la cuisine de Monsieur, tranquillement installé en terrasse. Il propose ris d'agneau aux cèpes, tourte au roquefort, foie gras maison et côtes d'agneau. Il va sans dire que tout est fait maison. Ici pas de chichis, c'est du frais et du traditionnel, très bien exécuté. Nous vous recommandons pour finir la feuillantine au chocolat, le tout accompagné d'un terrasses-du-larzac ou d'un côtes-de-millau.

CAMPING LES 2 VALLÉES***

Route de l'Estrade-Basse
✆ 05 65 62 26 89
www.lesdeuxvallees.com

Qualité Tourisme. Ouvert de mi-avril à début octobre. Emplacements et locations.

© DR

A une trentaine de kilomètres de Millau, aux portes du village de Nant, le camping des Deux Vallées est une petite bulle enchantée. Lové au creux d'une verte vallée, aux confluents de deux cours d'eau, l'établissement est prisé des amoureux de la nature et amateurs de loisirs de pleine nature : randonneurs, cavaliers, cyclistes et pêcheurs. En plus de cet environnement privilégié, le camping propose tous les services indispensables à de bonnes vacances, ainsi qu'une piscine extérieure chauffée, autour de laquelle on prend plaisir à se reposer.

PÂTISSERIE AUGER

Rue de la Rouquette
✆ 05 65 62 14 54

Ouvert du mardi au samedi de 8h30 à 12h et de 16h à 19h ; le dimanche de 8h30 à 12h.

Les spécialités de cette pâtisserie artisanale sont les galettes des Templiers (de petits sablés réalisés selon la recette des grands-mères du village) et les bonbons fondants aux plantes aromatiques, sans oublier de fameuses madeleines. Au moment des fêtes, vous trouvez aussi les chocolats de César Auger fabriqués suivant des recettes anciennes : praliné aux amandes, aux noix, aux noisettes, ganaches aux divers alcools, pâte d'amandes, raisins macérés dans le rhum et flambés, les feuilletés pralinés et les raisins macérés dans le vin blanc.

BOUTIQUE ET BISTROT PAYSANS

5, place du Claux
✆ 05 65 47 51 33

Ouvert le mardi et du jeudi au samedi de 9h à 13h et de 15h30 à 19h30 ; le mercredi et le dimanche de 9h à 13h.

Une douzaine de producteurs du plateau du Larzac se sont emparés de l'ancien Grand Café à Nant. Ensemble, ils ont transformé cette institution du village en Boutiques et bistrot paysans. On les retrouve ainsi à tour de rôle, derrière le comptoir, pour servir un café équitable, des sirops, des jus, des tisanes et des alcools locaux. La boutique fonctionne comme un magasin de proximité en proposant des produits frais : légumes, viande, fromages, yaourts, jus...

SAINTE-EULALIE-DE-CERNON ★★

Entre L'Hospitalet-de-Larzac et La Couvertoirade, cette commanderie médiévale est le plus grand siège templier et hospitalier du sud de la France. Remarquable exemple de place fortifiée, Sainte-Eulalie est formée d'un réseau de rues et ruelles médiévales. Elle a conservé en intégralité son enceinte austère, faite d'une muraille et de tours élevées au XVe siècle par les Hospitaliers. La porte principale conduit vers la demeure des commandeurs. Au XVIIe siècle, l'un d'eux en fit une résidence plus confortable que la construction médiévale. Il faut voir, encore aujourd'hui, la cage d'escalier ornée de fresques, la cheminée centrale, les grandes fenêtres et le balcon.

REPTILARIUM DU LARZAC ★

Chemin de Millau
✆ 05 65 61 32 08
www.reptilarium-larzac.com
Haute saison ouvert tous les jours de 10h30 à 19h. Adulte : 10 €. Enfant de 3 à 12 ans : 8,50 €.

Venez découvrir une centaine de reptiles du monde entier, en toute quiétude. Pythons, boas, anacondas, iguanes, caméléons, tortues géantes, crocodiles ainsi que les bébés de la nurserie. Assistez au nourrissage des animaux les après-midi. Le soigneur vous fera partager sa passion. Dès les beaux jours, visitez les parcs extérieurs avec les tortues et les varans ainsi que les animaux de la mini-ferme. Des stages découverte sont proposés. Le temps d'une journée ou demi-journée, devenez soigneur animalier, nourrissez certains des animaux, visitez les coulisses.

SUR LES RAILS DU LARZAC

Gare
✆ 05 65 58 72 10
www.surlesrailsdularzac.com
De 16 € à 25 € par adulte, 7 à 10 € par enfant, selon âge et parcours.

Voilà une façon originale de découvrir la vallée du Cernon, en parcourant une ancienne voie ferrée pleine de charme et de mystère au départ de Sainte-Eulalie-de-Cernon. Plusieurs parcours sont proposés : le grand voyage, les explorateurs, les orchidées, et les papillons, sur lesquels tunnels et viaducs s'enchaînent. Accessible à tous, les balades durent entre une et quatre heures et l'on peut à loisir s'arrêter, prendre une photo de la vallée. Bravo au propriétaire pour la sauvegarde du patrimoine ferroviaire qui permet une randonnée originale et amusante.

GÎTE LA BERGERIE €

✆ 05 65 62 77 69
www.gite-la-bergerie-larzac.com
Contacter les propriétaires pour les tarifs.

En pleine nature, à deux minutes de Sainte-Eulalie-de-Cernon, Marie-France et André dont vous apprécierez la gentillesse, ont aménagé sur deux niveaux dans un ancien corps de ferme d'architecture caussenarde, ce charmant gîte de séjour de quatre chambres accueillant aussi bien les individuels, que les groupes de plus de vingt personnes. La cuisine et l'une des chambres sont abritées sous les voûtes. Pour les « mordus » de sport, le choix d'activités à proximité ne manque pas. Le site accueille aussi les cavaliers et chevaux de passage.

GÎTE LA JEANNE €

Rue du Café
LAPANOUSE-DE-CERNON
✆ 05 65 62 71 62
www.gitelajeanne.com
Ouvert toute l'année. Accueil 24h/24. Gîte entier : 480 €/semaine. Repas adulte : 18 €. Enfant : 12 €.

Annie et Jean-Noël tiennent un gîte et une table d'hôtes avec un intérieur chiné très original fait de bois, de tableaux et de photos du sol au plafond. Telle une brocante vintage dans un esprit *guest house cocooning* et personnalisé. Le coin des musiciens n'est pas très loin non plus. Le gîte s'étire sur deux étages et la table d'hôtes familiale se décline à partir de produits du jardin. Des stages d'escalade, encadrés par Jean-Noël, sont organisés sur la falaise de Malapès, à 5 mn. Art, escalade et hébergement sur un même site !

AUBERGE LA CARDABELLE €€

Rue de la Chapelle ✆ 05 65 62 74 64
www.auberge-la-cardabelle.com
Chambre double à partir de 55 €. Formule à partir de 10 € au restaurant.

Sur la petite terrasse ombragée qui donne des envies de farniente ou dans la salle de restaurant, on goûte à une cuisine sans artifice, qui décline vaillamment les produits frais : croustillant de ris d'agneau, terrine maison, salade et omelette au roquefort, coufidou de bœuf, cuisse de canard confit, truite aux amandes... Sans oublier les desserts : flaune évidemment., mais aussi tarte aux noix lou verrine citron. L'adresse possède aussi des chambres à l'étage, qui s'avèrent d'un séjour agréable et auxquelles rien ne manque.

LOU SARNOU €

Place Eglise
✆ 05 65 62 74 46
www.lousarnou.sitew.com

Ouvert tous les jours en juillet août. Seulement le midi.

Ce bistrot est un lieu de rendez-vous, tant pour se régaler d'une glace que d'un spectacle ou un concert organisé sur la place. Les assiettes valent aussi le détour : du simple, généreux comme cette omelette au roquefort, l'aligot-saucisse ou cette belle assiette du Sarnou (le Cernon en occitan) avec salade verte, tomates, farçous, jambon de pays, et roquefort. Les produits du terroir sont privilégiés dans les recettes. Ancienne bergerie, située sur la place ombragée du village, ce restaurant et sa terrasse sont un vrai bonheur.

AVERON

✆ 06 75 60 89 61
www.averon.fr

Liste des points de vente sur le site Internet. Vente en ligne toute l'année.

Avec sa marque identitaire Avéron, et son logo mi-vache mi-mouton qui contente les Aveyronnais du Nord et ceux du Sud, la graphiste Marie-Laure Vinas a fait mouche auprès de tous les amoureux du département. Forte de cette confiance, la jeune femme poursuit son travail de création, déterminée à toujours offrir le meilleur. Chaque année, de nouveaux objets et articles textiles s'ajoutent ainsi à la liste déjà bien fournie des best-sellers d'Avéron (les planches à charcuterie, les bodies « Je ne râle jamais, je suis un bébé aveyronnais », les t-shirts « Miladiou »).

L'ATELIER DU CUIR ANNE GACHELIN

Le Bourg ✆ 05 65 58 70 98
www.atelier-du-cuir.fr

Basse saison : ouvert du jeudi au mardi. Haute saison : tous les jours. En janvier, février, mars, fermé les week-ends.

Aux portes de la Commanderie, Anne Gachelin travaille le cuir avec un talent rare. Dans son atelier-boutique, on trouve de petites et de grandes merveilles : un savoir-faire remarquable pour de jolis objets. On peut aussi commander un objet sur mesure, le sac de ses rêves, par exemple. D'ailleurs, hormis du cuir, on peut trouver de quoi faire un cadeau sympa, puisque Anne vend aussi toute une série de produits gourmets locaux ; ainsi que des bijoux, des poteries et des tissus.

CAMARÈS

Anciennement appelée Cambarès, la ville haute, qui constitue la cité primitive, a été édifiée sur un mont escarpé, au XIIe siècle par Arnaud du Pont, mais un pont sur le Dourdou, que l'on peut encore admirer, avait été construit ici, un siècle avant. La ville était fortifiée, comme en témoigne la porte d'entrée encore visible dans la colline. Cependant, c'est tout ce qu'il reste des fortifications, ces dernières ont dû être rasées sur l'ordre de Richelieu. La ville, à cause de sa position, eut à subir les invasions des Anglais, puis essuya les guerres de Religion. Il y avait une importante bourgeoisie protestante, mais celle-ci fut contrainte d'émigrer après les représailles commises à leur encontre. La cité a ensuite profité de l'eau du Dourdou pour développer son industrie, notamment à travers la fabrication de draps. Cependant l'activité industrielle est bien plus ancienne car les Romains exploitaient déjà des mines de cuivre et, plus tard, la petite cité se fera, au XVIIe siècle une spécialité du battage du fer. La région de Camarès bénéficie d'une nature avoisinante particulièrement marquée par le rougier et ses sols rouges, une belle palette d'ocre, de pourpre et d'incarnat, tranchant avec les verts de la végétation et des cultures.

MONTLAUR

www.mairie-montlaur.com

Repérable sur les cartes les plus détaillées, Montlaur mérite impérativement un détour. Ce village typique, au cœur du Rougier, s'étale le long du Dourdou qui l'arrose. Les maisons en pierre rouge coincées dans des calades admirables a valu à Montlaur de servir de décor naturel du film Malevil. Des puits, des cascades, des canaux, des ponts courent le long du village. Le chemin de randonnée au bord du canal et le circuit des statues menhirs vous combleront. En effet, au mas d'Azaïs, deux belles statues-menhirs ont été retrouvées.

LA FUSTE €

Rec de Cros
BRUSQUE
✆ 05 65 99 06 76
www.lafuste.org
Chambre double à partir de 75 €. Petit déjeuner inclus.

La Fuste, c'est la petite maison dans la prairie version sud-aveyronnaise : une bâtisse de charme en rondins de bois, posée dans un environnement remarquable de verdure. La propriété de Béa et Joël abrite quatre grandes chambres d'hôtes, dont une familiale. La déco est digne des plus beaux chalets de montagne et séduira à coup sûr les amoureux de la nature. Les petits-déjeuners sont servis dans la salle à manger ou en terrasse, et brioches et confitures maison sont d'autant plus appréciables que la vue est à couper le souffle.

LE CLOS NORMAND €

Place de l'Eglise
MONTLAUR
✆ 05 65 99 80 51
Menus de 19,50 € à 29,50 €.

Nadine et Franck Julhes se sont installés dans le cœur du village en janvier 2017. Leur restaurant est ouvert sur une belle terrasse ombragée de mûriers. *On se régale d'un millegueille de fois gras et pommes poêlées, d'une tartelette au fritons de canard, de confit de canard maison, de tête de veau sauve ravigote ou d'un petit pot de poires et crème anglaise à la châtaigne.* Inutile de vous dire qu'ici le terroir est à la fête ! Et le service impeccable ! Le Clos Normand dispose aussi de quatre chambres pour profiter pleinement d'un séjour dans la région.

BLANC SUR SANCTUS €€

Blanc
PEUX-ET-COUFFOULEUX
✆ 05 65 49 31 58
www.blancsursanctus.fr
Ouvert toute l'année. De 300 à 1000 €/semaine selon la semaine et la capacité d'accueil du gîte.

Le hameau de Blanc s'appuie sur les contreforts des monts de Lacaune, et ressemble à un petit centre de vacances avec ses cinq gîtes. Trois dans le village et deux supplémentaires à La Bouyssière, le hameau tout proche à 10 minutes à pied. Lit en 160, salle de bain, TV, poêle ou cheminée pour certains... Les hôtes profitent d'un confort maximum à l'intérieur, quand l'extérieur offre de multiples possibilités d'activités : sieste à l'ombre dans les hamacs et lits ombragés, grande piscine pour tous, terrain de boules et balançoire pour les kids.

LES ROCKS €€

Rue du Pradinas
BRUSQUE
✆ 05 65 99 52 87
www.lesrocks.fr
Menus à partir de 15 €. Tarif chambre double : 49 €.

Dans un village calme, mais bien vivant, Les Rocks (ex-Dent de Saint-Jean) vous accueillent pour un séjour gourmand, relaxant, sportif, culturel... à votre choix. Le restaurant vous accueille du mardi soir au dimanche midi, pour savourer par exemple la truite de Brusque, les cuisses de grenouilles, la poêlée de Saint-Jacques, un magret au miel sans oublier la fameuse fondue au Roquefort. Les quatorze chambres donnent toutes sur la magnifique vallée du Dourdou, avec une très bonne literie et des salles d'eau « à l'ancienne », mais bien équipées.

HÔTEL-RESTAURANT LE PONT-VIEUX €€

2, rue du Barry
✆ 05 65 49 31 53
www.pontvieuxcamares.com
Chambres de 54 € à 80 €. Petit déjeuner : 9,50 €. Menus de 11,50 à 29,60 €.

Un hôtel-restaurant plein de charme avec une dizaine de chambres simples et confortables avec vue sur la rivière et un petit déjeuner sympathique. En cuisine, le chef vous propose une salade aveyronnaise ou un aligot saucisse et sa salade à l'ail. Un filet de bœuf et sa tranche de foie gras mi-cuit maison et une omelette à la truffe figurent aussi à la carte. Que ce soit au restaurant ou à l'hôtel, l'esprit est plus que convivial et on se sent à l'aise tout de suite.

LES DÉLICES DU ROUGIER

Briols
MONTLAUR
✆ 06 82 32 12 22
www.lesdelicesdurougier.fr

Briols, petit village au cœur du Rougier de Camarès, abrite une charmante et savoureuse biscuiterie. Adeline façonne artisanalement des biscuits apéritifs : thym, olive, chèvre, sel de Guérande ou roquefort, ainsi qu'une gamme sucrée : navettes à l'orange confite, au chocolat, à l'anis, cookies géants et oreillettes. Le tout sans colorant, sans conservateur et avec des ingrédients principalement issus de l'agriculture aveyronnaise. Elle reçoit volontiers dans son atelier pour expliquer son travail et ses convictions, et vend sa production en ligne et en magasins.

SARABELLE

ZA La Plaine
MONTLAUR
✆ 05 65 99 90 01
www.sarabelle.fr
Ouvert du mardi au samedi de 8h à 19h.

Sarabelle élabore et propose saucisses, saucissons, fromages de tête, pâtés de campagne, jambonneau, jambons, boudins et autres foies gras. Les produits transformés sont d'une admirable qualité. On peut retrouver ces produits sur les marchés de Camarés, Belmont, Saint-Affrique et dans les halles de Millau... Sarabelle, ce sont aussi des activités de traiteur, avec des plats cuisinés. L'accent est bien entendu mis sur les plats de la région : aligot et truffade. Une adresse que nous apprécions pour ramener des souvenirs gourmands du pays.

SAINT-SERNIN-SUR-RANCE

Le village de Saint-Sernin-sur-Rance se dresse sur un éperon rocheux, en bordure de la rivière Rance. C'est ici que fut découvert l'enfant sauvage, « Victor de l'Aveyron ». En 1800, des villageois découvrent en effet un enfant sourd et muet, réfugié dans une des maisons de la commune, mais vivant dans les bois. Cet enfant, qui attira à lui la curiosité de la France entière, inspira plus tard le cinéaste François Truffaut qui en fera le sujet d'un film. Mais l'histoire du village ne se limite pas à « Victor de l'Aveyron » : le site révèle des traces de présence remontant à la préhistoire ! Plus près de nous, Saint-Sernin recèle des trésors architecturaux hérités du Moyen Âge, à l'époque où le village était une véritable place forte dominant la vallée de la Rance. Saint-Sernin abrite une cité historique classée, une église collégiale de 1442, un hôtel de ville du XVe siècle (façade classée, ancienne maison du prévôt), de belles maisons du XVe siècle, maison à encorbellement, fenêtres à meneaux... et bien sûr les fameux « carrierots », ces petites ruelles qui dévalent vers le Rance et le Merdanson. Sans oublier une pierre-menhir devenue célèbre et décorée par des artistes.

CHÂTEAU DE MONTAIGUT

Montaigut
GISSAC
✆ 05 65 99 81 50
www.chateau-de-montaigut.com
Haute saison : ouvert tous les jours et les jours fériés de 10h à 19h. Adulte : 8 €. Enfant : 3 € et 1 €.

Cet imposant château féodal est bien conservé et restauré par les bénévoles de l'Association des Amis du Château. D'origine très ancienne – sans doute le Xe siècle –, il a joué un rôle important pendant les époques troublées du Moyen Age et durant les guerres de Religion. Il a gardé son plan médiéval originel, modifié et embelli aux XVe et XVIIe siècles. La visite permet de découvrir les sépultures du haut Moyen Age qu'il possède encore, de belles salles romanes voûtées, un escalier à vis en saillie... L'association organise des animations et a aménagé des sentiers de découverte alentours.

© DR

© DR

MILLAU, TARN ET LE SAINT-AFFRICAIN

CHÂTEAU DE COUPIAC ★

COUPIAC
✆ 05 65 99 79 45
www.chateaudecoupiac.com
Haute saison : ouvert tous les jours de 10h à 12h30 et de 13h30 à 18h. Adulte : 6 €. Enfant : 4 € et 2 €.

Le château du XVe siècle permet, à travers ses salles étonnamment bien conservées, de découvrir la vie quotidienne au Moyen Âge. De silhouette massive, la bâtisse imposante se présente sous forme d'un rectangle flanqué de trois tours d'angle. Le château tel qu'on le connaît aujourd'hui daterait de la fin du XVe, quand Louis de Panat, ayant abandonné Peyrebrune, vient y habiter définitivement. Il va reconstruire le château pour en faire une habitation plus confortable, dans un climat plus doux et terminer la construction de l'enceinte du village.

ÉCOGÎTE LE PÉRIÉ €

Le Périé
COMBRET
✆ 05 65 49 12 90
De 350 € à 550 € la semaine selon saison. Tarif en fonction du nombre de personnes accueillies.

A 5 kilomètres du village de Combret, classé Petite cité de caractère, ce gîte affiche de sérieux atouts pour les amateurs de nature. Restauré avec soin et avec des matériaux écologiques, cet appartement de type 3 de plus de 80 m^2 s'ouvre sur une terrasse et une vue panoramique sur les Rougiers et les monts de Lacaune (où s'aventurent parfois quelques chevreuils). Tout autour, les activités au grand air sont légion : randonnées, équitation, pêche, sports d'eau, patrimoines… Et permettent de s'initier à un mode de vie plus rural, et forcément plus reposant.

LES MAGNOLIAS €€

Le Bourg - **PLAISANCE**
✆ 09 67 12 10 58
www.lesmagnoliashotel.com
Ouvert toute l'année. Restauration (formules de 15,50 à 29 €). Accueil des cyclistes, vacances à vélo.

Cette hostellerie tient son nom des quatre superbes magnolias qui font de cet endroit un cadre de vie d'une tranquillité absolue. Vingt-deux chambres tout confort sont installées au sein de deux magnifiques bâtisses au charmé irréel, où séjourna le poète Paul Valéry. Claudia et Dietmar sont les propriétaires et animateurs, tandis qu'une chef, Anne-Lyse, officie avec passion aux fourneaux : une brasserie la semaine avec une cuisine délicieuse et un restaurant semi-gastronomique. Ici on met à l'honneur la richesse des produits locaux.

SYLVANÈS

Le village est célèbre par son abbaye qui fut érigée au XIIe siècle par un noble chevalier, Pons de Leras. A la fin de sa vie, jugeant qu'il était grand temps de se racheter bonne conduite, il fonda au milieu de nulle part, mais près d'une source d'eau chaude, un monastère cistercien. Les textes anciens du cartulaire nous montrent le rayonnement de l'abbaye dans tous les domaines : religieux, sociaux, économiques et culturels pendant plusieurs siècles, sur toute la région et bien au delà. La tourmente révolutionnaire laissa ce monument à l'abandon. Une partie deviendra bâtiment agricole, une autre affectée au service paroissial, enfin le reste sera détruit et utilisé comme matériaux de construction. Il faudra attendre 1854 pour que le site suscite l'intérêt de la nation et obtienne son classement aux monuments historiques. C'est en 1970 seulement que la commune de Sylvanès put enfin racheter le monument. Aujourd'hui, l'abbaye est devenu un centre culturel et spirituel de renommée internationale sous la direction du père André Gouzes, qui a lancé sa rénovation, et de l'actuel directeur Michel Wolkowitsky, fondateur du Festival international de musiques sacrées de Sylvanès. On enregistre ici des disques, on y fait des stages, on y vient simplement assister aux concerts... La visite de Sylvanès passe aussi par la découverte de sa source d'eaux thermales, qui appartenait jadis aux moines et qui a participé à l'activité florissante du village au XIXe siècle. On raconte même que l'impératrice Eugénie a pensé faire une cure. Enfin, Sylvanès réserve une autre surprise de taille, unique en France : en plein cœur de la forêt, non loin justement de l'abbaye, des Russes ont construit, à la faveur d'un échange culturel original hérité de la Perestroïka, une incroyable chapelle en bois de style orthodoxe. L'abbaye de Sylvanès n'est pas seulement de la belle pierre restaurée. Elle est vie, elle est esprit. Pas seulement du passé ni du présent mais de l'avenir. L'abbaye de Sylvanès n'est pas seulement de la belle pierre restaurée. Elle est vie, elle est esprit. Pas seulement du passé ni du présent mais de l'avenir.

© DR

© DR

FESTIVAL DE MUSIQUE SACRÉE ET MUSIQUES DU MONDE

✆ 05 65 98 20 20
www.sylvanes.com
En juillet et août.

Le Festival international de musique sacrée et musiques du monde de Sylvanès est une référence. Les représentations se déroulent dans l'ancienne abbaye cistercienne du XIIe siècle et accueille chaque année des artistes de renommée internationale autour d'une thématique soigneusement choisie, qui permet d'entendre chœurs, solistes chanteurs, organistes dans des œuvres sacrées, liturgiques, classiques et traditionnelles, en provenance de tous les pays.

© DR

© DR

ABBAYE CISTERCIENNE ✝ ★★★

Le Bourg
✆ 05 65 98 20 20
www.sylvanes.com
Fermé de mi-décembre à première semaine de janvier. Adulte 6 €, 13/18 ans 5 €.

Fondée en 1136, l'abbaye cistercienne sera construite à partir de 1151, et durant plus d'un siècle ! En 1477, un changement de régime annule le droit des moines de choisir leur abbé désormais nommé. Dès lors, le dortoir est aménagé en appartement ouvert sur l'extérieur, alors que la salle du chapitre devient salon de réception. A la Révolution française, l'abbaye est vendue comme bien national et utilisée comme carrière de pierres. L'aile est achetée par un exploitant agricole, suite à quoi le scriptorium et la salle du chapitre deviennent bergerie, alors que le logis de l'étage est transformé en grange. L'église reste toutefois église paroissiale. Enfin, en 1970, la commune de Sylvanès rachète à l'agriculteur l'aile du cloître qu'il occupait. L'abbaye sera rénovée sous l'impulsion du Père André Gouzes, dès 1975, avec la fondation de l'association des amis de l'abbaye de Sylvanès qui redonne à l'édifice une dimension culturelle et spirituelle. Aujourd'hui, la visite de l'église abbatiale permet d'apprécier l'art des moines bâtisseurs avec le chevet de 1151 dont on peut apprécier le jeu de lumière avec ses trois fenêtres axiales, et la vaste nef de 44 m de long, 14,50 m de large et 18 m de haut ! A découvrir les nouveaux vitraux de Jean-François Ferraton (2018), le cloître, la sacristie (actuelle librairie), la salle capitulaire et le scriptorium du XIIIe siècle. L'abbaye est aujourd'hui un haut lieu d'art et de dialogue entre les cultures. Un Festival international de musiques sacrées et musiques du monde s'y déroule en été.

© TOM PEPEIRA - ICONOTEC

Intérieur de l'abbaye de Sylvanès.

LA CHAPELLE ORTHODOXE ✝ ★

✆ 06 48 52 00 26
www.egliserusse-prieure-sylvanes.com
Visite de Pâques à la Toussaint.

En marge de l'abbaye, cet édifice tout en bois a une belle histoire. Suite à une sorte d'échange culturel et spirituel, une église russe édifiée dans le style du VIIe siècle a été démontée et expédiée en train à Millau, sous l'égide d'un mécénat de la SNCF. Durant plus de 6 mois, de jeunes Russes l'ont remontée dans une clairière de la forêt des Granges-de-Pessales. Cette église de bois de pin blond, magnifique, composée de plusieurs salles vastes, dépouillées et surmontées d'une coupole et d'un clocher qui culmine à 27 m de haut ! Impressionnant.

LA GRINE €€

✆ 05 65 99 52 82
Tarifs dégressifs à partir de la 3e nuit. Restauration (table d'hôtes : 20 € sur réservation).

Claude et Annie Arvieu ont eu la bonne idée de transformer une ancienne bergerie, une belle bâtisse de pierre rouge, en lieu d'accueil pour les vacances. Leurs hôtes se partagent une salle à manger commune, quatre chambres pour deux personnes et une pour quatre personnes, tout en profitant du soleil qui inonde la cour. Chacune d'elle dispose de ses propres installations sanitaires. Le tout à deux pas de l'abbaye de Sylvanès (et de son célèbre festival de musiques sacrées) et des caves de Roquefort, deux incontournables de ce coin d'Aveyron.

BAR-RESTAURANT LE SYLVANÈS €

Le Bourg
✆ 05 65 49 56 56
www.bar-restaurant-le-sylvanes.com
Maître Restaurateur. Ouvert toute l'année. Tous les jours le midi et le soir. Carte.

Dans cette belle bâtisse, esprit terroir, composée de deux grandes salles et d'une belle terrasse face à l'abbaye, Christophe nous propose une cuisine authentique. Elle est simple, copieuse et 100 % maison -même le coulis des pizzas est fait sur place ! Ainsi, les papilles s'affolent à la vue du foie gras, des ris d'agneau persillés et des salades à base de produits locaux. Les viandes sortant du grill ne sont pas en reste ; et une petite flaune s'impose pour terminer.

ROQUEFORT-SUR-SOULZON ★★

L'histoire de ce village, qui a donné son nom à un fromage, est directement liée au bouleversement géologique qu'il a subi et à son élevage pastoral. La montagne s'est effondrée, donnant un « combalou », une étendue d'éboulis rocheux. L'éboulis a créé des failles internes. Ces failles sont des diaclases, appelées communément « fleurines ». L'air, qui circule au gré de la différence de la température entre l'intérieur et l'extérieur, est très favorable à l'affinage du fromage. La fabrication et l'affinage du roquefort sont devenus ici un vrai produit touristique. On peut visiter les caves de deux entreprises : Société et Papillon, ainsi que l'écomusée Coulet.

OFFICE DE TOURISME DU PAYS DE ROQUEFORT

Avenue de Lauras
✆ 05 65 58 56 00
www.roquefort-tourisme.fr
Haute saison : tous les jours et les jours fériés de 9h30 à 18h.

Situé à l'entrée du village, l'office de tourisme est ouvert toute l'année. Un parking de plusieurs dizaines de places, une aire de pique-nique, un parcours santé et une aire de services pour camping-caristes facilitent l'arrivée sur Roquefort. A l'intérieur, plusieurs espaces de découverte et de détente ont été aménagés pour accueillir tous les publics. Un large choix de documentation est proposé pour partir à la découverte du village de Roquefort et des traditions pastorales.

CHÂTEAU DE MELAC

Château de Mélac
SAINT-ROME-DE-CERNON
✆ 05 65 62 31 38
www.chateau-de-melac.com
Ouvert du samedi au jeudi en juillet et août. Adulte : 7 €. Groupe (15 personnes) : 4 €.

Repaire (maison noble), Mélac fut construit au début du XIVe par les seigneurs de Gozon, une grande famille d'Hospitaliers. Mélac, sur le circuit des sites Hospitaliers, reste un témoin essentiel de l'architecture du Sud-Rouergue avec sa cour intérieure, l'une des plus belles de la région, sa tour Renaissance à trois étages en coupole, et la salle des gardes du XIVe à double travée et à croisée d'ogives. Prix spécial du Jury des Vieilles Maisons françaises pour l'ensemble de sa restauration. L'été, le château ouvre ses portes au festival Les Musicales de Mélac.

HÔTEL-RESTAURANT LE COMBALOU €€

6, avenue de Moussac
✆ 05 65 59 91 70
www.lecombalou.com
Chambre de 55 € à 65 €. Restauration (menus de 13,50 à 26 €).

Face à la montagne Combalou, qui veille sur le village de Roquefort, cet hôtel-restaurant héberge ses hôtes dans une ambiance familiale. L'établissement reçoit les groupes aussi bien que les voyageurs de commerce et les touristes venus visiter les fameuses caves. Tous se retrouvent dans une salle de restaurant pour y apprécier une cuisine régionale et traditionnelle, et quelques spécialités à base de roquefort. Une bonne table à retenir. Et des chambres aussi sobres que confortables.

© TOM PEPEIRA - ICONOTEC

Le village de Roquefort, adossé au flanc du Combalou.

LES AIGUIÈRES €

11, avenue François-Galtier
✆ 05 65 61 82 54

Menus de 19,50 à 26,50 €. Menu enfant : 9,50 €. Formule du midi : 14,50 €.

Dans cette belle maison aux murs de pierre et au parquet en bois, Les Aiguières proposent une cuisine simple et généreuse. A quelques pas des caves où est affiné le célèbre fromage, vous pourrez ainsi goûter à la salade des Aiguières avec oignons, lardons, noix et roquefort ou alors à une belle pièce de bœuf sauce roquefort ou des tripoux pommes vapeur et bien d'autres spécialités. Profitez des lieux après la visite des caves pour déguster un petit verre de vin. Les Aiguières sont l'un des seuls restaurants ouverts en hiver à Roquefort.

HÔTEL-RESTAURANT DE LA GARE €

10, Avenue de la Gare
SAINT-ROME-DE-CERNON
✆ 05 65 62 39 78

Restaurant : plusieurs formules et menus de 14 à 35 €. Menu enfant : 12 €.

A l'instar de nombre de ses confrères aveyronnais, ce restaurant propose une cuisine traditionnelle et de terroir, aussi riche que délicieuse. A midi, le menu (salade de gésiers/saucisse-truffade ; omelettes aux girolles/filet mignon de porc) s'accompagne d'un dessert maison et d'un verre de vin. La carte monte en gamme, avec de belles propositions : tarte épinard-poire-roquefort, cocotte de ris d'agneau, truite du Cernon au lard, carré de porcelet mariné... Une adresse sûre !

LA BERGERIE €

Place de l'Eglise
✆ 05 65 72 48 37

Galettes et desserts à la carte.

Dans le centre du village de Roquefort, ce petit restaurant crêperie bien nommé La Bergerie vous accueillera dans le cadre d'une ancienne cave de fromage appartenant à Gabriel Coulet, dont le décor fait mouche auprès des visiteurs. Au menu des galettes, crêpes et des salades. Mais aussi l'aligot de l'Aubrac, des feuilletés au roquefort ainsi que de délicieuses flaunes en dessert à base de lait de brebis. Nous recommandons, pour les gourmands, l'aumônière avec ses pommes caramélisées, un délice ! En prime, le service est aussi impeccable que souriant.

RESTAURANT LES FLEURINES €

27, rue des Baragnaudes ✆ 05 65 62 38 94
www.tourisme-aveyron.com

Fermé 15 décembre-mars. Service à tout heure jusqu'à 17h. Fermé mercredi, hors saison. Menus 9,50/20/22€. Carte 12/20€.

Sous une belle voûte en pierres, Marlène et son père Serge vous invitent à découvrir leur établissement sur les flancs du Combalou dans la rue principale du village. Ils vous proposent des salades de rêve copieusement garnies de produits du terroir ou encore de bonnes grillades. L'adresse décline aussi le roi des fromages, le roquefort, sous toutes ses formes : feuilleté, crêpes, omelettes... A goûter absolument : le magret de canard au roquefort ou la salade aveyronnaise, des incontournables, mais aussi le fondant au chocolat ou la tarte aux pommes maison !

LA CAVE DES SAVEURS €

Avenue François-Galtier ✆ 05 65 58 58 11
www.visite-roquefort-societe.com

Fermé d´octobre à mars. Ouvert du jeudi au mardi et les jours fériés. Menu enfant : 8,90 €. Formule : 19,90 €. Terrasse.

Ce restaurant, adossé aux caves de Société, vous accueille sous les voûtes de la cave Reynès ou sur la terrasse qui fait face au cirque de Tournemire. Nombre de plats proposés sur la carte sont évidemment élaborés avec du roquefort. On peut savourer, par exemple, une salade du Larzac à base de jambon et de dés de fromage, une bonne pièce de bœuf, un burger, des tagliatelles généreusement saucées... En dessert, c'est aussi la tradition qui prévaut avec la flaune, une spécialité locale à base de recuite de brebis (ou un moelleux pour les inconditionnels du chocolat).

L'ESPIGAL

D 999
✆ 05 65 46 17 03

Ouvert du lundi au vendredi de 7h30 à 12h45 et de 16h30 à 19h.

Cette boulangerie fait face au Combalou, et propose un choix intéressant de pains. De la baguette au levain en passant par le pain au maïs, le pain au levain, à la farine de meule ou de seigle issue de tradition française ou Label Rouge, cette maison offre aussi tout son savoir-faire pour concocter de petites merveilles comme ses viennoiseries, quiches, feuilletés, fouace, flaune ou autre délicieux mets à emporter. Simple, bon et souriant... La punchline choisie par cette adresse lui va comme un gant : « L'Espigal, le pain qui vous régale ».

LA PASTOURELLE

Lauras

Visite gratuite des fermes de mai à octobre, sur réservation.

Depuis plus d'un demi-siècle, le roquefort La Pastourelle doit sa texture et son goût unique au travail de quelques producteurs laitiers. Réunis en coopérative et étant les seuls à posséder leur propre cave d'affinage, ils se sont donné les moyens de fabriquer un fromage de grande qualité. Quelques-uns des 75 producteurs vous invitent à visiter leurs fermes d'élevage des brebis, pour comprendre le processus de création dudit roquefort, mais surtout pour partager leur passion. Enrichissant, intéressant, et savoureux. Ce roquefort a un goût unique !

ROQUEFORT GABRIEL COULET

5, avenue de Lauras

✆ 05 65 59 24 27

www.gabriel-coulet.fr

Visite gratuite de 9 h à 19h30 en haute saison. Basse saison, se renseigner auprès de l'accueil pour les horaires.

On fait du roquefort dans la famille Gabriel depuis 1872. Aujourd'hui, Jean-Pierre et Emmanuel Laur, président à la destinée de cette entreprise familiale et indépendante. Gabriel Coulet produit plusieurs fromages parmi lesquels La petite Cave, moelleux à souhait, typé en goût sans être corsé ; Le Castelviel, puissant et généreux, à la robe ivoire et au bleu intense ; ou encore la Tomme des Cazelles, fondante en bouche. La maison propose une visite gratuite de ses caves avec projection d'un film sur la fabrication du roquefort suivie d'une dégustation.

ROQUEFORT SOCIÉTÉ

2, avenue François-Galtier

✆ 05 65 58 54 38

www.visite-roquefort-societe.com

Visite des caves 7 jours sur 7 de 10h à 12h et de 13h30 à 17h. La boutique est ouverte 7 jours sur 7 de 9h30 à 18h.

La création de Société remonte à 1842, lorsqu'un producteur décide de regrouper plusieurs de ses confrères au sein de ce qui deviendra la plus vieille société anonyme d'Europe. Dans les années 1960, ce sont 385 fromageries qui travaillent pour Société. Vous aurez ici l'occasion de visiter les caves, construites au Moyen Âge et toujours en activité. Sur 12 000 m², à une température de 10 degrés, le fromage est affiné entre janvier et juillet. Ne manquez pas la boutique pour emporter un peu (ou beaucoup) de ce délice aveyronnais chez vous.

ROQUEFORT CARLES

6, avenue de Lauras

✆ 05 65 59 90 28

www.roquefort-carles.fr

Vente directe du lundi au vendredi de 8h15 à 17h30.

Fondée en 1927, la maison Carles est une affaire de famille, dont Delphine, représentante de la dernière génération, et seule maître artisan du village, est la gardienne. Le roquefort Carles est ainsi entièrement fabriqué à la main, selon un savoir-faire bien rodé. Le caillé découpé en cubes est brassé pour préparer la texture de la pâte. Les grains ainsi formés sont alors mis en moules, puis saupoudrés à la poudre d'un pénicillium Roqueforti cultivé comme autrefois sur un pain de seigle et de blé. Reste l'égouttage et enfin l'affinage en caves naturelles.

CAVE PAPILLON

8, avenue de Lauras
✆ 05 65 67 23 50
www.roquefort-papillon.com
Boutique ouverte tous les jours de 10h à 18h.
Visite gratuite.

La fromagerie Alric a été fondée en 1906, par deux frères, Paul et Louis. Elle collecte aujourd'hui le lait de brebis de race Lacaune auprès d'une centaine de producteurs. Albert, le fils de Paul, dirigera la société à partir de 1955 avant que Gérard Alric ne prenne en main l'entreprise en 1983. Au cours de la visite, on vous raconte l'épopée du Roquefort et la souche de pénicillium Roqueforti utilisée dans cette cave, issue du pain de seigle. Après affinage, au moment du conditionnement, la cave Papillon vérifie l'ensemencement de ses pains.

LE VIEUX BERGER

✆ 05 65 59 91 48

www.le-vieux-berger.com

Visite et boutique ouvertes du lundi au vendredi de 9h à 12h et de 14h à 16h30. Fermeture les week-end et jours fériés.

Le vieux berger c'est tout d'abord une histoire de famille, celle des Combes. Cela fait trois générations, qu'ici on fabrique du fromage à l'ancienne. C'est un travail de tous les jours, lent, patient et minutieux. Le lait provient de treize producteurs de la région. Toutes les étapes, à savoir, la découpe du cailler, le moulage, l'égouttage, le salage et l'affinage, sont faites à la main. Découvrez tous les secrets de fabrication de ce roquefort artisanal lors d'une visite de l'atelier de conditionnement, et repartez avec des produits de qualité.

ROQUEFORT VERNIÈRES

Quartier Saint-Jean

✆ 05 65 59 90 23

www.roquefort-vernieres.fr

Créée en 1890 par Paulin Vernières, cette entreprise familiale compte une trentaine de salariés et deux caves à roquefort où se déroule l'affinage. Sa production annuelle, même si elle ne représente qu'une part minime des ventes de roquefort, ne l'a pas empêchée de partir à l'assaut des marchés internationaux. Il faut dire que, doté d'une typicité particulière, le roquefort Vernières séduit par l'onctuosité de sa pâte et la couleur de ses veinures. Il se décline aujourd'hui sous forme de divers conditionnements : en dés, en barquettes, en pots ou à la tranche.

SUD RANDOS

Rue du Pontil - **SAINT-ROME-DE-CERNON**

✆ 05 63 77 50 31

www.sudrandos.com

Ouvert tous les jours de 9h à 17h. Réservation obligatoire. Dates et circuits en ligne. Prix selon formule.

Quarante ans que ça dure ! Passionnés par les grands espaces, Sud Rando organise des voyages et balades pour vous aider à vivre au mieux votre amour de la nature. A chaque saison sa destination, partout en France et même à l'étranger. En Aveyron, le choix se concentre sur le Sud du département et le Larzac en particulier. Rando à pied ou séjour multiactivités (canoë, VTT, spéléo, via ferrata..), l'organisme vous propose de découvrir tous les atouts du territoire via des circuits accessibles à tous et qui mêlent rando, grand air et gastronomie.

TOURNEMIRE

Si Tournemire, cité cheminote, a perdu son faste d'antan que symbolisaient sa gare fourmillante, sa marquise au-dessus des quais, son dépôt de belles machines à vapeur... Elle garde néanmoins son charme de petit village – 416 habitants – qui voit passer quotidiennement ses deux trains Béziers/Paris et ses navettes entre Béziers et Millau. Situé entre le combalou de Roquefort et le plateau du Larzac, Tournemire est un village paisible et ensoleillé, dont le point d'attraction majeur est le cirque de Brias par lequel on rejoint à pied – petite randonnée de 1h30 – le plateau du Larzac. On l'atteint par le centre du village – vers la poste ou vers le couvent – ou alors en prolongeant la route en voiture vers le Viala-du-Pas-de-Jaux. Arrivé à la Croix de Crépounac, on domine le cirque, en surplomb de Tournemire et Roquefort, avec une vue imprenable sur la vallée. La commune est aussi connue comme le site de découverte du célèbre plésiosaure, retrouvé sur ses marnes grises – une maquette est exposée à la mairie, l'original est déposé au musée de Millau. Mais Tournemire est encore célèbre pour ses fêtes : la brocante du 14 juillet rassemblant plus de 300 exposants, avec son exposition de voitures anciennes et de pièces détachées – une animation des plus prisées en Sud-Aveyron.

SAINT-AFFRIQUE ★

Ce nom apparaît en 1238. A partir de 1320, la ville appartient conjointement au roi de France, à l'évêque de Vabres et au comte de Caylus. Durant la guerre de Cent Ans, elle passe sous domination anglaise, puis devient une importante place protestante lors des guerres de Religion. Au XVIIIe siècle, la ville prospère avec l'installation de draperies, de fabriques de bonnets et de tricots. Cette activité décline au XIXe siècle, alors que le secteur agricole se développe. Aujourd'hui, on peut y voir l'église néogothique du XIXe siècle, le rocher de Caylus, qui offre un beau panorama sur la région. A noter que la ville compte plus de 30 dolmens.

LA MAISON DE LA MÉMOIRE

6, place Painlevé
✆ 05 65 49 07 31
www.st-aff.fr
Ouvert du lundi au vendredi de 9h à 12h et de 13h30 à 17h30.

Emile Borel (1871-1956), savant mathématicien et homme social, est né dans cette maison. Devenue à la fin du XIXe siècle siège de la sous-préfecture, la « maison Borel » perdit cette fonction en 1926. L'ouverture en 1994 de la Maison de la Mémoire du Pays Saint-Affricain au public fait aujourd'hui côtoyer passé et avenir. Elle accueille les archives de la ville, une bibliothèque spécialisée en histoire régionale et un musée de cultures populaires, où l'on découvre les objets du quotidien et les outils des Saint-Affricains de la fin du XIXe au début du XXe siècle.

ROCHER DE CAYLUS ★

A 2 km du centre-ville.
www.ville-saint-affrique.fr

Le site du rocher de Caylus conserve les vestiges du château médiéval qui, autrefois, dominait la ville. Il ne subsiste que la citerne, car le comte de Toulouse l'aurait fait détruire en 1238 afin de faire avorter tout risque d'insubordination. Autour de ce rocher, un jardin botanique a été aménagé. Il permet de découvrir des plantes et des arbustes aromatiques, poussant au milieu des restes de murs anciens. Une escapade jusqu'à ce site permet, en outre, d'apprécier le panorama sur la ville, la vallée de la Sorgues et les sept collines.

POINT INFO TOURISME DE SAINT-AFFRIQUE

Mairie
✆ 05 65 58 56 00
www.roquefort-tourisme.fr
Haute saison : lundi de 14h à 18h ; du mardi au samedi de 9h30 à 18h ; le dimanche et les jours fériés de 9h à 13h.

Sport, culture, nature, bien-être, et surtout, liberté ! Voilà ce que propose le Saint-Affricain, vaste territoire qui s'étend du Larzac aux rougiers, du Guilhaumard à la vallée du Tarn. Vous y découvrirez l'histoire, la grande, celle des Templiers et des Hospitaliers ; celle aussi des statues-menhirs. Le Saint-Affricain est aussi terre d'aventure, avec ses nombreux sentiers de randonnée, et terre de culture, où chaque artiste est susceptible de trouver sa place.

LE COUVENT DU VIALA €€

72, rue des Pavés
CALMELS-ET-LE-VIALA
✆ 05 65 99 17 70
www.couventduviala.com
Chambre double à partir de 60 €. Hammam.

Sur le territoire du Parc naturel régional des Grands Causses, cette belle maison est devenue une adresse dédiée au bien-être. Une chambre, une grande salle, un espace hammam-balnéo et une vaste terrasse qui s'ouvre sur les paysages de la vallée, dessinent un environnement idéal pour se reposer et se ressourcer. A table, les produits sont 100 % d'origine biologique. On partage pique-nique ou assiette-repas, essentiellement végétariens, mais les charcuteries de la ferme Les Trois Pastres, située tout près, sont disponibles sur demande.

DOMAINE DU VERN €€

Route d'Albi
✆ 05 65 49 34 39
www.domaine-du-vern.com
Chambre double de 69 € à 117 €. Petit déjeuner inclus.

Vous tomberez sans doute sous le charme de cette ancienne maison de maître au milieu de la verdure, située à la sortie de Saint-Affrique sur la route d'Albi. Sur 6 hectares (verger, potager...), vous profiterez d'une grande salle commune, bibliothèque, TV, piscine et à l'arrière d'une belle terrasse pour le farniente. Ne ratez pas le petit déjeuner à base de produits maison ou les repas où vous pourrez déguster quelques spécialités des hôtes (quiche poire et roquefort, poulet à l'aveyronnaise, daube de veau de l'Aubrac, légumes du jardin, flaune...).

LE 1837 €€€

1, impasse Carnot
✆ 05 65 97 63 30
www.le1837.com
Appartement de 1 015 € à 2 184 €/semaine selon le nombre de personnes.

Le 1837, référence à la date d'ouverture de cette ancienne école privée, est devenue une résidence de tourisme, sous la houlette de la famille Viguier. Christian, le père, a embarqué dans l'aventure ses filles Karen et Marina pour transformer cette bâtisse historique en hébergements somptueux. Le 1837 abrite désormais plusieurs appartements et suites, une salle de sport, une piscine couverte chauffée et un centre de soins esthétiques. Le tout a été décoré dans un style contemporain et très confortable, qui attire une clientèle très large, et favorise la détente.

CASTEL D'ALZAC***** €€€

SAINT-JEAN-D'ALCAPIÈS

✆ 06 86 87 91 32

www.casteldalzac.com

5 gîtes. Pour 20 personnes. Paniers petit-déjeuner et repas. Bain bouillonnant.

Ancienne demeure des seigneurs de Saint-Jean-d'Alcapiès, ce château, construit au XVe siècle, a négocié avec panache le virage de la modernité. Dans ce lieu empli d'âme et d'histoire, cinq gîtes, décorés avec des matériaux nobles et dotés de tout le confort contemporain, s'ouvrent sur un environnement exceptionnel : le parc naturel des Grands Causses. En plus du panorama, chaque hébergement déroule en effet des chambres spacieuses, des salles de bain magnifiques et un spa privatif. Une atmosphère 5 étoiles qui se savoure toute l'année.

LA BORIA €

8, rue des Tendes

✆ 05 65 99 44 08

15 € entrée-plat ou plat-dessert.

Sous-titrée Farm-Food, ce restaurant inauguré au printemps 2021 est une émanation de la ferme d'Ambias au Viala-du-Tarn. Mathieu et Olivier, éleveur de brebis, mais aussi de bœuf et de porc, depuis six générations, ont eu envie de mettre sur la table les bons produits de l'exploitation : charcuterie, viande, terrine, fromage et autres produits laitiers. La Boria (la ferme en occitan). Leurs menus ont forcément une couleur locale très prononcée : tarte feuilletée au pérail, rôti de porc élevé en plein air, pièce de bœuf sauce roquefort, flaune...

HÔTEL-RESTAURANT LE PONT-NEUF** €€

3, avenue Charles-de-Gaulle

✆ 05 65 99 02 33

www.hotelrestaurant-lepontneuf.fr

Chambre double de 60 € à 75 € ; chambre triple à partir de 80 €. Petit déjeuner : 8,50 €. Menu du jour 14,50 €.

© DR

L'hôtel se situe comme on le devine au bord de la rivière, près du pont central. Les chambres dotées de sanitaires possèdent heureusement un double-vitrage qui leur garantit la tranquillité. Le décor est moderne, sans effet de style. Le fait qu'il n'y ait que 12 chambres en ferait presque une pension familiale. Au rez de chaussée la belle salle du restaurant fait la part belle au terroir et au fait maison : moelleux au roquefort, gigot d'agneau aveyronnais, foie gras maison...

LE BRUIT DU BOUCHON €

13, boulevard Emile Tremolet

✆ 05 65 99 03 72

Menu du jour : 14,90 €.

Cathy et Pat ont inauguré cet établissement au printemps 2021. Amateurs de traditions et de bonne cuisine française, ils travaillent chaque jour avec passion pour proposer de savoureux menus : brochette de cœurs de canard et purée maison, langue de bœuf et pommes vapeur, escalope de volaille au citron, filet mignon à la graine de moutarde... Les plats changent quotidiennement et se dégustent dans une ambiance conviviale. Le samedi, c'est planche à partager et cuisine thématique : parillada de poissons, côte de bœuf... Et parfois petit-déjeuner à la fourchette.

L'INSTANT GOURMAND €

1, place de l'Hôtel-de-Ville

✆ 05 65 49 24 41

Crêpe chocolat noir ou caramel beurre salé à partir de 4 €, burger et galette à partir de 8,90 €.

La fraîcheur et l'inventivité sont les leitmotivs du chef. Ses assiettes, copieuses et originales, racontent ses expériences passées et sa curiosité. Les galettes au sarrasin, les crêpes, les burgers promettent ainsi des découvertes culinaires inoubliables. La carte change, mais certains « mélanges », très appréciés des clients, reviennent régulièrement. L'établissement met aussi en effet un point d'honneur à travailler avec le local. Les limonades viennent de la Brasserie d'Olt, les cidres et les vins sont rigoureusement sélectionnés.

LES VOLETS ROUGES €

7, avenue Hippolyte Puech
✆ 06 70 40 01 85
Pour 11 personnes (4 chambres). Chambre à 35 € pour 1 personne et gîte de 4 chambres pour 11 personnes, 140 € nuit.

© DR

« C'est dans un trou de verdure » entre le plateau du Larzac et le rocher du Combalou qui abrite le célèbre fromage de Roquefort que se niche Tournemire, village calme et verdoyant adossé à un magistral cirque. Là se trouve un appartement avec quatre chambres, salle à vivre, kitchenette, salle de bains, au deuxième étage d'une maison de village. C'est calme et le paysage offre de jolies vues... Pour randonner alentour, et découvrir le Sud-Aveyron, l'emplacement est parfait. Hugues, l'hôte des lieux, est un journaliste qui saura vous faire apprécier le coin.

LA TABLE DU LIEU-DIT €

5, rue de l'Industrie
✆ 05 65 99 38 42
www.assolieudit.fr
Menus de 17 € à 18 €.

Aurélie tient une table conviviale et chaleureuse, adossée à un café associatif. Formée à la cuisine et à la pâtisserie - et notamment aux desserts à l'assiette - cette pétillante jeune femme propose des plats originaux et chaleureux, souvent inspirés de ses voyages, mais toujours préparés à base de produits locaux puisés chez les maraîchers, agriculteurs et même boulangers du coin. Pensez toutefois à réserver ! L'endroit n'abrite qu'une vingtaine de couverts et il est souvent pris d'assaut par les locaux, fidèles à cette cuisine généreuse.

CAFÉ DU COMMERCE

10, boulevard de la République
✆ 05 65 99 12 60
Fermé le lundi.

Ce café fait partie des incontournables dans la ville. Le Commerce est en effet l'établissement qui bouge à Saint-Affrique. Du café du matin à l'apéro, le lieu est très fréquenté, par toutes les générations. L'équipe au service, fort sympathique, y est certainement pour beaucoup ! On s'y sent bien tout de suite et de grands écrans permettent de suivre les grands événements sportifs. Régulièrement, des soirées karaoké, DJ, concerts, sport, belote sont organisées et apportent un peu plus de convivialité à cet espace déjà très accueillant.

BIOCOOP-LOU CUSSOU

101, avenue Jean-Jaurès
✆ 05 65 49 53 98
www.biocoop.fr
Ouvert le lundi de 14h30 à 19h ; du mardi au vendredi de 9h à 12h30 et de 14h30 à 19h ; le samedi de 9h à 19h.

Partisan de longue date du consommer et manger bio, l'équipe de la Biocoop Lou Cussou propose dans son épicerie tout un éventail de produits bons pour votre santé, et celle de la terre. Fruits et légumes de saison, bien sûr, viandes, vins, huile d'olive, aromates, un beau rayon de vente en vrac de céréales, fruits secs, café, bref, on y trouve de tout ! La maison propose aussi des produits cosmétiques, pour la beauté au naturel. L'accueil est chaleureux, on vous prodigue même des conseils de nutrition, de santé et de préparation. Le tout avec le sourire !

ÉPICERIE DEL PAÏS

11, boulevard Victor-Hugo ✆ 05 65 49 68 28
www.epiceriedelpais-saintaffrique.com
Ouvert du lundi au vendredi de 9h à 12h15 et de 14h30 à 19h ; le samedi de 9h à 12h15 et de 14h30 à 18h30.

Créée en 2010, l'Epicerie est une sorte de temple, dédiée au bien-manger et au bien-boire. Dans ce commerce du centre-ville saint-affricain, où officie une sympathique équipe de nanas, une centaine de producteurs et artisans locaux se partagent les rayons. Tous ont en commun un certain un engagement vis-à-vis de la nature, de l'environnement et du bien-être animal. Fruits et légumes, viande, fromages, pain, farines, conserves, glaces, miel, vins, bières, produits d'hygiène et de déco sont ainsi cultivés ou produits en Aveyron ou dans ses départements limitrophes.

LA FERME DU BOUSQUET

Le Bousquet
CALMELS-ET-LE-VIALA
✆ 05 65 49 11 84
Visite tous les mercredis sur rendez-vous. Gratuit.

Dans cette ferme familiale, chaque génération a apporté ses idées. Aujourd'hui, Raphaël, Virginie et son mari Thibault, cultivent des céréales et fabriquent des farines, des pâtes, du pain, des pâtisseries ; tandis que leurs parents gardent la main sur les activités d'élevage. La famille propose de partager sa passion et son métier, chaque mercredi de l'année, à l'occasion de visites menées avec beaucoup de générosité par Virginie. La découverte fait appel à tous les sens, à travers une promenade dans les champs de blé, une caresse aux brebis, une dégustation...

LE SAC DU BERGER

Layrolle - **MARNHAGUES-ET-LATOUR**
✆ 05 65 99 36 60
www.lesacduberger.com
Visites en juillet et août, tous les jours, à 10h30 et 15h30.

Sellier, bottier, et maroquinier par-dessus tout, Jean-Pierre Romiguier, revisite depuis plus de 30 ans et dans le plus grand respect, la tradition pastorale des vieux sacs de berger. Ce bagage, ample et solide, composé de poches et compartiments, servait autrefois à transporter nourriture, onguents, outils et couteaux et à protéger les vêtements des bergers. Une conception multiséculaire que Jean-Pierre Romiguier a remis au goût du jour. Une gamme en cuir -sacs à dos, casquettes, ceintures, sandales- et en peau lainée avec des chaussons, est aussi à la vente.

VIGNESSOULE CAVISTE

3, rue Baudin
✆ 05 65 49 46 10
Ouvert du mardi au samedi de 9h à 12h et de 14h30 à 19h.

Non vous ne rêvez pas, un tel nom était prédestiné à la vigne et au vin. Marc, ancien maître de chai propose une belle gamme de vins, n'hésitant pas à aller découvrir les domaines partout en France dont il rapporte de précieux breuvages. Ainsi, bordeaux, bourgognes et champagnes ne sont pas en reste. Depuis 1996, cette petite cave regorge de très bons produits -whiskies, cognacs, absinthes, bières et coffrets cadeaux- qui permettent de garder un souvenir savoureux de cette adresse un peu confidentielle aux yeux du grand public.

VABRES-L'ABBAYE

Comme son nom l'indique, le village se caractérisait dans le passé par son abbaye. Son histoire, qu'elle soit religieuse ou civile, a, de tout temps, été très troublée. On note la présence, dès le IXe siècle, d'une abbaye bénédictine. En 862, le Comte de Toulouse, Raymond 1er, donne ses terres de Vabres à une communauté de moines bénédictins chassés du Périgord par les invasions normandes. Malheureusement, l'abbé Bernard n'arrivait pas à bien tenir ses ouailles et il devra même s'enfuir en 1217. En 1317, le Pape Jean XXII, second pape d'Avignon, choisit l'Abbaye de Vabres comme siège d'un nouveau diocèse, le diocèse de Rodez étant jugé trop vaste. Pendant les guerres de religion, en 1568, l'armée protestante de Jacques de Crussol d'Uzès prend Vabres d'assaut, détruisant une partie de la Cathédrale, le Palais Episcopal et la Cité. Puis en 1790, est créé le département de l'Aveyron, le diocèse de Vabres est alors de nouveau réuni au diocèse de Rodez. Le village eut à subir les guerres de Religion, mais également les foudres de la Révolution qui lui fit perdre bon nombre de ses privilèges.

De ce passé religieux, il ne reste qu'une cathédrale de style gothique languedocien datant du XIVe siècle. Elle abrite un magnifique retable avec des colonnes de marbre encadrant un tableau du Christ. Cette église fut reconstruite en 1594, après que les Protestants l'eurent brûlée. Elle possède un superbe buffet d'orgues datant de 1761, classé Monuments historiques. Du palais épiscopal, il ne subsiste qu'un bâtiment aujourd'hui reconverti en maison de retraite. Au hasard des rues, vous rencontrez quelques beaux vestiges du riche patrimoine architectural de la ville, comme la maison des échevins, datant du XVIIe siècle, le Pont Vieux, datant de 1270. La fête votive de Vabres a lieu le 1er week-end de Juillet, avec son traditionnel tiercé des cochons. Un peu plus loin à Rayssac et Ségonzac, on pourra voir les églises, respectivement du XVe siècle et du XIVe siècle.

LA TABLE DE JOSÉPHINE €

D60
MONTCLAR
✆ 05 65 49 12 82
Formule du midi : 14,50 €.

Joséphine a installé ses marmites dans une belle maison de pierre aux volets verts, sur la place du village. A l'intérieur, les poutres, la cheminée, le mobilier rappellent les grandes tablées d'autrefois. A l'étage, une terrasse offre une vue à 360° sur les paysages alentour. La cuisine est traditionnelle, et de très bonne qualité : tarte fine au magret fumé, tournedos de bœuf sauce béarnaise, carré d'agneau à la farigoule... On sort de ce restaurant pleinement rassasié et satisfait du moment passé en ces lieux, où la gentillesse est de rigueur.

DOMAINE DE BIAS

Bias
✆ 06 77 17 02 03
Caveau ouvert tous les vendredis de 16 à 21 heures de mai à octobre.

Anne-Laure et Alexandre Alazard, bientôt 40 ans, ont repris l'exploitation familiale et replanté la vigne qui existait ici il y a quelques années. Frère et sœur jumeaux, ils ont transformés la bergerie familiale en caveau de dégustation et c'est ici, accompagné de quelques tartines aveyronnaises, que l'on déguste leur production : un rosé et deux rouges, et bientôt un pétillant pour faire mousser les apéros. Tous ces breuvages sont élevés en futs et mis en bouteille directement sur cette propriété de 6 hectares, autrefois consacrée à la culture des céréales.

SAINT-FÉLIX-DE-SORGUES

Au XIIe siècle, le site fut conquis par les Hospitaliers de Saint-Jean. Ils y fondèrent une commanderie et le fortifièrent, comme en témoignent la tour gothique et les restes de fortification du XVe siècle. Le village vécut de la proximité d'une source et de son activité artisanale, sur le route entre le Larzac et Saint-Affrique. En amont et en aval du village, la vallée de la Sorgues (très prisée par les pêcheurs lors de la saison), large et verte, se prête à la promenade. On pourra, notamment, parcourir la forêt domaniale et le bois de Ginestoux, près de la source.

CHÂTEAU DE LATOUR

FONDAMENTE
✆ 05 65 99 35 60
www.gites-de-latour.com
Gîtes : de 80 à 100 €/nuit selon saison, 135 € le week-end.

En un mot ou en deux, La Tour n'en occupe pas moins un rocher au-dessus de la Sorgues. Au XVe siècle fut édifiée cette maison forte, carré massif autour d'une cour centrale. Réaménagé, rehaussé, percé de fenêtres, ce château conserve la marque des époques qu'il a traversées. Le point le plus original de son architecture est la forme polygonale de ses échauguettes. De nos jours, le château dispose, au sein de l'édifice, de trois gîtes, d'une capacité de 6 à 8 personnes, et d'une salle, en location, pour organiser séminaires, mariages et autres événements familiaux.

HÔTEL-RESTAURANT DU NORD €€

Avenue Docteur-Andrieu - **CORNUS**
✆ 05 65 99 38 70 - www.hotel-cornus.com
Chambre double à partir de 66 €. Petit déjeuner inclus. Restauration.

Maison familiale depuis 1922, l'Hôtel du Nord entretient une atmosphère simple et conviviale entre ses murs. Toujours le sourire vissé aux lèvres, les maîtres des lieux cultivent la tradition à table. Charcuterie de pays, roquefort, magret et champignon en saison, agrémentent ainsi de nombreuses assiettes. Les habitués viennent notamment pour le pâté en croûte maison ou le filet de bœuf en croûte, foie gras et truffe. Des plats exceptionnels ! Le bar et les chambres, tranquilles et agréables, permettent de profiter de l'établissement à tout moment de la journée.

LA MARGUE €€

✆ 05 65 99 48 24
www.alamargue.com
Suite à partir de 150 €. Petit déjeuner inclus.

Situé au seuil du bois de Saint-Félix-de-Sorgue, La Margue est ce type de bâtisse qui donne immédiatement envie de campagne et de farniente. Une imposante bâtisse en pierre de pays abrite trois suites immenses. La Sorgue (43 m^2 !) s'étire sur deux étages. Le Ruisseau, 3 niveaux, cache en rez-de-chaussée, une cheminée et une magnifique salle de bains voûtée ouverte sur le jardin. Quand La Grange et son décor de pierre blonde invite à la paresse. L'environnement y est tout aussi grandiose et les possibilités d'escapade infinies.

ORGANISER SON SÉJOUR

On ne pouvait pas clore ce guide sans vous donner quelques adresses et bons plans pour organiser votre séjour en Aveyron. Bien que rural et enclavé, notre territoire n'en est pas moins accessible et ouvert. Et c'est par la route que l'on rejoint le plus facilement notre département. Sur place, de nombreux acteurs sont à pied d'œuvre pour vous accueillir, vous informer et vous orienter, notamment en ce qui concerne vos déplacements et votre hébergement. La presse locale est aussi particulièrement riche : vous trouverez au fil de ses pages ou de ses émissions de radio des informations précieuses, plus particulièrement en période estivale où les festivals et manifestations grand public sont fréquents. Les offices de tourisme, qui maillent de façon assez dense le territoire, seront aussi des repaires lors de vos pérégrinations aveyronnaises, et leurs cartes, plans et brochures seront vos boussoles.

S'Y RENDRE

L'Aveyron est un territoire enclavé. C'est un fait. Le seul aéroport et les quelques trains qui circulent quotidiennement et presque exclusivement à destination de Toulouse ne sont pas pour autant synonyme d'isolement. L'A75 et le viaduc de Millau, inauguré en 2004, ont fait sauter les barrières et ouvert une voie royale vers Montpellier et la Méditerranée au Sud ; Clermont-Ferrand au Nord. De part et d'autre du département, d'Est en Ouest, la RN 88 permet notamment de rejoindre Albi, et d'attraper l'A68 vers Toulouse. C'est ainsi en voiture que l'on rallie le plus simplement notre département ; par la route aussi que l'on circule le plus aisément en Aveyron. Il est ainsi préférable d'avoir son permis de conduire quand on passe ses vacances sur le territoire, pour profiter au mieux de ses villes, villages et paysages, dont certains sont uniquement perceptibles au détour de nombreux virages.

GARE DE MILLAU

Place Francis Laborde
MILLAU

La gare de Rodez, avec ses lignes à destination de Toulouse ou Paris, est la plus fréquentée en Aveyron. Mais celle de Millau a le mérite d'exister, même si elle accueille davantage de cars que de trains. Elle permet ainsi d'entrer ou sortir du département via les liaisons entre Montpellier/Béziers et Clermont-Ferrand. Une ligne de bus relie également la capitale du Gant à Rodez, en passant par Sévérac-le-Château. Cette petite gare est ouverte sept jours sur sept et offre les services habituels, dont un espace de vente et un photomaton !

GARE DE RODEZ

Avenue du Maréchal-Joffre
RODEZ

Lundi - Mardi - Mercredi - Jeudi - Vendredi de 5h à 1h. Samedi - Dimanche de 5h à minuit.

De nombreuses liaisons sont assurées avec les gares de Toulouse-Matabiau et de Brive-la-Gaillarde qui assurent des correspondances nationales. Malgré des menaces régulières, le train de nuit vers Paris-Austerlitz, très apprécié des travailleurs et des touristes, est aussi toujours en service. Pour accéder à la gare, un peu éloignée du centre-ville, vous pourrez emprunter le service de bus de Rodez ou bien utiliser le parking ou le service de taxis mis à votre disposition. La gare de Rodez a un point presse ainsi qu'un restaurant dans son aile gauche.

ACCES ROUTIER

En voiture, voici les différents accès au département :

- **En provenance de Paris** : 680 km – 7h15. A20 (sortie 56) jusqu'à Figeac, puis N140 (axe Brive-Méditerranée) par Decazeville ou A71 jusqu'à Clermont-Ferrand, puis A75 jusqu'à Séverac.
- **En provenance de Lyon** : 365 km – 4h30. A47ou N88 par Saint-Etienne, Le Puy et Mende ou N9/A75.
- **En provenance du Sud-Ouest** : A20 par Montauban jusqu'à Caussade, puis D926 par Caylus ou A68/N88 par Albi et Carmaux, Albi D999, Saint-Affrique, Millau.
- **En provenance de Marseille** : 346 km – 3h50. N109 ou A9 puis N9/A75 par Lodève.

AÉROPORT RODEZ AVEYRON

Route de Decazeville - **SALLES-LA-SOURCE**
✆ 05 65 42 20 30
www.aeroport-rodez.fr

Sur place aéro-club. Distributeurs de billets. Restaurant. Parking (2h gratuites) et abonnements possibles.

L'aéroport de Rodez-Aveyron propose plusieurs vols hebdomadaires à destination de Paris, via Amelia International. La compagnie Ryanair assure aussi des liaisons vers le Royaume-Uni, l'Irlande et la Belgique à des tarifs défiant toute concurrence. L'occasion de s'offrir un peu d'inédit depuis Rodez. Un service de restauration et de location de salles complète l'offre de l'aéroport. Voici un aéroport de proximité qui offre une porte d'entrée pour accéder également aux départements limitrophes. Service de location de voitures sur place.

SÉJOURS ET CIRCUITS

L'Aveyron est si riche de paysages à admirer et d'activités à tester que l'on peut se permettre de débarquer dans le département sans programme. D'une ville à l'autre, d'une site naturel à un parc animalier, il n'y a souvent que quelques kilomètres. Si bien qu'il est aisé de fonctionner au jour le jour. Certaines structures se sont toutefois spécialisées dans l'organisation de séjours. Il y a bien sûr les agences de voyages nationales, capables de vous envoyer n'importe où dans le monde. Et il y a ces organismes, de taille plus modeste et implantés localement, qui propose une découverte privilégiée du territoire. Cet ancrage dans le département, la connaissance de ses trésors et spécificités, la passion qui anime leurs équipes, sont autant d'atouts pour vos vacances. Randonnées, nature, gastronomie, culture, patrimoine... : il y a forcément un circuit qui correspond à vos goûts, à ceux de votre famille ou de vos amis.

AVEYRON TOURISME AUTREMENT

BERTHOLÈNE

www.aveyron-tourisme-autrement.fr

1 personne : 100 €. 2 à 3 personnes : 65 €/personne. 4 à 5 : 50 €/personne. 6 à 8 : 40 €/personne.

Guide certifié, Stéphane a imaginé des circuits thématiques pour découvrir le département autrement. Au volant de son van, il vous conduit, à travers des routes, sentiers et chemins aveyronnais qu'il a patiemment éprouvés, vers des destinations toutes proches, mais magiques. Au programme de ces excursions sur mesure : des paysages somptueux, des visites de sites et villages, des dégustations de produits du terroir et des rencontres... La promesse d'une journée exceptionnelle.

LES CLÉS DE L'AUBRAC

Avenue de Chaudes-Aigues

ARGENCES EN AUBRAC

✆ 06 45 23 70 03

www.lesclesdelaubrac.com

Cette agence événementielle adossée à une conciergerie touristique a développé une offre de séjours et micro-aventures pour découvrir l'Aubrac, ses valeurs et ses richesses. Les professionnels du coin ont été sollicités pour proposer des expériences authentiques. Les Clés de l'Aubrac se déclinent ainsi en moments sportifs, familiaux, gastronomiques, bien-être ou insolites : une séance de méditation à l'heure où le soleil se couche ; un moment partagé avec un éleveur-fromager pour la traite des vaches ; une journée pour fabriquer son propre couteau laguiole...

ITI TOUR

Chemin de Roucas

SAINT-BEAUZÉLY

✆ 0683607090

www.ititour.com

Iti Tour est un service à destination des voyageurs, qui simplifie la planification ainsi que le déroulement de leur séjour. A une époque où l'on ne monte plus dans un avion sans réfléchir, leur application se concentre sur la France, ses villes et ses innombrables villages. Un site Internet et une application mobile, 100 % gratuits, permettent ainsi de planifier un itinéraire, n'importe où dans l'Hexagone, en fonction d'un critère de durée (d'un à plusieurs jours) et des goûts de chacun. L'objectif ? Profiter de l'immense diversité des paysages français.

MA VIRÉE RUTHÉNOISE

17, boulevard Belle Isle

RODEZ

✆ 0565613116

www.mavireeruthenoise.fr

Ma virée ruthénoise est une toute jeune entreprise spécialisée dans la découverte de la préfecture aveyronnaise. La structure propose un joli programme de « pitonneries », comprenez des balades insolites, indiscrètes et sur-mesure, pour aborder la ville par tous ses aspects. Mention spéciale pour le Graillou Tour, en six étapes gourmandes destinées à découvrir toutes les spécialités culinaires du Piton. Dans un registre complètement opposé, le Run Tour vous emmène dans les rues de la cité pour un footing matinal de 6 kilomètres.

SE DÉPLACER

Il n'existe pas cinquante moyens de locomotion en Aveyron. Le trafic ferroviaire, presque exclusivement tourné vers Toulouse – et quelques soirs vers Paris – n'est pas assez dense en termes de maillage du territoire, mais aussi de fréquence, pour imaginer parcourir le département dans un wagon SNCF. Le plus simple est encore de venir avec sa propre voiture. Toutefois plusieurs agences de location sont implantées à proximité des grandes agglomérations et des infrastructures – gares/aéroport – pour trouver un véhicule une fois sur place. L'Aveyron, relativement préservé du fait de son enclavement – il n'y a pas que des inconvénients à être isolé ! – est aussi un paradis pour les déplacements à vélo. Le comité départemental de cyclotourisme, basé à Millau, sera votre interlocuteur privilégié pour trouver des ressources documentaires et bâtir votre itinéraire en deux-roues – de quelques heures à plusieurs jours.

EUROPCAR

3, place Frédéric Bompaire

MILLAU

✆ 05 65 59 19 19

C'est en plein centre-ville de Millau que l'agence de location Europcar s'est installée pour répondre à tous les besoins de déplacements, qu'ils soient professionnels ou liés aux vacances. L'adresse dispose d'ailleurs de nombreux types de véhicules : des utilitaires, des véhicules de tourismes mais aussi des véhicules éco-citoyens, pour satisfaire tous les besoins ou habitudes de conduite de ses clients. Europcar compte également une autre agence en Aveyron : l'enseigne est implantée à l'aéroport de Rodez-Aveyron, route de Decazeville à Salles-la-Source

SIXT

Route de Decazeville

SALLES-LA-SOURCE

L'entreprise de location de véhicules Sixt compte trois adresses sur le ruthénois : l'une à l'aéroport de Salles-la-Sources, l'autre près de la gare, plus urbaine, et la troisième entre les deux, dans le quartier de Bourran, à proximité de la RN88 pour rejoindre Albi, Toulouse ou la touristique vallée de la Dordogne. Ces trois agences, comme toutes celles de la marque ailleurs en France, proposent un parc de voitures varié : berlines, coupés, monospaces familiales ou tout-terrains, de manière à satisfaire tous les besoins de déplacement.

RENT A CAR

La Roquette

ONET-LE-CHÂTEAU

✆ 05 65 67 12 00

www.rentacar.fr/agences/158-rodez

Ouvert du lundi au vendredi de 8h à 12h et de 14h à 18h.

L'agence Rent a car est située à La Roquette, commune d'Onet-le-Château, sur l'axe routier qui mène à Séverac-le-Château, porte d'entrée de l'A75 dans le département. De très nombreux modèles sont disponibles à la location pour répondre à tous les besoins de déplacements, professionnels ou vacances : véhicule utilitaire, berline tout confort, voiture plus économique ou mini-bus pouvant transporter jusqu'à 9 personnes. L'agence est ouverte toute la semaine ; des agents vous accueillent du lundi au vendredi pour vous accompagner dans la logistique.

COMITÉ DÉPARTEMENTAL DE CYCLOTOURISME DE MILLAU

210, chemin de Grisolles

MILLAU

✆ 06 95 80 41 12

www.cyclotourismeaveyron.org

Le but de cette association est de faire découvrir l'Aveyron à vélo. Une riche idée qui permet de s'organiser des balades agréables et de parcourir des paysages uniques. Toutes les dates, tous les événements sont annoncés sur le site Internet, qui est très régulièrement mis à jour et entretenu par les membres de ce comité dynamique. Une vraie mine d'infos pour les amateurs de vélos ou pour ceux qui souhaiteraient s'initier à la petite reine dans un environnement adapté.

S'INFORMER

L'Aveyron aime les médias, et compte historiquement de nombreux titres, même si certains ont disparu au cours de ces deux dernières décennies. Outre ses trois quotidiens (*Centre Presse* à l'échelle départementale ; *Midi Libre* et *La Dépêche du Midi* à l'échelon régional), le territoire peut se vanter d'hebdomadaires de qualité, qui relatent les actualités de chaque bout de campagne. Les radios ne sont pas reste non plus. Totem draine ainsi un auditeur sur quatre dans le département et distance certaines radios nationales comme NRJ ! Les petites antennes comme CFM, Radio Temps ou Radio Saint-Affrique tirent aussi leur épingle du jeu, avec des programmes singuliers et aux couleurs locales. Pour s'informer, il y a aussi Internet, et depuis peu le podcast de Lola Cros, Finta !, qui va à la rencontre de ceux qui se battent pour exister, vivre et travailler en milieu rural. Notre coup de cœur, assurément !

LE BULLETIN D'ESPALION

9, boulevard Joseph-Poulenc

✆ 05 65 44 01 93 - www.bulletindespalion.fr

Informations locales du Nord-Aveyron et de la vallée du Lot, de Saint-Geniez-d'Olt à Entraygues.

Le Bulletin d'Espalion est l'un des canards les plus anciens en Aveyron. L'hebdomadaire doit sa longévité à sa ligne éditoriale, qui met en avant le quotidien dans les campagnes du Nord du département (ainsi que de l'Aubrac lozérien et cantalien) et emploie un ton plutôt bienveillant. Espalion, Saint-Côme, Sébrazac, Laguiole, Saint-Geniez-d'Olt y sont particulièrement bien représentés. Chaque mois, le journal publie une blague au milieu de ses petites annonces. Un petit trait d'humour qui fait mouche bien au-delà des frontières de l'Espalionnais.

MÉDIA12 - LE JOURNAL DE CEUX QUI FONT L'AVEYRON

RODEZ

www.media12.fr

L'info aveyronnaise méritait d'avoir sa place sur Internet. C'est chose faite avec Média 12 qui décortique l'actualité économique du département. Divisé en plusieurs rubriques – entreprises, société, économie, territoire, week-end – le site déroule entretiens, dossiers, agenda et communiqués. On y découvre notamment les chefs d'entreprises et les activités qui font de l'Aveyron un territoire dynamique. Plusieurs articles viennent ainsi alimenter le site Internet chaque semaine.

CENTRE PRESSE

8-10, avenue Victor-Hugo

RODEZ

✆ 05 81 19 12 00

www.centrepresseaveyron.fr

Quotidien, sa principale zone d'influence est autour de Rodez et au nord de l'Aveyron.

Tiré à plus de 20 000 exemplaires, *Centre Presse* est le quotidien départemental de l'Aveyron et le journal le plus vendu en semaine. Davantage plebiscité dans le Nord et le Centre, il offre un traitement complet de l'actualité locale grâce à une équipe de journalistes professionnels et de correspondants répartis sur tout le territoire. Particulièrement proactif et dynamique, le quotidien a développé le supplément L'Aveyronnais, qui met en avant la trajectoire personnelle ou professionnelle d'Aveyronnais à Paris ou ailleurs dans le monde.

RADIO TOTEM

✆ 05 65 71 33 30

www.radio-totem.net

96.3 MHz à Cahors. 105.8 MHz à Figeac et 107.4 MHz à Gourdon.

Cette radio régionale basée dans l'Aveyron est leader du Sud Massif-Central, couvrant notamment tout le Quercy-Rouergue jusqu'à la Corrèze, la Haute-Loire mais aussi l'Hérault, le Gard et la Lozère. Fidèle à sa punchline « Totem, tous les tempos de la radio », le média propose un large registre musical et se distingue par son traitement de l'actualité locale et ses émissions, dont certaines font désormais partie du paysage radiophonique. Son site Internet, très bien conçu, permet de retrouver podcasts et infos en quelques clics.

INDEX

D

E

F

G

H

I

J

L

M

N

O

P

Q

R

EDITION
Directeurs de collection et auteurs : Dominique AUZIAS et Jean-Paul LABOURDETTE
Responsable d'édition : Tristan CUCHE
Auteurs : Mélissa GUENDOUZI, Hugues ROBERT, Tristan CUCHE, Stéphanie CHAULOT, Pierre GRIMAL, Manon JACQUEMIN, Mathilde FAVAREL, Anne FAYON, Jean-Paul LABOURDETTE, Dominique AUZIAS et alter
Directeur Editorial : Stéphan SZEREMETA
Rédaction France : Elisabeth COL, Tony DE SOUSA, Mélanie COTTARD, Audrey VEDOVOTTO
Rédaction Monde : Caroline MICHELOT, Morgane VESLIN, Pierre-Yves SOUCHET, Natalia COLLIER
FABRICATION
Responsable Studio : Sophie LECHERTIER assistée de Romain AUDREN
Maquette et Montage : Julie BORDES, Delphine PAGANO
Iconographie et Cartographie : Anne DIOT, Julien DOUCET
WEB ET NUMERIQUE
Directeur Web : Louis GENEAU DE LAMARLIERE
Développeurs : Adeline CAUX et Kiril PAVELEK
Intégrateur Web : Mickael LATTES
Webdesigner : Caroline LAFFAITEUR
Community Traffic Manager : Alice BARBIER, Mariana BURLAMAQUI et Vincent PHAM
DIRECTION COMMERCIALE
Directeur commercial : Guillaume VORBURGER assisté de Manon GUERIN
Responsable Régies locales : Michel GRANSEIGNE
Responsables Développement régie inter : Jean-Marc FARAGUET et Guillaume LABOUREUR
Chefs de Publicité : Camille ESMIEU
Chefs de Publicité Régie nationale : Caroline AUBRY, François BRIANCON-MARJOLLET, Perrine DE CARNE MARCEIN
DIFFUSION ET PROMOTION
Directrice des Ventes : Bénédicte MOULET assistée d'Aissatou DIOP
Responsable des ventes : Jean-Pierre GHEZ assisté de Nelly BRION
Relations Presse-Partenariats : Jean-Mary MARCHAL
ADMINISTRATION
Président : Jean-Paul LABOURDETTE
Directrice des Ressources Humaines : Dina BOURDEAU assistée de Sandra DOS REIS et Eva BAELEN
Directrice Administrative et Financière : Valérie DECOTTIGNIES
Comptabilité : Jeannine DEMIRDJIAN
Recouvrement : Fabien BONNAN assisté de Sandra BRIJLALL et Vinoth SAGUERRE
Responsable informatique : Elie NZUZI-LEBA

PETIT FUTÉ AVEYRON
LES NOUVELLES EDITIONS DE L'UNIVERSITE
18, rue des Volontaires - 75015 Paris.
✆ 01 53 69 70 00 - Fax 01 42 73 15 24
Internet : www.petitfute.com
SAS au capital de 1 000 000 € - RC PARIS B 309 769 966
Couverture : L'église Saint-Fleuret d'Estaing © Gerald Villena - stock.adobe.com
Impression : IMPRIMERIE CHIRAT - 42540 Saint-Just-la-Pendue
Achevé d'imprimer : octobre 2021
Dépôt légal : 22/11/2021
ISBN : 9782305062334
Pour nous contacter par email, indiquez le nom de famille en minuscule suivi de @petitfute.com
Pour le courrier des lecteurs : info@petitfute.com

IMPRIMÉ EN FRANCE